SŁOWNIK
MARKETINGU

SŁOWNIK MARKETINGU

A. Ivanovic MBA
P. H. Collin
J. Słupski

BIBLIOTEKA PROFESJONALISTY

PETER COLLIN PUBLISHING

WYDAWNICTWO WILGA

First published in Great Britain by
Peter Collin Publishing Ltd
DICTIONARY OF MARKETING, 1996

Peter Collin Publishing Ltd
1 Cambridge Road, Teddington, Middlesex, TW11 8DT, England

British Library Cataloguing-in-Publication Data

A catalogue record for this book is available from the British Library

Cover artwork by Gary Weston

* * *

Pierwsze wydanie w Polsce 2000
Wydawnictwo WILGA 00-389 Warszawa, ul. Smulikowskiego 1/3
tel. 826 08 82, fax 826 06 43, e-mail: wilga@wilga.com.pl

ISBN 83-7156-512-7

Redaktor naukowy serii: prof. dr hab. Tadeusz Piotrowski
Opracowanie redakcyjne: Zespół Wydawnictwa WILGA
Konsultacja: mgr inż. Jan Wojniłko i mgr Artur Zięba

Projekt okładki: Gary Weston

Łamanie: ***kik*** tel. 0 602 406 218, e-mail: kik@qdnet.pl

O SERII...

Prezentowany słownik jest kolejną pozycją z serii *Biblioteka profesjonalisty*, która powstaje we współpracy polskiego Wydawnictwa Wilga i brytyjskiego Peter Collin Publishing. Obejmuje ona kompendia opisujące najważniejsze dziedziny życia: biznesu i handlu, komputerów i internetu, medycyny i prawa. Każdy słownik przeznaczony jest dla wszystkich profesjonalistów. Nasze leksykony pomogą im posługiwać się językiem angielskim w pracy. Dlatego każdy z nich łączy funkcje i cechy słownika jednojęzycznego dla osób uczących się angielskiego oraz typowego terminologicznego słownika dwujęzycznego. Słowniki zostały przygotowane przez wybitnych brytyjskich specjalistów z danej dziedziny, a dostosowali je do potrzeb użytkownika polskiego polscy autorzy specjalizujący się w tej dyscyplinie.

W poszczególnych słownikach znajdziemy więc znakomicie dobrane, najpotrzebniejsze słownictwo dotyczące danego tematu, zrozumiały opis znaczenia wyrazów, encyklopedyczne komentarze do haseł, ich opis gramatyczny, a także wiele przykładów użycia wyrazów we współczesnym angielskim. W hasłach znajdują się także odpowiedniki polskie wyrazów angielskich. Wśród nich znaleźć można także odpowiedniki opisowe, w przypadkach, gdy brak jest ustalonych polskich terminów. (Dla odróżnienia znalazły się one w nawiasach.) Na końcu każdego słownika umieściliśmy słowniczek polsko-angielski, pełniący rolę indeksu. Słowniki z naszej serii są także wzbogacone o inne użyteczne suplementy.

O SŁOWNIKU...

Kolejny słownik z serii *Biblioteka Profesjonalisty* obejmuje terminy marketingowe. Zawiera ponad 6500 haseł i zwrotów dotyczących wszystkich aspektów wiążących się z tą ważną dziedziną biznesu we współczesnym świecie.

Dobór słownictwa uwzględnia między innymi takie zagadnienia jak różne formy reklamy, techniki sprzedaży, badania rynku czy terminy związane z opakowaniami. Warto podkreślić, że w słowniku znalazły się określenia, które weszły do użytku w ostatnich latach. Jakość słownika zwiększają ponadto umieszczone w nim autentyczne cytaty z anglojęzycznej prasy branżowej całego świata, które pokazują jak angielski jest używany w tej sferze. Należy mieć jednak na uwadze, że marketing należy do tych dziedzin, w których terminologia polska nie jest jeszcze ustabilizowana. Staraliśmy się, by użyte terminy były jak najbardziej współczesne, jednak wiele polskich odpowiedników może po pewnym czasie tracić aktualność.

Mając zatem na względzie jak najwyższą jakość i aktualność wszystkich słowników z naszej serii, również w tym przypadku prosimy o uwagi na temat zawartości. Pomogą nam one ulepszyć słownik w następnych wydaniach.

Redaktor naukowy serii
Tadeusz Piotrowski
Wrocław

Pronunciation

The following symbols have been used to show the pronunciation of the main words in the dictionary:

Stress has been indicated by a main stress mark (ˈ) and a secondary stress mark (ˌ), but these are only guides, as the stress of the word changes according to its position in the sentence.

Wowels		*Consonants*	
æ	back	b	buck
ɑː	harm	d	dead
ɒ	stop	ð	other
aɪ	type	dʒ	jump
aʊ	how	f	fare
aɪə	hire	g	gold
aʊə	hour	h	head
ɔː	course	j	yellow
ɔɪ	loyalty	k	cab
e	head	l	leave
eə	fair	m	mix
eɪ	make	n	nil
ə	abroad	ŋ	bring
əʊ	float	p	post
əʊə	lower	r	rule
ɜː	word	s	save
iː	keep	ʃ	shop
ɪ	fit	tʃ	take
ɪə	near	θ	change
uː	pool	F	theft
ʊ	book	v	value
ʌ	shut	w	work
		z	zone
		ʒ	measure

Aa

above-the-line advertising [əˈbʌvðəlain ædvətæɪzɪŋ] *noun* advertising for which a payment is made (such as an ad in a magazine or a stand at a trade fair) and for which a commission is paid to the advertising agency (as opposed to direct marketing) **reklama medialna;** *compare* BELOW-THE-LINE

ABC method [eɪbi:ˈsi: ˈmeθəd] = ATTENTION, BENEFIT, CLOSE sales method, where the customer's Attention is attracted, the salesman then shows the Benefits of the product to the customer, and finally Closes the deal **metoda ABC [metoda Uwaga-Korzyść-Transakcja]**

absenteeism [ˌæbsənˈti:ɪzəm] *noun* staying away from work for no good reason **częsta nieusprawiedliwiona absencja w pracy;** ***absenteeism is high in the week before Christmas; the rate of absenteeism*** *or* ***the absenteeism rate always increases in fine weather***

absolute [ˈæbsəlu:t] *adjective* complete *or* total **całkowity, absolutny; absolute advantage** = advantage enjoyed by an area of the world which can produce a product more cheaply than other areas **przewaga absolutna (polegająca na możliwości tańszej produkcji w jakimś regionie);** ***for climatic reasons, tropical countries have an absolute advantage in that type of production;*** **absolute monopoly** = situation where only one producer or supplier produces or supplies something **monopol zupełny/całkowity/absolutny;** ***the company has an absolute monopoly of imports of French wine; the company can fix high prices since it has an absolute monopoly; the supplier's absolute monopoly of the product meant that customers had to accept his terms***

absorb [əbˈzɔ:b] *verb* **(a)** to take in a small item so as to form part of a larger one **absorbować, likwidować, wchłaniać; overheads have absorbed all our profits** = all our profits have gone into paying overhead expenses **koszty ogólne pochłonęły wszystkie nasze zyski; to absorb a loss by a subsidiary** = to write a subsidiary company's loss into the main accounts **wpisać stratę jednostki zależnej w księgi skonsolidowane; (b) a business which has been absorbed by a competitor** = a small business which has been made part of a larger one **przedsiębiorstwo wchłonięte przez konkurenta**

◊ **absorption** [əbˈzɔ:pʃən] *noun* making a smaller item *or* business part of a larger one **chłonność, wchłonięcie; absorption costing** = allocation of fixed or indirect costs as well as variable or direct costs to the actual products or services produced **absorpcyjna/pełna kalkulacja kosztów**

accelerator [əkˈseləreɪtə] *noun* theory that a change in demand for consumer goods will result in a greater change in demand for the capital goods used in their production **teoria akceleracji**

accept [əkˈsept] *verb* to agree formally to receive something *or* to be responsible for something, to take something which is being offered *or* to say 'yes' *or* to agree to something **przyjąć, zaakceptować, zgodzić się (na coś); to accept a bill** = to sign a bill of exchange to indicate that it will be paid **zaakceptować weksel, dokonać akceptu weksla; accepted bill** = bill of exchange which has been signed, and therefore accepted by the buyer **weksel zaakceptowany; to accept delivery of a shipment** = to take goods into the warehouse officially when they are delivered **przyjąć dostawę;** ***she accepted the offer of a job in Australia; he accepted £200 for the car***

◊ **acceptable** [əkˈseptəbl] *adjective* which can be accepted **(możliwy) do przyjęcia, dogodny, dopuszczalny;** ***both parties found the offer acceptable***

◊ **acceptance** [əkˈseptəns] *noun* **acceptance of an offer** = agreeing to an offer **przyjęcie**

oferty; to give an offer a conditional acceptance = to accept provided that certain things happen *or* that certain terms apply **przyjąć ofertę warunkowo; we have his letter of acceptance** = we have received a letter from him accepting the offer **mamy pismo z jego akceptacją/zgodą; clean acceptance** = unconditional acceptance of a bill of lading **akcept bezwarunkowy; irrevocable acceptance** = acceptance which cannot be withdrawn **przyjęcie nieodwołalne; acceptance against documents** = transaction where the seller takes charge of the shipping documents for a consignment of goods when a buyer accepts a bill of exchange **akcept (weksla) w zamian za dokumenty;** *sellers sometimes insist on acceptance against documents; acceptance against documents protects the seller when sending goods which are not yet paid for;* **acceptance sampling** = testing a small part of a batch to see if the whole batch is good enough **wyrywkowa kontrola jakości towaru przy jego przyjmowaniu; product acceptance** = degree to which a product has been accepted by the market and so is selling well **przyjęcie produktu przez rynek**

◊ **acceptor** [əkˈseptə] *noun* person who accepts a bill of exchange by signing it, thus making a commitment to pay it by a certain specified date **trasat (weksla)**

access [ˈækses] **1** *noun* **to have access to something** = to be able to obtain *or* reach something **mieć dostęp do czegoś;** *he has access to large amounts of venture capital;* **access to the market** = legal right to sell in a particular market *or* ability to reach a market by promotion and distribution **dostęp do rynku; access time** = time taken by a computer to find data stored in it **czas dostępu; 2** *verb* to call up (data) which is stored in a computer **wczytywać (dane);** *she accessed the address file on the computer*

◊ **Access** [ˈækses] credit card system operated by some British banks, part of the MasterCard network **system kart kredytowych Access**

◊ **accessibility** [æksesəˈbɪlɪti] *noun* ability of a market to be reached by promotion and distribution **dostępność;** *there is much demand in the market, but, because of the great distances involved, accessibility is a problem; we must analyze the geographical aspects in assessing the market's accessibility*

accommodation bill [əˌkɒməˈdeɪʃən ˈbɪl] *noun* bill of exchange which the person signs in order to help someone raise a loan **weksel grzecznościowy**

account [əˈkaʊnt] **1** *noun* **(a)** record of money paid *or* owed **zestawienie, wykaz, rachunek;** *please send me your account or a detailed or an itemized; account* **expense account** = money which a businessman is allowed by his company to spend on travelling and entertaining clients in connection with his business **firmowy rachunek wydatków biznesmena (na podróże służbowe i reprezentację);** *he charged his hotel bill to his expense account* **(b)** *(in a shop)* arrangement whereby a customer pays for the goods he or she buys at a later date (usually the end of the month) **rachunek;** *to have an account or a charge account or a credit account with Harrods; put it on my account or charge it to my account (of a customer);* **to open an account** = to ask a shop to supply goods which will be paid for at a later date *(of a business)* **otworzyć rachunek/kredyt (w sklepie); to open an account** *or* **to close an account** = to start *or* to stop supplying a customer on credit **otworzyć/zamknąć rachunek; to settle an account** = to pay all the money owed on an account **rozliczyć się; to stop an account** = to stop supplying a customer until he or she has paid what is owing **zablokować rachunek/kredyt; on account** = as part of a total bill **na konto, na poczet; to pay money on account** = to pay money in settlement of part of a bill **wpłacić pieniądze na poczet; advance on account** = money paid as a part payment **zaliczka; (c)** arrangement which a company has with an advertising agency, where the agency deals with all promotion for the company **zlecenie w agencji reklamowej;** *the company has moved its $3m account to another agency; the small agency lost the account when the company decided it needed a different marketing approach; three agencies were asked to make presentations, as the company had decided to switch its account* **(d)** customer who does a large amount of business with a firm and has an account with it **klient;** *he is one of our largest accounts; our salesmen call on their best accounts twice a month;* **fringe accounts** = accounts that are not very profitable for the supplier **drugorzędni klienci; national account** = customer with branches or offices all over the country **klient mający oddziały w całym kraju; (e) the accounts of a business** *or* **a company's accounts** = detailed record of a company's financial affairs **księgowość, księgi; to keep the accounts** = to write each sum of money in the account book **prowadzić księgowość;** *the accountant's job is to enter all the money received in the accounts;* **annual accounts** = accounts prepared at the end of a financial year **sprawozdanie roczne; management**

accounts = financial information (sales, expenditure, credit, and profitability) prepared for a manager so that he or she can take decisions **rachunkowość zarządcza; profit and loss account** = accounts for a company with expenditure and income balanced to show a final profit or loss **rachunek wyników, rachunek zysków i strat; accounts department** = department in a company which deals with money paid, received, borrowed or owed **dział księgowości, księgowość; accounts manager** = manager of an accounts department **kierownik działu księgowości; accounts payable** = money owed by a company **płatności, zobowiązania, rachunek „wierzyciele"; accounts receivable** = money owed to a company **należności, wierzytelności, rachunek „dłużnicy"; (f) bank account** *or US* **banking account** = arrangement to keep money in a bank **rachunek bankowy, konto bankowe; budget account** = bank account where you plan income and expenditure to allow for periods when expenditure is high **bankowy rachunek budżetowy; current account** *or* **cheque account** *or US* **checking account** = account which pays no interest but from which the customer can withdraw money at any time by writing cheques **rachunek bieżący/czekowy; deposit account** = account which pays interest but from which money can usually be withdrawn only after notice has been given **rachunek depozytowy; external account** = account with a British bank held by someone who is living in another country **rachunek zagraniczny wolny; frozen account** = account where the money cannot be used or moved because of a court order **rachunek zablokowany; joint account** = account for two people **rachunek wspólny;** *most married people have joint accounts so that they can each take money out when they want;* **overdrawn account** = account where you have taken out more money than you have put in (i.e. where the bank is lending you money) **rachunek na debecie; savings account** = account where you put money in regularly and which pays interest, often at a higher rate than a deposit account **rachunek oszczędnościowy; to open an account** = to start a bank account by putting money in **otworzyć konto/rachunek; to close an account** = to take all money out of a bank account and stop the account **zamknąć konto/rachunek; (g) to take account of inflation** *or* **to take inflation into account** = to assume that there will be a certain percentage inflation when making calculations **uwzględniać inflację; 2** *verb* **to account for** = to explain and record a money deal **rozliczyć/wyliczyć się z, wyjaśniać;** *to account for a loss or a discrepancy; the reps have to account for all their expenses to the sales manager*

◊ **account executive** [ə'kaʊnt ɪg'zekjʊtɪv] *noun* **(a)** employee who looks after certain customers *or* who is the link between certain customers and the company **pracownik odpowiedzialny za klienta; (b)** = ACCOUNT HANDLER

◊ **account handler** *or* **account manager** [ə'kaʊnt 'hændlə *or* 'mænɪdʒə] *noun* person who works in an advertising agency, and who is responsible for a particular client **pracownik (agencji reklamowej) odpowiedzialny za (danego) zleceniodawcę**

> QUOTE: we have moved the account because we thought it would be better suited in a smaller agency
>
> Marketing Week

accountancy [ə'kaʊntənsɪ] *noun* work of an accountant **księgowość, rachunkowość;** *he is studying accountancy or he is an accountancy student*

◊ **accountant** [ə'kaʊntənt] *noun* person who keeps a company's accounts *or* person who advises a company on its finances *or* person who examines accounts **księgowy, doradca finansowy, rewident; certified accountant** = accountant who has passed the professional examinations and is a member of the Association of Certified Accountants **(dyplomowany) biegły księgowy;** *US* **certified public accountant** = accountant who has passed professional examinations **(dyplomowany) biegły księgowy; chartered accountant** = accountant who has passed the professional examinations and is a member of the Institute of Chartered Accountants **(dyplomowany) biegły księgowy; cost accountant** = accountant who gives managers information about their business costs **księgowy ds. kosztów; management accountant** = accountant who prepares financial information for managers so that they can take decisions **księgowy ds. księgowości zarządczej**

◊ **accounting** [ə'kaʊntɪŋ] *noun* work of recording money paid, received, borrowed or owed **księgowość, rachunkowość;** *accounting methods or accounting procedures; accounting system;* **accounting period** = period usually covered by a firm's accounts **okres obrachunkowy; cost accounting** = preparing special accounts of manufacturing and sales costs **kalkulacja kosztów; current cost accounting** = method of accounting which values assets at what it would cost to replace them now, rather than at their original cost **rachunkowość według kosztów bieżących**

> QUOTE: applicants will be professionally qualified and have a degree in Commerce or Accounting
> **Australian Financial Review**

accredited agent [ə'kredɪtɪd 'eɪdʒənt] *noun* agent who is appointed by a company to act on its behalf **agent, akredytowany/oficjalny przedstawiciel**

acct = ACCOUNT

accurate ['ækjʊrət] *adjective* correct **dokładny, ścisły, prawidłowy; accurate description** = honest and true description of a product *or* service in an advertisement or catalogue **dokładny i rzetelny opis;** ***as the advertisement was clearly not an accurate description of the product, the company had to pay a fine; it is not an accurate description of the product to state that it gives out more light than the sun***

◊ **accurately** ['ækjʊrətlɪ] *adverb* correctly **dokładnie, prawidłowo;** ***the computer accurately forecast that sales would drop in the second quarter***

achiever [ə'tʃi:və] *noun* member of the community who is successful and has reached the top of their profession **człowiek sukcesu;** *see also* VALS

acknowledge [ək'nɒlɪdʒ] *verb* to inform a sender that a letter *or* package *or* shipment has arrived **potwierdzać;** ***he has still not acknowledged my letter of the 24th; we acknowledge receipt of your letter of June 14th***

◊ **acknowledgement** [ək'nɒlɪdʒmənt] *noun* act of acknowledging **potwierdzenie;** ***she sent an acknowledgement of receipt; they sent a letter of acknowledgement***

ACORN ['eɪkɔ:n] = A CLASSIFICATION OF RESIDENTIAL NEIGHBOURHOODS classification of residential areas into categories, based on the type of people who live in them, the type of houses, etc., much used in consumer research **ACORN (klasyfikacja terenów mieszkalnych dla potrzeb badań marketingowych);** ***ACORN will help us plan where to concentrate our sales visits***

acquire [ə'kwaɪə] *verb* to buy **nabywać, kupować;** ***to acquire a company***

◊ **acquirer** [ə'kwaɪərə] *noun* person *or* company which buys something **nabywca, kupujący**

◊ **acquisition** [ˌækwɪ'zɪʃən] *noun* thing bought; act of getting *or* buying something **nabytek, nabycie, kupno;** ***the chocolate factory is his latest acquisition;*** **data acquisition** *or* **acquisition of data** = obtaining and classifying data **zbieranie/gromadzenie danych**

acronym ['ækrənɪm] *noun* word which is made up from the initials of other words **akronim;** ***the name of the company was especially designed to provide a catchy acronym; BASIC is an acronym for Beginner's All-purpose Symbolic Instruction Code***

across-the-board [ə'krɒsðə'bɔ:d] *adjective* running an ad or radio or TV commercial for five consecutive days (from Monday to Friday) **prezentowana przez pięć kolejnych dni roboczych (o reklamie)**

action ['ækʃən] *see* AIDA

◊ **action shot** ['ækʃən 'ʃɒt] *noun* scene with movement (either in a film or on TV) **ujęcie/kadr z filmu**

ad = ADVERTISEMENT

adapt [ə'dæpt] *verb* to change something a little to fit in with changing circumstances **adaptować, dostosować, przystosować;** ***this product must be adapted in line with recent technological developments; the device has been adapted for use on board aircraft***

◊ **adaptation** [ædæp'teɪʃn] *noun* small change; thing which has been adapted **adaptacja, przeróbka;** ***this machine is an adaptation of our original model; with a few minor adaptations, the machine will cut square holes as well as round ones***

◊ **adaptive control model** [ə'dæptɪv kən'trəʊl 'mɒdl] *noun US* model for planning advertising expenditure in line with changes in consumer responses to advertising **adaptacyjny model kontroli (wydatków na reklamę)**

added value ['ædɪd 'vælju:] *noun* amount added to the value of a product or service, being the difference between its cost and the amount received when it is sold (wages, taxes, etc., are deducted from the added value to give the retained profit) **wartość dodana;** *see also* VALUE ADDED

add-on sales ['ædɒn 'seɪlz] *noun* sales of items which complement items being bought, such as washing powder sold with a dishwasher, etc. **sprzedaż produktów uzupełniających**

ad hoc ['æd 'hɒk] *adjective* done for a special occasion **doraźny, specjalny;** ***they run ad hoc surveys to test customer reaction when products are launched; shipping by airfreight was an ad hoc arrangement because of the strike in the docks***

adjust [ə'dʒʌst] *verb* to change to fit new circumstances **dopasować, dostosować, korygować; seasonally adjusted figures** = statistics which are adjusted to take account of seasonal variations **dane po korekcie sezonowej**

adman ['ædmæn] *noun (informal)* man who works in advertising **spec od reklamy, pracownik reklamy;** ***the admen are using balloons as promotional material*** (NOTE: plural is **admen**)

administer [əd'mɪnɪstə] *verb* to organize *or* to manage **kierować, zarządzać;** ***he administers a large pension fund;*** **administered channel** = distribution channel in which there is cooperation between businesses **sterowany kanał dystrybucji;** *US* **administered price** = price fixed by a manufacturer which cannot be varied by a retailer **cena reglamentowana/sterowana;** (NOTE: in the UK this is called **resale price maintenance**)

◊ **administration** [əd,mɪnɪ'streɪʃən] *noun* organization *or* control *or* management of a company **administracja, kontrola, zarządzanie; the expenses of the administration** *or* **administration expenses** = costs of management, not including production, marketing or distribution costs **koszty administracyjne; letters of administration** = letter given by a court to allow someone to deal with the estate of a person who has died **upoważnienie sądowe ustanawiające zarządcę spadku**

◊ **administrative** [əd'mɪnɪstrətɪv] *adjective* referring to administration **administracyjny;** ***administrative details; administrative expenses***

◊ **administrator** [əd'mɪnɪstreɪtə] *noun* **(a)** person who directs the work of other employees in a business **administrator, kierownik; (b)** person appointed by a court to manage the affairs of someone who has died without leaving a will **zarządca masy spadkowej**

adopt [ə'dɒpt] *verb* **(a)** to agree to (something) *or* to accept (something) **przyjąć, zaakceptować, zgodzić się na coś;** ***to adopt a new marketing strategy*** **(b)** to decide to buy and continue to use a particular product **zaakceptować (i zacząć stosować) nowy produkt**

◊ **adopter** [ə'dɒptə] *noun* customer who adopts a particular product **nowy nabywca produktu; early adopters** = category of adopters of a product who use it or buy it later than innovators, but earlier than the majority **[wcześni nabywcy]**

◊ **adoption** [ə'dɒptʃn] *noun* decision to buy *or* use a particular product **akceptacja/przyjęcie produktu (przez rynek);** ***more promotion was needed to speed up adoption of the product; widespread adoption of its new shampoo range has made the company the market leader;*** **adoption curve** = line on a graph showing how many consumers adopt or buy a new product at various time periods after the launch date **krzywa akceptacji/zakupu nowego produktu;** ***the adoption curve shows that most people who buy the product do so at a fairly late stage***

adshel ['ædʃel] *noun* trade mark for a poster site for advertisements in a bus shelter **adshel (znak handlowy brytyjskiej spółki medialnej specjalizującej się w reklamie plakatowej na przystankach autobusowych)**

adspend ['ædspend] *noun* amount of money spent on advertising **wydatki na reklamę**

ad valorem duty [,ædvə'lɔ:rəm 'dju:ti] *noun* duty calculated on the sales value of the goods **podatek/cło od wartości**

advance [əd'vɑ:ns] **1** *noun* **(a)** money paid as a loan or as a part of a payment to be made later **pożyczka, przedpłata, zadatek, zaliczka; (b) in advance** = early *or* before something happens **z góry;** ***to pay in advance; freight payable in advance; price fixed in advance;*** **advance freight** = freight which is payable in advance **koszty transportu płatne z góry;** *US* **advance man** = person who publicizes a performance and sells tickets for it before the performers arrive **człowiek reklamujący imprezę i sprzedający na nią bilety przed przybyciem wykonawców; (c)** increase **podwyżka, wzrost, zwyżka;** ***advance in trade; advance in prices*** **2** *adjective* early **wczesny;** ***advance booking; advance payment; you must give seven days' advance notice of withdrawals from the account*** **3** *verb* **(a)** to lend **pożyczać, udzielać pożyczki;** ***the bank advanced him £10,000 against the security of his house*** **(b)** to increase **podnosić się, rosnąć;** ***prices generally advanced on the stock market*** **(c)** to make something happen earlier **przesunąć na wcześniejszy termin, przyspieszać;** ***the date of the AGM has been advanced to May 10th; the meeting with the German distributors has been advanced from 11.00 to 09.30***

advertise [ˈædvətaɪz] *verb* to announce that something is for sale *or* that a job is vacant *or* that a service is offered **ogłaszać, reklamować;** *to advertise a vacancy; to advertise for a secretary; to advertise a new product*

◊ **ad** [æd] *noun (informal)* = ADVERTISEMENT *we put an ad in the paper; she answered an ad in the paper; he found his job through an ad in the paper;* **backup ad** = advertisement designed to accompany editorial material in a publication **reklama towarzysząca; classified ads** *or* **small ads** *or* **want ads** = advertisements listed in a newspaper under special headings (like 'property for sale', 'jobs wanted') **ogłoszenia drobne;** *look in the small ads to see if anyone has a computer for sale;* **coupon ad** = advertisement with a form attached, which is to be cut out and returned to the advertiser with your name and address for further information **reklama z kuponem; display ad** = advertisement which is set apart from other advertisements by having its own typeface, borders, illustrations, etc. **reklama o wyróżniającej się formie; house ad** = advertisement in a publication which is placed by the publication itself (such as one offering a readers' advice service, or selling back numbers of the publication) **reklama własna (we własnych mediach)**

◊ **advert** [ˈədvɜːt] *noun GB (informal)* = ADVERTISEMENT *to put an advert in the paper; to answer an advert in the paper; classified adverts; display advert*

◊ **advertisement** [ədˈvɜːtɪsmənt] *noun* **(a)** notice which shows that something is for sale *or* that a service is offered *or* that someone wants something *or* that a job is vacant, etc. **ogłoszenie, reklama;** *to put an advertisement in the paper; to answer an advertisement in the paper;* **classified advertisements** = advertisements listed in a newspaper under special headings such as 'property for sale' or 'jobs wanted') **ogłoszenia drobne; display advertisement** = advertisement which is set apart from other advertisements by having its own typeface, borders, illustrations, etc. **reklama o wyróżniającej się formie; advertisement manager** = manager in charge of the advertisement section of a newspaper **szef działu reklamy, kierownik działu ogłoszeń; (b)** short film on television, short announcement on the radio, which tries to persuade people to use a certain product or service **reklama**

◊ **advertiser** [ˈædvətaɪzə] *noun* person *or* company which advertises **reklamodawca;** *the catalogue gives a list of advertisers*

◊ **advertising** [ˈædvətaɪzɪŋ] *noun* business of announcing that something is for sale *or* of trying to persuade customers to buy a product or service **reklama, działalność reklamowa;** *she works in advertising; he has a job in advertising; the company has asked an advertising agent to prepare a presentation; our advertising budget has been cut again; the advertising campaign was a flop;* **advertising agency** = office which plans, designs and manages advertising for other companies **agencja reklamowa; advertising appropriation** *or* **advertising budget** = money set aside by an organization for its advertising **budżet reklamowy;** *the marketing director and the chief accountant have yet to fix the advertising appropriation; we cannot afford as large an advertising appropriation as last year; if the market turns out to be bigger than expected, we will increase our advertising appropriation;* **advertising control** = legislative and other measures to prevent abuses in advertising **nadzór nad reklamą;** *if voluntary advertising control doesn't work, then the government will step in with legislation;* **advertising hoarding** = billboard *or* wooden surface onto which advertising posters are stuck **tablica reklamowa, billboard;** *advertising hoardings have been taken down in that town since the council banned posters; giant advertising hoardings were placed in fields on either side of the road;* **advertising manager** = manager in charge of advertising a company's products **kierownik ds. reklamy; advertising medium** *or* **media** = types of communication used in advertising such as television or the press **środki przekazu używane do reklamy;** *which advertising media would get our message across best? television is not considered the most effective advertising medium for industrial products;* **advertising message** = whatever a company is trying to communicate in an advertisement **przesłanie reklamy;** *bad copywriting made the advertising message unclear; the advertising message was aimed at the wrong target audience and therefore got little response; the poster does not use words to get its advertising message across;* **advertising rates** = amount of money charged for advertising space in a newspaper *or* advertising time on TV **stawki reklamowe; advertising space** = space in a newspaper set aside for advertisements **przestrzeń reklamowa; to take advertising space in a paper** = to put an advertisement in a newspaper **umieścić reklamę w gazecie; advertising time** = time on television or radio set aside for advertising **czas reklamowy;** *advertising time is cheapest in the afternoon; he spent a month selling advertising time over the telephone; how much advertising time does* *this programme allow for?* *see also* ADVOCACY, AERIAL, COMPARATIVE, DIRECT-ACTION, EDUCATIONAL, INVESTMENT, NATIONAL, REMINDER, SATURATION, etc.

◊ **Advertising Standards Authority (ASA)** ['ædvətaɪzɪŋ 'stændədz ɔː'θɒrɪti] *noun* independent body which oversees the system of self-regulation in the British advertising industry **Urząd Kontroli Norm Reklamowych (w UK)**

◊ **advertorial** [ˌædvə'tɔːrɪəl] *noun* text in a magazine, which is not written by the editorial staff but by an advertiser **tekst/artykuł sponsorowany**

QUOTE: The objective of advertising for new products differs from that of advertising for improved products
International Journal of Advertising

QUOTE: in 1987, the advertising expenditure total was £6,264m
Precision Marketing

QUOTE: as media costs have spiralled, more financial directors are getting involved in the advertising process
Marketing Week

advice [əd'vaɪs] *noun* notification, telling someone what has happened **powiadomienie; advice of dispatch** = communication from seller to buyer stating that goods have been sent, specifying time and place of arrival **zawiadomienie o wysłaniu towarów;** ***we have paid for the goods but as yet have received no advice of dispatch; the advice of dispatch informed the buyer that the goods would arrive at Southampton on the morning of the 10th;*** **advice note** *or* **letter of advice** = written notice to a customer giving details of goods ordered and shipped but not yet delivered **awizo; as per advice** = according to what is written on the advice note **zgodnie z awizem**

advise [əd'vaɪz] *verb* to tell someone what has happened **powiadamiać;** ***we are advised that the shipment will arrive next week***

advocacy advertising ['ædvəkəsi 'ædvətæɪzɪŋ] *noun* advertising by a business that expresses a particular point of view on a certain issue **reklama prezentująca stanowisko reklamodawcy w pewnej kwestii;** ***because of its prestige as a producer, the company's advocacy advertising had great influence; the food company's advocacy advertising condemned unhealthy additives in canned produce; advocacy advertising has changed the public's attitude to smoking***

aerial advertising ['eərɪəl 'ædvətæɪzɪŋ] *noun* advertising displayed in the air from balloons or planes or in smoke designs **reklama powietrzna;** ***aerial advertising proved to be an effective gimmick; aerial advertising was used to attract the attention of people on the beach***

affiliated [ə'fɪlɪeɪtɪd] *adjective* connected with *or* owned by another company **afiliowany, przyłączony, stowarzyszony**

affordable method [ə'fɔːdəbl 'meθəd] *noun* method of budgeting how much can be spent on marketing and promotion, which is based on what you can afford, rather than what you want to achieve **metoda „według możliwości";** ***affordable method appeals to accountants, but won't help us achieve a high enough market share for the product***

after-date ['ɑːftədeɪt] *noun* reference on a bill of exchange to the length of time allowed for payment after a certain date **płatność (weksla) po dacie wystawienia; after-date bill** = **weksel płatny po dacie wystawienia;** ***the after-date allowed the buyer three months in which to pay***

◊ **after-sales service** ['ɑːftəseɪlz'sɜːvɪs] *noun* service of a machine carried out by the seller some time after the machine has been purchased **serwis posprzedażny**

◊ **after-sight** ['ɑːftəsaɪt] *noun* type of bill of exchange which is due to be paid on a certain day after acceptance **weksel terminowy**

agate ['ægət] *noun US* measurement of advertising space in a newspaper, equal to one-fourteenth of an inch **miara wielkości reklamy prasowej (1/14 cala)**

age group ['eidʒ 'gruːp] *noun* category including all people whose ages fall between two established points **grupa wiekowa;** ***what age groups is this product meant to appeal to? research shows an increase in smoking among the 18-20 age group***

agency ['eɪdʒənsɪ] *noun* **(a)** office *or* job of representing another company in an area **agencja, przedstawicielstwo;** ***they signed an agency agreement or an agency contract;*** **sole agency** = agreement to be the only person to represent a company *or* to sell a product in a certain area **wyłączne przedstawicielstwo;** ***he has the sole agency for Ford cars*** **(b)** office *or* business which arranges things for other companies **agencja, biuro przedstawicielskie; employment agency** = office which finds jobs for people **biuro pośrednictwa pracy, urząd zatrudnienia**; **estate agency** = office which arranges for the sale of properties **agencja handlu nieruchomościami**; **news agency** = office which distributes news to newspapers and television stations **agencja prasowa**; **travel agency** = office which arranges travel for customers **biuro podróży**; **(c) advertising agency** = office which plans or designs and manages advertising for companies **agencja reklamowa**; **house agency** = advertising agency owned and used by a large company, but which can be used by other companies also **własna agencja reklamowa**

agent [ˈeɪdʒənt] *noun* **(a)** person who represents a company *or* another person in an area **agent, pośrednik, przedstawiciel**; *to be the agent for IBM*; **sole agent** = person who has the sole agency for a company in an area **wyłączny przedstawiciel**; *he is the sole agent for Ford cars*; **agent's commission** = money (often a percentage of sales) paid to an agent **prowizja ajencyjna**; **(b)** person in charge of an agency **kierownik/szef agencji/przedstawicielstwa**; *advertising agent; estate agent; travel agent*; **commission agent** = agent who is paid by commission, not by fee **agent prowizyjny/komisowy**; **forwarding agent** = person *or* company which arranges shipping and customs documents **spedytor**; **insurance agent** = person who arranges insurance for clients **agent ubezpieczeniowy**; **land agent** = person who runs a farm *or* a large area of land for the owner **(za)rządca majątku ziemskiego**

aggregate [ˈægrɪgət] *adjective* total, with everything added together **całkowity, globalny, łączny**; **aggregate demand** = total demand for goods and services in a country **popyt globalny**; *economists are studying the recent fall in aggregate demand; as incomes have risen, so has aggregate demand*; **aggregate supply** = all goods and services on the market **podaż globalna**; *is aggregate supply meeting aggregate demand?*

agree [əˈgriː] *verb* **(a)** to approve **uzgadniać, zatwierdzać**; *the auditors have agreed the accounts; the figures were agreed between the two parties; we have agreed the budgets for next year; terms of the contract are still to be agreed; he has agreed your prices* **(b)** to say yes *or* to accept **przyjmować, uzgadniać**; *it has been agreed that the lease will run for 25 years; after some discussion he agreed to our plan; the bank will never agree to the terms of the loan* **(c) to agree to do something** = to say that you will do something **zgodzić się (na/coś zrobić)**; *she agreed to be chairman; will the finance director agree to resign? the bank agreed to lend the company $250,000* **(d)** *(of a group of people)* **to agree on something** = to come to a joint decision about something **uzgadniać**; *they have finally agreed on a new marketing strategy; can we agree on a date for the new product launch?* **(e)** to think the same *or* to be the same **zgadzać się**; *I think it's an excellent plan, but the marketing director doesn't agree; the two sets of calculations do not agree*

◊ **agree with** [əˈgriː wɪð] *verb* to say that your opinions are the same as someone else's *or* to be the same as **zgadzać się z**; *I agree with the chairman that the figures are lower than normal; the auditors' figures do not agree with those of the accounts department*

◊ **agreed** [əˈgriːd] *adjective* which has been accepted by everyone **umowny, uzgodniony**; *an agreed amount; on agreed terms*

◊ **agreement** [əˈgriːmənt] *noun* contract between two parties which explains how they will act **kontrakt, porozumienie, układ, umowa**; *written agreement; unwritten or verbal agreement; to draw up or to draft an agreement; to break an agreement; to sign an agreement; to witness an agreement; agreement has been reached or concluded or come to; to reach or to come to an agreement on prices or salaries; an international agreement on trade; collective wage agreement; an agency agreement; a marketing agreement*; **blanket agreement** = agreement which covers many different items **umowa wielopunktowa**; **exclusive agreement** = agreement whereby a company is appointed sole agent for a product in a market **umowa wyłączności/o wyłączne przedstawicielstwo**; **gentleman's agreement** = verbal agreement between two parties who trust each other **umowa dżentelmeńska**

aid [eɪd] **1** *noun* something which helps **pomoc**; **dealer aids** = types of advertising material which can be used in shops as a way of attracting customers **pomoce handlowca**; **sales aids** = advertising materials used to help sales, such as sample packs, sales literature, display cases, etc. **materiały reklamowe, pomoce handlowca**; **2** *verb* to help **pomagać**; **aided recall** = test to see how well someone remembers an advertisement by giving the respondent some help (such as a picture which he or she might associate with it) **[przypomnienie wspomagane reklamy]**; *even aided recall brought no reaction from the respondent; aided recall has shown that we must make our advertising more striking*

◊ **aids-to-trade** [eɪdz tʊ 'treɪd] *noun* services which support trade, such as banking and advertising **usługi pomocnicze handlu;** ***the recession has affected aids-to-trade and the industries they support and supply; at that time, advertising was the fastest expanding aid-to-trade***

AIDA = ATTENTION, INTEREST, DESIRE, ACTION model showing stages in the effects of advertising on consumers (you attract their Attention, keep their Interest, arouse a Desire and finally provoke Action to purchase) **model AIDA**

aim [eɪm] **1** *noun* something which you try to do **cel, założenie;** ***one of our aims is to increase the quality of our products;*** **the company has achieved all its aims** = the company has done all the things it had hoped to do **spółka zrealizowała wszystkie swoje cele/założenia; 2** *verb* to try to do something **dążyć, próbować, usiłować;** ***we aim to be No. 1 in the market in two years' time; each salesman must aim to double his previous year's sales***

air [eə] *noun* **(a)** method of travelling or sending goods using aircraft **droga lotnicza;** ***to send a letter or a shipment by air*** **air carrier** = company which sends cargo *or* passengers by air **przewoźnik lotniczy; air forwarding** = arranging for goods to be shipped by air **transport lotniczy; air letter** = special sheet of thin blue paper which when folded can be sent by air mail without an envelope **formularz listu lotniczego; (b)** medium for broadcasting (i.e. radio or television) **antena, wizja; to be on the air być na antenie/wizji;** ***two of our advertisements will be on the air this morning***

◊ **air cargo** ['eə'kɑ:gəʊ] *noun* goods sent by air **przesyłka lotnicza**

◊ **air freight** ['eə'freɪt] *noun* method of shipping goods in an aircraft **transport lotniczy;** ***to send a shipment by air freight; air freight charges or rates***

◊ **airfreight** ['eəˌfreɪt] *verb* to send goods by air **wysyłać towar drogą lotniczą;** ***to airfreight a consignment to Mexico; if you run out of stock, we will airfreight the goods to you***

◊ **airline** ['eəlaɪn] *noun* company which carries passengers or cargo by air **linie lotnicze**

◊ **airmail** ['eəmeɪl] **1** *noun* way of sending letters *or* parcels by air **poczta lotnicza;** ***to send a package by airmail; airmail charges have risen by 15%;*** **airmail envelope** = very light envelope for sending airmail letters **koperta lotnicza; airmail sticker** = blue sticker with the words 'by air mail' which can be stuck to an envelope or packet to show it is being sent by air **nalepka poczty lotniczej; 2** *verb* to send letters *or* parcels by air **wysyłać pocztą lotniczą;** ***to airmail a document to New York***

◊ **airtight** ['eətaɪt] *adjective* which does not allow air to get in **hermetyczny;** ***the goods are packed in airtight containers***

◊ **air time** ['eə 'taɪm] *noun* time set aside for advertising on television or radio **czas antenowy;** ***how much air time do we need for this commercial? we should look for air time on the new radio station; all the air time in the world won't sell this product***

aisle [aɪl] *noun* space or passageway between the shelves of products on display in a supermarket **przejście (pomiędzy półkami z towarami w sklepie)**

à la carte ['ælæ'kɑ:t] *adjective* system whereby advertisers use the services of a whole range of businesses rather than relying on one agency over a long period **[reklama według potrzeb]**

all-in price ['ɔ:lɪn 'praɪs] *noun* price which covers all items in a purchase (shipping, insurance, packing, as well as the item bought) **cena łączna**

allowance [ə'laʊəns] *noun* money removed in the form of a discount **bonifikata, skonto, upust**

ambush marketing ['æmbʊʃ 'mɑ:kətɪŋ] *noun* linking a promotion campaign to an event (such as a sporting contest which is sponsored by another manufacturer) without paying a fee **[marketing przywłaszczony]**

analyze *or* **analyze** ['ænəlaɪz] *verb* to examine in detail **analizować, badać;** ***to analyze a statement of account; to analyze the market potential***

◊ **analysis** [ə'næləsɪs] *noun* detailed examination and report **analiza, badanie;** ***job analysis; market analysis; sales analysis; to carry out an analysis of the market potential; to write an analysis of the sales position;*** **contribution analysis** = analysis of how much each product contributes to profit **analiza wpływu produktu na zyski firmy; cost analysis** = examination in advance of the costs of a new product **analiza kosztów; systems analysis** = using a computer to suggest how a company can improve efficiency by analyzing the way in which it works at present **komputerowa analiza systemów (stosowanych w firmie);** *see also* CRITICAL PATH ANALYSIS

◊ **analyst** ['ænəlɪst] *noun* person who analyses **analityk;** ***market analyst; systems analyst***

ancillaries-to-trade [æn'sɪlərɪz tʊ treɪd] *noun* services which support trade, such as banking and advertising **usługi pomocnicze handlu;** ***the recession has affected ancillaries-to-trade and the industries they support and supply; advertising was the fastest expanding ancillary-to-trade at that time***

animatic [ænɪ'mætɪk] *noun* rough outline version of a television commercial shown to the advertiser for approval **próbna/wstępna wersja reklamy;** ***the animatic was sent back to the agency with several criticisms; the animatic impressed the advertiser because it put the message over stylishly; if the animatic is approved, the creative team will begin work on the final product***

◊ **animation** [ænɪ'meɪʃn] *noun* cartoon film, a film made from drawings **animacja, film animowany/rysunkowy**

annual ['ænjʊəl] *adjective* for one year **coroczny, doroczny, roczny;** ***annual statement of income; he has six weeks' annual leave; the annual accounts;*** **annual report** = document sent each year by the chairman of a company or the directors to the shareholders, explaining what the company has done during the year and its financial situation at the end of the year **sprawozdanie z działalności firmy, sprawozdanie roczne**

anonymous product [ə'nɒnɪməs 'prɒdʌkt] *noun* product with no apparent brand name, used in advertisements to highlight the product being promoted **produkt X/bezmarkowy;** ***Brand X is the anonymous product which never gets your washing completely white; we must choose an anonymous product which performs badly enough; no one watching the commercial would believe the anonymous product was as bad is it seemed; what happens if the respondent chooses the anonymous product instead of ours?***

anti- ['æntɪ] *prefix* against **anty-, przeciw-**

◊ **anti-trust** ['æntɪ'trʌst] *adjective* which attacks monopolies and encourages competition **antymonopolowy, antytrustowy;** ***anti-trust laws or legislation***

AOB ['eɪəʊ'bi:] = ANY OTHER BUSINESS

appeal [ə'pi:l] *noun* being attractive **atrakcyjność, urok;** **customer appeal** = being attractive to customers **atrakcyjność produktu dla klienta;** **sales appeal** = quality which makes customers want to buy **cecha produktu powodująca u klientów chęć jego nabycia**

apperception [æpə'sepʃən] *see* THEMATIC

appraisal [ə'preɪzəl] *noun* calculation of the value of someone *or* something **ocena, szacunek, wycena;** **staff appraisals** = reports on how well each member of staff is working **ocena pracowników**

appraiser [ə'preɪzə] *noun US* person who estimates how much money something is worth **rzeczoznawca, taksator;** ***although he is our chief buyer, he is a poor appraiser***

appro ['æprəʊ] *noun* = APPROVAL **to buy something on appro** = to buy something which you will only pay for if it is found to be satisfactory after a trial period **na próbę**

approach [ə'prəʊtʃ] **1** *noun* **(a)** getting in touch with someone with a proposal **przedstawienie komuś oferty;** ***the company made an approach to the supermarket chain; the board turned down all approaches on the subject of mergers; we have had an approach from a Japanese company to buy our car division*** **(b)** method of dealing with a problem *or* subject **podejście;** ***if you are selling to the teenage market, you will need a different approach; I like the agency's approach to the problem of marketing our products*** **2** *verb* **(a)** to get in touch with someone with a proposal **zwracać się (z ofertą);** ***he approached the bank with a request for a loan; the company was approached by an American publisher with the suggestion of a merger; we have been approached several times but have turned down all offers*** **(b)** to try to deal with a problem **podchodzić do (kwestii, problemu);** ***perhaps we should approach the problem of selling to the children's market from a different angle?***

appropriation [əˌprəʊprɪ'eɪʃən] *noun* act of putting money aside for a special purpose **asygnowanie środków;** ***appropriation of funds to the reserve;*** **appropriation account** = part of a profit and loss account which shows how the profit has been dealt with (i.e. how much has been given to the shareholders as dividends, how much is being put into the reserves, etc.) **rozliczenie podziału środków;** *see also* ADVERTISING APPROPRIATION

approve [ə'pru:v] *verb* **(a) to approve of** = to think something is good **aprobować, zatwierdzać;** ***the chairman approves of the new company letter heading; the sales staff do not approve of interference from the accounts division*** **(b)** to agree to something officially **wyrażać zgodę, zatwierdzać;** ***to approve***

the terms of a contract; the proposal was approved by the board

◊ **approval** [ə'pru:vəl] *noun* **(a)** agreement **zatwierdzenie;** ***to submit a budget for approval;*** **certificate of approval** = document showing that an item has been officially approved **zatwierdzenie, zgoda; (b) on approval** = sale where the buyer only pays for goods if they are found to be satisfactory after a trial period **„na próbę";** ***the office has bought a photocopier on approval***

area ['eərɪə] *noun* part of a country, a division for commercial purposes **obszar, okręg, rejon;** ***his sales area is the North-West; he finds it difficult to cover all his area in a week***

◊ **area code** ['eərɪə'kəʊd] *noun* special telephone number which is given to a particular area **numer kierunkowy;** ***the area code for central London is 0171***

◊ **area manager** ['eərɪə'mænɪdʒə] *noun* manager who is responsible for a particular part of the country **kierownik (działu firmy) na dany obszar**

arithmetic mean [ærɪθ'metɪk 'mi:n] = AVERAGE

armchair research ['ɑ:mtʃeə rɪ'sɜ:tʃ] *noun* looking for information that has already been compiled and published in reference books such as directories **badania zza biurka;** ***most of our armchair research can be done in libraries; if we cannot find all the data through armchair research, we shall have to do a market survey of our own*** (NOTE: also called **desk research**)

arrears [ə'rɪəz] *plural noun* **(a)** money which is owed, but which has not been paid at the right time **długi, zaległe odsetki/płatności, zaległości;** ***arrears of interest; to allow the payments to fall into arrears; salary with arrears effective from January 1st*** **(b) in arrears** = owing money which should have been paid earlier **opóźniony, zaległy;** ***the payments are six months in arrears***

art director ['ɑ:t dæɪrektə] *noun* coordinator of creative work in advertising **dyrektor artystyczny;** ***the art director briefed the copywriter and illustrator on the main points of the campaign; after three years as an agency photographer, he was made art director***

article ['ɑ:tɪkl] *noun* **(a)** product *or* thing for sale **artykuł, produkt, towar, wyrób;** ***to launch a new article on the market; a black market in luxury articles;*** **article numbering system** = universal system of identifying articles for sale, using a series of digits which can be expressed as bar codes **system numerowania produktów; (b)** section of a legal agreement **artykuł, paragraf, punkt;** ***see article 8 of the contract***

artificial obsolescence ['ɑ:tɪfɪʃəl ɒbsə'lesns] *noun* deliberately making old models seem out-of-date by bringing out new ones with changes and additional features which will attract the customer **sztuczne zużycie moralne, sztuczna przestarzałość;** ***artificial obsolescence is making our products seem cheap and disposable; artificial obsolescence means that no product can be fashionable for very long***

artwork ['ɑ:twɜ:k] *noun* original work (such as drawings, layouts, photographs) to be used for an advertisement **oprawa artystyczna**

ASA = ADVERTISING STANDARDS AUTHORITY

asking price ['ɑ:skɪŋ 'praɪs] *noun* price which the seller is hoping will be paid for the item being sold **cena żądana przez sprzedawcę;** ***the asking price is £24,000***

assay mark [ə'seɪˌmɑ:k] *noun* mark put on gold or silver items to show that the metal is of the correct quality **cecha probiercza**

assembly [ə'semblɪ] *noun* **(a)** putting an item together from various parts **montaż;** ***we can't put the machine together because the instructions for assembly are in Japanese;*** **car assembly plant** = factory where cars are put together from parts made in other factories **montownia samochodów osobowych; (b)** meeting **zebranie, zgromadzenie**

◊ **assembly line** [ə'semblɪ'laɪn] *noun* production system in which the product (such as a car) moves slowly through the factory with new sections being added to it as it goes along **linia/taśma montażowa;** ***he works on an assembly line*** *or* ***he is an assembly line worker***

assessment [ə'sesmənt] *noun* calculation of value **ocena, szacunek, wycena;** ***assessment of damages; assessment of property; tax assessment*** **staff assessments** = reports on how well members of staff are working **oceny pracowników**

asset ['æset] *noun* thing which belongs to company or person, and which has a value **aktyw, składnik majątku;** ***he has an excess of assets over liabilities; her assets are only £640 as against liabilities of £24,000*** **capital assets** *or* **fixed assets** = property *or* machinery which a company owns and uses **środki trwałe; current assets** = assets used by a company in its ordinary work (such as materials, finished goods, cash) **środki obrotowe;frozen assets** = assets of a company which cannot be sold because someone has a claim against them **aktywa zamrożone; intangible assets** = assets which have a value, but which are not solid objects (such as goodwill or a patent, or a trademark) **aktywa niematerialne; liquid assets** = cash, or bills which can be quickly converted into cash **aktywa łatwo zbywalne/płynne; personal assets** = movable assets which belong to a person **osobisty majątek ruchomy; tangible assets** = assets which are solid objects (such as furniture or jewels or cash) **aktywa materialne; asset value** = value of a company calculated by adding together all its assets **nominalna wartość majątku firmy; asset stripper** = person who buys a company to sell its assets **[sprzedawca aktywów/majątku (firmy)]; asset stripping** = buying a company to sell its assets **ogałacanie z aktywów, rozbieranie z majątku**

> QUOTE: many companies are discovering that a well-recognised brand name can be a priceless asset that lessens the risk of introducing a new product
>
> **Duns Business Month**

assortment [ə'sɔ:tmənt] *noun* combination of goods sold together **asortyment, gama, wachlarz, wybór;** *the box contains an assortment of chocolates with different centres*

asterisk law ['æstərɪsk 'lɔ:] *noun* law which forces telemarketing agencies not to try to sell to people who have indicated that they do not want to be approached by telephone salesmen (by putting an asterisk against their names in the phone book) **prawo gwiazdki**

ATM ['eɪti:'em] *noun* = AUTOMATED TELLER MACHINE

> QUOTE: Swiss banks are issuing new Eurocheque cards which will guarantee Eurocheque cash operations but will also allow cash withdrawals from ATMs in Belgium, Denmark, Spain, France, the Netherlands, Portugal and Germany
>
> **Banking Technology**

atmosphere ['ætməsfɪə] *noun* **(a)** general feeling in a shop or shopping area **atmosfera, nastrój; (b)** effect that the medium itself through which the advertisement is presented has on the audience **wpływ nośnika (reklamy na jej efektywność)**

◊ **atmospherics** [ætmə'sferɪks] *noun* **(a)** way of encouraging customer interest by using the senses (smell, sound, etc.) **przyciąganie klienta poprzez zmysły; (b)** creating an overall image of a company through the design of its premises and products **kreowanie wizerunku przedsiębiorstwa poprzez wygląd wyrobów**

ATR = AWARENESS, TRIAL, REPEAT model showing stages in the effects of advertising on the consumer, where the customer becomes aware of the product, buys it once to try it and then buys it again when he finds it is satisfactory **model ATR**

atrium ['eɪtrɪəm] *noun* very large open space in a building, usually with a glass roof, fountains and plants, which acts as a central meeting point, linking shopping and office areas and restaurants **pasaż**

attention [ə'tenʃən] *noun* **(a)** careful consideration and treatment **uwaga;** *your orders will have our best attention;* **for the attention of the Managing Director do rąk Dyrektora Naczelnego; (b)** receiving the message conveyed by an advertisement and retaining it in the mind **uwaga;** *see also* AIDA

attitude ['ætɪtju:d] *noun* way in which a person views someone *or* something **podejście, postawa, stosunek; attitude measurement** *or* **attitude testing** = ascertaining the way in which a person views something by assigning scores to various factors **pomiar postaw;** *attitude measurement has given us a good idea of how consumers view our product; will attitude testing lead to the redesigning of these heaters?;* **attitude research** *or* **attitude survey** = carrying out a survey to discover people's attitudes to products, to advertisements or to the companies producing them **badanie postaw; attitude scale** = device which measures or tests attitudes by analyzing a subject's responses **skala postaw**

attrition [ə'trɪʃn] *noun* decrease in the loyalty of consumers to a product, due to boredom, desire for a change, etc. **spadek lojalności;** *we must adapt our products if we are to avoid attrition; attrition showed the company that brand loyalty could not be taken for granted; a survey was done to find reasons for the unexpected attrition*

auction ['ɔ:kʃən] **1** *noun* method of selling goods where people make bids, and the item is sold to the person who makes the highest offer **aukcja, licytacja, przetarg;** *sale by auction; auction rooms; to sell goods by auction or US at auction;* **auction house** = company which specializes in holding auction sales, especially of antiques, paintings, etc. **dom aukcyjny; to put something up for auction** = to offer an item for sale at an auction **wystawić coś na aukcji; Dutch auction** = auction where the auctioneer offers an item for sale at a high price and gradually reduces the price until someone makes a bid **aukcja zniżkowa; 2** *verb* to sell at an auction **sprzedawać na aukcji;** ***the factory was closed and the machinery was auctioned off***

◊ **auctioneer** [ˌɔ:kʃə'nɪə] *noun* person who conducts an auction **aukcjonator**

audience ['ɔ:dɪəns] *noun* (i) number of people who watch a TV programme or listen to a radio programme; **słuchacze, widownia, widzowie;** (ii) number of people who are exposed to an advertisement; **liczba odbiorców reklamy; captive audience** = people who cannot avoid being exposed to an advertisement **odbiorcy mimowolni; target audience** = consumers at whom an advertisement is aimed **docelowi odbiorcy reklamy, adresaci reklamy;** ***TV advertising will fail unless we have a clear idea of who the target audience is for our product***

audio-visual ['ɔ:dɪəʊ'vɪdʒʊəl] *adjective* media that can be seen and heard (such as a TV commercial) **audio-wizualny;** ***the exhibition was devoted to the latest in audio-visual equipment***

audit ['ɔ:dɪt] *noun* checking on figures, such as sales figures **audyt, badanie, kontrola; home audit** = survey method whereby a panel of householders keep records of purchases so that these can be regularly checked for the quantities and brands bought **badanie domowe; social audit** = analysis of the social consequences of a particular marketing strategy **badanie społecznego oddziaływania danej strategii marketingowej;** *see also* RETAIL, SALES, SHOP

augmented product [ɔ:g'mentɪd 'prɒdʌkt] *noun* product with added benefits, such as warranties, installation service, etc. **wyrób z dodatkowymi atrybutami**

automatic [ˌɔ:tə'mætɪk] *adjective* which works *or* takes place without any person making it happen **automatyczny, zautomatyzowany; automatic telling machine** *or* **Automated Teller Machine (ATM)** = machine which gives out money when a special card is inserted and special instructions given **bankomat; automatic merchandizing** *or* **automatic selling** *or* **automatic vending** = selling through a machine **sprzedaż za pomocą automatów;** ***automatic selling is popular because of the low labour costs involved;*** **automatic vending machine** = machine which provides drinks, cigarettes, etc. when a coin is put in **automat sprzedający**

automation [ˌɔ:tə'meɪʃən] *noun* use of machines to do work with very little supervision by people **automatyzacja**

availability [əˌveɪlə'bɪlətɪ] *noun* being easily obtained **dostępność; offer subject to availability** = the offer is valid only if the goods are available **oferta ważna do wyczerpania zapasów**

average ['ævərɪdʒ] **1** *noun* number calculated by adding several figures together and dividing by the number of figures added **przeciętna/średnia (wartość);** ***the average for the last three months*** *or* ***the last three months' average; sales average*** *or* ***average of sales;*** **moving averages** = method for working out averages, where the calculation is made over a period which moves forward regularly, usually one week or one month at a time **metoda średnich ruchomych; weighted average** = average which is calculated taking several factors into account, giving some more value than others **średnia ważona; on (an) average** = in general **przeciętnie;** ***on an average, £15 worth of goods are stolen every day*** **2** *adjective* **(a)** middle (figure) **przeciętny, średni;** ***average cost per unit; average price; average sales per representative; the average figures for the last three months; the average increase in prices;*** **average cost pricing** = pricing based on the average cost of producing one unit of a product **ustalanie cen na podstawie średnich kosztów produkcji; average frequency** = average number of times a consumer will see a particular advertisement **średnia częstotliwość odbioru reklamy;** ***we will have to buy a lot of advertising time to attain a high average frequency; what average frequency do we need to get this advertisement across to the target audience?*** **(b)** not very good **przeciętny;** ***the company's performance has been only average; he's only an average worker*** **3** *verb* to be on average **wynosić przeciętnie;** ***price increases have averaged 10% per annum; days lost through sickness have averaged twenty-two over the last four years***

◊ **average due date** ['ævərɪdʒ'dju:ˌdeɪt] *noun* date when several payments (due at different dates) are settled in one payment **średni termin płatności/spłaty**

◊ **average out** ['ævərɪdʒ'aʊt] *verb* to come to a figure as an average **wynosić przeciętnie;** ***it averages out at 10% per annum; sales increases have averaged out at 15%***

awareness [ə'weənəs] *noun* being made conscious of an advertisement's message *or* of a brand's existence and qualities **świadomość (przekazu reklamy, istnienia wyrobu i jego cech);** ***the survey after the campaign showed advertising awareness had remained low; brand awareness began to develop satisfactorily six months after the launch*** *see also* ATR, MAXIMAL AWARENESS

Bb

baby boomers ['beɪbɪ 'bu:məz] *noun* market composed of people born during the period from 1945 to 1965, when the population of the GB and the USA increased rapidly **(pokolenie wyżu demograficznego w USA i UK po II wojnie światowej)**

back [bæk] **1** *noun* opposite side to the front **tył, odwrotna strona;** *write your address on the back of the envelope; the conditions of sale are printed on the back of the invoice; please endorse the cheque on the back* **2** *adjective* referring to the past **dawny, zaległy; back interest** = interest not yet paid **zaległe odsetki; back orders** = orders received in the past and not fulfilled (usually because the item is out of stock) **niezrealizowane/zaległe zamówienia;** *after the strike it took the factory six weeks to clear all the accumulated back orders* **3** *verb* **(a) to back someone** = to help someone financially **wspomagać finansowo;** *the bank is backing him to the tune of £10,000; he is looking for someone to back his project* **(b) to back a bill** = to sign a bill promising to pay it if the person it is addressed to is not able to do so **poręczyć weksel**

◊ **back cover** ['bæk 'kʌvə] back of a magazine cover, which can be used for advertising **tylna strona okładki; inside back cover** = advertising page on the inside of the back cover **wewnętrzna strona tylnej okładki;** *we have advertised on the back cover of every issue this year; the survey is trying to establish how much notice readers take of the back cover*

◊ **backdate** ['bæk'deɪt] *verb* to put an earlier date on a document such as a cheque or an invoice **antydatować;** *backdate your invoice to April 1st; the pay increase is backdated to January 1st*

◊ **backdoor selling** ['bækdɔ: 'selɪŋ] *noun* bypassing an organization's bureaucracy and selling direct to the chief decision-maker in it **[sprzedaż przez tylne wejście];** *if we did not resort to backdoor selling the right department might never hear of us; the chairman was asked out for a meal by the sales director of the other company to try a little backdoorselling*

◊ **backer** ['bækə] *noun* **(a)** piece of publicity material placed at the back of a display or stand **(materiał reklamowy umieszczony na odwrocie stojaka reklamowego); (b)** person who backs someone **sponsor;** *he has an Australian backer; one of the company's backers has withdrawn* **(c) backer of a bill** = person who backs a bill **poręczyciel weksla**

◊ **background** ['bækgraʊnd] *noun* **(a)** past work *or* experience **doświadczenie zawodowe, historia kariery zawodowej;** *his background is in the steel industry; the company is looking for someone with a background of success in the electronics industry* **(b) background music** = music played over the tannoy in a shop, supermarket, atrium, etc., as a means of calming potential customers **muzyka w tle**

◊ **backing** ['bækɪŋ] *noun* **(a)** financial support **pomoc finansowa, poparcie/wsparcie finansowe, sponsoring;** *he has the backing of an Australian bank; the company will only succeed if it gets sufficient backing; who is providing the backing for the project or where does the backing for the project come from?* **(b) currency backing** = gold or government securities which maintain the strength of a currency **pokrycie walutowe**

◊ **backload** ['bækləʊd] *verb* to make sure that most of the costs of a promotional campaign come in the later stages, so that they can be regulated according to the response received (the campaign can then be cut back if the response rate is inadequate - this is opposed to frontloading, where most of the costs are incurred in the early stages) **przesunąć koszty promocji na jej dalsze etapy**

◊ **backlog** ['bæklɒg] *noun* work (such as orders *or* letters) which has piled up waiting to be done **zaległości;** ***the warehouse is trying to cope with a backlog of orders; my secretary can't cope with the backlog of paperwork***

◊ **back-of-the-house services** ['bækəvðəhaus 'sɜːvɪsɪz] *noun* services which are in the back part of a shop **punkty usługowe z tyłu sklepu**

◊ **backup** ['bækʌp] *adjective* supporting *or* helping **pomocniczy, popierający;** ***we offer customers a free backup service; after a series of sales tours by representatives, the sales director sends backup letters to all the contacts;*** **backup ad** = advertisement designed to accompany editorial material in a publication **reklama towarzysząca; backup copy** = copy of a computer disk to be kept in case the original disk is damaged **kopia zapasowa**

◊ **backward integration** ['bækwəd ɪntɪ'greɪʃən] *noun* vertical integration, the process of expansion in which businesses which join together deal with different stages in the production or sale of the same product, i.e. a business becomes its own supplier (as opposed to forward or horizontal integration, where the company becomes its own distributor) **integracja wsteczna;** ***buying up rubber plantations is part of the tyre company's backward integration policy; backward integration will ensure cheap supplies but forward integration would bring us nearer to the market***

bad debt [bæd det] *noun* debt which will not be paid (usually because the debtor has gone out of business) and which has to be written off in the accounts **nieściągalny/zły dług;** ***the company has written off £30,000 in bad debts***

bait [beɪt] *noun* article which is sold at a loss to attract customers **przynęta;** ***this is an attractive enough product to use as bait; the shop's best bargains were displayed in the window as bait*** **bait ad** = advertisement for low-priced goods, used to attract customers into a shop **reklama-przynęta**

balance sheet ['bæləns,ʃiːt] *noun* statement of the financial position of a company at a particular time, such as the end of the financial year or the end of a quarter, showing the company's assets and liabilities **bilans;** ***the company balance sheet for 1995 shows a worse position than for the previous year; the accountant has prepared the balance sheet for the first half-year***

COMMENT: the balance sheet shows the state of a company's finances at a certain date; the profit and loss account shows the movements which have taken place since the end of the previous accounting period. A balance sheet must balance, with the basic equation that assets (i.e., what the company owns, including money owed to the company) must equal liabilities (i.e., what the company owes to its creditors) plus capital (i.e., what it owes to its shareholders). A balance sheet can be drawn up either in the horizontal form, with (in the UK) liabilities and capital on the left-hand side of the page (in the USA, it is the reverse) or in the vertical form, with assets at the top of the page, followed by liabilities, and capital at the bottom. Most are usually drawn up in the vertical format, as opposed to the more old-fashioned horizontal style.

balloon [bə'luːn] *noun* (i) loan where the last repayment is larger than the others; **pożyczka balonowa;** (ii) large final payment on a loan, after a number of periodic smaller loans; **spłata skumulowana**

band [bænd] *noun* strip of paper or rubber ring put round articles to attach them together **opaska/taśma papierowa lub gumka recepturka**

◊ **banded** ['bændɪd] *adjective* attached with a band **opasany taśmą (papierową), spięty gumką (recepturką); banded offer** = type of sales promotion involving the offer of an additional item along with the main one **promocyjna oferta wiązana;** ***the banded offer consisted of a full-sized bottle of shampoo along with a small bottle of hair conditioner;*** **banded pack** = pack which includes two items attached to form a pack, or with an additional different item bound along with the main one **promocyjny pakiet towarów;** ***these banded packs have been specially designed for our sales promotion drive***

bank bill ['bæŋkbɪl] *noun* **(a)** *GB* order by one bank telling another bank (usually in another country) to pay money to someone **trata bankowa; (b)** *US* piece of printed paper money **banknot**

◊ **bank draft** ['bæŋk 'drɑːft] *noun* order by one bank telling another bank (usually in another country) to pay money to someone **trata bankowa**

◊ **banker** ['bæŋkə] *noun* person who is in an important position in a bank **bankier; banker's bill** *or* **bank bill** = order by one bank telling another bank (usually in another country) to pay money to someone **trata bankowa; banker's order** = order written by a customer asking a bank to make a regular payment **stałe zlecenie płatnicze;** ***he pays his subscription by banker's order***

◊ **bank giro** ['bæŋk 'dʒaɪrəʊ] *noun GB* method used by clearing banks to transfer money rapidly from one account to another **żyro**

banner ['bænə] *noun* **(a)** material stretched between two walls or buildings, carrying an advertising message **transparent reklamowy;** ***there were banners across the street advertising the charity run*** **(b) banner headline** = headline set in very large black type, running across a page **nagłówek wielkimi literami przez całą stronę**

bar chart ['bɑ: tʃɑ:t] *noun* chart where values *or* quantities are shown as thick columns of different heights **wykres słupkowy**

◊ **bar code** ['bɑ: 'kəʊd] *noun* system of lines printed on a product which when read by a computer give a reference number or price **kod kreskowy**

bargain ['bɑ:gɪn] **1** *noun* **(a)** agreement on the price of something **porozumienie cenowe; to make a bargain** = to reach an agreement on a business deal **ubić interes, zawrzeć transakcję; to drive a hard bargain** = to sell only at terms which are favourable to yourself **być trudnym negocjatorem; to strike a hard bargain** = to agree a deal which is favourable to you **ubić dobry interes, zawrzeć korzystną transakcję; (b)** thing which is cheaper than usual **okazja;** ***that car is a (real) bargain at £500;*** **bargain hunter** = person who looks for cheap deals **poszukiwacz okazji; it's a bad bargain** = it's not worth the price **to zły interes, to się nie opłaca; 2** *verb* to discuss a price for something **negocjować cenę, targować się;** ***you will have to bargain with the dealer if you want a discount; they spent two hours bargaining about*** *or* ***over the price***

◊ **bargain basement** ['bɑ:gɪn 'beɪsmənt] *noun* basement floor in a shop where goods are sold cheaply **dział towarów po okazyjnych cenach; I'm selling this at a bargain basement price** = I'm selling this very cheaply **sprzedaję to po okazyjnej cenie**

◊ **bargain counter** ['bɑ:gɪn 'kaʊntə] *noun* counter in a shop where goods are sold cheaply **dział wyprzedaży**

◊ **bargain offer** ['bɑ:gɪn 'ɒfə] *noun* sale of a particular type of goods at a low price; **wyprzedaż, okazyjna oferta;** ***this week's bargain offer - 30% off all carpet prices***

◊ **bargain price** ['bɑ:gɪn 'praɪs] *noun* low price **okazyjna cena;** ***these carpets are for sale at a bargain price***

◊ **bargain sale** ['bɑ:gɪn 'seɪl] *noun* sale of all goods in a store at low prices **wyprzedaż**

◊ **bargaining** ['bɑ:gɪnɪŋ] *noun* act of discussing a price, or wage increases for workers **pertraktacje/negocjacje w sprawie cen/podwyżki; (free) collective bargaining** = negotiations between employers and workers' representatives over wage increases and conditions **pertraktacje w sprawie układu zbiorowego pracy; bargaining power** = strength of one person or group when discussing prices *or* wage settlements **siła przetargowa; bargaining position** = statement of position by one group during negotiations **stanowisko podczas rokowań**

barrier ['bærɪə] *noun* thing which stops someone doing something, especially sending goods from one place to another **bariera, przeszkoda; customs barriers** *or* **tariff barriers** = customs duty intended to make trade more difficult **bariery celne; to impose trade barriers on certain goods** = to restrict the import of certain goods by charging high duty **nałożyć bariery celne na pewne towary;** ***the unions have asked the government to impose trade barriers on the import of foreign cars;*** **to lift trade barriers from imports** = to remove restrictions on imports **znieść bariery celne na towary importowane; barriers to entry into a market** = things which make it difficult for a company to enter a new market (such as start-up costs) **bariery wejścia na rynek**

barter ['bɑ:tə] **1** *noun* system where goods are exchanged for other goods, not sold for money **bezgotówkowa wymiana towarów/usług, barter, handel kompensacyjny/wymienny; barter agreement** *or* **barter arrangement** *or* **barter deal** = agreement to exchange goods by barter **transakcja barterowa/kompensacyjna/wymienna;** ***the company has agreed a barter deal with Bulgaria*** **2** *verb* to exchange goods for other goods, not for money **prowadzić handel wymienny/kompensacyjny/barter;** ***they agreed a deal to barter tractors for barrels of wine***

◊ **bartering** ['bɑ:tərɪŋ] *noun* act of exchanging goods for other goods and not for money **wymiana kompensacyjna, transakcja wymienna, barter**

> QUOTE: under the barter agreements, Nigeria will export 175,000 barrels a day of crude oil in exchange for trucks, food, planes and chemicals
>
> Wall Street Journal

base [beɪs] **1** *noun* **(a)** lowest or first position **baza, podstawa;** ***turnover increased by***

200%, but started from a low base **base line** = part of promotional material that contains basic information about the organization such as its name and address **dane o przedsiębiorstwie; base year** = first year of an index, against which changes in later years are measured **rok bazowy; bank base rate** = basic rate of interest which a bank charges on loans to its customers **bankowa stawka bazowa;** *see also* DATABASE **(b)** place where a company has its main office or factory *or* place where a businessman has his office **baza, (główna) siedziba;** *the company has its base in London and branches in all European countries; he has an office in Madrid which he uses as a base while travelling in Southern Europe* **2** *verb* to set up a company *or* a person in a place **założyć (przedsiębiorstwo), mieć siedzibę, umieścić;** *the European manager is based in our London office; our overseas branch is based in the Bahamas; a London-based sales executive*

◊ **basement** ['beɪsmənt] *noun* section of a shop which is underground **podziemie sklepu;** *see also* BARGAIN BASEMENT (NOTE: also called **lower ground floor**)

> QUOTE: the base lending rate, or prime rate, is the rate at which banks lend to their top corporate borrowers
>
> Wall Street Journal

> QUOTE: other investments include a large stake in the Chicago-based insurance company
>
> Lloyd's List

basic ['beɪsɪk] **1** *adjective* **(a)** normal **normalny, podstawowy, zwyczajny; basic discount** = normal discount without extra percentages **rabat zwyczajny;** *our basic discount is 20%, but we offer 5% extra for rapid settlement;* **basic price** *or* **basic rate** = price of a product *or* service that does not include any extras **cena/stawka podstawowa;** *this is a rather high basic price; please make clear whether £1000 is the basic rate or inclusive of spare parts* **(b)** most important **najważniejszy, zasadniczy; basic commodities** = ordinary farm produce, produced in large quantities (such as corn, rice, sugar, etc.) **podstawowe produkty rolne; (c)** simple *or* from which everything starts **prosty, podstawowy;** *he has a basic knowledge of the market; to work at the cash desk, you need a basic qualification in maths*

◊ **basics** ['beɪsɪks] *plural noun* simple and important facts **podstawy;** *he has studied the basics of foreign exchange dealing* **to get back to basics** = to consider the basic facts again **ponownie rozważyć podstawowe fakty**

basis ['beɪsɪs] *noun* **(a)** point *or* number from which calculations are made **baza, podstawa;** *we forecast the turnover on the basis of a 6% price increase* **(b)** general terms of agreement **zasadnicze punkty porozumienia; on a short-term** *or* **long-term basis** = for a short *or* long period **na krótki/długi termin/okres czasu, krótko-/długoterminowo;** *he has been appointed on a short-term basis; we have three people working on a freelance basis*

batch [bætʃ] **1** *noun* group of items which are made at one time **partia produkcyjna, seria;** *this batch of shoes has the serial number 25-02;* **batch production** = production of goods in batches or small groups **produkcja małoseryjna; 2** *verb* to put items together in groups **grupować, łączyć w grupy;** *to batch invoices or cheques*

◊ **batch number** ['bætʃ 'nʌmbə] *noun* number attached to a batch **numer partii produkcyjnej/serii;** *when making a complaint always quote the batch number on the packet*

battle ['bætl] *noun* fight **bitwa, walka; battle of the brands** = competition in the market between existing product brands **walka marek;** *this battle of the brands will lead to dramatic price-cutting;* **circulation battle** = fight between two newspapers to sell more copies in the same section of the market **wojna o nakład**

Bayesian decision theory ['beɪzɪən dɪ'sɪʒn 'θɪəri] *noun* method for helping decision-making, often applied to new product development (the decision-maker is aware of alternatives, can work out the probable advantages or disadvantages of the alternatives, and makes up his mind according to the value of the best alternative) **bayesowska teoria podejmowania decyzyji**

behavioural segmentation [bɪ'heɪvjərəl segmən'teɪʃn] *noun* segmentation or division of the market according to customers' buying habits and usage of a product **podział rynku wg typów zachowań;** *behavioural segmentation will mean there are several distinct target audiences for our product*

belongers [bɪ'lɒŋəz] *noun* **comfortable belongers** = large group of consumers who are conservative in outlook and happy with their existence **[zadowoleni konsumenci] (kategoria stylu życia)**

below-the-line [bɪˈləʊðəˌlaɪn] *adjective* **below-the-line advertising** = advertisingwhich is not paid for (such as work by staff members at an exhibition) and for which no commission is paid to an advertising agency (as opposed to media advertising, which is „above-the-line") **reklama własna/pozamedialna; below--the-line expenditure** = exceptional payments which are separated from a company's normal accounts **wydatki nie uwzględniane przy wyliczaniu zysku operacyjnego;** *compare* ABOVE-THE-LINE

> QUOTE: the move represents a considerable promotion for the executive who ran the innovative below-the-line initiative. The club allows the company to target its customers by name through direct marketing, a significant advance on previous above-the-line campaigns
>
> Marketing Week

benefit [ˈbenɪfɪt] *noun* **benefit segmentation** = division of a market into segments according to the types of benefit obtained by the customer from a product (such as ease of availability, small weight, etc.) **segmentacja rynku wg korzyści z produktu; fringe benefits** = extra items given by a company to workers in addition to their salaries (such as company cars, private health insurance) **dodatkowe świadczenia pracownicze**

berth [bɜːθ] **1** *noun* place in a harbour where a ship can tie up **miejsce postoju statku w porcie; berth cargo** = cargo carried at especially low rates **ładunek uzupełniający;** ***if we do not send the goods as berth cargo we will have to charge the buyer more*** **2** *verb* to tie up at a berth **cumować, zawijać do portu;** ***the ship will berth at Rotterdam on Wednesday***

bespoke [bɪˈspəʊk] *adjective* made to order *or* made to fit the requirements of the customer **z/robiony na zamówienie; bespoke tailoring** = making clothing for customers, to fit their individual measurements, requirements, etc. **krawiectwo/szycie na miarę**

best-before date [ˈbestbˈfɔː deɪt] *noun* date stamped on the label of a food product, which is the last date on which the product is guaranteed to be of good quality **termin przydatności do spożycia;** *similar to* SELL-BY DATE, USE-BY DATE

bias [ˈbaɪəs] *noun* prejudice, a subjective feeling on the part of a researcher that distorts the results of a survey or test **subiektywizm;** ***a postal survey will do away with bias; the trainee interviewers were taught how to control bias and its effects***

bid [bɪd] **1** *noun* **(a)** offer to buy something at a certain price **oferta; to make a bid forsomething** = to offer to buy something **złożyć ofertę kupna;** ***he made a bid for the house; the company made a bid for its rival;*** **to make a cash bid** = to offer to pay cash for something **złożyć ofertę kupna za gotówkę; to put in a bid for something** *or* **to enter a bid for something** = to offer (usually in writing) to buy something **złożyć ofertę kupna;** *(at an auction)* **opening bid** = first bid **oferta otwierająca (aukcję/przetarg); closing bid** = last bid at an auction *or* the bid which is successful **oferta końcowa/najwyższa; (b)** offer to do stated work at a certain price **oferta przetargowa;** ***he made the lowest bid for the job*** **(c)** *US* offer to sell something at a stated price **oferta sprzedaży;** ***they asked for bids for the supply of spare parts*** **(d) takeover bid** = offer to buy all or a majority of the shares in a company so as to control it **oferta przejęcia;** ***to make a takeover bid for a company; to withdraw a takeover bid;*** **the company rejected the takeover bid** = the directors recommended that the shareholders should not accept it **spółka odrzuciła ofertę przejęcia; 2** *verb (at an auction)* **to bid for something** = to offer to buy something **oferować cenę, złożyć ofertę; he bid £1,000 for the jewels** = he offered to pay £1,000 for the jewels **zaoferował £1.000 za te klejnoty**

◊ **bidder** [ˈbɪdə] *noun* person who makes a bid (usually at an auction) **licytant, oferent, uczestnik aukcji/licytacji/przetargu;** ***several bidders made offers for the house;*** **the property was sold to the highest bidder** = to the person who had made the highest bid *or* who offered the most money **nieruchomość sprzedano osobie, która złożyła najwyższą ofertę; the tender will go to the lowest bidder** = to the person who offers the best terms *or* the lowest price for services **kontrakt zostanie zawarty z najtańszym oferentem**

◊ **bidding** [ˈbɪdɪŋ] *noun* action of making offers to buy (usually at an auction) **licytacja, przetarg, złożenie oferty; the bidding started at £1,000** = the first and lowest bid was £1,000 **licytacja zaczęła się od £1.000; the bidding stopped at £250,000** = the final (successful) bid was for £250,000 **licytacja skończyła się na £250.000; the auctioneer started the bidding at £100** = he suggested a first bid of £100 **licytator rozpoczął licytować od £100**

big ticket [ˈbɪg ˈtɪkɪt] *see* TICKET

bilateral [baɪˈlætərəl] *adjective* between two parties *or* countries **dwustronny;** ***the minister signed a bilateral trade agreement***

◊ **bilateralism** [baɪˈlætrəlɪzm] *noun* system whereby a country balances its trade with another **bilateralizm;** ***with luck, bilateralism will put an end to the trade war***

bill [bɪl] **1** *noun* **(a)** written list of charges to be paid **faktura, rachunek;** ***the salesman wrote out the bill; does the bill include VAT? the bill is made out to Smith Ltd; the builder sent in his bill; he left the country without paying his bills;*** **to foot the bill** = to pay the costs **zapłacić rachunek, pokryć koszty; (b)** list of charges in a restaurant **rachunek;** ***can I have the bill please? the bill comes to £20 including service; does the bill include service? the waiter has added 10% to the bill for service*** **(c)** small poster **mały plakat reklamowy; 'stick no bills'** = notice prohibiting unauthorized sticking of posters **zakaz plakatowania; (d)** written paper promising to pay money **weksel; bill of exchange** = document which tells a bank to pay a person (usually used in payments in foreign currency) **weksel ciągniony, trata; accommodation bill** = bill of exchange which the person signs in order to help someone raise a loan **weksel grzecznościowy; bank bill** = bill of exchange endorsed by a bank **trata bankowa; demand bill** = bill of exchange which must be paid when payment is asked for **weksel płatny za okazaniem/na żądanie; to accept a bill** = to sign a bill of exchange to show that you promise to pay it **akceptować weksel; to discount a bill** = to buy a bill of exchange at a lower price than that written on it in order to cash it later **dyskontować weksel; bills payable** = bills which a debtor will have to pay **weksle do zapłaty; bills receivable** = bills held by a creditor awaiting payment **weksle do inkasa; (e) bill of entry** = written details of goods to go through customs **deklaracja celna; (f)** *US* piece of paper money **banknot;** ***a $5 bill*** **(g) bill of sale** = document which the seller gives to the buyer to show that the sale has taken place **akt kupna-sprzedaży, dowód kupna; (h)** draft of a new law which will be discussed in Parliament **projekt ustawy; 2** *verb* to present a bill to someone so that it can be paid **wystawić rachunek;** ***the plumbers billed him for the repairs***

◊ **billboard** [ˈbɪlbɔːd] *noun* **(a)** poster site of double crown size (30 x 20 inches) **mała tablica reklamowa; (b)** *US* large outdoor poster site (measuring 12 feet by 25) **wielka zewnętrzna tablica reklamowa, billboard;** ***the railway track was lined with billboards specially set up for election propaganda; a shortage of billboards has led to an increase in press advertising***

◊ **billing** [ˈbɪlɪŋ] *noun* **(a)** total annual turnover of an advertising agency **całkowite roczne obroty (agencji reklamowej);** ***with such an impressive billing, the agency decided to expand; our billings have gone down this year because many producers have left the area*** **(b)** *US* writing of invoices or bills **fakturowanie, wystawianie rachunków**

◊ **bill of lading** [ˈbɪləv ˈleɪdɪŋ] *noun* list of goods being shipped,which the transporter gives to the person sending the goods to show that the goods have been loaded **konosament; clean bill of lading** = bill of lading stating that the goods arrived on board in good condition **konosament czysty; dirty bill of lading** *or* **foul bill of lading** = bill of lading stating that the goods did not arrive on board in good condition **konosament brudny**

◊ **bill poster** [ˈbɪl ˈpəʊstə] *noun* person who sticks up small posters **osoba wywieszająca małe plakaty reklamowe;** *compare* FLY POSTER

bin [bɪn] *noun* **(a)** large container **kosz, pojemnik; dump bin** = display container like a large box, filled with goods for sale **kosz z towarami (w sklepie); (b)** separate section of shelves in a warehouse **sekcja magazynu**

Bingo card [ˈbɪŋgəʊ ˈkɑːd] *noun* printed card bound into a magazine, with a squared grid of numbers and letters which a reader can mark; the numbers refer to products advertised in the magazine, and the card is returned post free to the publisher, who passes the card to the advertiser for further response **karta bingo**

bipolar scale [ˈbæɪpəʊlə ˈskeɪl] *noun* scale used in questionnaires which contains two extreme points between which an interviewee can choose an answer **skala dwubiegunowa**

black [blæk] **1** *adjective* **(a) black market** = buying and selling goods when this is not allowed by law **czarny rynek;** ***there is a flourishing black market in spare parts for cars; you can buy gold coins on the black market;*** **to pay black market prices** = to pay high prices to get items which are not easily available **płacić czarnorynkowe ceny; (b) black economy** = business activity which is paid for in cash, and therefore not declared for tax **działalność na czarno; (c) in the black** = in credit **mieć saldo kredytowe, być nad kreską;** ***the company has moved into the black; my bank account is still in the black*** **2** *verb* to forbid trading in certain goods or with certain suppliers **wpisać na czarną listę (towar lub dostawcę);** ***three firms***

were blacked by the government; the union has blacked a trucking firm

◊ **black list** ['blæk 'lɪst] *noun* list of goods *or* people *or* companies which have been blacked **czarna lista**

◊ **blacklist** ['blæklɪst] *verb* to put goods *or* people *or* a company on a black list **wpisać na czarną listę;** ***his firm was blacklisted by the government***

blanket ['blæŋkɪt] *noun* **blanket agreement** = agreement which covers many items **umowa wielopunktowa; blanket branding** = giving a whole group *or* line of products the same brand name **[omarkowanie zbiorcze] (nadanie całej grupie wyrobów tej samej nazwy handlowej/marki);** ***blanket branding will make the brand a household name;*** **blanket coverage** = advertising to the general public with no particular target audience in mind **reklama ogólna, reklama do wszystkich odbiorców;** ***we will go for blanket coverage first and then see what kind of people buy the product;*** **blanket insurance** = insurance which covers various items (such as a house and its contents) **ubezpieczenie kompleksowe/łączne; blanket refusal** = refusal to accept anything, although many different suggestions have been made **odrzucenie zbiorcze**

bleed [bli:d] **1** *noun* illustration or text which runs right to the edge of the printed page **ilustracja/tekst sięgające do krawędzi strony; 2** *verb* to allow advertising space to run to the edge of a printed page **rozciągnąć reklamę do krawędzi strony**

blind testing ['blaɪnd'testɪŋ] *noun* testing a product on consumers without their knowing what brand it is (by removing its cover or putting a plain wrapper round it) **ślepa próba**

blister pack ['blɪstəpæk] *noun* type of packing where the item for sale is covered with a stiff plastic sheet sealed to a card backing **opakowanie z przezroczystej folii przymocowanej do podkładki z kartonu**

blitz [blɪts] *noun* marketing campaign which starts at full pressure (as opposed to a gradual build-up) **[kampania błyskawiczna]**

blurb [blɜ:b] *noun* brief description of a book, printed in a publisher's catalogue or on the cover of the book itself **reklamowa notka o książce;** ***the author was asked to write his own brief blurb; the blurb instantly aroused his interest in the book*** **mandatory blurb** = certain words which are required by law to be included in an advertisement (such as a health warning on cigarette advertisements) **obowiązkowa część reklamy**

body copy ['bɒdɪ 'kɒpi] *noun* main part of the text of an advertisement **główny tekst reklamy;** ***the body copy is OK, though the company's address needn't be included; the body copy on the poster is too long for passers--by to read it all***

body language ['bɒdɪ 'læŋgwɪdʒ] *noun* communication by people using gestures or movements of the body **język ciała;** ***trainee salesmen learn how to interpret a customer's body language; the interviewer of prospective marketing managers observed the body language of the candidates very carefully; the candidate claimed to be very confident about taking the job, but his body language was saying the opposite***

bonded warehouse ['bɒndɪd 'weəhaʊs] *noun* warehouse where goods are stored until excise duty has been paid **skład celny**

bonus ['bəʊnəs] *noun* extra payment **dodatek, premia; bonus pack** = pack with extra contents or extra items for which no extra charge is made **opakowanie promocyjne; bonus size** = extra large size of pack sold at the usual price as a form of sales promotion **promocyjna wielkość opakowania;** ***we are offering bonus packs in order to attract new customers to the product; bonus size packs are 20% larger, but are sold at the normal price;*** **bonus spot** = free television or radio spot offered to an advertiser as part of an advertising package **premiowy (bezpłatny) czas/spot reklamowy; productivity bonus** = extra payment made because of increased productivity **premia produkcyjna/za wydajność**

book [bʊk] *noun* **(a) a company's books** = the financial records of a company **księgi rachunkowe; account book** = book which records sales and purchases **księga kontowa; cash book** = record of cash transactions **księga kasowa; order book** = record of orders **księga zamówień; the company has a full order book** = it has sufficient orders to keep the workforce occupied **spółka ma pełen portfel zamówień; purchase book** = record of purchases **księga zakupów; sales book** = record of sales **księga sprzedaży; book sales** = sales as recorded in the sales book **sprzedaż zaksięgowana; book value** = value as recorded in the company's books **wartość księgowa; (b) book token** = card bought in a bookshop which is given as a present and which can be exchanged in any bookshop for books **bon książkowy**

booking ['bʊkɪŋ] *noun* act of reserving a room *or* a seat, etc. **rezerwacja, zabukowanie;** ***hotel bookings have fallen since the***

end of the tourist season; **booking clerk** = person who sells tickets in a booking office **kasjer/ka; booking office** = office where you can book seats at a theatre *or* tickets for the railway **kasa biletowa; block booking** = booking of several seats *or* rooms at the same time **rezerwacja zbiorowa**

boom [bu:m] **1** *noun* time when sales *or* production *or* business activity are increasing **boom, dobra koniunktura, gwałtowny rozwój, hossa, ożywienie gospodarcze;** *a period of economic boom; the boom of the 1970s;* **boom industry** = industry which is expanding rapidly **szybko rozwijająca się gałąź gospodarki; a boom share** = share in a company which is expanding **akcja o tendencji zwyżkowej; the boom years** = years when there is an economic boom **okres boomu gospodarczego; 2** *verb* to expand *or* to become prosperous **gwałtownie się rozwijać, szybko rosnąć;** *business is booming; sales are booming*

◊ **booming** ['bu:mɪŋ] *adjective* which is expanding *or* becoming prosperous **kwitnący, szybko się rozwijający;** *a booming industry or company; technology is a booming sector of the economy*

> QUOTE: starting in 1981, a full-blown real estate boom took off in Texas
>
> Business

Boston matrix ['bɒstən 'meɪtrɪks] *noun* type of product portfolio analysis, in which products are identified as stars, question marks, cash cows or dogs **bostońska matryca;** *see also* CASH COW, DOG, QUESTION MARK, STAR (NOTE: the full name is the **Boston Consulting Group Share/Growth Matrix**)

bottle hanger ['bɒtl 'hæŋə] *noun* advertisement in the form of a card which hangs round the neck of a bottle **przywieszka reklamowa na szyjce butelki**

bottleneck ['bɒtlnek] *noun* inability of one section of the operation to cope with the amount of work it has to do, which slows down the later stages of the operation and business activity in general **wąskie gardło;** *a bottleneck in the supply system; there are serious bottlenecks in the production line*

bottom ['bɒtəm] **1** *noun* lowest part *or* point **dno, najniższy poziom/punkt; sales have reached rock bottom** = the very lowest point of all **sprzedaż osiągnęła rekordowo niski poziom; the bottom has fallen out of the market** = sales have fallen below what previously seemed to be the lowest point **sprzedaż rekordowo spadła; bottom price** = lowest price **najniższa cena; rock-bottom price** = lowest price of all **rekordowo niska cena; 2** *verb* **to bottom (out)** = to reach the lowest point **osiągnąć dno/najniższy poziom, maksymalnie spaść; the market has bottomed out** = has reached the lowest point and does not seem likely to fall further **sytuacja na rynku sięgnęła dna**

◊ **bottom line** ['bɒtəm laɪn] *noun* **(a)** the last line on a balance sheet indicating profit or loss **ostateczny wynik finansowy; the boss is only interested in the bottom line** = he is only interested in the final profit **szefa interesuje jedynie ostateczny wynik finansowy/końcowy zysk; (b)** the most significant point **najważniejsza kwestia/sprawa;** *we have to position the product on the market before 1999, and that is the bottom line*

boutique [bu:'ti:k] *noun* small specialized shop, especially for up-to-date clothes; section of a department store selling up-to-date clothes **butik;** *a jeans boutique; a ski boutique*

box [bɒks] *noun* cardboard *or* wood *or* plastic container **pudełko, pudło;** *the goods were sent in thin cardboard boxes; the watches are prepacked in plastic display boxes;* **paperclips come in boxes of two hundred** = packed two hundred to a box **spinacze sprzedawane są w pudełkach po 200 sztuk; box store** = supermarket like a warehouse, with not much service or promotion, where goods are sold from their original packing cases **sklep hurtowy;** *the school bought stationery in large quantities from the box store; with low overheads, box stores can offer cut-rate prices*

◊ **boxed** [bɒkst] *adjective* put in a box *or* sold in a box **w pudełku; boxed set** = set of items sold together in a box **zestaw w pudełku**

boycott ['bɔɪkɒt] **1** *noun* refusal to buy *or* to deal in certain products **bojkot;** *the union organized a boycott against or of imported cars* **2** *verb* to refuse to buy *or* to deal in a certain product **bojkotować;** *we are boycotting all imports from that country;* **the management has boycotted the meeting** = has refused to attend the meeting **kierownictwo zbojkotowało to zebranie**

BRAD = BRITISH RATE AND DATA

brainstorming ['breɪnstɔ:mɪŋ] *noun* intensive discussions in small groups as a way of producing new ideas or solutions to problems, from the spontaneous exchanges between people taking part **burza mózgów;** *brainstorming generated a method of*

revolutionizing our distribution; the new sales manager was brilliant in the brainstorming sessions on new approaches to customers

branch [brɑːn(t)ʃ] **1** *noun* local office of a bank or large business; local shop which is part of a large chain **filia, oddział, sklep należący do sieci;** ***the store has branches in most towns in the south of the country; the insurance company has closed its branches in South America; we have decided to open a branch office in Chicago; the manager of our branch in Lagos*** *or* ***of our Lagos branch;*** **branch manager** = manager of a branch **kierownik filii/oddziału; 2** *verb* **to branch out** = to start a new (but usually related) type of business **rozszerzać działalność;** ***from car retailing, the company branched out into car leasing***

> QUOTE: a leading manufacturer of business, industrial and commercial products requires a branch manager to head up its mid-western Canada operations based in Winnipeg
>
> **Globe and Mail (Toronto)**

brand [brænd] *noun* make of product, which can be recognized by a name *or* by a design **marka (firmowa/handlowa);** ***the top-selling brands of toothpaste; the company is launching a new brand of soap;*** **brand awareness** = consciousness by the public of a brand's existence and qualities **świadomość marki;** ***how can you talk about brand awareness when most people don't even know what the product is supposed to do? our salesmen must work harder to increase brand awareness in this area;*** **brand image** = ideas which the public associate with a particular brand **obraz/wizerunek marki;** ***the brand image is too cheap and old-fashioned to attract young customers; our brand image is sophisticated and appeals to the sophisticated buyer;*** **brand leader** = brand with the largest market share **marka wiodąca;** ***despite one of its products being a brand leader, the company's profits were bad for the year;*** **brand loyalty** = inclination of the customer to keep on buying the same brand **lojalność wobec marki; brand manager** = manager *or* executive responsible for the marketing of a particular brand **menedżer marki;** ***the brand manager and the production manager met to discuss changes to be made to the company's leading brand of soap;*** **brand name** = name of a brand **marka, nazwa firmowa/handlowa; brand positioning** = placing a brand in a particular position in the market, so that it is recognizable to the public **pozycjonowanie marki;** ***intensive television advertising is a key part of our brand positioning strategy;*** **brand recognition** = being able to recognize *or* identify a brand on sight **rozpoznawanie marki;** ***the packaging needs to be more original to improve brand recognition; brand recognition depends on having a catchy attractive brand name;*** **brand switching** = changing from buying one brand to another, showing little brand loyalty **zmiana marki;** ***we can't rely on steady sales with such a lot of brand switching going on; brand switching makes shopping more fun for consumers;*** **brand X** = the anonymous brand which is used on TV commercials as a comparison to the named brand being advertised **marka X; own brand** = products which are specially packed for a store and carry its name on the label **własna marka;** *see also* DEALER'S BRAND, DISTRIBUTOR'S BRAND, HOUSE BRAND, PRIMARY BRAND, STORE BRAND

◊ **branded** [ˈbrændɪd] *adjective* **branded goods** *or* **branded products** = goods sold under brand names **towary markowe**

◊ **branding** [ˈbrændɪŋ] *noun* the action of giving brand names to products **znakowanie, nadawanie marki; family branding** = selling a variety of goods under the same brand name **sprzedawanie grupy wyrobów pod wspólną marką**

> QUOTE: you have to look much further down the sales league to find a brand which has not been around for what seems like ages
>
> **Marketing**

> QUOTE: major companies are supporting their best existing brands with increased investment
>
> **Marketing Week**

> QUOTE: marketing and branding are becoming more important in the hotel and restaurant business. There is increasing competition in hotels and reviews of brand image are commonplace
>
> **Marketing Week**

breach [briːtʃ] *noun* failure to carry out the terms of an agreement **naruszenie/niedotrzymanie warunków; breach of contract** = failing to do something which is in a contract **naruszenie umowy; the company is in breach of contract** = it has failed to carry out its duties under the contract **spółka naruszyła umowę; breach of warranty** = supplying goods which do not meet the standards of the warranty applied to them **niedotrzymanie gwarancji**

bread-and-butter lines [bredəndˈbʌtə ˈlaɪnz] *noun* ranges of items which are found in all stores of a certain category, and which provide a solid basis of continuing sales **artykuły podstawowe, chleb i masło**

break [breɪk] *noun* pause between periods of work **przerwa; commercial break** = time set aside for commercials on television (it can be in the middle of a long programme, such as a film, or in between programmes) **przerwa na reklamy; fixed break** = break which the advertiser insists must be at a specific time and date **reklama o czasie emisji wyznaczonym przez zleceniodawcę**

break bulk [ˈbreɪk ˈbʌlk] *verb* to split into small quantities for retail sale after having bought a large quantity **konfekcjonować**

◊ **breaking bulk** [ˈbreɪkɪŋ ˈbʌlk] *noun* buying in bulk and then selling in small quantities to many customers **sprzedaż konfekcjonowana**

break even [ˈbreɪk ˈiːvən] *verb* to balance costs and receipts, but not make a profit **osiągnąć próg rentowności;** *last year the company only just broke even; we broke even in our first two months of trading*

◊ **breakeven analysis** [breɪkˈiːvn əˈnælɪsɪs] *noun* analysis of fixed and variable costs and sales to determine at what level of production the breakeven point will be reached **analiza progu rentowności;** *the breakeven analysis showed that the company will only break even if it sells at least 1000 bicycles a month*

◊ **breakeven point** [breɪkˈiːvn ˈpɔɪnt] *noun* point at which sales cover costs, but do not show a profit **próg rentowności**

◊ **break up** [ˈbreɪk ˈʌp] *verb* to split something large into small sections **dzielić, rozbijać, rozdzielać;** *the company was broken up and separate divisions sold off;* **break-up value** = (i) value of the material of a fixed asset; **wartość materiału środka trwałego;** (ii) value of various parts of a company taken separately; **wartość podziałowa, wartość części przedsiębiorstwa;** *what would the break-up value of our old machinery be? scrap merchants were asked to estimate the tractors' break-up value*

bridge [brɪdʒ] *verb* to print an advertisement across the centre of a double page spread in a magazine **wydrukować reklamę-rozkładówkę**

brief [briːf] **1** *noun* **advertising brief** = basic objectives and instructions concerning an advertising campaign, given by an advertiser to an advertising agency **brief reklamowy;** *the brief stressed the importance of the market segment to be targeted; the advertising brief was not detailed enough and did not show what sort of product image the advertiser wanted to create;* **research brief** = basic objectives and instructions concerning a market research project **brief badawczy; 2** *verb* to explain to someone in detail **wytłumaczyć;** *the salesmen were briefed on the new product; the managing director briefed the board on the progress of the negotiations*

◊ **briefing** [ˈbriːfɪŋ] *noun* telling someone details **odprawa;** *all salesmen have to attend a sales briefing on the new product*

British Rate and Data (BRAD) [ˈbrɪtɪʃ reɪtənd ˈdeɪtə] a regular publication which lists British newspapers and magazines, giving all relevant information about their circulation, rates, frequency and other advertising services offered **Brytyjski Wykaz Stawek i Danych;** *you should consult BRAD first to find the most suitable newspaper to carry our advertising* (NOTE: the comparable American publication is **Standard Rate and Data Service (SRDS)**)

broadsheet [ˈbrɔːdʃiːt] *noun* large size of newspaper page (as opposed to tabloid) **gazetowa strona wielkoformatowa**

broadside [ˈbrɔːdsaɪd] *noun US* large format publicity leaflet **wielkoformatowa ulotka reklamowa**

brochure [ˈbrəʊʃə] *noun* publicity booklet **broszura, prospekt;** *we sent off for a brochure about holidays in Greece or about postal services*

broken lot [ˈbrəʊkən ˈlɒt] *noun* incomplete set of goods for sale **zestaw zdekompletowany;** *we'll give you a discount since it is a broken lot, with two items missing*

broker [ˈbrəʊkə] *noun* **(a)** dealer **broker, makler, pośrednik; insurance broker** = person who sells insurance to clients **agent/broker ubezpieczeniowy; media broker** = business which offers companies a media buying service **pośrednik zakupu mediów reklamowych; ship broker** = person who sells shipping *or* transport of goods to clients **pośrednik zakupu usług transportowych; (b) (stock)broker** = person who buys or sells shares for clients **makler giełdowy**

◊ **brokerage** *or* **broker's commission** [ˈbrəʊkərɪdʒ *or* ˈbrəʊkəz kəˈmɪʃən] *noun* payment to a broker for a deal carried out **prowizja maklera**

brown goods [ˈbraʊn ˈgʊdz] *plural noun* electrical equipment for home entertainment, such as television sets, hi-fi equipment, etc. **wyroby „brązowe"**; *compare* WHITE GOODS

bubble card *or* **bubble pack** [ˈbʌbl ˈkɑːd *or* ˈbʌbl ˈpæk] *noun* type of packaging, where the item for sale is covered by a stiff plastic sheet sealed to a card backing **opakowanie ze sztywnej folii przymocowanej do kartonu**

◊ **bubble wrap** [ˈbʌbl ˈræp] sheet of clear plastic with bubbles in it, used as a protective wrapping material **folia do pakowania z bąbelkami powietrza**

budget [ˈbʌdʒɪt] **1** *noun* **(a)** plan of expected spending and income (usually for one year) **budżet, plan finansowy**; ***to draw up a budget; we have agreed the budgets for next year;*** **advertising budget** = money planned for spending on advertising **budżet reklamowy**; **cash budget** = plan of cash income and expenditure **budżet gotówkowy, plan dochodów i wydatków gotówkowych**; **overhead budget** = plan of probable overhead costs **budżet kosztów ogólnych**; **publicity budget** = money allowed for expected expenditure on publicity **budżet reklamowy**; **sales budget** = plan of probable sales **budżet/plan sprzedaży**; **(b) the Budget** = the annual plan of taxes and government spending proposed by a finance minister **budżet (państwa)**; ***the minister put forward a budget aimed at boosting the economy;*** **to balance the budget** = to plan income and expenditure so that they balance **układać budżet**; ***the president is planning for a balanced budget*** **(c)** *(in a bank)* **budget account** = bank account where you plan income and expenditure to allow for periods when expenditure is high, by paying a set amount each month **bankowy rachunek budżetowy**; **(d)** *(in shops)* cheap **tani**; **budget department** = cheaper department **dział z towarami tanimi**; **budget prices** = low prices **niskie ceny**; **2** *verb* to plan probable income and expenditure **planować dochody i wydatki, sporządzać plan finansowy**; ***we are budgeting for £10,000 of sales next year***

◊ **budgetary** [ˈbʌdʒɪtərɪ] *adjective* referring to a budget **budżetowy**; **budgetary control** = keeping a check on spending **kontrola budżetowa**; **budgetary policy** = policy of planning income and expenditure **polityka budżetowa**; **budgetary requirements** = spending or income required to meet the budget forecasts **wymogi budżetowe**

◊ **budgeting** [ˈbʌdʒɪtɪŋ] *noun* preparing budgets to help plan expenditure and income **planowanie finansowe, sporządzanie budżetu**

> QUOTE: he budgeted for further growth of 150,000 jobs (or 2.5 per cent) in the current financial year
>
> **Sydney Morning Herald**

> QUOTE: the minister is persuading the oil, gas, electricity and coal industries to target their advertising budgets towards energy efficiency
>
> **Times**

> QUOTE: the Federal government's budget targets for employment and growth are within reach according to the latest figures
>
> **Australian Financial Review**

built-in [ˈbɪltˈɪn] *adjective* forming part of the system *or* of a machine **wbudowany**; ***the computer has a built-in clock; the accounting system has a series of built-in checks;*** **built-in obsolescence** = method of ensuring continuing sales of a product by making it in such a way that it will soon become obsolete **wbudowane zużycie moralne, wbudowana przestarzałość**

bulk [bʌlk] *noun* **(a)** large quantity of goods **hurtowe ilości towaru**; **in bulk** = in large quantities **w ilościach hurtowych**; ***to buy rice in bulk;*** **bulk buying** *or* **bulk purchase** = buying large quantities of goods at a lower price **kupno hurtem/w ilościach hurtowych**; **bulk carrier** = ship which carries large quantities of loose goods (such as coal) **masowiec**; **bulk discount** = discount on the basis of quantity bought **rabat hurtowy**; ***if we buy all our supplies together we can get a bulk discount; it was worth buying two more refrigerators to get the bulk discount;*** **bulk shipments** = shipments of large quantities of goods **wysyłka towaru luzem/w ilościach hurtowych**; **(b) bulk rate** = low rate offered to advertisers who take large amounts of advertising space **hurtowe stawki reklamowe**

◊ **bulk-breaking** [ˈbʌlk ˈbreɪkɪŋ] *noun* breaking bulk, buying in bulk and then selling small quantities on to retail customers **konfekcjonowanie**; *see also* BREAK BULK

◊ **bulky** [ˈbʌlkɪ] *adjective* large and awkward **duży i nieporęczny**; ***the Post Office does not accept bulky packages***

bulldog [ˈbʊldɒg] *noun* first edition of a daily newspaper **pierwsze wydanie gazety**

bulletin [ˈbʊlɪn] *noun* short note *or* newsletter *or* report, issued regularly **biuletyn**; ***bulletins were regularly sent to the sales force; the bulletin contained sales figures for the month***

bumper sticker [ˈbʌmpə ˈstɪkə] *noun* advertising sticker put onto the bumper of a car **nalepka na zderzak samochodu**

bundling [ˈbʌndlɪŋ] *noun* putting several items together to form a package deal, especially offering software as part of the purchase of computer hardware **sprzedaż wiązana**

buppies [ˈbʌpɪz] *noun* Black Upwardly--Mobile Professionals **buppies, czarni yuppies**

burst [bɜːst] *noun* large number of advertisements for a product placed over a short period **[nalot reklamowy]**; *shall we go for a burst or for a more prolonged campaign?*

business [ˈbɪznəs] *noun* **(a)** work in buying or selling **biznes, działalność gospodarcza, interesy**; *we do a lot of business with Japan; business is expanding; business is slow; repairing cars is 90% of our business; we did more business in the week before Christmas than we usually do in a month; strikes are very bad for business; what's your line of business?*; **business call** = visit to talk to someone on business **wizyta/rozmowa w interesach**; **business centre** = part of a town where the main banks, shops and offices are located **centrum biznesu**; **business class** = type of airline travel which is less expensive than first class and more comfortable than tourist class **klasa biznes**; **business college** *or* **business school** = place where commercial studies are taught **szkoła biznesu**; **business correspondent** = journalist who writes articles on business news for newspapers **dziennikarz piszący o sprawach biznesu**; **business cycle** = movement of trade from a point of high activity down to a point of low activity and upwards again in the form of a regular cycle **cykl koniunkturalny**; *the recession is a low point in the business cycle;* **business efficiency exhibition** = exhibition which shows products (computers, word-processors, etc.) intended to help a business to be more efficient **wystawa produktów dla biznesu**; **business environment** = elements *or* factors outside a business organization which directly affect it, such as supply of raw materials and product demand **środowisko przedsiębiorstwa**; *the unreliability of supplies is one of the worst features of our business environment;* **business games** = games, often run on computers, in which individuals or teams compete to do business in a hypothetical market **gry biznesowe**; *students on management courses are often asked to take part in business games to improve their decision-making skills;* **business letter** = letter about commercial matters **list handlowy**; **business lunch** = lunch to discuss business matters **lunch/obiad z klientem**; **business plan** = document drawn up to show how a business is planned to work, with cash flow forecasts, sales forecasts, etc. (often used when trying to raise a loan, or when setting up a new business) **biznesplan**; **business portfolio analysis** = method of categorizing a firm's products according to their relative competitive position and business growth rate in order to lay the foundations for sound strategic planning **analiza portfela produktów przedsiębiorstwa**; **business publications** = magazines or newspapers which are only concerned with business matters (such as trade journals) **wydawnictwa dla biznesu**; **business trip** = trip to discuss business matters with clients **delegacja, podróż służbowa/w interesach**; **to be in business** = to be engaged in commercial activities **mieć swoją firmę, prowadzić działalność gospodarczą**; **to go into business** = to start a commercial firm **założyć firmę**; *he went into business as a car dealer;* **to go out of business** = to stop trading **wycofać się/wypaść z interesu**; *the firm went out of business during the recession;* **on business** = for commercial purposes *or* as part of a one's job **służbowo, w interesach**; *he had to go abroad on business; the chairman is in Holland on business* **(b)** commercial company **firma, interes, przedsiębiorstwo, spółka**; *he owns a small car repair business; she runs her business from home; he set up in business as an insurance broker;* **business address** = details of number, street and town where a company is located **adres siedziby firmy**; **business card** = card showing a businessman's name and the name and address of the company he works for **wizytówka**; **business correspondence** = letters concerned with a business **korespondencja handlowa**; **business equipment** = machines used in an office **sprzęt biurowy**; **business expenses** = money spent on running a business, not on stock or assets **wydatki administracyjne**; **business hours** = time (usually 9 a.m. to 5 p.m.) when a business is open **godziny otwarcia/urzędowania**; **big business** = very large commercial firms **wielkie korporacje**; **(c)** affairs discussed **porządek obrad, program dnia**; *the main business of the meeting was finished by 3 p.m.;* **any other business (AOB)** = item at the end of an agenda, where any matter can be raised **wolne wnioski**

◊ **business agent** [ˈbɪznəs ˈeɪdʒənt] *noun US* chief local official of a trade union **przewodniczący lokalnego oddziału związków zawodowych**

◊ **businessman** *or* **businesswoman** [ˈbɪznɪsmæn *or* ˈbɪznɪswʊmən] *noun* man *or* woman engaged in business **biznesman, bizneswoman; she's a good businesswoman** = she's good at commercial deals **ona dobrze prowadzi firmę/interesy, ona jest dobra w interesach; a small businessman** = man who owns a small business **drobny przedsiębiorca**

◊ **business-to-business advertising** [ˈbɪznɪstəˈbɪznɪs ˈædvətaɪzɪŋ] *noun* advertising aimed at businesses, not at households or private purchasers **reklama międzyfirmowa/przemysłowa**

buy [baɪ] **1** *verb* to get something by paying money **kupować, nabywać;** ***he bought 10,000 shares; the company has been bought by its leading supplier; to buy wholesale and sell retail; to buy for cash;*** **to buy a pup** = to buy something which is worthless **kupić bubel/coś bezwartościowego; to buy forward** = to buy foreign currency before you need it, in order to be sure of the exchange rate **kupować na termin; buy classes** = categories of buying based on how much the purchasing decisions of an organization have changed from the time of the previous purchase **typy decyzji zakupów przemysłowych; buy grid** = method used for objective assessment of competing products, especially when purchasing industrial supplies **system oceny konkurencyjnych produktów (przy zakupach zaopatrzeniowych); buy phases** = phases in the buying of industrial products (the main phases are the recognition of a want, the identification of a product, comparison with other competing products on the market, evaluation of possible courses of action and final decision-making) **fazy zakupu przemysłowego; 2** *noun* **good buy** *or* **bad buy** = thing bought which is *or* is not worth the money paid for it **trafiony/chybiony zakup;** ***that watch was a good buy; this car was a bad buy;*** **new buy** = type of organizational buying, where a completely new product is bought **nowy zakup**

◊ **buy back** [ˈbaɪ ˈbæk] *verb* to buy something which one has sold **odkupić;** ***he sold the shop last year and is now trying to buy it back;*** **buy-back agreement** = agreement that a producer will buy back goods from a distributor on a certain date if the distributor has not been able to sell them **umowa odkupu**

◊ **buyer** [ˈbaɪə] *noun* **(a)** person who buys **kupujący, nabywca; there were no buyers** = no one wanted to buy **nie było chętnych do kupna; a buyers' market** = market where products are sold cheaply because there are few buyers **rynek konsumenta/nabywcy; buyer's risk** = risk taken by a buyer when accepting goods or services with no guarantee **ryzyko nabywcy; impulse buyer** = person who buys something when he sees it, not because he was planning to buy it **nabywca kierujący się impulsem; media buyer** = person in an advertising agency who places advertisements in the media on behalf of clients **pracownik kupujący media; space buyer** = person who buys advertising space in magazines and newspapers **pracownik kupujący przestrzeń reklamową; time buyer** = person who buys advertising time on radio or TV **pracownik kupujący czas antenowy; (b)** person who buys a certain type of goods wholesale for a large store to stock and sell **pracownik działu zakupów, zaopatrzeniowiec; head buyer** = most important buyer in a store **główny zaopatrzeniowiec, szef działu zakupów;** ***she's the shoe buyer for a London department store;*** **buyer's surplus** = extra margin generated when an item is bought at a higher discount than usual **nadwyżka kupującego;** ***when the brand manager realized how great the buyer's surplus was, he decided to lower the price of the product***

◊ **buy in** [ˈbaɪ ˈɪn] *verb* **(a)** *(of a large store or of a company)* to buy a large stock of something which is likely to be needed later on **kupować na przyszłość/zapas; (b)** *(of a seller at an auction)* to buy the thing which you are trying to sell because no one will pay the price you want **kupować od siebie**

◊ **buying** [ˈbaɪɪŋ] *noun* getting something for money **kupowanie, nabywanie; bulk buying** = getting large quantities of goods at low prices **kupno hurtowe/w ilościach hurtowych; forward buying** *or* **buying forward** = buying shares *or* commodities *or* currency for delivery at a later date **kupno na termin; habit buying** = buying a particular product again and again by force of habit, without making a conscious decision to buy **kupowanie nawykowe; impulse buying** = buying items which you have just seen, and did not originally plan to buy **kupowanie pod wpływem impulsu; panic buying** = rush to buy something at any price because stocks may run out **kupowanie pod wpływem paniki; buying agent** = person who buys for a business *or* another person, and earns a commission **agent ds. zakupów;** ***our buying agent is presently looking for materials in Portugal; the buying agent knows a whole network of suppliers round the country;*** **buying department** = department in a company which buys raw materials or goods for use in the company **dział zakupów/ zaopatrzenia; buying habits** = general way in which certain people select and buy goods **nawyki i upodobania nabywców; buying power** = ability to buy **siła nabywcza;** ***the buying power of the pound has fallen over the last years***

◊ **buyout** ['baɪaʊt] *noun* **management buyout (MBO)** = takeover of a company by a group of employees (usually managers and directors) **wykup przedsiębiorstwa; leveraged buyout (LBO)** = buying all the shares in a company by borrowing money against the security of the shares to be bought **wykup w użyciem dźwigni**

by-line ['baɪlaɪn] *noun* journalist's name which appears before a newspaper report **wiersz z nazwiskiem autora artykułu**

by-product ['baɪˌprɒdʌkt] *noun* product made as a result of manufacturing a main product **produkt uboczny**

Cc

the four Cs simple way of referring to the four important points regarding customers: Customer value, Cost to the customer, Convenience for the customer, Communication between seller and buyer **cztery C marketingu**

CA = CONSUMERS ASSOCIATION

cabinet ['kæbɪnət] *noun* display case for goods for sale, especially frozen food **szafa, szafka (szczególnie chłodnicza)**

cable television *or* **cable TV** ['keɪbl telɪ'vɪʒn] *noun* television service which a viewer receives via a cable from a particular station and pays for on subscription **telewizja kablowa**

call [kɔːl] **1** *noun* **(a)** visit **wizyta;** *the salesmen make six calls a day;* **business call** = visit to talk to someone on business **call, wizyta handlowa; cold call** = sales visit where the salesman has no appointment and the client is not an established customer **wizyta handlowa bez uprzedzenia; call bird** = low-priced product advertised to attract customers to the point-of-sale where they can then be sold more profitable goods **produkt--przynęta;** *we need a call bird to bring round more customers;* **call cycle** = time between a salesman's visits to the same customer **cykl calli/wizyt handlowych;** *because we now have more customers to deal with, call cycles are getting longer;* **call frequency** = the number of times a salesman visits a particular customer during a certain period **częstotliwość calli/wizyt handlowych; call rate** = number of calls made by a salesman on customers in a specific period **wkaźnik liczby calli/wizyt; call report** = report made by a salesman after a visit to a customer **raport z calli/wizyty handlowej;** *in his call report, the salesman explained why he was experiencing sales resistance; the call reports have to be handed in each week to the sales manager* **(b)** *US* **call letters** = series of letters used to identify a radio station **identyfikator stacji radiowej (w postaci kilku liter); 2** *verb* **to call on someone** = to visit **odwiedzać;** *our salesmen call on their best accounts twice a month*

◊ **call in** [kɔːl'ɪn] *verb* **(a)** to visit **odwiedzać;** *the sales representative called in twice last week* **(b)** to telephone to make contact **zgłaszać się telefonicznie;** *we ask the reps to call in every Friday to report the weeks' sales* **(c)** to ask someone to help **poprosić o pomoc/przybycie, wzywać;** *we called in an outside agency to handle all our promotion*

campaign [kæm'peɪn] *noun* series of co--ordinated activities to reach an objective **akcja, kampania; sales campaign** = co--ordinated activities to achieve higher sales **kampania handlowa; publicity campaign** *or* **advertising campaign** = co-ordinated publicity or advertising drive to sell a product **kampania reklamowa;** *they built the whole campaign round a well-known TV personality; the campaign was launched with a series of ads on prime-time television; they are working on a campaign to launch a new brand of soap*

canned presentation ['kænd prezən'teɪʃn] *noun* standard sales presentation which some salesmen use all the time **standardowa/ rutynowa prezentacja handlowa;** *when trainee salesmen are not sure how to approach customers they fall back on canned presentations; the sales manager feels that the artificiality of canned presentations makes them ineffective*

cannibalization *or* **cannibalism** [kænɪbəlaɪ'zeɪʃn *or* 'kænɪbəlɪzm] *noun* situation where a company launches a new product which sells well at the expense of another established product **kanibalizm produktów;** *though the new product sold well, the resultant cannibalization damaged the company's overall profits for the year; cannibalism became a real problem because the new product made the existing line seem obsolete*

canvass ['kænvəs] *verb* to visit people to ask them to buy goods *or* to vote *or* to say what they think **werbować klientów, namawiać do oddania głosu na coś/kogoś, sprawdzać czyjąś opinię;** *he's canvassing for customers for his hairdresser's shop; we've canvassed the staff about raising the prices in the staff restaurant*

◊ **canvasser** ['kænvəsə] *noun* person who canvasses **akwizytor, agent, ankieter**

◊ **canvassing** ['kænvəsɪŋ] *noun* asking people to buy *or* to vote *or* to say what they think **werbowanie klientów, namawianie do głosowania, badanie opinii;** *canvassing techniques; door-to-door canvassing*

capital ['kæpɪtl] *noun* **(a)** money, property and assets used in a business **kapitał;** *a company with £10,000 capital or with a capital of £10,000;* **authorized capital** *or* **registered capital** *or* **nominal capital** = maximum capital which is permitted by a company's memorandum of association **kapitał akcyjny/nominalny/statutowy; capital account** = account of dealings (money invested in the company, or taken out of the company) by the owners of a company **rachunek kapitału/kapitałowy; capital assets** = property *or* machines, etc. which a company owns and uses **środki trwałe; capital bonus** = bonus payment by an insurance company which is produced by capital gain **premia kapitałowa; capital equipment** = equipment which a factory or office uses to work **wyposażenie kapitałowe; capital expenditure** *or* **investment** *or* **outlay** = money spent on fixed assets (property, machines, furniture) **inwestycje/koszty kapitałowe; capital gains** = money made by selling a fixed asset *or* by selling shares **zyski kapitałowe; capital gains tax** = tax paid on capital gains **podatek od zysków kapitałowych; capital goods** = goods used to manufacture other goods (i.e. machinery) **dobra inwestycyjne/kapitałowe; capital levy** = tax on the value of a person's property and possessions **podatek od kapitału; capital loss** = loss made by selling assets **strata kapitałowa; capital reserves** = part of share capital which can be used only when a company is wound up **rezerwy kapitałowe; capital structure of a company** = way in which a company's capital is set up **struktura kapitałowa przedsiębiorstwa; capital transfer tax** = formerly, a tax on gifts or bequests of money or property **podatek od transferu kapitału; circulating capital** = capital in the form of raw materials, finished products and work in progress required for a company to carry on its business **kapitał obrotowy; equity capital** = a company's capital which is owned by its ordinary shareholders (note that preference shares are not equity capital; if the company were wound up, none of the equity capital would be distributed to preference shareholders) **kapitał akcyjny/własny/zakładowy; fixed capital** = capital in the form of buildings and machinery **majątek trwały; issued capital** = amount of capital issued as shares to the shareholders **kapitał wyemitowany; paid-up capital** = amount of money paid for the issued capital shares **kapitał pokryty/wpłacony; risk capital** *or* **venture capital** = capital for investment which may easily be lost in risky projects **kapitał spekulacyjny/wysokiego ryzyka; share capital** = value of the assets of a company held as shares, less its debts **kapitał akcyjny; working capital** = capital in the form of cash, stocks and debtors (less creditors) used by a company in its day-to-day operations **kapitał obrotowy;** **(b)** money for investment **kapitał, środki na inwestycje; movements of capital** = changes of investments from one country to another **ruchy kapitału; flight of capital** = rapid movement of capital out of one country because of lack of confidence in that country's economic future **ucieczka kapitału; capital market** = places where companies can look for investment capital **rynek kapitałowy**

◊ **capital allowances** ['kæpɪtl ə'laʊənsɪz] *noun* allowances based on the value of fixed assets which may be deducted from a company's profits and so reduce its tax liability **ulgi kapitałowe;**

COMMENT: under current UK law, depreciation is not allowable for tax on profits, whereas capital allowances, based on the value of fixed assets owned by the company, are tax-allowable

◊ **capitalism** ['kæpɪtəlɪzəm] *noun* economic system where each person has the right to invest money, to work in business, to buy and sell, with no state restrictions **kapitalizm**

◊ **capitalist** ['kæpɪtəlɪst] **1** *adjective* which practises or believes in capitalism **kapitalistyczny;** *we work in a capitalist system* **2** *noun* person who possesses capital and invests it in business **kapitalista**

◊ **capitalize on** ['kæpɪtəlaɪz 'ɒn] *verb* to make a profit from **odnosić zyski z, wykorzystywać;** *to capitalize on one's market position*

captain *see* CHANNEL CAPTAIN

caption ['kæpʃn] *noun* short description at the bottom of an illustration *or* photograph

podpis pod ilustracją/zdjęciem; ***having no caption at the bottom of the illustration created more reader interest in the product; it took the copywriter days to think of a suitable caption for the photograph***

captive audience [ˈkæptɪv ˈɔːdɪəns] *noun* people who cannot avoid being exposed to an advertisement **mimowolni odbiorcy reklamy;** ***advertisers like to have their posters in underground stations where there is a large captive audience***

◊ **captive market** [ˈkæptɪv ˈmɑːkɪt] *noun* market where one supplier has a monopoly and the buyer has no choice over which product to purchase **rynek zmonopolizowany, rynek producenta/sprzedawcy**

capture [ˈkæptʃə] *verb* to take *or* to get control of something **opanować, zawładnąć, zdobywać; to capture 10% of the market** = to sell hard, and so take a 10% market share **opanować 10% rynku; to capture 20% of a company's shares** = to buy shares in a company rapidly and so own 20% of it **szybko zgromadzić 20% akcji spółki**

car boot sale [kɑː ˈbuːt seɪl] *noun* type of jumble sale, organised in a large car park or sports field, where people sell unwanted items which they bring to the sale in their cars **giełda staroci**

card [kɑːd] *noun* **(a)** printed piece of cardboard with information on it **karta; car card** = advertisement display card which is placed in a vehicle (as in a bus or taxi or train) **reklama w pojeździe; rate card** = list of charges for advertising issued by a newspaper, magazine or other media owner **cennik opłat za reklamy; card rate** = advertising charge which is based on the charges listed in a rate card (i.e. without any discounts) **stawka reklamowa wg cennika;** *see also* ESCALATOR CARD, SHOWCARD **(b)** piece of plastic, usually with information printed on it magnetically **karta plastikowa; cash card** = card used to take money from one's account through a cash dispenser **karta bankomatowa; charge card** = credit card for which a fee is payable, but which does not allow the user to take out a loan (he has to pay off the total sum charged at the end of each month) **karta z odroczoną płatnością/rozliczeniowa; cheque (guarantee) card** = plastic card from a bank which guarantees payment of a cheque up to a certain amount, even if the user has no money in his account **karta czekowa; credit card** = card which allows the owner to borrow money or to buy goods and pay for them at a later date **karta kredytowa; debit card** = plastic card, similar to a credit card, but which debits the holder's account immediately through an EPOS system **karta debetowa; smart card** = credit card with a microchip, used for withdrawing money from ATMs, or for purchases at EFTPOS terminals **karta inteligentna; store card** = credit card issued by a particular store, and which can only be used for purchases in that store **karta lojalnościowa/stałego klienta**

cargo [ˈkɑːgəʊ] *noun* load of goods which are sent in a ship *or* plane, etc. **cargo, ładunek; the ship was taking on cargo** = was being loaded with goods **trwał załadunek statku; to load cargo** = to put cargo on a ship **ładować towary na statek; air cargo** = goods sent by air **towar przesyłany drogą lotniczą; berth cargo** = cargo carried at specially low rate **ładunek uzupełniający; deck cargo** = cargo carried on the open deck of a ship, rather than in the hold **ładunek pokładowy; cargo liner** = cargo ship with a regular schedule **frachtowiec liniowy;** ***if the cargo liner's schedule doesn't suit us, we'll have to charter a ship; the cargo liner makes regular trips between Southampton and Lisbon;*** **cargo ship** *or* **cargo plane** = ship *or* plane which carries only cargo and not passengers **frachtowiec, samolot towarowy**

carnet [ˈkɑːneɪ] *noun* international document which allows dutiable goods to cross several European countries by road without paying duty until the goods reach their final destination **karnet, pozwolenie na tymczasowy import**

carriage [ˈkærɪdʒ] *noun* transporting goods from one place to another; cost of transport of goods **transport, koszty transportu;** ***to pay for carriage; to allow 10% for carriage; carriage is 15% of the total cost;*** **carriage free** = deal where the customer does not pay for the shipping **koszty transportu ponosi sprzedający; carriage paid** = deal where the seller has already paid for the shipping **z opłaconymi kosztami transportu; carriage forward** = deal where the customer will pay for the shipping when the goods arrive **koszty transportu ponosi odbiorca**

carrier [ˈkærɪə] *noun* **(a)** company which transports goods **firma przewozowa, przewoźnik, spedytor;** ***we only use reputable carriers*** **air carrier** = company which sends cargo *or* passengers by air **przewoźnik lotniczy; common carrier** = firm which carries goods or passengers, and which can be used by anyone **zawodowy przewoźnik; carrier's risk** = responsibility of the carrier to pay for any damage to goods **ryzyko przewoźnika; (b)** vehicle *or* ship which transports goods **transportowiec, statek towarowy; bulk**

carrier = ship which carries large quantities of loose goods (such as corn) **masowiec**

◊ **carrier bag** ['kærɪə 'bæg] *noun* shopping bag made of strong paper **papierowa torba na zakupy**

carry ['kærɪ] *verb* **(a)** to take from one place to another **przenosić, przewozić;** *to carry goods; a tanker carrying oil from the Gulf; the train was carrying a consignment of cars for export* **(b)** to keep in stock **prowadzić, sprzedawać;** *to carry a line of goods; we do not carry pens*

◊ **carrying** ['kærɪɪŋ] *noun* transporting from one place to another **przenoszenie, przewóz, transport;** *carrying charges; carrying cost*

◊ **carry over** [kærɪ 'əʊvə] *verb* **(a) to carry over a balance** = to take a balance from the end of one page or period to the beginning of the next **przenieść saldo; (b) to carry over stock** = to hold stock from the end of one stocktaking period to the beginning of the next **przenieść stan zapasów**

◊ **carry-over effect** ['kærɪ'əʊvə ɪ'fekt] *noun* effect of something after it has happened **konsekwencje, skutek;** *the carry-over effect of the currency devaluation was a good few years of lucrative exporting; the political unrest in our key export markets had disastrous carry-over effects on our international marketing*

cart [kɑ:t] *noun* flat open goods vehicle pulled by a horse **wóz;** *US* **baggage cart** = metal holder on wheels, on which baggage can be placed to be moved easily in an airport, train station, etc. **wózek bagażowy; shopping cart** = metal basket on wheels, used by shoppers to put their purchases in as they go round a supermarket **wózek sklepowy;** (NOTE: GB English for these are **luggage trolley** and **shopping trolley** *or* **supermarket trolley**)

cartage ['kɑ:tɪdʒ] *noun* carrying goods by road **przewóz drogowy**

cartel [kɑ:'tel] *noun* group of companies which try to fix the price *or* to regulate the supply of a product so that they can make more profit **kartel**

carter ['kɑ:tə] *noun* person who transports goods by road **przewoźnik drogowy**

carton ['kɑ:tən] *noun* box made of cardboard **karton, pudełko kartonowe, sztanga (papierosów);** *a carton of cigarettes*

case [keɪs] *noun* **(a)** cardboard or wooden box for packing and carrying goods **pudło, skrzynka; six cases of wine** = six boxes, each containing twelve bottles **sześć skrzynek wina; a packing case** = large wooden box for carrying items which can be easily broken **skrzynia; (b) display case** = table or counter with a glass top, used for displaying items for sale **witryna wystawiennicza**

◊ **case study** ['keɪs 'stʌdɪ] *noun* true or invented business situation used in business training to practise decision-making **analiza przypadku;** *the marketing case study consisted of a long history of the company, the present situation and a choice of strategic plans; the case study was about territory-planning in a city in which there were a number of accounts of varying importance*

cash [kæʃ] **1** *noun* **(a)** money in coins or notes **gotówka; cash in hand** = money and notes in the till, kept to pay small debts **środki pieniężne w kasie; hard cash** = money in notes and coins, as opposed to cheques or credit cards **gotówka; petty cash** = small amounts of money (for example, money kept in an office for making small payments) **kasa podręczna; ready cash** = money which is immediately available for payment **gotówka do dyspozycji; cash account** = account which records the money which is received and spent **konto kasowe, rachunek bieżący; cash advance** = loan in cash against a future payment **zaliczka w gotówce; cash balance** = balance in cash, as opposed to amounts owed **saldo gotówkowe; cash book** = book in which cash transactions are entered **księga kasowa; cash box** = metal box for keeping cash **kasetka na pieniądze; cash budget** = plan of cash income and expenditure **plan wpływów i wydatków gotówkowych; cash card** = card used to obtain money from a cash dispenser **karta bankomatowa; cash cow** = in the Boston matrix, a product that consistently generates good profits and maintains its market share, but will not provide growth **dojna krowa, pewniak;** *with reliable sales and a low production cost, the cash cow produced steady if unspectacular profits;* **cash desk** = place in a store where you pay for the goods you have bought **kasa (w sklepie); cash dispenser** = machine which gives out money when a special card is inserted and instructions given **bankomat; cash float** = cash put into the cash box at the beginning of the day or week to allow business to start **gotówka w kasie na początku dnia; cash offer** = offer to pay in cash **oferta kupna za gotówkę; cash payment** = payment in cash **zapłata w gotówce; cash purchases** = purchases made in cash **zakupy gotówkowe/za gotówkę; cash register** *or* **cash till**

= machine which shows and adds the prices of items bought, and which has a drawer for keeping the cash received **kasa (urządzenie); cash reserves** = a company's reserves in cash, deposits or bills, kept in case of urgent need **rezerwy gotówkowe; (b)** using money in coins or notes **płatność/zapłata gotówką; to pay cash down** = to pay in cash immediately **zapłacić gotówką od ręki; cash against documents** = system whereby a buyer receives documents for the goods on payment of a bill of exchange **gotówka za dokumenty; cash discount** *or* **discount for cash** = discount given for payment in cash **rabat za gotówkę, skonto kasowe;** ***the seller offered a 15% cash discount for payment within 2 weeks; a generous cash discount is found to be a good incentive for early payment;*** **cash price** *or* **cash terms** = (i) price of goods when cash is used for payment; (ii) lower price *or* terms which apply if the customer pays cash **cena/warunki płatności przy płatności gotówkowej;** ***the cash price of the article is low because the seller needs the money urgently;*** **cash sale** *or* **cash transaction** = transaction paid for in cash **sprzedaż za gotówkę; cash settlement** *or* **settlement in cash** = paying a bill in cash **rozliczenie gotówką; terms: cash with order** = terms of sale showing that payment has to be made in cash when the order is placed **gotówką przy zamówieniu (warunek płatności); cash on delivery (c.o.d.)** = payment in cash when goods are delivered **gotówką przy odbiorze (warunek płatności)** (NOTE: US English is **collect on delivery**) **2** *verb* **to cash a cheque** = to exchange a cheque for cash **zrealizować czek**

◊ **cashable** ['kæʃəbl] *adjective* which can be cashed **możliwy do zrealizowania, możliwy do zamiany na gotówkę, możliwy do spieniężenia;** ***a crossed cheque is not cashable at any bank***

◊ **cash and carry** ['kæʃənd'kærɪ] *noun* large store, selling goods at low prices, where the customer pays cash and has to take the goods away himself **cash-and-carry (typ małej hurtowni);** ***cash and carry warehouse***

◊ **cash flow** ['kæʃ 'fləʊ] *noun* cash which comes into a company from sales less the money which goes out in purchases or overhead expenditure **przepływ środków pieniężnych; cash flow forecast** = forecast of when cash will be received or paid out **prognoza przepływów gotówkowych/środków pieniężnych; cash flow statement** = report which shows cash sales and purchases **sprawozdanie z przepływu środków pieniężnych; discounted cash flow** = calculating the forecast return on capital investment in current terms, with reductions for current interest rates **metoda zdyskontowanych przepływów pieniężnych; net cash flow** = difference between the money coming in and the money going out **przepływy pieniężne netto; negative cash flow** = situation where more money is going out of a company than is coming in **ujemny przepływ gotówki; positive cash flow** = situation where more money is coming into a company than is going out **dodatni przepływ gotówki; the company is suffering from cash flow problems** = cash income is not coming in fast enough to cover expenditure **spółka ma problemy z przepływem gotówki**

◊ **cashier** [kæ'ʃɪə] *noun* **(a)** *(in a shop)* person who takes money from customers or who deals with the money when it has been paid **kasjer/ka; (b)** *(in a bank)* person who deals with customers and takes or gives cash at the counter **kasjer/ka**

◊ **cash up** [kæʃ'ʌp] *verb* to add up the cash in a shop at the end of the day **podliczyć gotówkę w kasie po zakończeniu dnia, [zrobić kasę]**

catalogue *or US* **catalog** ['kætəlɒg] **1** *noun* publication which lists items for sale, usually showing their prices **katalog;** ***an office equipment catalogue; they sent us a catalogue of their new range of desks;*** **classified catalogue** = catalogue where the items are listed in categories **katalog rzeczowy wyrobów; mail order catalogue** = catalogue from which a customer orders items to be sent by mail **katalog wysyłkowy; catalogue house** = company which mainly or solely sells by catalogue **firma sprzedaży wysyłkowej; catalogue price** = price as marked in a catalogue **cena katalogowa; catalogue store** *or* **catalogue showroom** = shop where customers can examine a catalogue and choose goods from it **sklep katalogowy; 2** *verb* to put an item into a catalogue **umieścić w katalogu;**

> QUOTE: a 112-page international stock photo catalogue can provide images for every conceivable use
>
> **Sales & Marketing Management**

> QUOTE: the catalogue, containing card and gift offers, will have been sent to 500,000 people by the end of September
>
> **Precision Marketing**

catchment area [ˈkætʃmənt ˈeərɪə] *noun* area around a shop or a shopping centre, where the customers live **zasięg sklepu**

catchpenny [ˈkætʃpenɪ] *noun* article which has only superficial appeal, but which attracts buyers **artykuł-przynęta;** *a closer look at the doll showed it to be just a shoddily made catchpenny*

cater for [ˈkeɪtə ˈfɔː] *verb* to deal with *or* to provide for **zaopatrywać, zaspokajać potrzeby;** *the store caters mainly for overseas customers*

◊ **caterer** [ˈkeɪtərə] *noun* person who supplies food and drink, especially for parties **dostawca (żywności)**

◊ **catering** [ˈkeɪtərɪŋ] *noun* **(a)** supplying food and drink for a party, etc. **dostawa (żywności); the catering trade** = food trade, especially the sector which supplies food ready to eat **gastronomia; (b) catering for** = which provides for **zaopatrujący w żywność;** *store catering for overseas visitors*

caveat emptor [ˈkævɪæt ˈemptɔː] = LET THE BUYER BEWARE phrase meaning that the buyer himself is responsible for checking that what he buys is in good order **„niech kupujący się wystrzega"**

> QUOTE: the idea that buyers at a car boot sale should have any rights at all is laughable. Even those who do not understand Latin know that caveat emptor is the rule
>
> Times

CCTV = CLOSED CIRCUIT TELEVISION

Ceefax teletext services broadcast by the BBC **(usługi) Ceefax**

ceiling [ˈsiːlɪŋ] *noun* highest point **próg, pułap;** *output has reached a ceiling; to fix a ceiling for a budget;* **ceiling price** *or* **price ceiling** = highest price that can be reached **cena maksymalna**

census [ˈsensəs] *noun* official count of a country's population, including such data as the age, sex, and occupation of individuals **spis powszechny;** *the market research department made a careful study of the census in different areas of the country to see where demand would be highest see also* DISTRIBUTION CENSUS

central [ˈsentrəl] *adjective* organized by one main point **centralny; central office** = main office which controls all smaller offices **centrala, siedziba główna; central purchasing** *or* **central buying** = purchasing organized by a central office for all branches of a company **zaopatrzenie scentralizowane**

◊ **Central Office of Information (COI)** British government organization which provides a publicity service and advice on international trade for British companies wishing to export **Rządowe Centrum Informacji (w Wlk. Brytanii)**

centralize [ˈsentrəlaɪz] *verb* to organize from a central point **centralizować;** *all purchasing has been centralized in our main office; the group benefits from a highly centralized organizational structure;* **centralized distribution** = system of distribution of goods to retail stores in a chain, from a central or local warehouse, so avoiding direct distribution from the manufacturer, and making stock control easier **dystrybucja scentralizowana**

centre *or US* **center** [ˈsentə] *noun* **(a)** important town **centrum;** *industrial centre; manufacturing centre; the centre for the shoe industry* **(b) shopping centre** = group of shops linked together with car parks and restaurants **centrum handlowe; (c)** group of items in an account **centrum; cost centre** = person or group whose costs can be itemized **centrum kosztowe; profit centre** = person or department which is considered separately for the purposes of calculating a profit **centrum zysków**

◊ **centre spread** [ˈsentə ˈspred] *noun* two facing pages in the centre of a newspaper *or* magazine used by an advertiser for one advertisement **rozkładówka reklamowa;** *the whole centre spread for three days cost the advertiser £150,000; the centre spread was taken up with a large advertisement for a new model of car*

chain [tʃeɪn] *noun* series of stores belonging to the same company or the same group of companies **sieć;** *a chain of hotels or a hotel chain; the chairman of a large do-it-yourself chain; he runs a chain of shoe shops; she bought several shoe shops and gradually built up a chain;* **franchise chain** = series of retail stores or fast-food outlets which are operated as franchises from the main operator **sieć sklepów franszyzowych**

◊ **chain store** [ˈtʃeɪn ˈstɔː] *noun* one store in a chain **sklep sieci**

challenger [ˈtʃæləndʒə] *noun* company which challenges other companies which are already established in the marketplace **challenger, nowy konkurent; market challenger strategy** = strategy adopted by a company which is challenging the market leaders by pricing, aggressive advertising or product design **strategia challengera**

Chamber of Commerce [ˈtʃeɪmbər əv ˈkɒməs] *noun* group of local businessmen who meet regularly to discuss problems which they have in common and to promote business in their town; similar group of business whose aim is promote business links with a certain foreign country **izba handlowa;** ***the British Chamber of Commerce in Spain***

channel [ˈtʃænl] *noun* **(a)** means by which information or goods pass from one place to another **kanał; to go through the official channels** = to deal with government officials (especially when making a request) **załatwiać coś oficjalnymi kanałami; to open up new channels of communication** = to find new ways of communicating with someone **ustanowić nowe kanały komunikacji/obiegu informacji; distribution channels** *or* **channels of distribution** = means by which goods pass from the manufacturer to the consumer, via wholesalers and retailers **kanały dystrybucji; channel members** = the various companies which form a distribution channel **członkowie kanału dystrybucji; channels of influence** = ways in which a company can influence consumers to buy their products, i.e. personal influence channels such as salesmen, or non-personal channels such as press advertising **kanały wpływu na klienta;** ***owing to lack of capital there were not many channels of influence open to the company; it was decided that personal selling was the most effective channel of influence for such a specialized product*** **(b) trading channel** = series of purchases and sales from company to company which are made until the finished product is purchased by the customer **kanał dystrybucyjny/handlowy; channel power** = the influence which one company in a trading channel has over the other companies in the channel **wpływy w kanale handlowym**

◊ **channel captain** [ˈtʃænəl ˈkæptən] *noun* business which controls or has the most influence in a distribution channel **lider kanału dystrybucji;** ***the production company became a channel captain by acquiring a number of important retail outlets; only businesses with enough financial resources to acquire other companies can become channel captains***

◊ **channel strip** [ˈtʃænəl ˈstrɪp] *noun* front edge of a shelf on which details of the products displayed can be put (such as price, weight, code numbers, etc.) **pasek cen**

charge [tʃɑːdʒ] **1** *noun* **(a)** money which must be paid *or* price of a service **koszt, opłata;** ***to make no charge for delivery; to make a small charge for rental; there is no charge for service*** *or* ***no charge is made for service;*** **admission charge** *or* **entry charge** = price to be paid before going into an exhibition, etc. **cena biletu, opłata za wejście/wstęp; bank charges** = charges made by a bank for carrying out work for a customer **opłaty bankowe; handling charge** = money to be paid for packing *or* invoicing *or* dealing with goods which are being shipped **opłata manipulacyjna; inclusive charge** = charge which includes all items **opłata łączna; interest charges** = money paid as interest on a loan **odsetki; scale of charges** = list showing various prices **taryfa opłat; service charge** = charge added to a bill in a restaurant to pay for service **opłata za obsługę;** ***a 10% service charge is added; does the bill include a service charge?;*** **charges forward** = charges which will be paid by the customer **za pobraniem kosztów; a token charge is made for heating** = a small charge is made which does not cover the real costs at all **za ogrzewanie pobierana jest symboliczna opłata; free of charge** = free *or* with no payment to be made **darmowy, gratisowy, za darmo;** *see also* DATE-IN-CHARGE **(b)** debit on an account **debet, obciążenie rachunku;** ***it appears as a charge on the accounts*** **2** *verb* **(a)** to ask someone to pay for services later **obciążać kosztami; to charge the packing to the customer** = the customer has to pay for packing **obciążyć klienta kosztami pakowania; (b)** to ask for money to be paid **liczyć sobie, pobierać opłatę;** ***to charge £5 for delivery; how much does he charge?;*** **she charges £6 an hour** = she asks to be paid £6 for an hour's work **ona bierze 6 funtów za godzinę**

◊ **chargeable** [ˈtʃɑːdʒəbl] *adjective* which can be charged **do pobrania, podlegający opłacie;** ***repairs chargeable to the occupier;*** **sums chargeable to the reserve** = sums which can be debited to a company's reserves **koszty wpisywane w ciężar rezerw**

◊ **charge account** [ˈtʃɑːdʒ əˈkaʊnt] *noun* **(a)** arrangement which a customer has with a store to buy goods and pay for them at a later date, usually when the invoice is sent at the end of the month **kredyt/rachunek (w sklepie); (b)** *US* system whereby a customer can pay a supplier at the end of an agreed period for all goods or services bought **rachunek;** ***the seller would not agree to a charge account as he needed money from sales immediately***

◊ **charge card** [ˈtʃɑːdʒ ˈkɑːd] *noun* plastic card which allows the user to purchase items and charge them to a charge account **karta rozliczeniowa**

charity [ˈtʃærɪtɪ] *noun* organization which offers free help or services to those in need **organizacja charytatywna;** ***because the organization is a charity it does not have to***

pay taxes; the charity owes its success to clever marketing strategies in its fund raising; **charity shop** = shop organized by a charity, usually paying low rent, and manned by volunteer staff, selling second-hand or specially bought products **sklep organizacji charytatywnej**

chart [tʃɑːt] *noun* diagram showing information as a series of lines *or* blocks, etc. **wykres; bar chart** = diagram where quantities and values are shown as thick columns of different heights *or* lengths **wykres słupkowy; flow chart** = diagram showing the arrangement of various work processes in a series **schemat blokowy; line chart** = chart which indicates values using lines of different lengths **wykres liniowy; organization chart** = diagram showing how a company *or* an office is organized **schemat organizacyjny; pie chart** = diagram where information is shown as a circle cut up into sections of different sizes **wykres kołowy; sales chart** = diagram showing how sales vary from month to month **diagram sprzedaży**

charter [ˈtʃɑːtə] **1** *noun* **(a)** hiring transport for a special purpose **czarter; charter flight** = flight in an aircraft which has been hired for that purpose **lot czarterowy; charter plane** = plane which has been chartered **samolot czarterowy; boat on charter to Mr Smith** = boat which Mr Smith has hired for a voyage **łódź wyczarterowana przez pana Smitha; (b)** statement of rights **karta, licencja; shopper's charter** = law which protects the rights of shoppers against dishonest shopkeepers **prawa konsumenta, karta praw konsumenta; 2** *verb* to hire for a special purpose **wyczarterować;** *to charter a plane or a boat or a bus*

◊ **chartered** [ˈtʃɑːtəd] *adjective* **chartered ship** *or* **bus** *or* **plane** = ship *or* bus *or* plane which has been hired for a special purpose **wyczarterowany statek/autobus/samolot**

◊ **charterer** [ˈtʃɑːtərə] *noun* person who hires a ship, etc., for a special purpose **osoba czarterująca**

◊ **chartering** [ˈtʃɑːtərɪŋ] *noun* act of hiring for a special purpose **czarter**

◊ **charter party** [ˈtʃɑːtə ˈpɑːtɪ] *noun* contract between owner and charterer of a ship **umowa czarterowa**

checklist [ˈtʃeklɪst] *noun* list of items which have to be checked, especially as a way of evaluating a promotional campaign or a single advertisement **lista kontrolna**

checkout [ˈtʃekaʊt] *noun* place where goods are paid for in a shop or supermarket **kasa (w sklepie);** *the new supermarket has sixteen checkouts, each equipped with EPOS systems;* **checkout staff** = people who work at checkouts **kasjerzy**

cheque *or US* **check** [tʃek] *noun* note to a bank asking them to pay money from an account to the account of the person whose name is written on the note **czek; cheque account** = bank account which allows the customer to write cheques **rachunek bieżący/czekowy; cheque to bearer** = cheque with no name written on it, so that the person who holds it can cash it **czek na okaziciela; crossed cheque** = cheque with two lines across it showing that it can only be deposited at a bank and not exchanged for cash **czek krosowany/zakreślony; open** *or* **uncrossed cheque** = cheque which can be cashed anywhere **czek gotówkowy/kasowy/niezakreślony; blank cheque** = cheque with the amount of money and the payee left blank, but signed by the drawer **czek in blanco; pay cheque** *or* **salary cheque** = monthly cheque by which an employee is paid **czek z wynagrodzeniem; traveller's cheques** = cheques taken by a traveller, which can be cashed in a foreign country **czeki podróżne; dud cheque** *or* **bouncing cheque** *or* **cheque which bounces** *or US* **rubber check** = cheque which cannot be cashed because the person writing it does not have enough money in the account to pay it **czek bez pokrycia; (b) to cash a cheque** = to exchange a cheque for cash **spieniężyć/zrealizować czek; to endorse a cheque** = to sign a cheque on the back to show that you accept it **indosować czek; to make out a cheque to someone** = to write someone's name on a cheque **wypisać czek na kogoś;** *who shall I make the cheque out to?;* **to pay by cheque** = to pay by writing a cheque, rather than using cash or a credit card **płacić czekiem; to pay a cheque into your account** = to deposit a cheque **wpłacić czek na konto; the bank referred the cheque to drawer** = returned the cheque to the person who wrote it because there was not enough money in the account to pay it **bank zwrócił czek wystawcy; to sign a cheque** = to sign on the front of a cheque to show that you authorize the bank to pay the money from your account **podpisać czek; to stop a cheque** = to ask a bank not to pay a cheque which you have written **zablokować czek**

◊ **cheque book** *or US* **checkbook** [ˈtʃekbʊk] *noun* booklet with new cheques **książeczka czekowa**

◊ **cheque guarantee card** [ˈtʃek ˈgærənˈtiː ˈkɑːd] *noun* plastic card from a bank which guarantees payment of a cheque up to a certain amount, even if there is no money in the account **karta czekowa**

cherry-picking [ˈtʃerɪˈpɪkɪŋ] *noun* going from shop to shop or from supplier to supplier, looking for special bargains **wybieranie rodzynków, wyszukiwanie promocji;** ***cherry-picking has become so widespread that prices may be forced down***

c.i.f. [ˈsiːˈaɪˈef] = COST, INSURANCE AND FREIGHT

cinema advertising [ˈsɪnəmə ˈædvətaɪzɪŋ] *noun* advertising by short films or still messages on cinema screens **reklama kinowa**

circular [ˈsɜːkjʊlə] **1** *adjective* sent to many people **okrężny, okólny; circular letter of credit** = letter of credit sent to all branches of the bank which issues it **akredytywa okrężna; 2** *noun* leaflet *or* letter sent to many people **okólnik;** ***they sent out a circular offering a 10% discount***

◊ **circularize** [ˈsɜːkjʊləraɪz] *verb* to send a circular to **rozsyłać okólnik;** ***the committee has agreed to circularize the members; they circularized all their customers with a new list of prices***

◊ **circulate** [ˈsɜːkjʊleɪt] *verb* **(a)** *(of money)* **to circulate freely** = to move about without restriction by the government **być w wolnym obiegu; (b)** to send information to **puszczać w obieg, rozsyłać;** ***they circulated a new list of prices to all their customers***

◊ **circulation** [sɜːkjʊˈleɪʃən] *noun (of newspapers)* number of readers of a newspaper or magazine (it is audited, and is not the same as 'readership') **nakład sprzedany;** ***the audited circulation of a newspaper; the new editor hopes to improve the circulation;*** **a circulation battle** = competition between two papers to try to sell more copies in the same market **wojna o nakład; controlled circulation magazine** = magazine which is sent free to a limited number of readers, and is paid for by the advertising it contains **darmowe pismo reklamowe; paid circulation** = the number of copies of a newspaper or magazine which have been bought **nakład sprzedany;** *see also* CONTROLLED CIRCULATION, SUBSCRIBED CIRCULATION

city [ˈsɪtɪ] *noun* large town **miasto;** ***the largest cities in Europe are linked by hourly flights;*** **capital city** = main town in a country, where the government is located **stolica; city centre** = the centre of a large town, usually where the main shops and offices are situated **centrum miasta**

CKD = COMPLETELY KNOCKED DOWN

class [klɑːs] *noun* category *or* group into which things are classified according to quality or price **grupa, kategoria, klasa;**

classify [ˈklæsɪfaɪ] *verb* to put into classes *or* categories **klasyfikować; classified advertisements** *or* **classified advertising** = advertisements listed in a newspaper under special headings (such as 'property for sale' or 'jobs wanted') **ogłoszenia drobne; classified directory** = book which lists businesses grouped under various headings (such as computer shops *or* newsagents) **branżowy spis przedsiębiorstw; classified display advertising** = advertising that, although it is classified, may also have individual features such as its own box border or the company logo **ogłoszenia drobne z własną stylistyką**

◊ **classification** [klæsɪfɪˈkeɪʃən] *noun* way of putting into classes **klasyfikacja; job classification** = describing jobs listed in various groups **klasyfikacja zawodów**

◊ **classified catalogue** [ˈklæsɪfaɪd ˈkætəlɒg] *noun* catalogue which groups articles into certain categories **katalog rzeczowy;** ***the classified catalogue is divided into two sections, electrical and non-electrical products; the department store publishes a classified catalogue with a section for each department; there is no entry for garden furniture in the classified catalogue***

clause [klɔːz] *noun* section of a contract **klauzula;** ***there are ten clauses in the contract; according to clause six, payments will not be due until next year;*** **exclusion clause** = clause in a contract *or* insurance policy *or* warranty which says which items are not covered by it **klauzula wyłączenia; penalty clause** = clause which lists the penalties which will be imposed if the contract is not fulfilled **klauzula o karze umownej; termination clause** = clause which explains how and when a contract can be terminated **klauzula o rozwiązaniu umowy**

◊ **claused** [klɔːzd] *adjective* **claused bill of lading** = bill of lading stating that goods did not arrive on board in good condition **konosament brudny**

clean [kliːn] *adjective* straightforward *or* with no complications **czysty; clean acceptance** = unconditional acceptance of a bill of lading **bezwarunkowa akceptacja konosamentu;** ***a clean acceptance ensures a quick and uncomplicated transaction;*** **clean bill of lading** = bill of lading stating that goods arrived on board in good condition **konosament czysty**

clear [klɪə] *verb* to sell cheaply in order to get rid of stock **wyprzedawać;** *'demonstration models to clear'*

◊ **clearance** [ˈklɪərəns] *noun* **(a) clearance sale** = sale of items at low prices to get rid of stock **wyprzedaż; (b) customs clearance** = passing goods through customs so that they can enter or leave the country **odprawa celna; to effect customs clearance** = to clear goods through customs **dokonać odprawy celnej, oclić; clearance certificate** = certificate showing that goods have been passed by the customs **dowód odprawy celnej; (c) clearance of a cheque** = passing of a cheque through the banking system, transferring money from one account to another **realizacja czeku;** *you should allow six days for cheque clearance*

client [ˈklaɪənt] *noun* person with whom business is done; person who pays for a service **klient; client list** = list of clients of an advertising agency **lista klientów**

◊ **clientele** [kliːənˈtel] *noun* all the clients of a business; all the customers of a shop **klientela**

clip [klɪp] *noun* short extract from a film **klip, wycinek**

◊ **clipping** [ˈklɪpɪŋ] *noun* cutting out pieces from publications which refer to an item of particular interest **gromadzenie wycinków prasowych; clipping service** *or US* **clipping bureau** = service which cuts out references to a customer from newspapers and magazines and sends them to him **gromadzenie wycinków prasowych (usługa)**

close [kləʊz] **1** *noun* end (of a sales negotiation) **dobicie (targu), zawarcie (transakcji); alternative close** = ending the sales negotiation by asking the customer to choose something, such as a method of payment **alternatywne zawarcie transakcji; assumptive close** = ending the sales negotiation by assuming that the customer has agreed to buy, and then asking further details of payments, delivery, etc. **hipotetyczne zawarcie transakcji; concession close** = ending a sale by offering a concession to the purchaser **zawarcie transakcji z rabatem; direct close** = ending a sale by asking the customer if he wants to buy **zawarcie bezpośrednie; implied close** = ending a sale by assuming that the customer will make the purchase **zawarcie dorozumiane; 2** *verb* **(a)** to bring to an end **kończyć; to close a sale** = to end a sales negotiation and persuade a buyer to make a purchase **dobić targu, sfinalizować/zawrzeć transakcję; (b)** to shut *or* to stop commercial work **zamykać;** *the shop closes at 5.30; the office is closed on Saturdays* **(c)** to stop something being open **zamykać; to close an account** = (i) to stop supplying a customer on credit; **zablokować/zamknąć rachunek;** (ii) to withdraw all money from a bank account and stop using it; **zamknąć konto/rachunek; to close a market** = to restrict a market to one agent or distributor, and refuse to allow others to deal in the area **zamknąć rynek**

◊ **closed** [kləʊzd] *adjective* **(a)** shut *or* not open *or* not doing business **zamknięty;** *the office is closed on Mondays; all the banks are closed on the National Day* **(b)** restricted **ograniczony; closed circuit television (CCTV)** = system where TV is shown only to a small group of people within a limited area **telewizja przemysłowa; closed market** = market where the supplier supplies only one agent or distributor **rynek sterowany; closed shop** = system where a company agrees to employ only union members in certain jobs **zamknięty system zatrudnienia**

◊ **close down** [kləʊzˈdaʊn] *verb* to stop business permanently **zlikwidować; closing-down sale** = sale of goods when a shop is closing for ever **wyprzedaż likwidacyjna**

closing [ˈkləʊzɪŋ] **1** *adjective* **(a)** final *or* coming at the end **końcowy, ostateczny; closing bid** = last bid at an auction *or* the bid which is successful **ostateczna cena/oferta; closing date** = last date **ostateczny termin;** *the closing date for tenders to be received is May 1st;* **closing price** = price of a share at the end of a day's trading **cena przy zamknięciu giełdy; (b)** at the end of an accounting period **końcowy;** *closing balance, closing stock* **2** *noun* **(a) closing a sale** = point where a salesman persuades a buyer to actually place an order **zawarcie transakcji sprzedaży;** *the trainee salesmen discovered that closing a sale needs patience and persistence; special discounts for first-time buyers were sometimes used as incentives in closing a sale;* **closing techniques** = special techniques of persuasion used by salesmen to close sales **techniki sprzedaży;** *the training manager demonstrated some presentation and closing techniques; most of our salesmen develop their own selling methods, including closing techniques* **(b)** shutting of a shop *or* being shut **zamknięcie; Sunday closing** = not opening a shop on Sundays **zawieszanie handlu w niedziele; closing time** = time when a shop or office stops work **godzina zamknięcia; early closing day** = weekday (usually Wednesday or Thursday) when some shops close in the afternoon **dzień wcześniejszego zamknięcia sklepów; (c) closing of**

an account = act of stopping supply to a customer on credit **zamknąć rachunek**

◊ **closure** [ˈkləʊʒə] *noun* **(a)** act of closing **zamknięcie; (b)** psychological process whereby a person supplies an ending (such as a brand name) which is implied, but not stated by a stimulus, such as an advertisement **technika wypełnienia;** ***the advertisement only showed part of the brand name, relying on closure to get the whole message across; by means of closure the target audience received the advertiser's intended message***

club [klʌb] *noun* group of people who have the same interest **klub; book club** *or* **wine club** = group of people who pay a small subscription and buy books or wine regularly by mail order **klub książkowy/miłośników wina**

cluster [ˈklʌstə] *noun* group of things together **grupa; cluster analysis** = method whereby samples are classified into groups according to certain characteristics **analiza grupowa; cluster sampling** = sampling on the basis of well-defined groups **metoda próbek zgrupowanych/zbitek;** ***cluster sampling was used in the survey since there were several very distinct groups in the population under study***

COD *or* **c.o.d.** [siːəʊˈdiː] = CASH ON DELIVERY

code [kəʊd] *noun* system of signs or numbers or letters which has a meaning **kod; bar code** = system of lines printed on a product which, when read by a computer, indicate a reference number and price **kod paskowy**

◊ **code of practice** [ˈkəʊd ʌv ˈpræktɪs] *noun* formally established ways in which members of a profession agree to work **kodeks dobrej praktyki/postępowania; dobre obyczaje (kupieckie);** ***advertisers have agreed to abide by the code of practice set out by the advertising council***

coefficient of correlation [kəʊɪˈfɪʃənt ʌv kɒrɪˈleɪʃn] *noun* measurement of correlation *or* relationship between two sets of data on a continuum from -1 to +1 **wskaźnik korelacji**

cognitive dissonance [ˈkɒgnɪtɪv ˈdɪsənəns] *noun* feeling of dissatisfaction experienced by a person who cannot reconcile apparently contradictory information, as when making buying decisions or comparing purchases with the claims made for them in advertising **dysonans poznawczy**

COI = CENTRAL OFFICE OF INFORMATION

cold [kəʊld] *adjective* without previous preparation **bez przygotowania/uprzedzenia, nieprzygotowany; cold call** = sales call where the salesman has no appointment and the client is not an established customer **wizyta handlowa bez uprzedzenia; cold start** = starting a new business *or* opening a new shop where there was none before **rozpoczynanie od zera; cold storage** = refrigerated warehouse where perishables can be kept cold **chłodnia**

collateral [kɒˈlætərəl] *adjective & noun* (security) used to provide a guarantee for a loan **zabezpieczenie**

> QUOTE: examiners have come to inspect the collateral that thrifts may use in borrowing from the Fed
>
> **Wall Street Journal**

collect [kəˈlekt] **1** *verb* **(a)** to make someone pay money owing **inkasować, pobierać; to collect a debt** = to go and make someone pay a debt **odebrać dług;** *US* **collect on delivery** = payment in cash when goods are delivered **gotówką przy odbiorze;** (NOTE: GB English is **cash on delivery**) **(b)** to fetch things from a place **odbierać;** ***we have to collect the stock from the warehouse; can you collect my letters from the typing pool?;*** **letters are collected twice a day** = the post office workers take them from the letter box to the post office for dispatch **listy odbierane są 2 razy dziennie; 2** *adverb & adjective US* (phone call) which the person receiving the call agrees to pay for **rozmowa „R";** ***to make a collect call; he called his office collect***

◊ **collectibles** [kəˈlektəblz] *noun* items (stamps, playing cards, matchboxes, etc.) which people collect **przedmioty zbierane przez kolekcjonerów**

◊ **collecting agency** [kəˈlektɪŋ ˈeɪdʒənsɪ] *noun* agency which collects money owed to other companies for a commission **agencja ściągania należności**

colour supplement [ˈkʌlə ˈsʌplɪmənt] *noun* magazine which accompanies a newspaper (usually with the weekend issue), printed in colour on art paper, and containing a lot of advertising **dodatek ilustrowany;** ***the spring colour supplements were mostly devoted to holiday advertising; the tobacco company bought advertising space on three pages of the colour supplement***

column [ˈkɒləm] *noun* section of printed words in a newspaper *or* magazine **kolumna; column-centimetre** *or* **column inch** = unit of measurement of space in a newspaper column (one column one centimetre or one inch in depth) used for calculating charges for advertising **kolumnocentymetr, kolumnocal**

comeback ['kʌmbæk] *noun* means of getting compensation for complaints or claims **prawo reklamacji;** ***if you throw away the till receipt you will have no comeback if the goods turn out to be faulty***

comfortable belonger *see* BELONGER

commando selling [kə'mɑːndəʊ 'selɪŋ] *noun* hard intensive selling **sprzedaż agresywna;** ***commando selling campaigns were started in all the new markets where the company's products were virtually unknown; commando selling is needed to obtain a reasonable market share in a market dominated by a powerful competitor***

commerce ['kɒmɜːs] *noun* business *or* buying and selling of goods and services **handel; Chamber of Commerce** = group of local businessmen and women who meet to discuss common problems and to promote business in their town **izba handlowa**

◊ **commercial** [kə'mɜːʃəl] **1** *adjective* **(a)** referring to business **handlowy; commercial agent** = person *or* business selling a company's products or services for a commission **agent/przedstawiciel handlowy;** ***the marketing director decided to set up a network of commercial agents in Europe; the commercial agent earned a 30% commission on sales he made; as a commercial agent, she represents several companies;*** **commercial aircraft** = aircraft used to carry cargo *or* passengers for payment **samolot komercyjny; commercial artist** = artist who designs advertisements *or* posters, etc. for payment **artysta reklamowy; commercial attach,** = diplomat who represents and tries to promote his country's business interests **attach, handlowy; commercial break** = time set aside for commercials on television **przerwa na reklamy;** ***the advertiser wished to specify exactly when in the commercial break the advertisements were to appear; the advertising manager placed one advertisement in each commercial break of the day on the radio channel;*** **commercial college** = college which teaches business studies **szkoła biznesu/handlowa; commercial counsellor** = person who advises on commercial matters in an embassy **doradca handlowy;** ***the commercial counsellor gave us sound advice on marketing in the country he represented;*** **commercial course** = course in which students study business skills **kurs biznesu;** ***he took a commercial course by correspondence;*** **commercial directory** = book which lists all the businesses and business people in a town **informator handlowy, katalog firm; commercial district** = part of a town where most offices and shops are **dzielnica handlowa; commercial law** = laws which relate to business **prawo handlowe; commercial load** = amount of goods *or* number of passengers which a bus *or* train *or* plane has to carry to make a profit **opłacalny ładunek/opłacalna liczba pasażerów; commercial port** = port which has only goods traffic **port towarowy; commercial radio** *or* **commercial TV** = radio *or* TV station which broadcasts advertisements, which help to pay for its programming costs **radio komercyjne, telewizja komercyjna; commercial services** = services which support trade, such as banking and advertising **usługi dla biznesu;** ***the recession has affected commercial services and the industries they support and supply;*** **commercial traveller** = salesman who travels round an area visiting customers on behalf of his company **agent handlowy, akwizytor; commercial vehicle** = van *or* truck, etc. used for business purposes **samochód dostawczy; sample only - of no commercial value** = not worth anything if sold **próbka - bez wartości handlowej; (b)** profitable **zyskowny; not a commercial proposition** = not likely to make a profit **nieopłacalna propozycja; 2** *noun* advertisement on television **reklama; combination commercial** = television advertisement which combines still pictures with action shots **reklama łączona; commercial protection** = guarantee that rival products will not be advertised directly before or after a particular advertisement **gwarancja separacji promocyjnej; commercial time** = time that a television or radio station devotes to advertising **czas reklamowy;** ***the TV station is extending its commercial time in order to increase revenue***

> QUOTE: commercial radio has never had it so good - more stations, more listeners, and soaring advertising revenue
>
> **Marketing Week**

commercialization [kəˌmɜːʃəlaɪ'zeɪʃn] *noun* **(a)** the launch of a product onto the market **wypuszczenie na rynek;** ***the pilot tests have proved successful, and full-scale commercialization will begin in the spring*** **(b)** making something into a business proposition **komercjalizacja;** ***the commercialization of museums***

◊ **commercialize** [kə'mɜːʃəlaɪz] *verb* to make something into a business **skomercjalizować;** ***the holiday town has become unpleasantly commercialized***

◊ **commercially** [kəˈmɜːʃəlɪ] *adverb* as regards business **z handlowego punktu widzenia; not commercially viable** = not likely to make a profit **prawdopodobnie nieopłacalny**

commission [kəˈmɪʃən] *noun* money paid to a salesman *or* an agent, usually a percentage of the sales made **prowizja;** ***she gets 10% commission on everything she sells;*** **he charges 10% commission** = he asks for 10% of sales as his payment **pobiera 10% prowizji; commission agent** = agent who is paid a percentage of sales **agent prowizyjny, komisant; commission rebating** = advertising agency's discounting of invoices for media costs sent to clients, in effect taking them out of its own commission or profit margin **rabat prowizyjny; commission rep** = representative who is not paid a salary, but receives a commission on sales **przedstawiciel prowizyjny; commission sale** *or* **sale on commission** = sale where the salesman is paid a commission **sprzedaż komisyjna/prowizyjna**

commitment [kəˈmɪtmənt] *plural noun* thing which you have agreed to do *or* money which you have agreed to spend **zobowiązanie (finansowe);** ***the company has a commitment to provide a cheap service***

commodity [kəˈmɒdətɪ] *noun* thing sold in very large quantities, especially a raw material such as a metal and food such as corn **towar; primary** *or* **basic commodities** = farm produce grown in large quantities, such as corn, rice, cotton, etc. **towary podstawowe; staple commodity** = basic food or raw material which is vital to a country's economy **towar podstawowy; commodity market** *or* **commodity exchange** = place where people buy and sell commodities **rynek towarowy, giełda towarowa; commodity futures** = trading in commodities for delivery at a later date **terminowe kontrakty towarowe, kontrakty towarowe typu futures;** ***silver rose 5% on the commodity futures market yesterday;*** **commodity trader** = person whose business is buying and selling commodities **kupiec**

common [ˈkɒmən] *adjective* **(a)** which happens frequently **powszechny;** ***putting the carbon paper in the wrong way round is a common mistake; getting caught by customs is becoming more common*** **(b)** belonging to several different people or to everyone **wspólny; common carrier** = firm which carries goods or passengers, and which anyone can use **firma transportowa, zawodowy przewoźnik; common ownership** = ownership of a company *or* a property by a group of people **współwłasność; common pricing** = illegal fixing of prices by several businesses so that they all charge the same price **kartel cenowy;** *US* **common stock** = ordinary shares in a company, giving shareholders a right to vote at meetings and to receive dividends **akcje zwykłe;** *(in the EU)* **Common Agricultural Policy (CAP)** = agreement between members of the EU to protect farmers by paying subsidies to fix prices of farm produce **Wspólna Polityka Rolna**

communication [kəmjuːnɪˈkeɪʃən] *noun* passing of information **komunikacja, przekaz informacji;** ***communication with the head office has been made easier by the fax machine;*** **to enter into communication with someone** = to start discussing something with someone, usually in writing **nawiązać z kimś kontakt; communication skills** = ability to pass information to others easily and intelligibly **umiejętność komunikacji**

communisuasion [kəmjʊnɪˈsweɪʒn] *noun* *US* communication that is intended to persuade **komunikacja perswazyjna;** ***the salesmen are being trained in the subtleties of communisuasion***

community [kəˈmjuːnətɪ] *noun* **(a)** group of people living or working in the same place **społeczność; the local business community** = the business people living and working in the area **lokalni biznesmeni; (b) the Community** *or* **the European Economic Community** = the European Union *or* the Common Market **Unia Europejska, Wspólny Rynek, Europejska Wspólnota Gospodarcza; Community legislation** = directives issued by the EU commission **przepisy unijne; the Community ministers** = the ministers of member states of the EU **ministrowie krajów członkowskich UE**

comparative [kəmˈpærətɪv] *adjective* which can be compared with something else **porównywalny; comparative advertising** = advertising which compares a company's product with competing brands to its own advantage **reklama porównawcza;** ***disparaging remarks in comparative advertising were strongly discouraged in the industry; the company uses comparative advertising to highlight the advantages of its products;*** **comparative analysis** = analysis of different media and vehicle options by an advertiser **analiza porównawcza;** ***a tight advertising budget made a thorough comparative analysis essential; comparative analysis is difficult when the various media offer such different advantages;*** **comparative pricing** = indicating a price by comparing it with another (such as '15% reduction') **porównawcza polityka cenowa**

◊ **comparison** [kəm'pærɪsn] *noun* action of comparing one thing with another **porównanie; intermedia comparison** = comparison of different media as vehicles for advertising **porównanie mediów reklamowych; intercompany comparison** = comparing different companies to see how much they spend on promotion, what their return-on--investment is, what their profits are, etc. **porównanie przedsiębiorstw**

compete [kəm'pi:t] *verb* **to compete with someone** *or* **with a company** = to try to do better than another person *or* another company **konkurować;** ***we have to compete with cheap imports from the Far East; they were competing unsuccessfully with local companies on their home territory;*** **the two companies are competing for a market share** *or* **for a contract** = each company is trying to win a larger part of the market *or* to win the contract **te dwie spółki konkurują ze sobą o udział w rynku/o kontrakt**

◊ **competing** [kəm'pi:tɪŋ] *adjective* which competes **konkurujący; competing firms** = firms which compete with each other **wzajemni konkurenci; competing products** = products from different companies which have the same use and are sold in the same markets at similar prices **konkurencyjne produkty**

◊ **competition** [ˌkɒmpə'tɪʃən] *noun* **(a)** trying to do better than another supplier or to win over some of its customers **konkurencja; free competition** = being free to compete without government interference **wolna konkurencja; keen competition** = strong competition **silna konkurencja;** ***we are facing keen competition from European manufacturers*** *see also* IMPERFECT COMPETITION, PERFECT COMPETITION **(b) the competition** = companies which are trying to compete with your product **konkurenci, konkurencja;** ***we have lowered our prices in order to beat the competition; the competition have brought out a new range of products*** **(c) competitions** = type of sales promotions which enables consumers who can show that they have bought a certain minimum number of purchases to compete in games **konkursy promocyjne;** ***the company uses competitions to sell off an excess supply of tinned food; competitions involve prizes ranging from washing-machines to holidays abroad; competitions and free gifts make up a large part of the company's sales promotions***

◊ **competitive** [kəm'petɪtɪv] *adjective* which competes fairly **konkurencyjny; competitive demand** = demand for products that are competing for sales **popyt konkurencyjny; competitive edge** *or* **competitive advantage** = advantage that one company *or* product has over its rivals in the market **przewaga konkurencyjna;** ***any competitive edge we have in this market is due to our good after-sales service; why does this product have the competitive edge over its rivals?;*** **competitive parity** = method of budgeting marketing or promotional expenses according to the amounts being spent by competitors **planowanie budżetu reklamowego na podstawie wydatków konkurencji; competitive price** = price which is kept low to compete with a rival product **konkurencyjna cena; competitive pricing** = putting low prices on goods so as to compete with other products **konkurencyjna polityka cenowa; competitive products** = products made to compete with existing products **konkurencyjne produkty; competitive separation** = guarantee that rival products will not be advertised directly before or after a particular advertisement **gwarancja separacji reklamowej;** ***if our advertising campaign is to be really effective, we must insist on competitive separation***

◊ **competitively** [kəm'petɪtɪvlɪ] *adverb* **competitively priced** = sold at a low price to compete with the price of similar products from other companies **konkurencyjnie wyceniony**

◊ **competitiveness** [kəm'petɪtɪvnəs] *noun* being competitive **konkurencyjność**

◊ **competitor** [kəm'petɪtə] *noun* person *or* company which competes **konkurent;** ***those two German firms are our main competitors***

> QUOTE: whereas Japanese companies might be able to emulate competitors originally, this has now moved on to researching a product/market from fundamentals
>
> **Quarterly Review of Marketing**

> QUOTE: profit margins in the industries most exposed to foreign competition are worse than usual
>
> **Sunday Times**

> QUOTE: competition is steadily increasing and could affect profit margins as the company tries to retain its market share
>
> **Citizen (Ottawa)**

> QUOTE: the company blamed fiercely competitive market conditions in Europe for a £14m operating loss last year
>
> **Financial Times**

> QUOTE: the one thing for certain is that in a more competitive market, new creative ideas will be very necessary
>
> **Marketing**

> QUOTE: the growth of increasingly competitive global markets and the pace of technological innovation are forcing manufacturers to take new approaches
>
> **Management Today**

> QUOTE: sterling labour costs continue to rise between 3% and 5% a year faster than in most of our competitor countries
>
> **Sunday Times**

complaints department [kəmˈpleɪnts dɪˈpɑːtmənt] *noun* department in a company *or* store to which customers can send or bring complaints about its products or service **dział reklamacji;** ***the customer brought his faulty CD player to the complaints department***

complementary [kɒmplɪˈmentərɪ] *adjective* which adds to or completes something else **komplementarny, uzupełniający; complementary demand** = demand for two or more products that are needed together **popyt komplementarny;** ***the demand for cars and petrol was an example of complementary demand; complementary demand means that manufacturers of cigarette lighters are heavily dependent on the tobacco industry;*** **complementary product** = product for which demand is dependent on the demand for another product **produkt komplementarny;** ***when demand for our product fell, producers of complementary products also suffered;*** **complementary supply** = supply of two or more products from the same production process **podaż komplementarna;** *compare* COMPLIMENTARY

Completely Knocked Down products (CKD products) *noun* products which are sold in pieces, which the purchaser has to assemble (therefore sold at reasonably low prices) **produkty do samodzielnego montażu;** ***many low-income buyers buy CKD products; CKD products are popular with DIY enthusiasts***

complimentary [kɒmplɪˈmentərɪ] *adjective* **complimentary ticket** = free ticket, given as a present **bilet darmowy/gratisowy;** *compare* COMPLEMENTARY

◊ **compliments slip** [ˈkɒmplɪmənts ˈslɪp] *noun* piece of paper with the name of the company printed on it, sent with documents *or* gifts, etc. instead of a letter **kartka z nazwą i adresem firmy**

component [kəmˈpəunənt] *noun* piece of machinery *or* section which will be put into a final product **część, element, komponent;** ***the assembly line stopped because the supply of a vital component was delayed;*** **components factory** = factory which makes parts which are used in other factories to make finished products **producent części/podzespołów**

composite demand [ˈkɒmpəzɪt dɪˈmɑːnd] *noun* total demand for a product that has many uses **popyt łączny/złożony;** ***composite demand for the construction equipment came from construction companies and DIY enthusiasts***

computer [kəmˈpjuːtə] *noun* electronic machine which calculates *or* stores information and processes it automatically **komputer; computer bureau** = office which offers to do work on its computers for companies which do not have their own computers **usługi komputerowe na zlecenie; computer department** = department in a company which manages the company's computers **dział informatyczny/komputerowy/IT; computer error** = mistake made by a computer **błąd komputerowy; computer file** = section of information on a computer (such as the payroll, list of addresses, customer accounts) **plik; computer language** = system of signs, letters and words used to instruct a computer **język programowania; computer listing** = printout of a list of items taken from data stored in a computer **wydruk komputerowy; computer manager** = person in charge of a computer department **szef działu komputerowego; computer program** = instructions to a computer, telling it to do a particular piece of work **program komputerowy; computer programmer** = person who writes computer programs **programista; computer services** = work using a computer, done by a computer bureau **usługi komputerowe; computer time** = time when a computer is being used (paid for at an hourly rate) **czas pracy komputera;** ***running all those sales reports costs a lot in computer time;*** **business computer** = powerful small computer which is programmed for special business uses **komputer dla potrzeb biznesu; personal computer** *or* **home computer** = small computer which can be used in the home **komputer osobisty**

◊ **computerize** [kəmˈpjuːtəraɪz] *verb* to change from a manual system to one using computers **komputeryzować;** ***our stock control has been completely computerized***

◊ **computerized** [kəmˈpjuːtəraɪzd] *adjective* worked by computers **skomputeryzowany;** ***a computerized invoicing system***

◊ **computer-readable** [kəm'pju:tə'ri:dəbl] *adjective* which can be read and understood by a computer **czytelny dla komputera;** ***computer-readable codes***

◊ **computing** [kəm'pju:tɪŋ] *noun* referring to computers **dotyczący komputerów, komputerowy; computing speed** = speed at which a computer calculates **szybkość obliczeniowa**

concentrated marketing *or* **concentrated segmentation** ['kɒnsəntreɪtɪd 'mɑ:kətɪŋ *or* segmən'teɪʃn] *noun* niche marketing, the promotion of a product aimed at one particular area of the market **marketing skoncentrowany, segmentacja skoncentrowana;** ***when it became obvious that the general public were interested in our product, we switched from concentrated marketing to a much broader approach*** *see also* DIFFERENTIATED, UNDIFFERENTIATED

◊ **concentration** [kɒnsən'treɪʃn] *noun* degree to which a small number of businesses control a large section of the market **koncentracja;** ***too much concentration created resentment among small businesses trying to enter the market; concentration has meant too little competition and therefore higher prices to the consumer***

concept ['kɒnsept] *noun* idea **idea, koncepcja, pomysł; marketing concept** = business idea based on the importance of profit and consumer satisfaction **koncepcja marketingowa; concept testing** = evaluating a new product idea, usually by consulting representatives from all the main departments in a company, and/or by interviewing a sample of consumers **test koncepcji wyrobu;** ***the new product idea did not survive concept testing because it didn't answer an existing demand; after thorough concept testing the idea of a disposable pen was rejected as the company's production capacity was too limited***

concession [kən'seʃn] *noun* **(a)** right to use someone else's property for business purposes **koncesja; mining concession** = right to dig a mine on a piece of land **koncesja górnicza; (b)** right to be the only seller of a product in a place **wyłączne prawo sprzedaży;** ***she runs a jewellery concession in a department store*** **(c)** allowing something to be done, which is not normally done **ulga, upust, ustępstwo; concession close** = offering a concession to a potential buyer in order to close a sale **upust na sfinalizowanie transakcji;** ***the trainee salesmen were told to resort to concession closes only when meeting with strong sales resistance; a full morning's bargaining finally ended with a concession close***

◊ **concessionaire** [kən,seʃə'neə] *noun* person or business that has the right to be the only seller of a product in a particular place **koncesjonariusz**

condition [kən'dɪʃən] *noun* term of a contract *or* duties which have to be carried out as part of a contract *or* something which has to be agreed before a contract becomes valid **warunek; conditions of employment** *or* **conditions of service** = terms of a contract of employment **warunki umowy o pracę; conditions of sale** = agreed ways in which a sale takes place (such as discounts *or* credit terms) **warunki sprzedaży; on condition that** = provided that **pod warunkiem, że** ***they were granted the lease on condition that they paid the legal costs***

◊ **conditional** [kən'dɪʃənl] *adjective* provided that certain things take place **warunkowy; to give a conditional acceptance** = to accept, provided that certain things happen *or* certain terms apply **przyjąć warunkowo; the offer is conditional on the board's acceptance** = provided the board accepts **przyjęcie oferty zależy od zarządu; he made a conditional offer** = he offered to buy, provided that certain terms applied **złożył warunkową ofertę**

conference ['kɒnfərəns] *noun* meeting of people to discuss problems **konferencja, narada; to be in conference** = to be in a meeting **być na zebraniu; conference room** = room where small meetings can take place **sala konferencyjna; kerbside conference** = discussion of sales techniques between a trainee salesman and the person training him, after making a sales call **[uliczna konferencja]; press conference** = meeting where newspaper and TV reporters are invited to hear news of a new product *or* a takeover bid, etc. **konferencja prasowa; sales conference** = meeting of sales managers, representatives, publicity staff, etc. to discuss future sales plans **konferencja handlowa**

confidence ['kɒnfɪdəns] *noun* feeling sure *or* being certain **ufność, zaufanie;** ***the sales teams do not have much confidence in their manager; the board has total confidence in the managing director;*** **confidence level** = measurement, shown as a percentage, of how reliable *or* accurate the results of a survey can be expected to be **poziom zaufania**

confirm [kən'fɜ:m] *verb* to say that something is certain **potwierdzać;** ***to confirm a hotel reservation*** *or* ***a ticket*** *or* ***an agreement***

or ***a booking;*** **to confirm someone in a job** = to say that someone is now permanently in the job **potwierdzić nominację na stanowisko; confirmed credit** = credit that is official and binding **potwierdzony kredyt; confirming house** = organization that confirms a buyer's order with a supplier and makes transport arrangements **komisant eksportowy;** ***a reputable confirming house acted for the buyers of the machinery; we will need a confirming house to arrange for a new supply of office furniture to be delivered to our shop by December***

◊ **confirmation** [ˌkɒnfəˈmeɪʃən] *noun* making certain *or* document which confirms something **potwierdzenie; confirmation of a booking** = checking that a booking is certain **potwierdzenie rezerwacji;** ***he received confirmation from the bank that the deeds had been deposited***

conflict of interest [ˈkɒnflɪkt əv ˈɪntrest] *noun* situation where a person may profit personally from decisions which he takes in his official capacity **konflikt/sprzeczność interesów**

conglomerate [kənˈglɒmərət] *noun* group of subsidiary companies under a holding company, each making very different types of products **konglomerat**

consign [kənˈsaɪn] *verb* **to consign goods to someone** = to send goods to someone for him to use or to sell on your behalf **konsygnować/wysyłać towary do kogoś**

◊ **consignation** [kɒnsaɪˈneɪʃən] *noun* act of consigning **konsygnacja**

◊ **consignee** [kɒnsaɪˈniː] *noun* person who receives goods from someone for his own use or to sell for the sender **konsygnatariusz**

◊ **consignment** [kənˈsaɪnmənt] *noun* **(a)** sending of goods to someone who will sell them for you **konsygnacja; consignment note** = note saying that goods have been sent **kwit konsygnacyjny; goods on consignment** = goods kept for another company to be sold on their behalf for a commission **towary konsygnacyjne; (b)** group of goods sent for sale **przesyłka;** ***a consignment of goods has arrived; we are expecting a consignment of cars from Japan; the electrical fitting which you ordered are being sent as a separate consignment***

◊ **consignor** [kənˈsaɪnə] *noun* person who consigns goods to someone **konsygnant**

consolidate [kənˈsɒlɪdeɪt] *verb* to group goods together for shipping **łączyć; consolidated shipment** = goods from different suppliers which are grouped together in one shipment **przesyłka łączona**

◊ **consolidation** [kənsɒlɪˈdeɪʃən] *noun* grouping of goods together for shipping **konsolidacja, łączenie**

◊ **consolidator** [kənˈsɒlɪdeɪtə] *noun* company which groups together various goods from different suppliers to form one large shipment **konsolidator**

consortium [kənˈsɔːtjəm] *noun* group of companies which work together **konsorcjum;** ***a consortium of Canadian companies*** *or* ***a Canadian consortium; a consortium of French and British companies is planning to build the new aircraft*** (NOTE: plural is **consortia**)

conspicuous consumption [kənˈspɪkjʊəs kənˈsʌmpʃən] *see* CONSUMPTION

consult [kənˈsʌlt] *verb* to ask an expert for advice **radzić się;** ***he consulted his accountant about his tax***

◊ **consultancy** [kənˈsʌltənsɪ] *noun* act of giving specialist advice **doradztwo;** ***a consultancy firm; he offers a consultancy service***

◊ **consultant** [kənˈsʌltənt] *noun* specialist who gives advice **konsultant;** ***engineering consultant; management consultant; tax consultant***

◊ **consulting** [kənˈsʌltɪŋ] *adjective* (person) who gives specialist advice **zajmujący się doradztwem**

consumable goods *or* **consumables** [kənˈsjuːməbl ˈgʊdz *or* kənˈsjuːməblz] *noun* goods which are bought by members of the public and not by companies **towary konsumpcyjne**

consumer [kənˈsjuːmə] *noun* person *or* company which buys and uses goods and services **konsument;** ***gas consumers are protesting at the increase in prices; the factory is a heavy consumer of water;*** **end consumer** = person who actually uses a product (not necessarily the person who has bought it) **odbiorca końcowy; consumer cooperative** = retailing business owned by consumers who share in its profits **spółdzielnia konsumencka; consumer council** = group representing the interests of consumers **rada konsumencka; consumer credit** = credit given by shops, banks and other financial institutions to consumers so that they can buy goods **kredyt konsumpcyjny; Consumer Credit Act, 1974** = Act of Parliament which licenses lenders, and requires them to state clearly the full terms of loans which they make (including the APR) **ustawa o kredycie konsumenckim z 1974 r.; consumer durables** = relatively expensive items bought by the public, which can be used for several years (such as washing machines *or* refrigerators *or* cookers) **artykuły konsumpcyjne trwałego użytku; consumer goods** = goods bought by consumers *or* by members of the public **dobra konsumpcyjne; consumer magazine** = magazine published for consumers, giving details of product tests, special legal problems regarding services offered, etc. **pismo konsumentów; consumer market** = customers who buy consumer goods **rynek konsumpcyjny;** ***there is a growing consumer market for construction materials owing to the increased popularity of DIY; both consumer markets and industrial markets have been affected by the recession;*** **consumer panel** = group of consumers who report over a period of time on products they have used so that the manufacturers can improve them or use what the panel says about them in advertising **ankietowana grupa konsumentów;** *US* **consumer price index** = index showing how prices of consumer goods have risen over a period of time, used as a way of measuring inflation and the cost of living **wskaźnik cen detalicznych; consumer profile** = description of the relevant details of the average customer for a product or service **charakterystyka konsumenta, profil konsumencki; consumer protection** = legislation to protect the rights of consumers against unfair *or* illegal traders **ochrona konsumenta; Consumer Protection Act, 1987** = Act of Parliament which bans the use of misleading information given to potential purchasers to encourage them to buy **ustawa o ochronie konsumenta z 1987 r.; consumer research** = research into why consumers buy goods and what goods they really want to buy **badania zachowań nabywczych konsumentów; consumer resistance** = lack of interest by consumers in buying a product **brak zainteresowania klientów;** ***the latest price increases have met with considerable consumer resistance;*** **consumer society** = type of society where consumers are encouraged to buy goods **społeczeństwo konsumpcyjne; consumer sovereignty** = the power of consumers to influence trends in production and marketing **suwerenność konsumencka; consumer spending** = spending by consumers **wydatki konsumpcyjne; consumer's surplus** = difference between what a consumer is willing to pay for something and what he or she actually does pay for it **nadwyżka konsumenta;** ***when the brand manager realised how big the consumer's surplus was he decided to raise the price of the product;*** **consumer survey** = survey of existing and potential demand for a product **badanie popytu konsumpcyjnego**

◊ **Consumers Association (CA)** an independent organization which protects consumers and represents their interests, and reports on the quality of products and services in its regular magazine **Stowarzyszenie Konsumentów**

◊ **consumerism** [kən'sju:məɪzm] *noun* activities concerned with protecting the rights and interests of consumers **konsumeryzm**

> QUOTE: forecasting consumer response is one problem which will never be finally solved
>
> **Marketing Week**

> QUOTE: companies selling in the UK market are worried about reduced consumer spending as a consequence of higher interest rates and inflation
>
> **Business**

> QUOTE: consumer tastes in the UK are becoming much more varied
>
> **Marketing**

> QUOTE: the marketing director's brief will be to develop the holiday villages as a consumer brand, aimed at the upper end of the tourist market
>
> **Marketing Week**

consumption [kən'sʌm(p)ʃən] *noun* buying or using goods or services **konsumpcja;** ***a car with low petrol consumption; the factory has a heavy consumption of coal;*** **conspicuous consumption** = consumption of goods for show *or* to get approval, rather than because they are useful **konsumpcja ostentacyjna;** ***conspicuous consumption is responsible for much resentment among poorer sections of society; the recession has led to a fall in conspicuous consumption;*** **home consumption** *or* **domestic consumption** = use of something in the home *or* in one's own country **konsumpcja krajowa**

contain [kən'teɪn] *verb* to hold something inside **mieścić, zawierać;** ***each crate contains two computers and their peripherals; a barrel contains 250 litres; we have lost a file containing important documents***

◊ **container** [kən'teɪnə] *noun* **(a)** box *or* bottle *or* can, etc. which can hold goods **pojemnik;** ***the gas is shipped in strong metal containers; the container burst during shipping*** **(b)** very large metal case of a standard size for loading and transporting goods on trucks, trains and ships **kontener;** ***container ship; container berth; container port; container terminal; to ship goods in containers;*** **a container-load of spare parts** = a shipment of spare parts sent in a container **kontener części zapasowych**

◊ **containerization** [kənteɪnəraɪ'zeɪʃən] *noun* putting into containers; shipping in containers **konteneryzacja**

◊ **containerize** [kən'teɪnəraɪz] *verb* to put goods into containers; to ship goods in containers **przesyłać w kontenerach**

contest ['kɒntest] *noun* type of promotion where prizes are given to people who give the right answers to a series of questions **konkurs; sales contest** = incentive scheme that rewards the salesman who has the best results **konkurs dla przedstawicieli handlowych**

contingent liability [kən'tɪn(d)ʒənt laɪə'bɪlɪtɪ] *noun* liability which may or may not occur, but for which provision is made in a company's accounts (as opposed to 'provisions', where money is set aside for an anticipated expenditure) **zobowiązanie warunkowe**

continuity [kɒntɪ'nju:ətɪ] *noun* maintaining a continuous, stable level of advertising activity **ciągłość (pojawiania się reklamy);** ***continuity must be the watchword of this promotional campaign to keep the product firmly in the minds of the target audience; shall we aim for a sudden short blast of advertising or should continuity be the essence of our strategy?***

◊ **continuous** [kən'tɪnjʊəs] *adjective* with no end *or* with no breaks **ciągły; continuous process production** = automated production of many identical products **produkcja ciągła; continuous research** = regular ongoing market research **badania ciągłe;** ***continuous research will tell us if sales are dropping off;*** **continuous stationery** = paper made as one long sheet, used in computer printers **papier komputerowy, składanka**

contra ['kɒntrə] **1** *noun* **contra account** = account which offsets another account **rachunek przeciwstawny; contra deal** = deal between two businesses to exchange goods and services **transakcja kompensacyjna; contra entry** = entry made on the opposite side of an account to make an earlier entry worthless (i.e. a debit against a credit) **storno; per contra** *or* **as per contra** = words showing that a contra entry has been made **wg storna; 2** *verb* **to contra an entry** = to enter a similar amount on the opposite side of an account **zastosować storno**

contraband ['kɒntrəbænd] *noun* **contraband (goods)** = goods brought into a country illegally, without paying customs duty **towary z przemytu**

contract 1 ['kɒntrækt] *noun* **(a)** legal agreement between two parties **kontrakt, umowa;** ***to draw up a contract; to draft a contract; to sign a contract;*** **the contract is binding on both parties** = both parties signing the contract must do what is agreed **umowa jest wiążąca dla obu stron; under contract** = bound by the terms of a contract **na mocy umowy;** ***the firm is under contract to deliver the goods by November;*** **to void a contract** = to make a contract invalid **unieważnić umowę; exchange of contracts** = point in the sale of a property when the buyer and seller both sign the contract of sale which then becomes binding **podpisanie umowy; (b) contract law** *or* **law of contract** = laws relating to agreements **prawo zobowiązań; by private contract** = by private legal agreement **na mocy umowy prywatnej; contract note** = note showing that shares have been bought or sold but not yet paid for **karta umowy; (c)** agreement for supply of a service or goods **porozumienie, umowa;** ***contract for the supply of spare parts; to enter into a contract to supply spare parts; to sign a contract for £10,000 worth of spare parts;*** **to put work out to contract** = to decide that work should be done by another company on a contract, rather than employing members of staff to do it **zlecić prace obcej firmie; to award a contract to a company** *or* **to place a contract with a company** = to decide that a particular company will get the contract to do work **zawrzeć umowę na wykonanie prac; to tender for a contract** = to put forward an estimate of costs for work under contract **złożyć ofertę przetargową; breach of contract** = breaking the terms of a contract **naruszenie warunków umowy; the company is in breach of contract** = the company has failed to do what was agreed in the contract **spółka naruszyła warunki umowy; contract carrier** = carrier *or* transportation company which has special contracts with businesses **firma transportowa, przewoźnik;** ***a contract carrier which ships coffee beans from Brazil to coffee wholesalers in Britain;*** **contract work** = work done according to a written agreement **roboty kontraktowe; 2** ['kɒntrækt *or* kən'trækt] *verb* to agree to do some work by contract **zawrzeć umowę;** ***to contract to supply spare parts or to contract for the supply of spare parts;*** **the supply of spare parts was contracted out to Smith Ltd** = Smith Ltd was given the contract for supplying spare parts **umowa o dostawę części zapasowych została zawarta z firmą Smith Ltd; to contract out of an agreement** = to withdraw from an agreement with the written permission of the other party **odstąpić od umowy za porozumieniem stron**

◊ **contracting** [kən'træktɪŋ] *adjective* **contracting company** = independent broadcasting company that sells advertising time **firma medialna sprzedająca czas reklamowy;** *with two new contracting companies being set up this year, advertisers will have more choice;* **contracting party** = person or company signing a contract **strona umowy**

◊ **contractor** [kən'træktə] *noun* person or company which does work according to a written agreement **kontrahent, wykonawca, zleceniobiorca; haulage contractor** = company which transports goods by contract **firma transportowa, przewoźnik; government contractor** = company which supplies the government with goods by contract **dostawca rządowy**

◊ **contractual** [kən'træktjʊəl] *adjective* according to a contract **umowny; contractual liability** = legal responsibility for something as stated in a contract **zobowiązanie umowne; to fulfil one's contractual obligations** = to do what one has agreed to do in a contract **spełnić swoje zobowiązania umowne; he's under no contractual obligation to buy** = he hasn't signed any agreement to buy **nie ma obowiązku dokonania zakupu**

◊ **contractually** [kən'træktjʊəlɪ] *adverb* according to a contract **zgodnie z umową;** *the company is contractually bound to pay his expenses*

contribute [kən'trɪbju:t] *verb* to give money *or* to add to money **wnosić wkład;** *to contribute 10% of the profits; he contributed to the pension fund for 10 years*

◊ **contribution** [kɒntrɪ'bju:ʃən] *noun* something that is contributed **wkład; contribution analysis** = analysis of how much each of a company's products contributes to fixed costs, based on its profit margin and sales **analiza wpływu produktu na zyski firmy;** *contribution analysis helps to streamline production and marketing; thorough contribution analysis led to six products being dropped from the product range;* **contribution of capital** = money paid to a company as additional capital **wkład kapitałowy; contribution pricing** = pricing method based on maximizing the contribution of each product to fixed costs **polityka cenowa oparta na maksymalnym udziale ceny w pokryciu kosztów stałych**

◊ **contributor** [kən'trɪbjʊtə] *noun* **(a)** person who gives money **ofiarodawca, osoba wnosząca wkład; contributor of capital** = person who contributes capital **osoba wnosząca kapitał (b)** person who writes for a magazine or newspaper **współpracownik pisma**

control [kən'trəʊl] **1** *noun* **(a)** power, being able to direct something **kontrola;** *the company is under the control of three shareholders; the family lost control of its business;* **to gain control of a business** = to buy more than 50% of the shares so that one can direct the business **uzyskać kontrolę nad przedsiębiorstwem; to lose control of a business** = to find that one has less than 50% of the shares in a company, and so are not longer able to direct it **utracić kontrolę nad przedsiębiorstwem; (b)** restricting *or* checking something *or* making sure that something is kept in check **kontrola, nadzór; under control** = kept in check **pod kontrolą;** *expenses are kept under tight control; the company is trying to bring its overheads back under control;* **out of control** = not kept in check **poza kontrolą;** *costs have got out of control;* **budgetary control** = keeping check on spending **kontrola budżetowa; credit control** = checking that customers pay on time and do not exceed their credit limits **kontrola kredytowa; quality control** = ensuring that the quality of a product is satisfactory **kontrola jakości;** *too many defective watches are getting through to the shops so we will have to tighten up our quality control;* **stock control** = recording movements of stock **zarządzanie zapasami; (c) exchange controls** = government restrictions on changing the local currency into foreign currency **przepisy dewizowe;** *the government has imposed exchange controls; they say the government is going to lift exchange controls;* **price controls** = legal measures to prevent prices rising too fast **regulacja cen; (d) control group** = group which is identical to another group being used for research purposes and which serves as a comparison **grupa kontrolna; control question** = question in a questionnaire designed to check that answers are consistent **pytanie kontrolne;** *a control question was included to check that respondents were not lying about their age; if control questions show that answers are not honest, the interview is ended;* **control systems** = systems used to check that a computer system is working correctly **systemy kontrolne; 2** *verb* **(a) to control a business** = to direct a business **kontrolować przedsiębiorstwo;** ***the business is controlled by a company based in Luxembourg; the company is controlled by the majority shareholder*** **(b)** to make sure that something is kept in check *or* is not allowed to develop **kontrolować, ograniczać;** ***the government is fighting to control inflation*** *or* ***to control the rise in the cost of living***

◊ **controllable** [kən'trəʊləbl] *adjective* which can be controlled **dający się kontrolować; controllable variables** = variables *or* factors that can be controlled such as a company's marketing mix **zmienne podlegające kontroli;** ***because there were so few controllable variables the outcome of the marketing plan was very uncertain; although our advertising expenditure is a controllable variable, our main competitor's is not***

◊ **controlled** [kən'trəʊld] *adjective* ruled *or* kept in check **kontrolowany; government-controlled** = ruled by a government **kontrolowany przez rząd, sterowany centralnie; controlled circulation** = distribution of a publication to a specialist readership who are members of a particular organization or profession (often a free controlled circulation, where the magazine is distributed free to key executives, and is paid for by the advertisers) **obieg kontrolowany;** ***the professional institute publishes a quarterly magazine with a controlled circulation; the newspaper has a controlled circulation and is suitable for advertisements for highly specialized products;*** **controlled economy** = economy where the most business activity is directed by orders from the government **gospodarka sterowana**

convenience [kən'vi:njəns] *noun* **at your earliest convenience** = as soon as you find it possible **przy najbliższej okazji/sposobności, gdy tylko będzie to możliwe; convenience foods** = food which is prepared by the shop before it is sold, so that it only needs to be heated before eating **gotowe wyroby spożywcze; convenience goods** = ordinary everyday products that people have to buy but which command little or no brand loyalty **towary codziennego użytku;** ***price competition is very fierce in the convenience goods market;*** **convenience store** = small store selling food or household goods, open until late at night, or even 24 hours per day **długo otwarty mały sklep spożywczy; ship sailing under a flag of convenience** = flying the flag of a country which may have no ships of its own but allows ships of other countries to be registered in its ports **statek pływający pod wygodną banderą**

◊ **convenient** [kən'vi:njənt] *adjective* suitable *or* handy **dogodny, wygodny;** ***a bank draft is a convenient way of sending money abroad; is 9.30 a convenient time for the meeting?***

cooling-off period ['ku:lɪŋ 'ɒf 'pi:rɪəd] *noun* (i) during an industrial dispute, a period when negotiations have to be carried on and no action can be taken by either side; **czas zawieszenia działań;** (ii) period during which a person who has agreed to buy something on hire-purchase is given time to reconsider and possibly change his mind; **czas na zastanowienie się, okres na ochłonięcie;** ***New York has a three day cooling-off period for telephone sales;*** *US* **cooling-off laws** = state laws allowing cancellation of an order within a specific period after signing an agreement **przepisy dotyczące czasu na ochłonięcie;** ***cooling-off laws are making buyers less hesitant about placing large orders***

co-op ['kəʊɒp] *noun* = CO-OPERATIVE 2

◊ **co-operate** [kəʊ'ɒpəreɪt] *verb* to work together **współpracować;** ***the governments are co-operating in the fight against piracy; the two firms have co-operated on the computer project***

◊ **co-operation** [kəʊɒpə'reɪʃən] *noun* working together **współpraca;** ***the project was completed ahead of schedule with the co-operation of the workforce***

◊ **co-operative** [kəʊ'ɒpərətɪv] **1** *adjective* willing to work together **chętny do współpracy;** ***the workforce has not been co-operative over the management's productivity plan;*** **co-operative advertising** = sharing by two companies (often a producer and a distributor) of advertising costs **reklama kooperacyjna;** ***a co-operative advertising agreement means that two companies can enjoy quantity discounts offered by the media;*** **co-operative marketing** = arrangement whereby various producers co-operate in the marketing of their products or services **marketing kooperacyjny;** ***co-operative marketing proved an economic method of selling for companies with few financial resources;*** **co-operative society** = society where the customers and workers are partners and share the profits **spółdzielnia; 2** *noun* business run by a group of workers who are also the owners and who share the profits **spółdzielnia;** ***they set up a workers' co-operative to take over the factory which was about to be closed down***

copy ['kɒpɪ] **1** *noun* **publicity copy** = text of a proposed advertisement before it is printed **proponowany tekst reklamy;** ***she writes***

copy for a travel firm; **disparaging copy** *or* **knocking copy** = advertising material which criticizes competing products **reklama krytyczna; copy approach** = COPY PLATFORM **copy brief** = instructions from an advertiser to a copywriter explaining the objectives of an advertising campaign **brief reklamowy;** *the copy brief made it clear that the advertisements were to be aimed at young people; the copy brief gave the copywriter little idea as to what image to create; the advertisers blamed the agency for not paying enough attention to the copy brief;* **copy clearance** = passing of an advertiser's copy as neither misleading nor offensive **zatwierdzenie treści reklamy;** *it is doubtful the advertisement will get copy clearance since it directly disparages the competition; the advertisement has received copy clearance because all its claims can be substantiated; you will not get copy clearance for this ad because the caption is sure to offend a lot of women readers;* **copy date** = date by which an advertisement must be delivered to the media concerned **termin dostarczenia reklamy;** *the creative teams are working flat out because the copy date is only one week away; let's work on the advertisements with the earliest copy dates;* **copy fitting** = arrangement of advertising text so it fits the space allowed for it **dopasowanie tekstu reklamy; copy platform** = main theme of an advertisement's copy **platforma reklamy;** *there is no point in discussing details until we decide on a copy platform;* **copy testing** = testing the effectiveness of an advertisement's copy **testowanie reklamy;** *copy testing led to the copywriter having to rethink the wording of the message; copy testing will tell us whether or not the advertisements are offensive to the public in general* **2** *verb* to make a second document which is like the first **kopiować;** *he copied the company report and took it home*

◊ **copier** *or* **copying machine** ['kɒpɪə *or* 'kɒpɪɪŋ mə'ʃi:n] *noun* machine which makes copies of documents **kserokopiarka**

copyright ['kɒpɪraɪt] **1** *noun* an author's legal right to publish his or her own work and not to have it copied (lasting seventy years after the author's death); a similar right protecting logos, brand names, etc. **prawo autorskie; infringement of copyright** *or* **copyright infringement** = act of illegally copying a work which is in copyright **naruszenie prawa autorskiego; 2** *adjective* covered by the laws of copyright **objęty prawem autorskim;** *it is illegal to photocopy a copyright work*

copywriter ['kɒpɪraɪtə] *noun* person who writes copy for advertisements **autor tekstów reklamowych**

core [kɔ:] *noun* central part **jądro; core activity** = the central activity of a company, which is its basic product or service **podstawowa działalność; core product** = (i) the main product which a company makes or sells; **główny produkt;** (ii) basic product, without added benefits such as credit terms, installation service, etc.; **goły produkt**

corner ['kɔ:nə] *verb* **to corner the market** = to gain control of a market in such a way that one can dictate prices and terms **uzyskać kontrolę nad rynkiem;** *they succeeded in cornering the market when their main rival was forced to raise its prices*

◊ **corner shop** ['kɔ:nə 'ʃɒp] *noun* small general store in a town on a street corner **sklep na rogu**

corporate ['kɔ:pərət] *adjective* referring to a whole company **firmowy; corporate advertising** = advertising an organization rather than a product **reklama przedsiębiorstwa (a nie produktu);** *our corporate advertising is designed to present us as a caring organization; no amount of corporate advertising will ever persuade the consumer that the company stands for quality;* **corporate identity** = way in which a corporation is distinguished from others **tożsamość przedsiębiorstwa; corporate image** = idea which a company would like the public to have of it **wizerunek przedsiębiorstwa; corporate plan** = plan for the future work of a whole company **plan strategiczny przedsiębiorstwa; corporate planning** = planning the future work of a whole company **planowanie strategii przedsiębiorstwa; corporate profits** = profits of a corporation **zyski przedsiębiorstwa; corporate strategy** = plans for future action by a corporation **strategia przedsiębiorstwa**

◊ **corporation** [kɔ:pə'reɪʃən] *noun* **(a)** large company **korporacja; finance corporation** = company which provides money for hire purchase **firma finansująca zakupy ratalne; corporation tax** = tax on profits made by companies **podatek dochodowy od osób prawnych; (b)** *US* company which is incorporated in the United States **spółka (amerykańska); corporation income tax** = tax on profits made by incorporated companies **podatek dochodowy od osób prawnych**

> QUOTE: the prime rate is the rate at which banks lend to their top corporate borrowers
>
> **Wall Street Journal**

> QUOTE: corporate profits for the first quarter showed a 4 per cent drop from last year
> **Financial Times**

correlation [kɒrəˈleɪʃn] *noun* degree to which there is a relationship between two sets of data **korelacja;** ***is there any correlation between people's incomes and the amount they spend on clothing?*** *see also* COEFFICIENT, MULTIPLE

cosmetic [kɒzˈmetɪk] *adjective* referring to the appearance of people or things **kosmetyczny;** ***we've made some cosmetic changes to our product line; packaging has both practical as well as cosmetic importance***

cost [kɒst] **1** *noun* **(a)** amount of money which has to be paid for something **koszt;** ***what's the cost of a first class ticket to New York? computer costs are falling each year; we can't afford the cost of two telephones;*** **to cover costs** = to produce enough money in sales to pay for the costs of production **pokryć koszty;** ***the sales revenue barely covers the costs of advertising*** *or* ***the manufacturing costs;*** **to sell at cost** = to sell at a price which is the same as the cost of manufacture or the wholesale cost **sprzedawać po kosztach; fixed costs** = business costs which do not rise with the quantity of the product made **koszty stałe; labour costs** = cost of paying workers employed to make a product **koszty robocizny; manufacturing costs** *or* **production costs** = cost of making a product **koszty produkcji; marginal cost** = cost of making a single extra unit above the number already planned **koszt krańcowy; operating costs** *or* **running costs** = cost of the day-to-day organization of a company **koszty operacyjne; variable costs** = production costs which increase with the quantity of the product made (such as wages, raw materials) **koszty zmienne; cost accountant** = accountant who gives managers information about their business costs **księgowy ds. kosztów; cost accounting** = specially prepared accounts of manufacturing and sales costs **kalkulacja kosztów; cost analysis** = calculating in advance what a new product will cost **analiza kosztów; cost and freight** = estimate of a price, which includes the cost of the goods and the transport charges **koszt i fracht;** ***the quoted price is $500, cost and freight;*** **cost centre** = aspect of a business which can account for part of the costs, such as a machine, worker or department **centrum kosztowe/kosztów; cost, insurance and freight (c.i.f.)** = estimate of a price, which includes the cost of the goods, the insurance and the transport charges **koszt, ubezpieczenie i fracht; cost per inquiry** = the average cost for each inquiry in response to an advertisement **koszt zapytania; cost per thousand (CPT)** *or* **cost per mille (CPM)** = cost of an advertisement, calculated as the cost for every thousand people reached **koszt na tysiąc;** ***this newspaper has the highest cost per thousand but a very high proportion of its readers fall within our target audience;*** **cost price** = selling price which is the same as the price which the seller paid for the item (i.e. either the manufacturing cost or the wholesale price) **cena po kosztach własnych; cost of sales** = all the costs of a product sold, including manufacturing costs and the staff costs of the production department **koszt sprzedaży; (b) costs** = expenses involved in a court case **koszty sądowe; to pay costs** = to pay the expenses of a court case **zapłacić koszty sądowe;** ***the judge awarded costs to the defendant; costs of the case will be borne by the prosecution*** **2** *verb* **(a)** to have a price **kosztować;** ***how much does the machine cost? this cloth costs £10 a metre*** **(b) to cost a product** = to calculate how much money will be needed to make a product, and so work out its selling price **ustalić cenę**

◊ **cost-benefit analysis** [ˈkɒstˈbenɪfɪt əˈnæləsɪs] *noun* comparing the costs and benefits of different possible ways of using available resources **analiza kosztów i korzyści**

◊ **cost-effective** [ˈkɒstɪˈfektɪv] *adjective* which gives value, especially when compared with something else **opłacalny;** ***we find advertising in the Sunday newspapers very cost-effective***

◊ **cost-effectiveness** [ˈkɒstɪˈfektɪvnəs] *noun* being cost-effective **opłacalność;** ***can we calculate the cost-effectiveness of air freight against shipping by sea?***

◊ **costing** [ˈkɒstɪŋ] *noun* calculation of the manufacturing costs, and so the selling price of a product **kosztorysowanie, ustalanie cen;** ***the costings give us a retail price of $2.95; we cannot do the costing until we have details of all the production expenditure***

◊ **costly** [ˈkɒstlɪ] *adjective* expensive *or* costing a lot of money **drogi**

◊ **cost of living** [ˈkɒst əv ˈlɪvɪŋ] *noun* money which has to be paid for food, heating, rent, etc. **koszty utrzymania;** ***to allow for the cost of living in the salaries;*** **cost-of-living allowance** = addition to normal salary to cover increases in the cost of living **dodatek drożyźniany; cost-of-living bonus** = extra money paid to meet the increase in the cost of living **dodatek drożyźniany; cost-of-living increase** = increase in salary to allow it to keep up with the increased cost of living **podwyżka drożyźniana; cost-of-living index** = way of measuring the cost of living which is shown as a percentage increase on the figure for the previous year **wskaźnik kosztów utrzymania**

◊ **cost plus** ['kɒst 'plʌs] *noun* system of calculating a price, involving taking the cost of production or of a service and adding a percentage to them to cover overheads and profit margin (also used in charging for advertising by an agency, the actual cost of the ad being increased by an agreed percentage to cover the agency's overheads) **metoda koszty plus; cost-plus charging** *or* **charging on a cost-plus basis** = system of charging, where the buyer pays the costs plus a percentage commission to the seller **ceny koszty plus;** ***we are charging for the work on a cost-plus basis;*** **cost-plus pricing** = pricing method that involves basing the price on the production costs and adding a certain percentage for margin **[metoda „koszty plus"]**

cottage industry ['kɒtɪdʒ 'ɪndəstrɪ] *noun* industry based in the producer's own home **chałupnictwo;** ***cottage industries are disappearing now that mass production has taken over; as the demand for hand-made goods rises, so do the profits of cottage industries***

counter ['kaʊntə] *noun* long flat surface in a shop for displaying and selling goods **lada; over the counter** = legally **legalnie; goods sold over the counter** = retail sales of goods in shops **towary sprzedawane w sklepach;** ***some drugs are sold over the counter, but others are only sold on prescription;*** **over-the-counter sales** = legal selling of shares which are not listed in the official Stock Exchange list **pozagiełdowy obrót papierami wartościowymi; under the counter** = illegally **spod lady, nielegalnie; under-the-counter sales** = black market sales **czarny rynek, sprzedaż spod lady; bargain counter** = counter where things are sold cheaply **dział wyprzedaży; ticket counter** = place where tickets are sold **kasa biletowa; trade counter** = shop in a factory *or* warehouse where goods are sold to retailers **sklep dla detalistów; glove counter** = section of a shop where gloves are sold **dział rękawiczek; counter staff** = sales staff who serve behind counters **personel sklepowy**

◊ **counter-jumper** ['kaʊntə'dʒʌmpə] *noun (informal)* person who sells goods over the counter **sprzedawca;** ***he was a counter-jumper for many years before he became a manager; five years as a counter-jumper gave her plenty of experience of customer relations***

◊ **counterpack** ['kaʊntəpæk] *noun* box for the display of goods for sale, placed on the counter or on another flat surface in a shop **counterpack**

counter- ['kaʊntə] *prefix* against **kontr-**

◊ **counteradvertising** [kaʊntə'ædvətaɪzɪŋ] *noun* advertising aimed as a reply to a competitor's advertisements **kontrreklama**

◊ **counterbid** ['kaʊntə,bɪd] *noun* higher bid in reply to a previous bid **kontroferta;** ***when I bid £20 he put in a counterbid of £25***

◊ **countermand** [kaʊntə'mɑ:nd] *verb* to cancel (an order) **anulować, odwołać**

◊ **counter-offer** ['kaʊntərɒfə] *noun* higher offer made in reply to another offer **kontroferta;** ***Smith Ltd made an offer of £1m for the property, and Blacks replied with a counter-offer of £1.4m***

◊ **countersign** ['kaʊntəsaɪn] *verb* to sign a document which has already been signed by someone else **kontrasygnować;** ***all cheques have to be countersigned by the finance director; the sales director countersigns all my orders***

coupon ['ku:pɒn] *noun* **(a)** piece of paper used in place of money **bon, kupon, talon; gift coupon** = coupon from a store which is given as a gift and which must be exchanged in that store **bon towarowy, talon upominkowy; (b)** piece of paper which replaces an order form **kupon; coupon ad** = advertisement with a form attached, which is to be cut out and returned to the advertiser with one's name and address if one wants further information about the product advertised **reklama z kuponem; reply coupon** = form attached to a coupon ad, which must be filled in and returned to the advertiser **kupon od reklamy**

◊ **couponed** ['ku:pɒnd] *adjective* with a coupon attached **z kuponem;** ***the agency is using couponed direct response advertising***

◊ **couponing** ['ku:pɒnɪŋ] *noun* selling method using coupons delivered to homes, giving special discounts on certain items **rozdawanie kuponów promocyjnych**

> QUOTE: it employs selective mailings and package inserts such as the couponed offers sent out with credit card statements
>
> **PR Week**

course [kɔːs] *noun* series of lessons **kurs;** ***she's finished her marketing course; the company has paid for him to attend a course for trainee sales managers***

courtesy [ˈkɜːtəsɪ] *noun* supplied free of charge **darmowy;** ***a courtesy sample is sent with the sales literature;*** **courtesy car** = use of a car offered free to a customer **darmowy przewóz osób**

cover [ˈkʌvə] *noun* **(a)** one of the outside pages of a publication (the four cover pages are: front cover, inside front cover, inside back cover and back cover) **okładka;** ***we could never afford to advertise on the cover of this magazine;*** **cover page** = the front or back cover of a publication **okładka; cover price** = price of a newspaper or magazine which is printed on the cover and paid by the final purchaser **cena na okładce; (b)** coverage, the proportion of a target audience reached by advertising **pokrycie (reklamy); four-plus cover** = situation where the target audience will have seen the advertisement at least four times **pokrycie cztery-plus; net cover** = proportion of a target audience exposed to an advertisement at least once **pokrycie przynajmniej raz**

◊ **coverage** [ˈkʌvərɪdʒ] *noun* **(a) press coverage** *or* **media coverage** = reports about something in the newspapers *or* on TV, etc. **nagłośnienie tematu, uwaga mediów;** ***the company had good media coverage for the launch of its new model*** **(b)** proportion of a target market that is reached by an advertisement **pokrycie;** ***the advertisement itself was effective but it had very poor coverage; we must consider both the cost of the advertisement and its coverage before committing ourselves any further***

◊ **cover charge** [ˈkʌvə ˈtʃɑːdʒ] *noun (in a restaurant)* charge for a seat and a table, in addition to the charge for food and drink **opłata za nakrycie;** ***it's not worth having just a cup of coffee since the cover charge is so high; the cover charge ensures that the restaurant makes a profit on every customer***

> QUOTE: from a PR point of view it is easier to get press coverage when you are selling an industry and not a brand
>
> **PR Week**

CPM = COST PER MILLE

CPT = COST PER THOUSAND

creaming [ˈkriːmɪŋ] *noun* fixing a high price for a product in order to achieve high short-term profits **zbieranie śmietanki**

create [krɪˈeɪt] *verb* to make something new **kreować, tworzyć;** ***by acquiring small unprofitable companies he soon created a large manufacturing group; the government scheme aims to create new jobs for young people***

◊ **creative** [krɪˈeɪtɪv] *adjective* relating to the conceptual or artistic side of advertising **twórczy;** ***there are three copywriters and four illustrators in the agency's creative department; he has had good experience working on both the creative and the administrative sides of advertising;*** **creative shop** = highly specialized business offering creative customer advertising services **specjalistyczna agencja reklamowa;** ***a group of copywriters and designers have left the agency to set their own creative shop; the creative shop made short advertising films and designed some press ads for us***

> QUOTE: agencies are being called on to produce great creative work and at the same time deliver value for money
>
> **Marketing Week**

credere [ˈkreɪdərɪ] *see* DEL CREDERE AGENT

credibility [kredəˈbɪlɪtɪ] *noun* being trusted **wiarygodność; credibility gap** = discrepancy between claims for a product made by the manufacturer and acceptance of these claims by the target audience **luka wiarygodnościowa;** ***the credibility gap that we face is partly due to our product's bad performance record*** *see also* SOURCE CREDIBILITY

credit [ˈkredɪt] **1** *noun* **(a)** time given to a customer before he has to pay **kredyt;** ***to give someone six months' credit; to sell on good credit terms;*** **extended credit** = credit on very long repayment terms **kredyt długoterminowy; interest-free credit** = arrangement to borrow money without paying interest on the loan **nieoprocentowana pożyczka; long credit** = terms allowing the borrower a long time to pay **pożyczka długoterminowa; open credit** = bank credit given to good customers without security **pożyczka niezabezpieczona; short credit** = terms allowing the customer only a short time to pay **pożyczka krótkoterminowa; credit account** = account which a customer has with a shop which allows him or her to buy goods and pay for them later **kredyt, rachunek kredytowy;** ***to open a credit account;*** **credit agency** *or* *US* **credit bureau** = company which reports on the creditworthiness of customers to show whether they should be allowed credit

agencja/biuro informacji kredytowej; credit bank = bank which lends money **bank kredytowy; credit control** = ensuring that customers pay on time and do not owe more than their credit limit **kontrola kredytów; credit facilities** = arrangement with a bank or supplier to have credit so as to buy goods **kredyt; credit freeze** *or* **credit squeeze** = period when lending by banks is restricted by the government **zamrożenie kredytów; letter of credit** = letter from a bank, allowing someone credit and promising to repay at a later date **akredytywa; irrevocable letter of credit** = letter of credit which cannot be cancelled **akredytywa nieodwołalna; credit limit** = fixed amount which is the most a customer can owe on credit **limit kredytowy; he has exceeded his credit limit** = he has borrowed more money than he is allowed **przekroczył swój limit kredytowy; to open a line of credit** *or* **a credit line** = to make credit available to someone **przyznać kredyt; credit rating** = amount which a credit agency feels a customer should be allowed to borrow **limit kredytowy; credit sale** = sale where the purchaser will pay for the goods bought at a later date **sprzedaż na kredyt; on credit** = without paying immediately **na kredyt;** *to live on credit; we buy everything on sixty days credit; the company exists on credit from its suppliers* **(b)** money received by a person *or* company and recorded in the accounts **kredyt, otrzymane pieniądze;** *to enter £100 to someone's credit; to pay in £100 to the credit of Mr Smith;* **debit and credit** = money which a company owes and which it receives **wydatki i wpływy; credit balance** = balance in an account showing that more money has been received than is owed by the company **saldo dodatnie/kredytowe;** *the account has a credit balance of £1,000;* **credit column** = right-hand column in accounts showing money received **strona „Ma"; credit entry** = entry on the credit side of an account **zapis po stronie „Ma";** *US* **credit memorandum** *or* **credit memo** = note showing that money is owed to a customer **nota kredytowa;** *when the buyer paid too much money for the goods he was immediately sent a credit memorandum; I hope we receive a credit memo from the suppliers for the money they owe us;* **credit note** = note showing that money is owed to a customer **nota kredytowa;** *the company sent the wrong order and so had to issue a credit note;* **credit side** = right-hand side of accounts showing money received **strona „Ma"; account in credit** = account where the credits are higher than the debits **rachunek na kredycie; bank credit** = loans or overdrafts from a bank to a customer **kredyt bankowy; tax credits** = part of a dividend on which the company has already paid tax, so that the shareholder is not taxed on it **kredyt podatkowy; (c) credits** = list of the names of people who have worked on a film, TV programme, etc. **lista osób pracujących przez filmie, programie; 2** *verb* to put money into someone's account; to note money received in an account **wpłacić na konto, zaksięgować na koncie;** *to credit an account with £100 or to credit £100 to an account*

◊ **credit card** [ˈkredɪtkɑːd] *noun* plastic card which allows you to borrow money and to buy goods without paying for them immediately (you pay the credit card company at a later date) **karta kredytowa**

◊ **creditor** [ˈkredɪtə] *noun* person who is owed money **wierzyciel; creditors' meeting** = meeting of all persons to whom a bankrupt company owes money, to decide how to obtain the money owed **spotkanie wierzycieli**

◊ **credit union** [ˈkredɪt ˈjuːnjən] *noun US* group of people who pay in regular deposits or subscriptions which earn interest and are used to make loans to other members of the group **kasa kredytowa/pożyczkowa**

◊ **creditworthy** [ˈkredɪtwɜːðɪ] *adjective* able to buy goods on credit **mający zdolność kredytową**

◊ **creditworthiness** [ˈkredɪtwɜːðɪnəs] *noun* ability of a customer to pay for goods bought on credit **zdolność kredytowa**

critical path analysis [ˈkrɪtɪkəl pɑːθ əˈnæləsɪs] *noun* analysis of a project in terms of the minimum time it will take to complete and calculating which parts can be delayed without holding up the rest of the project **analiza krytycznej ścieżki;** *critical path analysis can be used to save time in carrying out a marketing plan*

cross [krɒs] *verb* **(a)** to go across **przecinać;** *Concorde only takes three hours to cross the Atlantic; to get to the bank, you turn left and cross the street at the post office* **(b) to cross a cheque** = to write two lines across a cheque to show that it has to be paid into a bank **krosować czek; crossed cheque** = cheque which has to be paid into a bank **czek krosowany**

◊ **cross elasticity of demand** [krɒs iːlæsˈtɪsɪtɪ ʌv dɪˈmɑːnd] *noun* changes in demand for an item depending on the selling price of a competing product **mieszana elastyczność popytu**

◊ **cross selling** [ˈkrɒs ˈselɪŋ] *noun* selling two products which go with each other, by placing them side by side in a store **sprzedaż krzyżowa**

◊ **cross tracks** ['krɒs 'træks] *noun* poster site next to a railway track **tablica reklamowa przy linii kolejowej**

cumulative ['kju:mjʊlətɪv] *adjective* added to regularly over a period of time **kumulacyjny; cumulative audience** *or* **cumulative reach** = number of people reached by an advertisement at least once over a period of time **całkowita/łączna liczba odbiorców reklamy; cumulative interest** = interest which is added to the capital each year **odsetki składane; cumulative quantity discount** = discount based on a certain quantity bought or the value of purchases over a period of time **okresowy rabat ilościowy;** ***we have purchased only from these suppliers over the last few months in order to enjoy a cumulative quantity discount***

currency ['kʌrənsɪ] *noun* money in coins and notes which is used in a particular country **waluta; convertible currency** = currency which can easily be exchanged for another **waluta wymienialna; foreign currency** = currency of another country **waluta obca; foreign currency account** = bank account in the currency of another country (e.g. a dollar account) **rachunek dewizowy; foreign currency reserves** = a country's reserves in currencies of other countries **rezerwy dewizowe; hard currency** = currency of a country which has a strong economy and which can easily be changed into other currencies **twarda waluta;** ***to pay for imports in hard currency; to sell raw materials to earn hard currency;*** **legal currency** = money which is legally used in a country **prawny środek płatniczy; soft currency** = currency of a country with a weak economy, which is cheap to buy and difficult to exchange for other currencies **słaba waluta; currency backing** = gold *or* securities which maintain the international strength of a currency **pokrycie walutowe; currency note** = bank note **banknot**

> QUOTE: the strong dollar's inflationary impact on European economies, as national governments struggle to support their sinking currencies and push up interest rates
>
> **Duns Business Month**

> QUOTE: today's wide daily variations in exchange rates show the instability of a system based on a single currency, namely the dollar
>
> **Economist**

> QUOTE: the level of currency in circulation increased to N4.9 billion in the month of August
>
> **Business Times (Lagos)**

current ['kʌrənt] *adjective* referring to the present time **bieżący, obecny; current account** = bank account from which the customer can withdraw money at any time **rachunek bieżący; current assets** = assets used by a company in its ordinary work (such as materials, finished products, cash) **środki obrotowe; current cost accounting** = method of accounting which values assets at what it would cost to replace them at current prices rather than at what they originally cost **rachunkowość wg kosztów bieżących; current liabilities** = debts which a company has to pay within the next accounting period **zobowiązania bieżące; current price** = today's price **cena dnia; current rate of exchange** = today's rate of exchange **dzisiejszy kurs wymiany; current yield** = dividend calculated as a percentage of the price paid per share **dochód bieżący**

> QUOTE: crude oil output plunged during the past month and is likely to remain at its current level for the near future
>
> **Wall Street Journal**

> QUOTE: customers' current deposit and current accounts also rose to $655.31 million at the end of December
>
> **Hongkong Standard**

curriculum vitae (CV) [kə'rɪkjʊləm 'vi:taɪ] *noun* summary of a person's life story showing details of education and work experience **życiorys;** ***candidates should send a letter of application with a curriculum vitae to the personnel officer*** (NOTE: the plural is **curriculums** *or* **curricula vitae.** Note also that the US English is **résumé**)

curve [kɜ:v] *noun* line which is not straight (such as a line on a graph) **krzywa; experience curve** = graph showing the relationship between the cumulative amount of products produced and the production cost per unit **krzywa doświadczenia; learning curve** = line on a graph which shows the relationship between experience in doing something and competence at carrying it out **krzywa uczenia się**

custom ['kʌstəm] *noun* **(a)** use of a shop by regular shoppers **stałe zaopatrywanie się w jednym punkcie; to lose someone's**

custom = to do something which makes a regular customer go to another shop **stracić klienta; custom-built** *or* **custom-made** = made specially for one customer **zrobiony na zamówienie;** ***he drives a custom-built Rolls Royce*** **(b) the customs of the trade** = general way of working in a trade **zwyczaje handlowe**

◊ **customer** ['kʌstəmə] *noun* person *or* company which buys goods (note that the customer may not be the consumer or end user of the product) **klient;** ***the shop was full of customers; can you serve this customer first please? he's a regular customer of ours;*** **customer appeal** = what attracts customers to a product **atrakcyjność dla klienta; customer loyalty** = inclination of a customer to keep shopping at the same shop **lojalność klienta; customer profile** = description of an average customer for a product or service **charakterystyka klienta; customer service** = service given to a customer once he has made his decision to buy (including delivery, after-sales service, installation, training, etc.) **obsługa klienta; customer service department** = department which deals with customers and their complaints and orders **dział obsługi klienta**

◊ **customize** ['kʌstəmaɪz] *verb* to change something to fit the special needs of a customer **przerobić na życzenie klienta;** ***we use customized computer terminals***

◊ **customs** ['kʌstəmz] *plural noun* the government department which organizes the collection of taxes on imports; office of this department at a port *or* airport **ministerstwo ceł, urząd celny; to go through customs** = to pass through the area of a port or airport where customs officials examine goods **przechodzić odprawę celną; to take something through customs** = to carry something illegal through customs area without declaring it **przenieść coś nielegalnie przez cło;** ***he was stopped by customs officials; her car was searched by customs;*** **customs barrier** = customs duty intended to prevent imports **bariery celne; customs broker** = person *or* company which takes goods through customs for a shipping company **agent celny; customs clearance** = document given by customs to a shipper to show that customs duty has been paid and the goods can be shipped **dokument odprawy celnej;** ***to wait for customs clearance;*** **customs declaration** = statement showing goods being imported on which duty will have to be paid **deklaracja celna;** ***to fill in a customs (declaration) form;*** **customs duty** = tax paid on goods brought into or taken out of a country **cło; the crates had to go through a customs examination** = the crates had to be examined by customs officials **skrzynki musiały zostać sprawdzone przez celników; customs formalities** = declaration of goods by the shipper and examination of them by customs **formalności celne; customs invoice** = customs form containing a list of goods with their values in both the exporter's and importer's countries **faktura celna; customs officers** *or* **customs officials** = people working for customs **celnicy; customs tariff** = list of duties to be paid on imported goods **taryfa celna; customs union** = agreement between several countries that goods can travel between them, without paying duty, while goods from other countries have to pay special duties **unia celna; customs warehouse** = government-run warehouse where goods are stored until duty is paid **skład celny;** ***the goods will remain in the customs warehouse until the buyer claims them***

> QUOTE: a difficult market to get into, China nevertheless offers a high degree of customer loyalty once successfully entered
>
> **Economist**

> QUOTE: the only leverage the manufacturer can now apply to the retailer is his relationship with the consumer - his customer
>
> **Precision Marketing**

> QUOTE: unless advertising and promotion is done in the context of an overall customer orientation, it cannot seriously be thought of as marketing
>
> **Quarterly Review of Marketing**

cut-price ['kʌt'praɪs] *adjective* sold at a lower price than usual **po obniżonej cenie;** ***cut-price goods; cut-price petrol;*** **cut-price store** = store selling cut-price goods **sklep z towarami po obniżonych cenach**

◊ **cut-throat competition** ['kʌtθrəʊt kɒmpɪ'tɪʃn] *noun* intense competition between rival companies where prices are considerably reduced and only the most efficient organizations can remain profitable and survive **konkurencja wyniszczająca/zaciekła;** ***cut-throat competition has forced several companies out of the market***

◊ **cutting** ['kʌtɪŋ] *noun* **(a) cost cutting** = reducing costs **redukcja kosztów;** ***we have made three secretaries redundant as part of our cost-cutting programme;*** **price cutting** = sudden lowering of prices **redukcja cen;**

price-cutting war = competition between companies to get a larger market share by cutting prices **wojna cenowa; (b)** piece cut out of a publication which refers to an item of particular interest **wycinek; press cutting agency** = company which cuts out references to a client from newspapers and magazines and sends them on to him **agencja gromadząca wycinki z prasy; press cuttings** = references to a client *or* person *or* product cut out of newspapers or magazines **wycinki z prasy;** ***we have a file of press cuttings on our rivals' products***

> QUOTE: state-owned banks cut their prime rates a percentage point to 11%
>
> **Wall Street Journal**

> QUOTE: the US bank announced a cut in its prime from 10.5 per cent to 10 per cent
>
> **Financial Times**

> QUOTE: Opec has on average cut production by one third since 1979
>
> **Economist**

CV [ˈsiːˈviː] *noun* = CURRICULUM VITAE ***please apply in writing, enclosing a current CV***

cycle [ˈsaɪkl] *noun* events which happen in a regularly repeated sequence **cykl; call cycle** = the time between a salesman's visits to the same customer **cykl calli/wizyt handlowych; economic cycle** *or* **trade cycle** *or* **business cycle** = period during which trade expands, then slows down and then expands again **cykl koniunkturalny; cycle models** = models which are used to explain cyclical change **modele koniunktury;** ***cycle models were used in the case study to show recent developments in retailing***

◊ **cyclical** [ˈsɪklɪkəl] *adjective* which happens in cycles **cykliczny; cyclical factors** = way in which a trade cycle affects businesses **czynniki cykliczne**

Dd

DAGMAR = DEFINING ADVERTISING GOALS FOR MEASURED ADVERTISING RESPONSE model showing stages in the effect of advertising on a consumer, e.g. awareness, comprehension, conviction and action **metoda DAGMAR**

DAR *see* DAY AFTER RECALL

data ['deɪtə] *noun* information (letters or figures) available on computer **dane, informacje; primary data** = data from research carried out with the aim of providing specific information about a certain market segment **dane pierwotne; secondary data** = data from research which has brought together general information with no specific market in mind **dane wtórne; data acquisition** = getting information **pozyskiwanie danych; data bank** *or* **bank of data** = store of information in a computer **bank danych; data capture** = act of putting information onto a computer (by keyboarding or by scanning) **wprowadzanie danych; data processing** = selecting and examining data in a computer to produce special information **przetwarzanie danych; data sheet** = leaflet with data *or* information about a product **arkusz danych** (NOTE: **data** is usually singular: **the data is easily available**)

◊ **database** ['deɪtəbeɪs] *noun* store of information in a large computer **baza danych;** ***we can extract the addresses of potential customers from our database***

date [deɪt] *noun* number of day, month and year **data, dzień;** ***I have received your letter of yesterday's date*** **closing date** = last date (for receipt of tenders, etc.) **ostateczny termin; launching date** = date when the sales of a new product officially begin **dzień wejścia na rynek nowego produktu; sell-by date** = date on a food packet which is the last date when the food is still guaranteed to be good **ostateczny termin przydatności do spożycia; date coding** = showing the date by which a product should be consumed **kodowanie terminu ważności produktu; date stamp** = stamp for marking the sell-by date on products or the date received on letters **odcisk daty; date of receipt** = date when something is received **termin otrzymania; date-in-charge** = date from which a poster site is charged **termin wynajęcia miejsca na plakat reklamowy;** ***we will have three weeks of exposure from the date-in-charge***

day [deɪ] *noun* period of 24 hours **doba, dzień;** ***there are thirty days in June; the first day of the month is a public holiday;*** **day after recall (DAR) test** = advertising research test to see how much someone can remember of an advertisement, the day after it appeared or was broadcast **test/metoda DAR; days of grace** = days allowed for payment after it becomes due **okres karencji, respiro;** ***let's send the cheque at once since we have only five days of grace left; because the shopowner has so little cash available, we will have to allow him additional days of grace;*** **three clear days** = three whole working days **trzy dni robocze;** ***to give ten clear days' notice; allow four clear days for the cheque to be paid into the bank***

◊ **daypart** ['deɪpɑːt] *noun* section of a day, used for measuring audience ratings on TV **pora dnia**

dead [ded] *adjective* not working **martwy, zamknięty; dead account** = account which is no longer used **martwy/zamknięty rachunek; the line went dead** = the telephone line suddenly stopped working **rozmowa została przerwana; dead freight** = payment by a charterer for unfilled space in a ship *or* plane **martwy fracht;** ***too much dead freight is making it impossible for the company to continue to charter ships;*** **dead loss** = total loss **czysta strata;** ***the car was written off as a dead loss;*** **dead season** = time of year when there is a slump in the tourist industry **martwy sezon;** ***what do all the hotel staff do in the dead season? the waiters do odd jobs to get through the dead season***

◊ **deadline** ['dedlaɪn] *noun* date by which something has to be done **ostateczny termin; to meet a deadline** = to finish something on time **nie przekroczyć ostatecznego terminu;** *we've missed our October 1st deadline*

◊ **deadweight** ['dedweɪt] *noun* heavy goods like coal, iron or sand **towar ciężki; deadweight cargo** = heavy cargo which is charged by weight, not by volume **ładunek ciężki; deadweight capacity** *or* **deadweight tonnage** = largest amount of cargo which a ship can safely carry **ładowność netto**

deal [di:l] **1** *noun* business agreement *or* affair *or* contract **interes, transakcja;** *to arrange a deal or to set up a deal or to do a deal; to sign a deal; the sales director set up a deal with a Russian bank; the deal will be signed tomorrow; they did a deal with an American airline;* **to call off a deal** = to stop an agreement **odwołać transakcję;** *when the chairman heard about the deal he called it off;* **cash deal** = sale done for cash **transakcja gotówkowa; package deal** = agreement where several different items are agreed at the same time **transakcja pakietowa/zbiorcza;** *they agreed a package deal, which involves the construction of the factory, training of staff and purchase of the product;* **deal in** = sales promotion to the trade **[promocja wewnętrzna]; deal out** = sales promotion to consumers **[promocja zewnętrzna]; 2** *verb* **(a) to deal with** = to organize **zajmować się, organizować;** *leave it to the filing clerk - he'll deal with it;* **to deal with an order** = to supply an order **zrealizować zamówienie; (b)** to trade *or* to buy and sell **handlować; to deal with someone** = to do business with someone **handlować z kimś, prowadzić z kimś interesy; to deal in leather** *or* **to deal in options** = to buy and sell leather *or* options **handlować skórą/opcjami; he deals on the Stock Exchange** = his work involves buying and selling shares for clients on the Stock Exchange **on obraca papierami wartościowymi na giełdzie**

◊ **dealer** ['di:lə] *noun* person who buys and sells **dealer, handlowiec, kupiec;** *dealer in tobacco or tobacco dealer;* **dealer aids** = types of advertising material used by shops to stimulate sales **pomoce dealera; dealer's brand** = brand owned by a distributor rather by a producer **marka dealera;** *I bought the dealer's brand of soap since the store is well known for its high quality goods;* **dealer tie-in** = advertising which includes the names of local dealers that stock the product being advertised **reklama z adresami sprzedawców; retail dealer** = person who sells to the general public **detalista; wholesale dealer** = person who sells in bulk to retailers **hurtownik**

◊ **dealership** ['di:ləʃɪp] *noun* (i) the authority to sell certain products or services; **przedstawicielstwo handlowe;** (ii) business run by an authorized dealer; **sklep dealera**

deaveraging [di:'ævrɪdʒɪŋ] *noun* treating customers in different ways according to the amount they buy, by rewarding the best and penalizing the worst **różnicowanie klientów**

debit ['debɪt] **1** *noun* money which a company owes **debet; debits and credits** = money which a company owes and money it receives **przychody i rozchody; debit balance** = balance in an account, showing that the company owes more money than it has received **saldo debetowe; debit card** = plastic card used to transfer money directly from a customer's account to a retailer's account, without the use of cheques **karta debetowa; debit column** = left-hand column in accounts showing the money paid or owed to others **kolumna „winien"; debit entry** = entry on the debit side of an account **zapis po stronie „winien"; debit side** = left-hand side of an account showing the money paid or owed to others **strona „winien"; debit note** = note showing that a customer owes money **nota debetowa;** *we undercharged Mr Smith and had to send him a debit note for the extra amount* **2** *verb* **to debit an account** = to charge an account with a cost **obciążyć rachunek, zapisać w ciężar rachunku;** *his account was debited with the sum of £25*

◊ **debitable** ['debɪtəbl] *adjective* which can be debited **możliwy do zapisania w ciężar rachunku**

debt [det] *noun* **(a)** money owed for goods or services **dług, zobowiązanie pieniężne;** *the company stopped trading with debts of over £1 million;* **to be in debt** = to owe money **być zadłużonym, mieć długi; he is in debt to the tune of £250** = he owes £250 **ma £250 długu; to get into debt** = to start to borrow more money than one can pay back **wpaść w długi; the company is out of debt** = the company does not owe money any more **spółka wyszła z długów; to pay back a debt** *or* **to pay off a debt** = to pay all the money owed **spłacić dług; to service a debt** = to pay interest on a debt **obsługiwać dług;** *the company is having problems in servicing its debts;* **bad debt** = money owed which will never be paid back **nieściągalny/zły dług;** *the company has written off £30,000 in bad* *debts;* **secured debts** *or* **unsecured debts** = debts which are guaranteed or not guaranteed by assets **długi zabezpieczone/niezabezpieczone; debt collection** = collecting money which is owed **ściąganie długów, inkaso należności; debt collection agency** = company which collects debts for a commission **agencja ściągania długów; debt collector** = person who collects debts **inkasent należności; debts due** = money owed which is due for repayment **należności wymagalne; (b) funded debt** = part of the British National Debt which pays interest, but where there is no date for repayment of the principal **brytyjski państwowy dług wieczysty; the National Debt** = money borrowed by a government **dług państwowy**

◊ **debtor** ['detə] *noun* person who owes money **dłużnik; debtor side** = debit side of an account **strona „winien"; trade debtors** = debtors who owe money to a company in the normal course of that company's trading **należności z tytułu dostaw, robót i usług**

decide [dɪ'saɪd] *verb* to make up one's mind to do something **decydować;** ***to decide on a course of action; to decide to appoint a new managing director***

◊ **decider** [dɪ'saɪdə] *noun* person who makes decisions, especially the person who makes the decision to buy **decydent**

◊ **deciding** [dɪ'saɪdɪŋ] *adjective* **deciding factor** = most important factor which influences a decision **decydujący czynnik;** ***a deciding factor in marketing our range of sports goods in the country was the rising standard of living there***

decision [dɪ'sɪʒən] *noun* the process of making up one's mind to do something **decyzja;** ***to come to a decision*** *or* ***to reach a decision;*** **decision-making** = act of coming to a decision **podejmowanie decyzji; the decision-making processes** = ways in which decisions are reached **procesy decyzyjne; decision-making unit (DMU)** = group of people who decide on the purchase of a product (for the purchase of a new piece of equipment, they would be the manager, the financial controller and the operator who will use the equipment) **jednostka decyzyjna; decision-maker** = person who has to decide **decydent; decision theory** = mathematical methods for weighing the various factors in making decisions **teoria podejmowania decyzji;** ***in practice it is difficult to apply decision theory to our planning; students study decision theory to help them suggest strategies in case studies;*** **decision tree** = model for decision-making, showing the possible outcomes of different decisions **drzewko decyzyjne;** ***this computer programme incorporates a decision tree***

deck [dek] *noun* flat floor in a ship **pokład; deck cargo** = cargo carried on the open top deck of a ship, rather than in the hold below **ładunek pokładowy;** ***fragile goods should not be carried as deck cargo;*** **deck hand** = ordinary sailor on a cargo ship **majtek**

decline [di'klaɪn] **1** *noun* gradual fall; final stage in the life cycle of a product when the sales and profitability are falling off and the product is no longer worth investing in **schyłek, spadek; 2** *verb* to fall slowly *or* to decrease **spadać;** ***shares declined in a weak market; imports have declined over the last year; the economy declined during the last government***

> QUOTE: Saudi oil production has declined by three quarters to around 2.5m barrels a day
>
> **Economist**

> QUOTE: this gives an average monthly decline of 2.15 per cent during the period
>
> **Business Times (Lagos)**

deep-rooted demand [di:p'ru:tɪd dɪ'mɑ:nd] *noun* brand loyalty which survives even if the product no longer offers value for money **popyt głęboko zakorzeniony;** ***there is deep-rooted demand for this product which is a household name***

defer [dɪ'fɜ:] *verb* to put back to a later date *or* to postpone **odkładać, odraczać;** ***to defer payment; the decision has been deferred until the next meeting***

◊ **deferment** [dɪ'fɜ:mənt] *noun* postponement *or* putting back to a later date **odroczenie, zwłoka;** ***deferment of payment; deferment of a decision***

◊ **deferred** [dɪ'fɜ:d] *adjective* put back to a later date **odroczony, przełożony na później; deferred creditor** = person who is owed money by a bankrupt but who is paid only after all the other creditors **[wierzyciel odroczony]; deferred payment** = payment for goods by instalments over a long period **odroczona płatność; deferred rebate** = discount given to a customer who buys up to a specified quantity over a specified period **[odroczony rabat]; deferred stock** = shares which receive a dividend after all other dividends have been paid **[odroczone akcje]**

deficit ['defɪsɪt] *noun* amount by which spending is higher than income **deficyt, niedobór; the accounts show a deficit** =

the accounts show a loss **rachunki wykazują niedobór; to make good a deficit** = to put money into an account to balance it **kompensować niedobór; balance of payments deficit** *or* **trade deficit** = situation when a country imports more than it exports **ujemne saldo bilansu płatniczego/handlowego; deficit financing** = planning by a government to borrow money to cover the shortfall between tax income and expenditure **finansowanie deficytem**

deflate [dɪˈfleɪt] *verb* **to deflate the economy** = to reduce activity in the economy by cutting the supply of money **deflacjonować gospodarkę**

◊ **deflation** [dɪˈfleɪʃən] *noun* reduction in economic activity **deflacja**

◊ **deflationary** [dɪˈfleɪʃnərɪ] *adjective* which can cause deflation **deflacyjny;** ***the government has introduced some deflationary measures in the budget***

> QUOTE: the strong dollar's deflationary impact on European economies as national governments push up interest rates
>
> **Duns Business Month**

delay [dɪˈleɪ] **1** *noun* time when someone *or* something is later than planned **opóźnienie, zwłoka;** ***there was a delay of thirty minutes before the AGM started*** *or* ***the AGM started after a thirty-minute delay; we are sorry for the delay in supplying your order*** *or* ***in replying to your letter*** **2** *verb* to be late; to make someone late **spóźniać się, opóźniać;** ***he was delayed because his taxi had an accident; the company has delayed payment of all invoices;*** **delayed response** = slower than expected response by consumers to a company's promotion **reakcja opóźniona;** ***if there is a delayed response we will only reap the benefits next year; a delayed response is not usual in such a new product***

del credere agent [del ˈkreɪdərɪ ˈeɪdʒənt] *noun* agent who receives a high commission because he guarantees payment by customers **agent del credere**

delegation [delɪˈgeɪʃən] *noun* **(a)** group of delegates **delegacja;** ***a Chinese trade delegation; the management met a union delegation*** **(b)** act of passing authority or responsibility to someone else **delegacja**

delete [dɪˈli:t] *verb* to remove a product from a company's product range **usuwać;** ***we have decided to delete three old products as the new ones are coming on stream***

◊ **deletion** [dɪˈli:ʃn] *noun* removing an old product from the market **usunięcie;** ***the product has lost market share and is a candidate for deletion***

deliver [dɪˈlɪvə] *verb* to transport goods to a customer **dostarczać; goods delivered free** *or* **free delivered goods** = goods transported to the customer's address at a price which includes transport costs **darmowy dowóz towarów, transport wliczony w cenę; goods delivered on board** = goods transported free to the ship *or* plane but not to the customer's warehouse **franco statek; delivered price** = price which includes packing and transport **cena z dostawą**

◊ **delivery** [dɪˈlɪvərɪ] *noun* **(a) delivery of goods** = transport of goods to a customer's address **dostawa towarów;** ***parcels awaiting delivery; free delivery*** *or* ***delivery free; delivery date; delivery within 28 days; allow 28 days for delivery; delivery is not allowed for*** *or* ***is not included;*** **delivery note** = list of goods being delivered, given to the customer with the goods **list przewozowy; delivery order** = instructions given by the customer to the person holding his goods, to tell him to deliver them **zlecenie dostawy; delivery receipt** = delivery note when it has been signed by the person receiving the goods **dowód dostawy; the store has a delivery service to all parts of the town** = the store will deliver goods to all parts of the town **sklep dostarcza towary w granicach miasta; delivery time** = number of days before something will be delivered **termin dostawy; delivery van** = goods van for delivering goods to retail customers **samochód dostawczy; express delivery** = very fast delivery **dostawa ekspresowa; recorded delivery** = mail service where the letters are signed for by the person receiving them **dostawa z potwierdzeniem odbioru, system przesyłek poleconych;** ***we sent the documents (by) recorded delivery;*** **to take delivery of goods** = to accept goods when they are delivered **przyjąć dostawę towarów;** ***we took delivery of the stock into our warehouse on the 25th*** **(b)** goods being delivered **dostawa, przesyłka;** ***we take in three deliveries a day; there were four items missing in the last delivery*** **(c)** transfer of a bill of exchange **przeniesienie własności weksla**

delphi method [ˈdelfaɪ ˈmeθəd] *noun* method of forming strategies by soliciting individual estimates on the time-scale of projected developments and then inviting further estimates on the basis of all those already made until a consensus is reached **metoda delphi**

demand [dɪˈmɑ:nd] **1** *noun* **(a)** asking for payment **żądanie; payable on demand** = which must be paid when payment is asked for **płatny na żądanie; demand bill** = bill of exchange which must be paid when payment is asked for **weksel płatny na żądanie;** *US* **demand deposit** = money in a bank account which can be taken out when you want it by writing a cheque **depozyt na żądanie; final demand** = last reminder from a supplier, after which he will sue for payment **ostateczne wezwanie do zapłaty; (b)** need for goods at a certain price **popyt;** ***there was an active demand for oil shares on the stock market;*** **to meet a demand** *or* **to fill a demand** = to supply what is needed **zaspokajać popyt;** ***the factory had to increase production to meet the extra demand; the factory had to cut production when demand slackened; the office cleaning company cannot keep up with the demand for its services;*** **there is not much demand for this item** = not many people want to buy it **na ten towar nie ma dużego popytu; this book is in great demand** *or* **there is a great demand for this book** = many people want to buy it **na tę książkę jest duży popyt; effective demand** = actual demand for a product backed up by the ability to pay for it **popyt efektywny; elastic demand** = demand which experiences a comparatively large percentage change in response to a percentage change in price **popyt elastyczny; demand forecasting** = estimating what demand would exist at various prices, used as a method of calculating prices **prognozowanie popytu; demand price** = price at which a certain quantity of goods will be bought **cena popytu; demand schedule** = table showing demand for a product *or* service at different prices **tabela popytu; demand theory** = branch of economics concerned with consumer buying habits and factors which determine demand **teoria popytu; supply and demand** = amount of a product which is available and the amount which is wanted by customers **podaż i popyt; law of supply and demand** = general rule that the amount of a product which is available is related to the needs of potential customers **prawo podaży i popytu; 2** *verb* to ask for something and expect to get it **żądać;** ***she demanded a refund; the suppliers are demanding immediate payment of their outstanding invoices***

◊ **demand-led inflation** [dɪˈmɑ:ndled ɪnˈfleɪʃən] *noun* inflation caused by rising demand which cannot be met **inflacja spowodowana wzrostem popytu**

> QUOTE: spot prices are now relatively stable in the run-up to the winter's peak demand
> **Economist**

> QUOTE: the demand for the company's products remained strong throughout the first six months of the year with production and sales showing significant increases
> **Business Times (Lagos)**

> QUOTE: growth in demand is still coming from the private rather than the public sector
> **Lloyd's List**

demarketing [di:ˈmɑ:kətɪŋ] *noun* attempting to reduce the demand for a product **demarketyzacja;** ***demarketing was the keynote in the industry when rationing was introduced***

demography [dɪˈmɒgrəfɪ] *noun* study of populations and relevant statistics (such as age, sex, income, education, etc.) **demografia**

◊ **demographic** [deməˈgræfɪk] *adjective* referring to demography demograficzny; ***a full demographic study of the country must be done before we decide how to export there;*** **demographic segmentation** = dividing a market up into segments according to the age, sex, income levels, etc., of the potential customers **demograficzna segmentacja rynku**

◊ **demographics** [deməˈgræfɪks] *noun* details of the population of a country, in particular its age and gender, which affect marketing **demografia**

demonstrate [ˈdemənstreɪt] *verb* to show how something works **demonstrować, pokazywać;** ***he was demonstrating a new tractor when he was killed; the managers saw the new stock control system being demonstrated***

◊ **demonstration** [deməns'treɪʃən] *noun* showing how something works; explanation of how something works **demonstracja;** ***we went to a demonstration of new telex equipment;*** **demonstration effect** = theory stating that people buy products to impress or keep up with their neighbours **efekt demonstracji;** ***the promotion of luxury goods is intended to exploit the demonstration effect;*** **demonstration model** = piece of equipment used in demonstrations and later sold off cheaply **egzemplarz pokazowy**

◊ **demonstrator** [ˈdemənstreɪtə] *noun* person who demonstrates pieces of equipment **osoba dokonująca demonstracji**

demurrage [dɪˈmʌrɪdʒ] *noun* money paid to a customer when a shipment is delayed at a port *or* by the customs **przestojowe**

department [dɪ'pɑːtmənt] *noun* **(a)** specialized section of a large company **dział;** ***complaints department; design department; dispatch department; export department; legal department;*** **accounts department** = section which deals with money paid or received **dział księgowości; new issues department** = section of a bank which deals with issues of new shares **dział nowych emisji; marketing department** = section of a company dealing with marketing and sales **dział marketingu; head of department** *or* **department head** *or* **department manager** = person in charge of a department **szef działu; (b)** section of a large store selling one type of product **dział;** ***you will find beds in the furniture department;*** **budget department** = department in a large store which sells cheaper goods **dział wyprzedaży; (c)** section of the British or US government containing several ministries **departament;** ***the Department of Trade and Industry; the Commerce Department***

◊ **department store** [dɪ'pɑːtmənt 'stɔː] *noun* large store with sections for different types of goods **dom towarowy**

depend [dɪ'pend] *verb* **(a) to depend on** = to need someone *or* something to exist *or* to happen because of something **zależeć od;** ***the company depends on efficient service from its suppliers; we depend on government grants to pay the salary bill; the success of the launch will depend on the publicity;*** **depending on** = which varies according to something **w zależności od;** ***depending on the advertising budget, the new product will either be launched on radio or on TV***

◊ **dependent** [dɪ'pendənt] *adjective* which depends on someone *or* something **zależny; dependent variable** = variable or factor which changes as a result of a change in another (the 'independent variable') **zmienna zależna;** ***we are trying to understand the effects of several independent variables on one dependent variable, in this case, sales***

deposit [dɪ'pɒzɪt] *noun* money given in advance so that the thing which one wants to buy will not be sold to someone else **depozyt;** ***to pay a deposit on a watch; to leave £10 as a deposit***

depot ['depəʊ] *noun* central warehouse for goods; centre for transport **główny skład/ magazyn, zajezdnia;** ***freight depot; goods depot; oil storage depot; bus depot***

depreciate [dɪ'priːʃɪeɪt] *verb* **(a)** to reduce the value of assets in accounts **amortyzować;** ***we depreciate our company cars over three years*** **(b)** to lose value **tracić na wartości;** ***share which has depreciated by 10% over the year; the pound has depreciated by 5% against the dollar***

◊ **depreciation** [dɪpriːʃɪ'eɪʃən] *noun* **(a)** reduction in value of an asset **amortyzacja; depreciation rate** = rate at which an asset is depreciated each year in the accounts **stopa amortyzacyjna; accelerated depreciation** = system of depreciation which reduces the value of assets at a high rate in the early years to encourage companies, as a result of tax advantages, to invest in new equipment **amortyzacja przyspieszona; annual depreciation** = reduction in the book value of an asset at a certain rate per year **amortyzacja roczna;** *see also* STRAIGHT LINE DEPRECIATION **(b)** loss of value **deprecjacja, utrata wartości;** ***a share which has shown a depreciation of 10% over the year; the depreciation of the pound against the dollar***

> COMMENT: various methods of depreciating assets are used, such as the 'straight line method', where the asset is depreciated at a constant percentage of its cost each year and the 'reducing balance method', where the asset is depreciated at a constant percentage which is applied to the cost of the asset after each of the previous years' depreciation has been deducted

> QUOTE: this involved reinvesting funds on items which could be depreciated against income for three years
>
> **Australian Financial Review**

> QUOTE: buildings are depreciated at two per cent per annum on the estimated cost of construction
>
> **Hongkong Standard**

depress [dɪ'pres] *verb* to reduce **obniżać;** ***reducing the money supply has the effect of depressing demand for consumer goods***

◊ **depressed** [dɪ'prest] *adjective* **depressed area** = part of a country suffering from depression **obszar dotknięty kryzysem; depressed market** = market where there are more goods than customers **osłabiony rynek, przewaga podaży nad popytem**

◊ **depression** [dɪ'preʃən] *noun* period of economic crisis with high unemployment and loss of trade **kryzys, stagnacja;** ***an economic depression;*** **the Great Depression** = the world economic crisis of 1929-1933 **Wielki Kryzys**

dept = DEPARTMENT

depth [depθ] *noun* **(a)** variety in a product line **zróżnicowanie asortymentu; (b)**

depth interview = interview with no preset questions and following no fixed pattern, but which can last a long time and allows the respondent time to express personal views and tastes **[wywiad dogłębny]**; ***depth interviews elicited some very original points of view***

deregulation [di:regjʊˈleɪʃn] *noun* reducing government control over an industry **deregulacja, uwolnienie rynku**; ***the deregulation of the airlines***

derived demand [dɪˈraɪvd diˈmɑ:nd] *noun* demand for a product because it is needed to produce another product which is in demand **popyt pochodny/pośredni/wtórny**

describe [dɪˈskraɪb] *verb* to say what someone *or* something is like **opisywać**; ***the leaflet describes the services the company can offer; the managing director described the difficulties the company was having with cash-flow***

◊ **description** [dɪˈskrɪpʃən] *noun* words which show what something is like **opis**; **false description of contents** = false statement about the contents of a packet to trick customers into buying it **fałszywy opis zawartości**; **job description** = official document from the management which says what a particular job involves **opis stanowiska, zakres uprawnień i obowiązków**; **trade description** = description of a product used in advertising or promotional material **opis handlowy**

design [dɪˈzaɪn] **1** *noun* planning *or* drawing of a product before it is built or manufactured *or* the planning of the visual aspect of an advertisement **projektowanie produktu**; **industrial design** = design of products made by machines (such as cars and refrigerators) **wzornictwo przemysłowe**; **product design** = design of consumer products **projektowanie towarów konsumpcyjnych**; **design department** = department in a large company which designs the company's products or its advertising **dział projektowy**; **design factor** = ratio of sampling error of a complex sample *or* sample design to that of a completely random sample **współczynnik planowania**; **design studio** = independent firm which specializes in creating designs **biuro projektów**; **2** *verb* to plan *or* to draw something before it is built or manufactured **projektować**; ***he designed a new car factory; she designs garden furniture***

◊ **designer** [dɪˈzaɪnə] *noun* person who designs **projektant**; ***she is the designer of the new computer;*** **designer products** = elegant products created by a well-known designer **produkty znanego projektanta**; ***recent wealth in the cities has increased the demand for designer products; designer jeans and sportswear are only some of our designer products***

desire [dɪˈzaɪə] *noun* wish to do something **pragnienie**; **desire to purchase** = feeling of a customer that he needs to purchase a product **pragnienie zakupu**; *see also* AIDA

desk [desk] *noun* writing table in an office, usually with drawers for stationery **biurko**; ***desk diary; desk drawer; desk light;*** **desk pad** = pad of paper kept on a desk for writing notes **blok, bloczek**; **desk research** = looking for information that has already been compiled and published (as in directories) **badania gabinetowe/źródłowe**; ***most of our desk research is done in libraries; will desk research be enough, or do we have to commission a survey?;*** **desk researcher** = person who carries out desk research **badacz gabinetowy/źródeł**; **external desk research** = research based on material outside the company's own records, such as in libraries, government departments, etc. **badanie źródeł zewnętrznych**; **internal desk research** = research based on information in a company's own records, such as customer accounts, salesmen's reports, etc. **badanie źródeł własnych**

despatch [dɪˈspætʃ] *see* DISPATCH

devalue [ˈdi:ˈvælju:] *verb* to reduce the value of a currency against other currencies **dewaluować**; ***the pound has been devalued by 7%; the government devalued the dollar by 7%***

◊ **devaluation** [ˌdi:væljʊˈeɪʃən] *noun* reduction in value of a currency against other currencies **dewaluacja**

develop [dɪˈveləp] *verb* **(a)** to plan and produce **opracowywać**; ***to develop a new product*** **(b)** to plan and build an area **projektować i budować obiekty**; ***to develop an industrial estate***

◊ **developed country** [dɪˈveləptˈkʌntrɪ] *noun* country which has an advanced manufacturing system **kraj rozwinięty**

◊ **developer** [dɪˈveləpə] *noun* **a property developer** = company or person who plans and builds a group of new houses *or* new factories **firma deweloperska;**

◊ **developing country** *or* **developing nation** [dɪˈveləpɪŋ ˈkʌntrɪ *or* dɪˈveləpɪŋ ˈneɪʃən] *noun* country which is not fully industrialized **kraj rozwijający się**

◊ **development** [dɪˈveləpmənt] *noun* **(a)** planning the production of a new product and constructing the first prototypes **opracowanie/rozwój produktu**; ***research and*** *development* **(b) industrial development** = planning and building of new industries in special areas **rozwój przemysłowy; development area** *or* **development zone** = area which has been given special help from a government to encourage the setting up of businesses and factories there **specjalna strefa ekonomiczna**

deviation [di:vɪ'eɪʃn] *noun* change of route *or* strategy **odchylenie;** ***advertising in the tabloids will mean a deviation from our normal marketing strategy***

diadic test [daɪ'ædɪk 'test] *noun* product test in which respondents compare two products **test komparatystyczny**

diagram ['daɪəgræm] *noun* drawing which shows something as a plan or a map **diagram, wykres;** ***diagram showing sales locations; he drew a diagram to show how the decision-making processes work; there is a diagram on page 36 of the company's organizational structure;*** **flow diagram** = diagram showing the arrangement of work processes in a series **schemat blokowy**

◊ **diagrammatic** [daɪəgrə'mætɪk] *adjective* **in diagrammatic form** = in the form of a diagram **w formie wykresu;** ***the chart showed the sales pattern in diagrammatic form***

◊ **diagrammatically** [daɪəgrə'mætikəlɪ] *adverb* using a diagram **w formie wykresu;** ***the chart shows the sales pattern diagrammatically***

diary ['daɪərɪ] *noun* book in which one can write notes or appointments for each day of the week **terminarz, notatnik;** ***desk diary;*** **diary method** = market research method whereby respondents keep a regular written account of advertising noticed *or* purchases made *or* products used **metoda dzienniczka; diary panel** = group of people who are asked to keep notes of their purchases on a daily basis **[panel dzienniczków]**

dichotomous question [daɪ'kɒtəməs 'kweʃtʃən] *noun* question in a questionnaire that can only be answered by 'yes' or 'no' **pytanie dychotomiczne**

differential [dɪfə'renʃəl] **1** *adjective* which shows a difference **zróżnicowany; differential advantage** = advantage that one product has over rival products in the market **przewaga konkurencyjna;** ***we are confident that our toothpaste has a differential advantage;*** **differential tariffs** = different tariffs for different classes of goods **dyferencyjna taryfa celna; 2** *noun* **price differential** = difference in price between products in a range **różnica cen; semantic differential** = scaling technique which gives a range of possible answers between two opposite descriptive words **technika różnic semantycznych; wage differentials** = differences in pay for workers doing different jobs in the same industry or profession **różnice w poziomie płac; to erode wage differentials** = to reduce differences in pay gradually **zmniejszyć różnice w poziomie płac**

◊ **differentiated marketing strategy** [dɪfə'renʃieɪtɪd 'mɑ:kɪtɪŋ 'strætɪdʒɪ] *noun* method of marketing where the product is modified to suit each potential market **strategia zróżnicowania marketingowego;** *see also* CONCENTRATED, UNDIFFERENTIATED

◊ **differentiation** [dɪfərenʃɪ'eɪʃn] *noun* ensuring that a product has some unique features that distinguish it from competing products **zróżnicowanie;** ***we are adding some extra features to our watches in the interest of product differentiation; the aim of differentiation should be to catch the customer's eye***

diffusion [dɪ'fju:ʒn] *noun* process by which a product is gradually adopted by consumers **dyfuzja; diffusion curve** = geographical representation of how many consumers adopt a product at different times **krzywa dyfuzji;** *see also* EXPONENTIAL

diminishing returns [dɪ'mɪnɪʃɪŋ rɪ'tɜ:nz] *noun* **law of diminishing returns** = the general rule that beyond a certain point, an increase in one factor of production (land, capital or labour) while the other factors remain constant, will not produce an equal increase in output or profit **prawo zmniejszającego się zysku**

Dinkies ['dɪŋkɪz] *noun* couples who are both wage-earners and have no children **małżeństwa pracujące, bezdzietne (kategoria konsumentów);** (Short for **Double Income No Kids**)

direct [daɪ'rekt] **1** *verb* to manage *or* to organize **kierować, zarządzać;** ***he directs our South-East Asian operations; she was directing the development unit until last year*** **2** *adjective* straight *or* with no interference **bezpośredni; direct action** = strike *or* go-slow, etc. **akcja bezpośrednia; direct-action advertising** = advertising which aims to get a quick response **[reklama bezpośredniej reakcji];** ***we'll need some direct-action advertising if we're not to fall behind our competitors this spring; direct-action advertising will only help us in the short term;*** **direct cost** = production cost of a product **koszt bezpośredni; direct debit** = system where a customer allows a company to charge costs to his bank account automatically and where the amount charged can be increased or decreased with the agreement of the customer **stałe zlecenie płatnicze;** ***I pay my electricity bill by direct debit;*** **direct demand** = demand for a product *or* service for its own sake, and not for what can be derived from it **popyt bezpośredni; direct export** = selling a product direct to the overseas customer without going through a middleman **eksport bezpośredni;** ***direct export is the only way to keep down the retail price; our overseas marketing consists mainly of direct export to German department stores;*** **direct labour** = labour *or* workers employed to do a specific job for an organization and to do it under the direct control of that organization **robotnicy zatrudnieni bezpośrednio; direct mail** = selling a product by sending publicity material to possible buyers through the post **sprzedaż wysyłkowa;** ***these calculators are only sold by direct mail; the company runs a successful direct-mail operation;*** **direct-mail advertising** = advertising by sending leaflets to people through the post **reklama pocztowa; direct marketing (DM)** *or* **direct selling** = selling a product direct to the customer without going through a shop **marketing bezpośredni, sprzedaż bezpośrednia; direct response advertising** = advertising in such a way as to get customers to send in inquiries or orders directly by mail **reklama bezpośredniej reakcji; direct selling** = selling a product direct to the customer without going through a shop **sprzedaż bezpośrednia; direct services** = personal services to the public, such as catering or dentistry, hairdressers etc. **usługi bezpośrednie;** ***there is little manufacturing industry in the area, and direct services account for most of the wealth*** **3** *adverb* straight, with no third party involved **bezpośrednio;** ***we pay income tax direct to the government;*** **to dial direct** = to contact a phone number yourself without asking the operator to do it for you **dzwonić bezpośrednio;** ***you can dial New York direct from London***

◊ **directly** [daɪˈrektlɪ] *adverb* straight, with no third party involved **bezpośrednio;** ***we deal directly with the manufacturer, without using a wholesaler***

> QUOTE: after five years of explosive growth, fuelled by the boom in financial services, the direct marketing world is becoming a lot more competitive
>
> **Marketing Workshop**

> QUOTE: all of those who had used direct marketing techniques had used direct mail, 79% had used some kind of telephone technique and 63% had tried off-the-page selling
>
> **Precision marketing**

> QUOTE: direct marketing is all about targeting the audience, individualising the message and getting a response
>
> **PR Week**

direction [daɪˈrekʃən] *noun* **(a)** organizing *or* managing **kierowanie, zarządzanie;** ***he took over the direction of a multinational group*** **(b) directions for use** = instructions showing how to use something **instrukcja obsługi**

◊ **directive interview** [daɪˈrektɪv ˈɪntəvjuː] *noun* interview using preset questions and following a fixed pattern **wywiad zamknięty**

◊ **director** [daɪˈrektə] *noun* **(a)** person appointed by the shareholders to help run a company **dyrektor; managing director** = director who is in charge of the whole company **dyrektor generalny/naczelny; chairman and managing director** = managing director who is also chairman of the board of directors **dyrektor naczelny będący przewodniczącym zarządu; board of directors** = all the directors of a company **zarząd; directors' report** = annual report from the board of directors to the shareholders **sprawozdanie zarządu; associate director** = director who attends board meetings but has not been elected by the shareholders **dyrektor-konsultant; executive director** = director who actually works full-time in the company **[dyrektor zarządzający]; non-executive director** = director who attends board meetings only to give advice **[konsultant na stanowisku dyrektora]; outside director** = director who is not employed by the company **[dyrektor obcy]; marketing director** = director who is responsible for an organization's marketing activities **dyrektor marketingu; sales director** = director who is responsible for an organization's sales **dyrektor sprzedaży;** **(b)** person who is in charge of a project, an official institute, etc. **kierownik, szef;** ***the director of the government research institute; she was appointed director of the organization***

◊ **directorate** [daɪˈrektərət] *noun* group of directors **dyrekcja, zarząd**

◊ **directorship** [daɪˈrektəʃɪp] *noun* post of director **stanowisko dyrektora;** ***he was offered a directorship with Smith Ltd***

> QUOTE: what benefits does the executive derive from his directorship? In the first place compensation has increased sharply in recent years
>
> **Duns Business Month**

directory [daɪˈrektərɪ] *noun* reference book containing information on companies and their products **wykaz przedsiębiorstw, katalog firm;** ***we use directories a lot in our desk research;*** **classified directory** = book which lists businesses grouped under various headings **branżowy katalog firm**

dirty [ˈdɜːtɪ] *adjective* not clean **brudny; dirty bill of lading** = bill of lading stating that the goods did not arrive on board in good condition **konosament brudny**

discount [ˈdɪskaʊnt] **1** *noun* **(a)** percentage by which the seller reduces the full price for the buyer **bonifikata, rabat, skonto, upust;** ***to give a discount on bulk purchases;*** **to sell goods at a discount** *or* **at a discount price** = to sell goods below the normal price **sprzedawać towary z rabatem; basic discount** = normal discount without extra percentages **rabat zwyczajny;** ***we give 25% as a basic discount, but can add 5% for cash payment;*** **cash discount** = discount obtained by paying for goods in cash **skonto kasowe, rabat gotówkowy; quantity discount** = discount given to people who buy large quantities **rabat od wielkości zakupu; 10% discount for quantity purchases** = you pay 10% less if you buy a large quantity **10-procentowy rabat za zakup dużej ilości towaru; 10% discount for cash** *or* **10% cash discount** = you pay 10% less if you pay in cash **10-procentowy rabat za płatność gotówką; trade discount** = discount given to a customer in the same trade **upust handlowy; (b) discount house** = (i) financial company which specializes in discounting bills; **dom dyskontowy;** (ii) shop which specializes in selling cheap goods bought at a high discount **sklep z bardzo tanimi towarami; discount rate** = percentage taken when a bank buys bills **stopa dyskontowa; discount store** = shop which specializes in cheap goods bought at a high discount **sklep z bardzo tanimi towarami; table of discounts** *or* **discount table** = table showing discounts for various prices and quantities **tabela stawek rabatowych;** ***the price list was accompanied by a discount table; according to the table of discounts, there was no discount for purchases involving less than 100 items of each product*** **2** *verb* to reduce prices (in order to increase sales) **obniżać cenę; to discount bills of exchange** = to buy bills of exchange for less than the value written on them in order to cash them later **dyskontować weksle; shares are discounting a rise in the dollar** = shares have risen in advance of a rise in the dollar price **ceny akcji rosną w oczekiwaniu zwyżki dolara; discounted cash flow** = calculating the forecast return on capital investment in current terms, with reductions for current interest rates **metoda zdyskontowanych przepływów pieniężnych; discounted value** = difference between the face value of a share and its lower market price **wartość dyskonta**

◊ **discountable** [dɪsˈkaʊntəbl] *adjective* which can be discounted **nadający się do dyskonta;** ***these bills are not discountable***

◊ **discounter** [dɪsˈkaʊntə] *noun* person *or* company which discounts bills or sells goods at a discount **dyskonter, firma dyskontowa, firma specjalizująca się w sprzedaży bardzo tanich towarów**

discretion [dɪsˈkreʃən] *noun* being able to decide correctly what should be done **przezorność, rozwaga; I leave it to your discretion** = I leave it for you to decide what to do **postąp według własnego uznania; at the discretion of someone** = according to someone's decision **według uznania kogoś;** ***membership is at the discretion of the committee***

◊ **discretionary** [dɪsˈkreʃənərɪ] *adjective* which can be done if someone wants **zależny od uznania; the minister's discretionary powers** = powers which the minister could use if he or she wished **dyskrecjonalne uprawnienia ministra; discretionary income** = income left after fixed payments have been made and whose spending is therefore subject to advertising influence **dochód do wykorzystania;** ***discretionary incomes generally increase in a recession***

discrimination [dɪsˌkrɪmɪˈneɪʃən] *noun* **(a)** treating people in different ways because of class, religion, race, language, colour or sex **dyskryminacja; sexual discrimination** *or* **sex discrimination** *or* **discrimination on grounds of sex** = treating men and women in different ways **dyskryminacja płci; (b) discrimination test** = product test designed to show how one product differs from another **test na rozróżnianie produktów;** ***the discrimination test showed our product to be superior to that of our closest competitor***

diseconomies of scale [dɪsiːˈkɒnəmiːz əv ˈskeɪl] *noun* situation where there are no longer economies of scale and increased production leads to a higher production cost per unit *or* average production cost **dysekonomia skali**

disequilibrium [dɪsekwɪˈlɪbrɪəm] *noun* imbalance in the economy when supply does not equal demand **brak równowagi**

dishoarding [dɪsˈhɔːdɪŋ] *noun* putting goods back onto the market when they have been hoarded or stored for some time **pozbywanie się zapasów**

dishonour *or US* **dishonor** [dɪsˈɒnə] *verb* **to dishonour a bill** = not to pay a bill **nie zaakceptować/uznać weksla; dishonoured cheque** = cheque which the bank will not pay because there is not enough money in the account to pay it **czek nieuhonorowany/odrzucony przez bank**

disintegration [dɪsɪntɪˈgreɪʃn] *noun* decision to stop producing certain goods or supplies and to buy them in instead **dezintegracja;** ***disintegration has meant we now have to buy all of our plastic parts; part of the company's disintegration policy involved selling off the factories***

disparage [dɪsˈpærɪdʒ] *verb* to criticize **krytykować; disparaging copy** = advertising copy which is critical of another company's products **reklama krytyczna;** ***their disparaging copy has given them a bad name in the industry***

dispatch [dɪsˈpætʃ] **1** *noun* **(a)** sending of goods to a customer **wysyłka;** ***the strike held up dispatch for several weeks;*** **dispatch department** = department which deals with the packing and sending of goods to customers **dział wysyłkowy; dispatch note** = note saying that goods have been sent **kwit wysyłkowy; dispatch rider** = motorcyclist who delivers messages or parcels in a town **kurier; (b)** goods which have been sent **przesyłka;** ***the weekly dispatch went off yesterday*** **2** *verb* to send goods to customers **wysyłac**

◊ **dispatcher** [dɪsˈpætʃə] *noun* person who sends goods to customers **dyspozytor, wysyłający**

dispenser [dɪsˈpensə] *noun* machine which automatically provides something (an object *or* a drink *or* some food), often when money is put in **urządzenie/automat do wydawania/sprzedawania (biletów, mydła, papierosów itd.)** ***automatic dispenser; towel dispenser;*** **cash dispenser** = machine which gives out money when a special card is inserted and instructions given **bankomat**

dispersion [dɪsˈpɜːʃn] *noun* attempts by a middleman *or* distributor to distribute a product to a market **rozprowadzanie wyrobu**

display [dɪsˈpleɪ] **1** *noun* showing of goods for sale **ekspozycja, wystawa;** ***the shop has several car models on display; an attractive display of kitchen equipment;*** **display advertisement** = advertisement in a publication which is set apart from other advertisements by having its own typeface, border, illustration, etc. **reklama o wyróżniającej się formie graficznej;** ***the display advertisement for the perfume took up a quarter of the page;*** **display cabinet** *or* **display case** = piece of furniture with a glass top or glass doors for showing goods for sale **gablota/szafa wystawiennicza; display material** = posters, photographs, etc. to be used to attract attention to goods which are for sale **materiały reklamowe; display outer** = container for protecting goods in transit which can also be used as an attractive display container for the goods in a shop **opakowanie ochronno-wystawowe; display pack** *or* **display box** = special box for showing goods for sale **pudełko reklamowe;** ***the watches are prepacked in plastic display boxes;*** **display stand** *or* **display unit** = special stand for showing goods for sale **stojak reklamowy/wystawowy; visual display unit** *or* **visual display terminal** = screen attached to a computer which shows the information stored in the computer **ekran; 2** *verb* to show **pokazywać;** ***the company was displaying three new car models at the show***

dispose [dɪsˈpəʊz] *verb* **to dispose of** = to get rid of *or* to sell cheaply **pozbywać się;** ***to dispose of excess stock; to dispose of one's business***

◊ **disposable** [dɪsˈpəʊzəbl] *adjective* **(a)** which can be used and then thrown away **jednorazowy, jednorazowego użytku;** ***disposable cups*** **(b) disposable personal income** = income left after tax and national insurance have been deducted **dochód netto**

◊ **disposal** [dɪsˈpəʊzəl] *noun* sale **sprzedaż;** ***disposal of securities or of property;*** **lease** *or* **business for disposal** = lease *or* business for sale **obiekt do wynajęcia, przedsiębiorstwo na sprzedaż**

disrewarding [dɪsrɪˈwɔːdɪŋ] *noun* penalizing bad customers to allow the company to give special terms to the best customers **karanie złych klientów**

dissonance [ˈdɪsənəns] *noun* **dissonance reduction** = reducing worries experienced by the purchaser after a product has been purchased, by increasing his awareness of the positive features of the product and reducing his fears about its negative features **redukcja dysonansu;** *see also* COGNITIVE

distance freight [ˈdɪstəns ˈfreɪt] *noun* freight charge based on the distance over which the goods are transported **fracht dystansowy**

distinctive competence [dɪsˈtɪŋktɪv ˈkɒmpɪtəns] *noun* advantage that one company *or* producer has over competitors in the market **przewaga konkurencyjna;** ***our distinctive competence is a highly professional sales***

force; the company could not survive with high costs and no distinctive competence

distress merchandise [dɪ'stres mɜ:tʃən'daɪs] *noun US* goods sold cheaply to pay a company's debts **towary sprzedawane w pośpiechu; distress sale** = sale of goods cheaply to pay off debts **pospieszna sprzedaż; distress selling** = selling goods cheaply in order to pay off debts **pospieszna sprzedaż;** ***difficult circumstances forced the producers to resort to distress selling***

distribute [dɪ'strɪbju:t] *verb* **(a)** to share out dividends **rozdzielać;** ***profits were distributed among the shareholders*** **(b)** to send out goods from a manufacturer's warehouse to retail shops **rozprowadzać (towar);** ***Smith Ltd distributes for several smaller companies***

◊ **distribution** [dɪstrɪ'bju:ʃən] *noun* **(a)** act of sending goods from the manufacturer to the wholesaler and then to retailers **dystrybucja;** ***distribution costs; distribution manager;*** **channels of distribution** *or* **distribution channels** = means by which goods pass from the manufacturer to the consumer, via the wholesaler and retailer **kanały dystrybucji; distribution census** = official statistics regarding the number of distributors and their businesses **spis dystrybutorów;** ***using the distribution census, we drew up a list of wholesalers who were worth approaching;*** **distribution network** = series of points *or* small warehouses from which goods are sent all over a country **sieć dystrybucji; intensive distribution** = the use by a producer of as wide a range of distributors as possible to sell his products **dystrybucja intensywna; (b) distribution slip** = paper attached to a document *or* a magazine showing all the people in an office who should read it **rozdzielnik**

◊ **distributive** [dɪ'strɪbjʊtɪv] *adjective* referring to distribution **dystrybucyjny; distributive trades** = all business involved in the distribution of goods **sfera dystrybucji**

◊ **distributor** [dɪ'strɪbjʊtə] *noun* company which sells goods for another company which makes them **dystrybutor; sole distributor** = retailer who is the only one in an area allowed by the manufacturer to sell a certain product **wyłączny dystrybutor; a network of distributors** = a series of distributors spread all over a country **sieć dystrybucji; distributor's brand** = goods specially packed for a store with the store's name printed on them **marka dystrybutora;** ***I bought the distributor's brand of soap because it was the cheapest***

◊ **distributorship** [dɪ'strɪbjʊtəˌʃɪp] *noun* position of being a distributor for a company **pozycja dystrybutora**

> QUOTE: there is evidence that distribution channels are supply driven
>
> **Quarterly Review of Marketing**

> QUOTE: British distribution companies are poised to capture a major share of the European market
>
> **Management News**

divergent marketing [daɪ'vɜ:dʒənt 'mɑ:kɪtɪŋ] *noun* separate marketing treatment for each of a company's products **marketing rozdzielny;** ***divergent marketing is giving way to a more co-ordinated and integrated marketing effort***

diversification [daɪˌvɜ:sɪfɪ'keɪʃən] *noun* adding another quite different type of business to a firm's existing trade **dywersyfikacja; product diversification** *or* **diversification into new products** = adding new types of products to the range already offered **dywersyfikacja produktów, rozszerzenie asortymentu o nowe produkty; lateral diversification** = diversifying into quite a different type of business **dywersyfikacja pozioma**

◊ **diversify** [daɪ'vɜ:sɪfaɪ] *verb* **(a)** to add new types of business to existing ones **dywersyfikować/rozszerzać działalność;** ***to diversify into new products*** **(b)** to invest in different types of shares or savings so as to spread the risk of loss **dywersyfikować portfel inwestycyjny**

divestment [daɪ'vestmənt] *noun* the dropping or sale of a whole product line, to allow the company to concentrate on other products **pozbycie/wyzbycie się**

division [dɪ'vɪʒən] *noun* **(a)** main section of a large company **dział, oddział;** ***marketing division; production division; retail division; the paints division; the hotel division; he is in charge of one of the major divisions of the company*** **(b)** company which is part of a large group **(spółka) członek grupy;** ***Smith's is now a division of the Brown group of companies***

◊ **divisional** [dɪ'vɪʒənl] *adjective* referring to a division **oddziałowy, wydziałowy;** ***a divisional director; the divisional headquarters***

DIY ['di:aɪ'waɪ] = DO-IT-YOURSELF

DM = DIRECT MARKETING

DMU = DECISION-MAKING UNIT

document ['dɒkjʊmənt] *noun* paper, especially an official paper, with written information on it **dokument; document of**

title = document allowing the holder to handle certain goods as if he or she owns them **tytuł własności; documents against acceptance** = arrangement whereby a buyer receives documents for the goods on his or her acceptance of a bill of exchange **dokumenty w zamian za akcept; documents against cash** *or* **documents against presentation** = arrangement whereby a buyer receives documents for the goods on payment of a bill of exchange **dokumenty w zamian za gotówkę/za okazaniem**

◊ **documentary** [dɒkjʊ'mentərɪ] **1** *adjective* in the form of documents **w formie dokumentu;** ***documentary evidence; documentary proof*** **2** *noun* film concerning actual facts or real events **film dokumentalny**

◊ **documentation** [dɒkjʊmen'teɪʃən] *noun* all documents referring to something **dokumentacja;** ***please send me the complete documentation concerning the sale***

dog [dɒg] *noun* product that has a low market share and a low growth rate, and so is likely to be dropped from the company's product line **kiepsko sprzedający się produkt**

do-it-yourself (DIY) ['du:ɪtjə'self] *adjective* done by an ordinary person, not by a skilled worker **zrób to sam; do-it-yourself conveyancing** = the drawing up of a legal conveyance by the person selling a property, without the help of a lawyer **sporządzenie aktu sprzedaży nieruchomości bez pomocy prawnika; do-it-yourself magazine** = magazine with articles on work which the average person can do to repair or improve his house **pismo dla majsterkowiczów; do-it-yourself store** *or* **superstore** = large store specializing in selling materials for the repair and improvement of houses, for gardening and for light car maintenance **sklep dla majsterkowiczów**

domestic [də'mestɪk] *adjective* **(a)** referring to the home market *or* the market of the country where the business is situated **krajowy, narodowy;** ***domestic sales; domestic turnover;*** **domestic consumption** = consumption on the home market **spożycie/zużycie krajowe;** ***domestic consumption of oil has fallen sharply;*** **domestic market** = market in the country where a company is based **rynek krajowy;** ***they produce goods for the domestic market;*** **domestic production** = production of goods for domestic consumption **produkcja krajowa; (b)** for use in the home **domowy;** ***glue which is intended for both domestic and industrial use;*** **domestic appliances** = electrical machines (such as washing machines) which are used in the home **artykuły gospodarstwa domowego**

door [dɔ:] *noun* **the store opened its doors on June 1st** = the store started in business on June 1st **sklep otworzył swoje podwoje 1 czerwca; door drop** = delivering promotional literature by hand to each house in an area **roznoszenie materiałów reklamowych do domów**

◊ **door-to-door** ['dɔ:tə'dɔ:] *adjective* going from one house to the next, asking the occupiers to buy something or to vote for someone **od drzwi do drzwi;** ***door-to-door canvassing; door-to-door salesman; door-to-door selling;*** **door-to-door service** = transportation service that takes goods directly to the buyer's address **transport do domu klienta**

dormant ['dɔ:mənt] *adjective* no longer active *or* no longer operating **nieaktywny, nieczynny; dormant accounts** = past customers who are no longer buying **nieaktywni klienci;** ***let's re-establish contact with some of our dormant accounts; all the old reports on dormant accounts have been filed away***

> QUOTE: the agency has been responsible for the dormant account since its last campaign was run three years ago
>
> **Marketing Week**

double ['dʌbl] **1** *adjective* **(a)** twice as large *or* two times the size **podwójny, dwa razy większy;** ***their turnover is double ours;*** **to be on double time** = to earn twice the usual wages, for working on Sundays or other holidays **dostawać podwójną stawkę; double column** = two columns spanned by an advertisement **(reklama) dwuszpaltowa; double crown** = basic poster size, 30 inches deep by 20 inches wide **(plakat) małoformatowy; double-decker** = two advertising panels, one on top of the other **podwójna tablica reklamowa; double page spread** = two facing pages in a magazine *or* newspaper, used by an advertiser **rozkładówka reklamowa; (b) in double figures** = with two figures (10 to 99) **wyrażony dwucyfrową liczbą;** ***inflation is in double figures; we've had double-figure inflation for some years*** **2** *verb* to become twice as big; to make something twice as big **podwajać (się);** ***we have doubled our profits this year*** *or* ***our profits have doubled this year; the company's borrowings have doubled***

◊ **double-pricing** ['dʌbl'praɪsɪŋ] *noun* showing two prices on a product, to make buyers think there has been a price reduction **podwójne ometkowanie**

down [daʊn] **1** *adverb & preposition* in a lower position *or* to a lower position **u dołu, na dół;** *the inflation rate is gradually coming down; shares are slightly down on the day; the price of petrol has gone down;* **to pay money down** = to make a deposit **wpłacić depozyt, dokonać przedpłaty;** *he paid £50 down and the rest in monthly instalments* **2** *verb* **to down tools** = to stop working **odłożyć narzędzia**

◊ **down market** [ˈdaʊn ˈmɑːkɪt] *adverb & adjective* cheaper, appealing to a less wealthy section of the population **taniej, tańszy, dla mniej zamożnych klientów;** *the company has adopted a down-market image;* **the company has decided to go down market** = the company has decided to make products which appeal to a wider section of the public **spółka zdecydowała się skoncentrować na klientach uboższych**

◊ **downside** [ˈdaʊnsaɪd] *noun* **downside factor** = possibility of making a loss (in an investment) **ryzyko straty; the sales force have been asked to give downside forecasts** = they have been asked for pessimistic forecasts **poproszono pracowników sprzedaży o pesymistyczne prognozy**

◊ **downturn** [ˈdaʊntɜːn] *noun* movement towards lower prices *or* sales *or* profits **spadek koniunktury;** *a downturn in the market price; the last quarter saw a downturn in the economy*

draft [drɑːft] *noun* order for money to be paid by a bank **trata;** *banker's draft;* **to make a draft on a bank** = to ask a bank to pay money for you **sporządzić tratę bankową; sight draft** = bill of exchange which is payable when it is presented **trata płatna za okazaniem**

draw [drɔː] *verb* **(a)** to take money away **pobierać;** *to draw money out of an account;* **to draw a salary** = to have a salary paid by the company **pobierać wynagrodzenie;** *the chairman does not draw a salary* **(b)** to write a cheque **wystawić czek;** *he paid the invoice with a cheque drawn on an Egyptian bank*

◊ **drawback** [ˈdrɔːbæk] *noun* **(a)** thing which is not convenient *or* which is likely to cause problems **niedogodność, wada;** *one of the main drawbacks of the scheme is that it will take six years to complete* **(b)** rebate on customs duty for imported goods when these are then used in producing exports **cło zwrotne;** *the producer managed to get a drawback on rubber he had imported from Malaysia when making tyres for export to France and Italy*

◊ **drawee** [drɔːˈiː] *noun* person or bank asked to make a payment by a drawer **trasat**

◊ **drawer** [ˈdrɔːə] *noun* person who writes a cheque *or* a bill asking a drawee to pay money to a payee **wystawca czeku, trasant; the bank returned the cheque to drawer** = the bank would not pay the cheque because the person who wrote it did not have enough money in the account to pay it **bank zwrócił czek wystawcy**

◊ **drawing account** [ˈdrɔːɪŋ əˈkaʊnt] *noun* **(a)** current account, an account from which the customer may take money when he or she wants **rachunek bieżący/a vista;** **(b)** advance payment to a salesman on-commission in view of his or her expected future earnings **zaliczka;** *a drawing account made it possible for the new salesmen to get through the two months of training with no proper income*

drip (campaign) [drɪp] *noun* placing of advertisements for a product at fairly long intervals, making a long-drawn-out advertising campaign **wydłużona w czasie (kampania reklamowa)**

drive [draɪv] *noun* energy; energetic way of working **energia; economy drive** = vigorous effort to save money or materials **energiczne poszukiwanie oszczędności; sales drive** = vigorous effort to increase sales **intensywna kampania handlowa; he has a lot of drive** = he is very energetic in business **ma dużo energii, rozpiera go energia**

drop [drɒp] **1** *noun* **(a)** fall **obniżka, spadek;** *drop in sales; sales show a drop of 10%; a drop in prices* **(b) door drop** = delivering promotional literature by hand to all the houses in an area **roznoszenie materiałów reklamowych do domów; (c) drop shipment** = delivery of a large order from the manufacturer direct to a customer's shop or warehouse without going through an agent or wholesaler **wysyłka na adres klienta; 2** *verb* **(a)** to fall **spadać;** *sales have dropped by 10% or have dropped 10%; the pound dropped three points against the dollar* **(b)** not to keep in a product range **zaprzestać (produkcji, sprzedaży);** *we have dropped these items from the catalogue because they've been losing sales steadily for some time*

◊ **drop ship** [ˈdrɒp ˈʃɪp] *verb* to deliver a large order direct to a customer **wysłać na adres klienta**

> QUOTE: while unemployment dropped by 1.6 per cent in the rural areas, it rose by 1.9 per cent in urban areas during the period under review
> **Business Times (Lagos)**

> QUOTE: corporate profits for the first quarter showed a 4 per cent drop from last year's final three months
> **Financial Times**

> QUOTE: since last summer American interest rates have dropped by between three and four percentage points
> **Sunday Times**

dud [dʌd] *adjective & noun (informal)* false *or* not good (coin or banknote) **fałszywy, podrobiony;** ***the £50 note was a dud;*** **dud cheque** = cheque which the bank refuses to pay because the person writing it does not have enough money in his account to pay it **fałszywy czek**

due [dju:] *adjective* **(a)** owed **należny;** ***sum due from a debtor; bond due for repayment;*** **to fall due** *or* **to become due** = to be ready for payment **przypadać do zapłaty; bill due on May 1st** = bill which has to be paid on May 1st **weksel płatny 1 maja; balance due to us** = amount owed to us which should be paid **kwota nam należna; (b)** expected to arrive **oczekiwany (zgodnie z rozkładem);** ***the plane is due to arrive at 10.30*** *or* ***is due at 10.30*** **(c) in due form** = written in the correct legal form **we właściwej formie;** ***receipt in due form; contract drawn up in due form;*** **after due consideration of the problem** = after thinking seriously about the problem **po należytym rozpatrzeniu problemu; (d)** caused by **z powodu;** ***supplies have been delayed due to a strike at the manufacturers; the company pays the wages of staff who are absent due to illness***

◊ **dues** [dju:z] *plural noun* **(a) dock dues** *or* **port dues** *or* **harbour dues** = payment which a ship makes to the harbour authorities for the right to use the harbour **opłaty portowe; (b)** orders taken but not supplied until new stock arrives **zamówienia niezrealizowane**

dummy [ˈdʌmɪ] *noun* **(a)** imitation product to test the reaction of potential customers to its design **imitacja; dummy pack** = empty pack for display **atrapa, puste opakowanie; (b)** figure of a person, used to display clothes in a shop window **manekin; (c)** rough layout of an advertisement or publicity leaflet **szkic materiału reklamowego; (d)** person *or* company whose name is used in a sales transaction in order to hide the name of the actual principals **fikcyjna strona transakcji**

dump [dʌmp] *verb* **to dump goods on a market** = to get rid of large quantities of excess goods cheaply in an overseas market **uprawiać dumping; dump display** = goods on special display in a container for purchasers to select themselves in a shop **sterta/kosz/pojemnik towarów w sklepie;** ***we will use dump displays with price reductions clearly marked; there are several dump displays near the counters in the supermarket***

◊ **dump bin** [ˈdʌmp ˈbɪn] *noun* display container like a large box which is filled with goods for sale **kosz towarów w sklepie**

◊ **dumping** [ˈdʌmpɪŋ] *noun* act of getting rid of excess goods cheaply in an overseas market **dumping;** ***the government has passed anti-dumping legislation; dumping of goods on the European market;*** **panic dumping of sterling** = rush to sell sterling at any price because of possible devaluation **masowe wyzbywanie się funtów**

duopoly [djuˈɒpəlɪ] *noun* existence of only two producers *or* suppliers in a market **duopol;** ***the duopoly meant that the two businesses collaborated to keep prices at very high levels; when they took over their only competitor in the market, the duopoly became a monopoly*** *compare* MONOPOLY

durable [ˈdjʊərəbl] **1** *adjective* **durable goods** = goods which will be used for a long time (such as washing machines or refrigerators) **przedmioty trwałego użytku; durable effects** = effects which will be felt for a long time **długotrwałe skutki;** ***the strike will have durable effects on the economy*** **2** *noun* **consumer durables** = goods bought by the public which will be used for a long time (such as washing machines or refrigerators) **artykuły konsumpcyjne trwałego użytku**

dustbin check [ˈdʌstbɪn ˈtʃek] *noun* consumer audit for which a panel of householders keep the empty containers of products bought so that these can be regularly checked for product type, size, and brand **kontrola kosza na śmieci**

Dutch auction [ˈdʌtʃ ˈɔ:kʃn] *noun* auction where the auctioneer offers an item for sale at a high price and then gradually reduces the price until someone makes a bid **aukcja zniżkowa**

dutiable [ˈdju:tjəbl] *adjective* **dutiable goods** *or* **dutiable items** = goods on which a customs duty has to be paid **towary podlegające ocleniu**

◊ **duty** ['dju:tɪ] *noun* tax which has to be paid **cło;** ***to take the duty off alcohol; to put a duty on cigarettes;*** **ad valorem duty** = duty calculated on the sales value of the goods **cło od/według wartości; customs duty** *or* **import duty** = tax on goods imported into a country **cło wwozowe; excise duty** = tax on goods (such as alcohol and petrol) which are produced in the country **akcyza, podatek akcyzowy; goods which are liable to duty** = goods on which customs or excise tax has to be paid **towary podlegające ocleniu; duty-paid goods** = goods where the duty has been paid **towary oclone; stamp duty** = tax on legal documents (such as the conveyance of a property to a new owner) **opłata skarbowa; estate duty** *or US* **death duty** = tax paid on the property left by a dead person **podatek od spadków**

◊ **duty-free** ['dju:tɪ'fri:] *adjective & adverb* sold with no duty to be paid **nie podlegający ocleniu, wolny od cła;** ***he bought a duty-free watch at the airport*** *or* ***he bought the watch duty-free;*** **duty-free shop** = shop at an airport *or* on a ship where goods can be bought without paying duty **sklep wolnocłowy**

> QUOTE: Canadian and European negotiators agreed to a deal under which Canada could lower its import duties on $150 million worth of European goods
>
> **Globe and Mail (Toronto)**

dynamic obsolescence [daɪ'næmɪk ɒbsə'lesəns] *noun* redesign of a company's product in order to make previous models and other products on the market obsolete **[postarzanie dynamiczne]**

Ee

E number [ˈiː nʌmbə] classification of additives to food according to the European Union **numer E;**

COMMENT: additives are classified as follows: colouring substances: E100-E180; preservatives: E200-E297; antioxidants: E300-E321; emulsifiers and stabilizers: E322-E495; acids and bases: E500-E529; anti-caking additives: E530-E578; flavour enhancers and sweeteners: E620-E637

e. & o.e. = ERRORS AND OMISSIONS EXCEPTED

ear [ɪə] *noun* space at the top left or right corner of the front page of a newspaper, set aside for advertising **[ucho]**

early [ˈɜːlɪ] *adjective & adverb* before the usual time **wczesny; early closing day** = weekday when most shops in a town close in the afternoon **dzień wcześniejszego zamykania sklepu; at your earliest convenience** = as soon as possible **przy najbliższej sposobności; at an early date** = very soon **wkrótce; early adopters** = category of adopters of a product who use it or buy it later than innovators, but earlier than the late majority **wcześni nabywcy; early majority** = category of buyers of a product who use it or buy it later than the early adopters but before the late majority **wczesna większość**

earnest [ˈɜːnɪst] *noun* money paid as a down payment by a buyer to a seller, to show commitment to the contract of sale **depozyt, przedpłata**

ECGD [ˈiːsiːdʒiːˈdiː] = EXPORT CREDIT GUARANTEE DEPARTMENT

econometrics [iːkɒnəˈmetrɪks] *noun* study of the statistics of economics, using computers **ekonometria;** (NOTE: takes a singular verb)

economic [iːkəˈnɒmɪk] *adjective* **(a)** which provides enough money **ekonomiczny;** ***the flat is let at an economic rent; it is hardly economic for the company to run its own warehouse;*** **economic order quantity (EOQ)** = quantity of stocks which a company should hold, calculated on the basis of the costs of warehousing, of lower unit costs because of higher quantities purchased, the rate at which stocks are used, and the time it takes for suppliers to deliver new orders **ekonomiczna/opłacalna wielkość zamówienia; (b)** referring to the financial state of a country **ekonomiczny, gospodarczy;** ***economic planner; economic planning; the government's economic policy; the economic situation; the country's economic system; economic trends;*** **economic crisis** *or* **economic depression** = state of financial collapse in a country **kryzys gospodarczy;** ***the government has introduced import controls to solve the current economic crisis;*** **economic cycle** = period during which trade expands, then slows down, then expands again **cykl koniunkturalny; economic development** = expansion of the commercial and financial situation **rozwój gospodarczy;** ***the government has offered tax incentives to speed up the economic development of the region; economic development has been relatively slow in the north, compared with the rest of the country;*** **economic growth** = increase in the national income **wzrost gospodarczy;** ***the country enjoyed a period of economic growth in the 1960s;*** **economic indicators** = statistics which show how the economy is going to perform in the short or long term **wskaźniki ekonomiczne; economic sanctions** = restrictions on trade with a country in order to make its government change policy **sankcje gospodarcze;** ***the western nations imposed economic sanctions on the country***

◊ **economical** [iːkəˈnɒmɪkəl] *adjective* which saves money or materials *or* which is cheap **ekonomiczny, oszczędny; economical car** = car which does not use much petrol **ekonomiczny samochód; economical use of resources** = using resources as carefully as possible **oszczędne użycie zasobów**

◊ **economics** [i:kə'nɒmɪks] *noun* **(a)** study of the production, distribution, selling and use of goods and services **ekonomia; (b)** study of financial structures to show how a product or service is costed and what returns it produces **ekonomia, ekonomika;** ***the economics of town planning; I don't understand the economics of the coal industry*** (NOTE: takes a singular verb)

◊ **economist** [ɪ'kɒnəmɪst] *noun* person who specializes in the study of economics **ekonomista;** ***government economists are forecasting a growth rate of 3% next year; an agricultural economist studies the economics of the agriculture industry***

> QUOTE: each of the major issues on the agenda at this week's meeting is important to the government's success in overall economic management
>
> **Australian Financial Review**

> QUOTE: believers in free-market economics often find it hard to sort out their views on the issue
>
> **Economist**

economy [ɪ'kɒnəmɪ] *noun* **(a)** being careful not to waste money or materials **oszczędność; an economy measure** = an action to save money or materials **działanie oszczędnościowe; to introduce economies** *or* **economy measures into the system** = to start using methods to save money or materials **wprowadzać oszczędności; economies of scale** = making a product more profitable by manufacturing it in larger quantities and lowering the unit cost **ekonomia skali; economy car** = car which does not use much petrol **ekonomiczny samochód; economy class** = cheapest class on a plane **klasa ekonomiczna;** ***to travel economy class;*** **economy drive** = campaign to save money or materials **kampania oszczędnościowa; economy size** = large size *or* large packet which is better value for money than a smaller size **duże opakowanie;** ***housewives are tempted by economy size packs of new brands; those on tight budgets only buy economy size packs*** **(b)** financial state of a country *or* way in which a country makes and uses its money **ekonomia, gospodarka;** ***the country's economy is in ruins;*** **black economy** = work which is paid for in cash or goods, but not declared to the tax authorities **praca na czarno; capitalist economy** = system where each person has the right to invest money, to work in business, and to buy and sell with no restrictions by the state **gospodarka kapitalistyczna; controlled economy** = system where business activity is controlled by orders from the government **gospodarka sterowana/zarządzana centralnie; free market economy** = system where the government does not interfere in business activity in any way **gospodarka wolnorynkowa; mixed economy** = system which contains both nationalized industries and private enterprise **gospodarka mieszana; planned economy** = system where the government plans all business activity **gospodarka planowana**

> QUOTE: the European economies are being held back by rigid labor markets and wage structures, huge expenditures on social welfare programs and restrictions on the free movement of goods within the Common Market
>
> **Duns Business Month**

editing ['edɪtɪŋ] *noun* **(a)** checking the results of a survey to confirm that data has been collected correctly **redakcja; (b)** modifying or correcting a text or film **redakcja;** ***this sales literature needs editing to make it less long-winded***

◊ **edition** [ɪ'dɪʃn] *noun* issue of a publication, such as a newspaper, trade magazine, book, etc. **edycja, wydanie;** ***we are too late to advertise in this month's edition; there will be too many competing advertisements in that edition***

◊ **editorial** [edɪ'tɔ:rɪəl] **1** *adjective* referring to an editor **edytorski, wydawniczy; editorial advertisement** = advertisement in the form of text material in a magazine **redakcyjny artykuł reklamowy; editorial board** = group of editors (on a newspaper, etc.) **zespół redakcyjny; editorial publicity** = free publicity which is given to a product by a newspaper or magazine in an editorial or article, rather than in an advertisement which must be paid for **reklama poprzez wzmiankę w artykule 2** *noun* main article in a newspaper, written by the editor **artykuł redakcyjny**

EDMA = EUROPEAN DIRECT MARKETING ASSOCIATION

EDP = ELECTRONIC DATA PROCESSING

educational advertising [edju'keɪʃənəl 'ædvətaɪzɪŋ] *noun* advertising that informs consumers about a product, particularly important when the product has only recently been introduced **reklama informacyjna;** ***educational advertising has made the public aware that our product is just as safe as more traditional devices on the market***

effect [ɪ'fekt] **1** *noun* **(a)** result **skutek;** ***the effect of the pay increase was to raise productivity levels;*** **demonstration effect** = theory that people buy products to impress or keep up with their neighbours **efekt demonstracji;** *see also* PARETO EFFECT **(b) terms of a contract which take effect** *or* **come into effect from January 1st** = terms which start to operate on January 1st **postanowienia umowy, które wchodzą w życie 1 stycznia; prices are increased 10% with effect from January 1st** = new prices will apply from January 1st **1 stycznia ceny wzrosną o 10%; to remain in effect** = to continue to be applied **pozostawać w mocy; (c)** meaning **tej treści; clause to the effect that** = clause which means that **klauzula oznaczająca, że; we have made provision to this effect** = we have put into the contract terms which will make this work **umieściliśmy w umowie klauzulę tej treści; (d) personal effects** = personal belongings **rzeczy osobiste; 2** *verb* to carry out **dokonywać, przeprowadzać; to effect a payment** = to make a payment **dokonać płatności; to effect customs clearance** = to clear something through customs **dokonać odprawy celnej; to effect a settlement between two parties** = to bring two parties together and make them agree to a settlement **doprowadzić do ugody pomiędzy dwiema stronami**

◊ **effective** [ɪ'fektɪv] *adjective* **(a)** actual (as opposed to theoretical) **rzeczywisty; effective cover** = situation where consumers in the target audience will have seen the advertisement at least four times on average **efektywność reklamy; effective demand** = actual demand for a product backed up by the ability to pay for it **popyt efektywny;** ***there is not enough effective demand in a depressed economy; is there effective demand yet for our computers, or only potential demand?*** **(b) effective date** = date on which a rule *or* a contract starts to be applied **dzień wejścia w życie; clause effective as from January 1st** = clause which starts to be applied on January 1st **klauzula wchodząca w życie 1 stycznia; (c)** which works *or* which produces results **efektywny, skuteczny;** ***advertising in the Sunday papers is the most effective way of selling*** *see* COST-EFFECTIVE

◊ **effectiveness** [ɪ'fektɪvnəs] *noun* working *or* producing results **efektywność, skuteczność;** ***I doubt the effectiveness of television advertising*** *see* COST-EFFECTIVENESS

◊ **effectual** [ɪ'fektʃʊəl] *adjective* which produces a correct result **efektywny, skuteczny**

EFTPOS ['eft'pɒs] = ELECTRONIC FUNDS TRANSFER AT POINT OF SALE

ego ['i:gəʊ] *noun* psychological term for a person's consciousness of himself or herself **ego;** ***we are designing clothes to boost men's egos; glamorous advertising appeals to the customer's ego***

eighty/twenty rule ['eɪtɪ'twentɪ 'ru:l] *noun* rule that a small percentage of customers may account for a large percentage of sales **reguła/zasada 80/20, efekt/prawo Pareta;** *see also* PARETO EFFECT

elastic [ɪ'læstɪk] *adjective* which can expand or contract easily because of small changes in price **elastyczny; elastic demand** = demand which experiences a comparatively large percentage change in response to a change in price **popyt elastyczny; elastic supply** = supply which experiences a comparatively large percentage change in response to a change in price **podaż elastyczna**

◊ **elasticity** [elæs'tɪsətɪ] *noun* ability to change easily in response to a change in circumstances **elastyczność; elasticity of supply and demand** = changes in supply and demand of an item depending on its market price **elastyczność podaży i popytu;** *see also* CROSS ELASTICITY

electronic [elek'trɒnɪk] *adjective* **electronic data processing (EDP)** = selecting and examining data stored in a computer to produce information **elektroniczne przetwarzanie danych; electronic funds transfer at point of sale (EFTPOS)** = system where money is immediately debited from the customer's bank account to the store's account as the purchase is registered at the cash desk **elektroniczny przelew funduszów w punkcie sprzedaży; electronic mail** = system of sending messages from one computer terminal to another, via telephone lines **poczta elektroniczna; electronic media** = electronic-based media, such as television and radio **media elektroniczne;** ***advertising in the electronic media would certainly increase sales, but we can only afford to advertise in the press;*** **electronic point of sale (EPOS)** = system where sales are charged automatically to a customer's credit card and stock is controlled by the shop's computer **elektroniczny punkt sprzedaży**

eliminate [ɪ'lɪmɪneɪt] *verb* to remove **eliminować;** ***we have decided to eliminate this series of old products from our range***

◊ **elimination** [ɪlɪmɪ'neɪʃn] *noun* act of removing **eliminacja; product elimination** = removal of old products from the market as new ones are added to the company's range **wycofanie produktu**

e-mail = ELECTRONIC MAIL

embargo [em'bɑ:gəʊ] **1** *noun* **(a)** government order which stops a type of trade **embargo, zakaz handlu; to lay** *or* **put an embargo on trade with a country** = to say that trade with a country must not take place **nałożyć embargo na handel z jakimś krajem;** *the government has put an embargo on the export of computer equipment;* **to lift an embargo** = to allow trade to start again **znieść embargo;** *the government has lifted the embargo on the export of computers;* **to be under an embargo** = to be forbidden **być objętym embargiem; (b)** period of time during which certain information in a press release must not be published **zakaz publikacji informacji; 2** *verb* **(a)** to stop trade *or* not to allow trade **nałożyć embargo;** *the government has embargoed trade with the Eastern countries* **(b)** not to allow publication of information for a period of time **zakazać publikowania informacji;** *the news of the merger has been embargoed until next Wednesday*

> QUOTE: the Commerce Department is planning to loosen export controls for products that have been embargoed but are readily available elsewhere in the West
>
> **Duns Business Month**

emotional appeal [ɪ'məʊʃənl ə'pi:l] *noun* attempt by advertising to persuade through an emotional rather than a rational message **emocjonalne oddziaływanie reklamy;** *the charity used the emotional appeal of starving children to raise funds; emotional appeal was an obvious feature in all the political parties' campaign films*

empirical data [em'pɪrɪkl 'deɪtə] *noun* data *or* information which comes from actual observation or which can be proved **dane empiryczne;** *we have no empirical data concerning our competitors' sales last year*

emporium [em'pɔ:rɪəm] *noun* large shop **duży sklep;** (NOTE: plural is **emporia**)

emptor ['em(p)tə] *see* CAVEAT EMPTOR

empty nesters ['em(p)tɪ 'nestəz] *noun* couples whose children have grown up and left the home **rodzice, których dzieci opuściły już dom rodzinny**

emulator ['emjuleɪtə] *noun* someone who is trying to become an achiever **rywalizujący**

enclose [ɪn'kləʊz] *verb* to put something inside an envelope with a letter **dołączać, załączać;** *to enclose an invoice with a letter; I am enclosing a copy of the contract; letter enclosing a cheque; please find the cheque enclosed herewith*

◊ **enclosure** [ɪn'kləʊʒə] *noun* document enclosed with a letter or package **załącznik;** *the enclosure turned out to be a free sample of perfume; sales material on other products was sent out as an enclosure*

end [end] *noun* final point *or* last part **koniec; end consumer** = person who uses a product **konsument końcowy;** *the survey was designed to assess the attitudes of end consumers to the product;* **end product** = manufactured product, made at the end of a production process **produkt końcowy;** *after six months' trial production, the end product is still not acceptable;* **end user** = person who actually uses a product **użytkownik końcowy;** *the operating instructions must be simplified so that they can be easily understood by the end user; end users face fairly high prices because of the middlemen's profits*

endorse [ɪn'dɔ:s] *verb* **(a)** *(of someone who is not the producer)* to say that a product is good **reklamowanie produktu przez znaną osobę;** *the company has persuaded a famous scientist to endorse their product* **(b) to endorse a bill** *or* **a cheque** = to sign a bill *or* a cheque on the back to show that you accept it **indosować weksel/czek**

◊ **endorsee** [endɔ:'si:] *noun* person whose name is written on a bill *or* a cheque as having the right to cash it **indosatariusz**

◊ **endorsement** [ɪn'dɔ:smənt] *noun* **(a)** act of endorsing; signature on a document which endorses it **indos; (b) product endorsement** *or* **endorsement advertising** = advertising which makes use of famous *or* qualified people to endorse a product **reklama przez znaną osobę;** *which celebrities have agreed to contribute to our endorsement advertising? product endorsement will, we hope, help our fund-raising campaign*

◊ **endorser** [ɪn'dɔ:sə] *noun* person who endorses a bill which is then paid to him **indosant**

enterprise ['entəpraɪz] *noun* **(a)** system of carrying on a business **przedsiębiorstwo, prowadzenie działalności gospodarczej; free enterprise** = system of business free from government interference **wolna przedsiębiorczość; private enterprise** = businesses which are owned privately not nationalized **prywatny sektor, prywatne przedsiębiorstwa;** *the project is completely funded by private enterprise;* **enterprise zone** = geographical area which is given a special grant by the government towards its industrial and economic development **specjalna strefa ekonomiczna;** ***it has been declared an enterprise zone as a means of combating the unemployment there; it might be a good idea to move the company to an enterprise zone*** **(b)** business **przedsiębiorstwo, firma; a small-scale enterprise** = a small business **małe przedsiębiorstwo; a state enterprise** = a state-controlled company **przedsiębiorstwo państwowe;** ***bosses of state enterprises are appointed by the government***

entrepot [ˈɒntrəpəʊ] *noun* **entrepot port** = town with a large international commercial port dealing in re-exports **port reeksportowy/tranzytowy; entrepot trade** = exporting of imported goods **handel reeksportowy**

entrepreneur [ɒntrəprəˈnɜ:] *noun* person who directs a company and takes commercial risks **przedsiębiorca**

◊ **entrepreneurial** [ɒntrəprəˈnɜ:rɪəl] *adjective* taking commercial risks **przedsiębiorczy;** ***an entrepreneurial decision***

envelope stuffer [ˈenvələʊp ˈstʌfə] *noun* advertising material which is mailed in an envelope **materiały reklamowe wysyłane pocztą**

environment [ɪnˈvaɪrənmənt] *noun* area in which an organization works **środowisko; immediate environment** = the elements outside an organization which directly affect its work, such as the supply of raw materials and the demand for its products **środowisko bezpośrednie/najbliższe;** *compare* MACRO-ENVIRONMENT

◊ **environmental analysis** [ɪnvaɪrənˈmentl əˈnælɪsɪs] *noun* analysis of factors outside an organization such as demography or politics, in order to make strategic planning more effective **analiza środowiska przedsiębiorstwa;** ***our environmental analysis must cover all the countries we sell in; environmental analysis made clear that some markets were too unstable to enter***

EOQ = ECONOMIC ORDER QUANTITY

EPOS *or* **epos** = ELECTRONIC POINT OF SALE

equilibrium [i:kwɪˈlɪbrɪəm] *noun* state of balance in the economy where supply equals demand **równowaga**

error [ˈerə] *noun* **(a)** mistake **błąd;** ***he made an error in calculating the total; the secretary must have made a typing error;*** **clerical error** = mistake made in an office **błąd maszynowy; computer error** = mistake made by a computer **błąd komputerowy; margin of error** = number of mistakes which are accepted in a document *or* in a calculation **margines błędu; errors and omissions excepted (e. & o.e.)** = words written on an invoice to show that the company has no responsibility for mistakes in the invoice **z zastrzeżeniem błędów i opuszczeń; error rate** = number of mistakes per thousand entries *or* per page **wskaźnik błędów; (b)** difference between the results achieved in a survey using a sample and what the results would be using the entire population *or* distortion of the results of a survey owing to bias and mistakes made **błąd statystyczny**

escalate [ˈeskəleɪt] *verb* to increase steadily **narastać, zwiększać się**

◊ **escalation** [eskəˈleɪʃən] *noun* **escalation of prices** = steady increase in prices **wzrost cen; escalation clause** = ESCALATOR CLAUSE

◊ **escalator** [ˈeskəleɪtə] *noun* moving staircase **schody ruchome; escalator cards** = advertisements on either side of an escalator in underground stations **plakaty reklamowe przy schodach ruchomych;** ***the media buyer compared the cost of posters and escalator cards;*** **escalator clause** *or* **escalation clause** = clause in a contract allowing for regular price increases because of increased costs **klauzula wzrostu cen**

escrow [ˈeskrəʊ] *noun* **in escrow** = held in safe keeping by a third party **w depozycie; document held in escrow** = document given to a third party to keep and to pass on to someone when money has been paid **dokument w depozycie;** *US* **escrow account** = account where money is held in escrow until a contract is signed *or* until goods are delivered, etc. **rachunek depozytowy**

espionage [espɪəˈnɑ:ʒ] *noun* **industrial espionage** = spying on a competitor, trying to find out the secrets of a competitor's work or products, usually by illegal means **szpiegostwo przemysłowe**

essential [ɪˈsenʃəl] *adjective* very important **istotny, zasadniczy;** ***it is essential that an agreement be reached before the end of the month; the factory is lacking essential spare parts;*** **essential goods** *or* **essential products** = basic goods or products necessary for everyday life **artykuły pierwszej potrzeby**

estimate 1 [ˈestɪmət] *noun* **(a)** calculation of probable cost *or* size *or* time of something **kosztorys, szacunek; rough estimate** = very approximate calculation **kosztorys przybliżony, szacunek prowizoryczny; at a conservative estimate** = calculation which probably underestimates the final figure

ostrożnie licząc; ***their turnover has risen by at least 20% in the last year, and that is a conservative estimate;*** **these figures are only an estimate** = these are not the final accurate figures **te liczby są tylko szacunkowe;** ***can you give me an estimate of how much time was spent on the job?*** **(b)** calculation by a contractor or seller of a service of how much something is likely to cost, given to a client so as to get him to make an order **kosztorys;** ***you should ask for an estimate before committing yourselves; before we can give the grant we must have an estimate of the total costs involved; unfortunately the final bill was quite different from the estimate;*** **to put in an estimate** = to give someone a written calculation of the probable costs of carrying out a job **przedłożyć kosztorys;** ***three firms put in estimates for the job*** **2** ['estɪmeɪt] *verb* **(a)** to calculate the probable cost *or* size *or* time of something **obliczać, szacować;** ***to estimate that it will cost £1m*** *or* ***to estimate costs at £1m; we estimate current sales at only 60% of last year*** **(b) to estimate for a job** = to state in writing the future costs of carrying out a piece of work so that a client can make an order **sporządzić kosztorys;** ***three firms estimated for the fitting of the offices***

◊ **estimated** ['estɪmeɪtɪd] *adjective* calculated approximately **szacunkowy;** ***estimated sales; estimated figure***

◊ **estimation** [estɪ'meɪʃən] *noun* approximate calculation **oszacowanie**

◊ **estimator** ['estɪmeɪtə] *noun* person whose job is to calculate estimates for carrying out work **rzeczoznawca**

ethics ['eθɪks] *noun* moral aspects of decision-making **etyka;** ***whether or not we use such aggressive sales tactics is a matter of ethics***

ethnocentric stage ['eθnəʊ'sentrɪk 'steɪdʒ] *noun US* early stage in a company's marketing when goods are sent overseas with no concessions to local needs or tastes **etap etnocentryczny**

European Direct Marketing Association (EDMA) organization based in Switzerland, which monitors new techniques in direct marketing and represents the interests of its members **Europejskie Stowarzyszenie Marketingu Bezpośredniego**

evaluate [ɪ'væljʊeɪt] *verb* to examine something to see how good it is **szacować wartość, wyceniać**

◊ **evaluation** [ɪvælјʊ'eɪʃən] *noun* examination of a product to see how good it is **wycena**

even numbers ['iːvn 'nʌmbəz] *noun* numbers (like 24 or 80) which can be divided by two **liczby parzyste; odd-even pricing** = using odd numbers (such as 0.95 or 0.99) or even numbers (such as 1.00 or 2.50) when pricing, because this seems to be most effective psychologically in persuading customers to buy **ustalanie cen nieparzystych-parzystych;** ***students can study the psychological bases of odd-even pricing***

ex [eks] *preposition* **(a)** out of *or* from **poza, z; price ex dock** *or* **price ex quay** = price that includes all costs up to delivery of goods on land at a port, including customs duty and unloading costs **franco nabrzeże; price ex ship** = price that includes all costs up to the arrival of the ship at port **franco statek; price ex warehouse** = price for a product which is to be collected from the manufacturer's or agent's warehouse and so does not include delivery **cena loco magazyn/skład; price ex works** *or* **ex factory** = price not including transport from the maker's factory **cena loco fabryka; (b)** without **bez; ex coupon** = bond without the interest coupon **bez kuponu; share quoted ex dividend** = share price not including the right to receive the next dividend **cena akcji bez dywidendy;** ***the shares went ex dividend yesterday***

◊ **ex-** [eks] *prefix* former **ex;** ***an ex-director of the company***

excess 1 [ɪk'ses] *noun* amount which is more than that allowed **nadwyżka;** ***an excess of expenditure over revenue*** **2** ['ekses] *adjective* **excess baggage** = extra payment at an airport for taking baggage which is heavier than the normal passenger's allowance **(opłata za) nadbagaż; excess capacity** = more production capacity than is needed for present levels of demand **nadwyżka mocy produkcyjnych;** ***we will be selling off machinery owing to our excess capacity; excess capacity is a waste of resources;*** **excess demand** = more demand at the present price than sellers can satisfy **nadmierny popyt;** ***much more machinery and labour must be acquired to meet excess demand; excess demand has arisen owing to a sudden rise in incomes;*** **excess profits** = profit which is more than that thought to be normal **nadmierne zyski; excess profits tax** = tax on excess profits **podatek od nadmiernych zysków; excess supply** = more supply at the present price than buyers want to buy **nadmierna podaż**

> QUOTE: control of materials provides manufacturers with an opportunity to reduce the amount of money tied up in excess materials
>
> **Duns Business Month**

exchange [ɪksˈtʃeɪn(d)ʒ] **1** *noun* **(a)** giving of one thing for another **wymiana; part exchange** = giving an old product as part of the payment for a new one **przyjęcie w rozliczeniu;** *to take a car in part exchange;* **exchange of contracts** = point in the sale of property when the buyer and the seller both sign the contract of sale which then becomes binding **podpisanie umowy sprzedaży nieruchomości; exchange economy** = economy based on the exchange of goods and services **gospodarka wymienna; (b) foreign exchange** = (i) exchanging the money of one country for that of another; **wymiana dewizowa;** (ii) money of another country; **dewizy, waluta obca;** *the company holds more than £1m in foreign exchange;* **foreign exchange broker** = person who buys and sells foreign currency on behalf of other people **broker dewizowy; foreign exchange market** = dealings in foreign currencies **rynek dewizowy;** *he trades on the foreign exchange market; foreign exchange markets were very active after the dollar devalued;* **rate of exchange** *or* **exchange rate** = rate at which one currency is exchanged for another **kurs walutowy/wymiany;** *the current rate of exchange is 7.95 francs to the pound;* **exchange control** = control by a government of the way in which its currency may be exchanged for foreign currencies **kontrola dewizowa;** *the government had to impose exchange controls to stop the rush to buy dollars;* **exchange dealer** = person who buys and sells foreign currency **dealer dewizowy; exchange dealings** = buying and selling foreign currency **obrót walutą; exchange premium** = extra cost above the normal rate for buying a foreign currency **zysk kursowy; (c) bill of exchange** = document which tells a bank to pay a person (usually used in foreign currency payments) **weksel; (d) Stock Exchange** = place where stocks and shares are bought and sold **giełda papierów wartościowych;** *the company's shares are traded on the New York Stock Exchange; he works on the Stock Exchange;* **commodity exchange** = place where commodities are bought and sold **giełda towarowa; 2** *verb* **(a) to exchange one article for another** = to give one thing in place of something else **wymieniać;** *he exchanged his motorcycle for a car; if the trousers are too small you can take them back and exchange them for a larger pair; goods can be exchanged only on production of the sales slip* **(b) to exchange contracts** = to sign a contract when buying a property (done by both buyer and seller at the same time) **podpisać umowę sprzedaży nieruchomości; (c)** to change money of one country for money of another **wymieniać pieniądze;** *to exchange francs for pounds*

◊ **exchangeable** [ɪksˈtʃeɪn(d)ʒəbl] *adjective* which can be exchanged **wymienialny**

◊ **exchanger** [ɪksˈtʃeɪn(d)ʒə] *noun* person who buys and sells foreign currency **prowadzący wymianę dewiz**

> QUOTE: under the barter agreements, Nigeria will export crude oil in exchange for trucks, food, planes and chemicals
>
> **Wall Street Journal**

> QUOTE: can free trade be reconciled with a strong dollar resulting from floating exchange rates?
>
> **Duns Business Month**

> QUOTE: a draft report on changes in the international monetary system casts doubt on any return to fixed exchange-rate parities
>
> **Wall Street Journal**

exclusion clause [ɪksˈkluːʒən ˈklɔːz] *noun* clause in a contract *or* insurance policy *or* warranty stating that some item is not covered by it **klauzula wyłączenia**

◊ **exclusive** [ɪksˈkluːsɪv] *adjective* **(a) exclusive agreement** = agreement where a person is made sole agent for a product in a market **umowa o wyłączność; exclusive right to market a product** = right to be the only person to market the product **wyłączne prawo sprzedaży produktu; (b) exclusive of** = not including **z wyłączeniem;** *all payments are exclusive of tax; the invoice is exclusive of VAT*

◊ **exclusivity** [ekskluːˈsɪvɪtɪ] *noun* exclusive right to market a product **wyłączność**

exempt [ɪgˈzem(p)t] **1** *adjective* not covered by a law *or* not forced to obey a law **wyłączony, zwolniony; exempt from tax** *or* **tax exempt** = not required to pay tax **zwolniony z podatku;** *as a non-profit-making organization, we are exempt from tax;* **exempt rating** = legal right of a business not to add VAT to the prices of certain products *or* services **prawo wyłączenia z VAT-u; exempt supplies** = products *or* services on which the supplier does not have to charge VAT **towary/usługi zwolnione z VAT-u; 2** *verb* to free something from having tax paid on it; to free someone from having to pay tax **zwalniać z podatku;** *non-profit-making organizations are exempted from tax; food is exempted from sales tax*

ex-gratia [eksˈgreɪʃə] *adjective* done as a favour **z łaski; an ex-gratia payment** =

payment made as a gift, with no other obligations **datek;** ***the ex-gratia payment was a token of the buyer's appreciation of the supplier's reliable service over many years***

exhibit [ɪg'zɪbɪt] **1** *noun* **(a)** thing which is shown **eksponat;** ***the buyers admired the exhibits on our stand*** **(b)** single section of an exhibition **dział wystawy, wystawa;** ***the British Trade Exhibit at the International Computer Fair*** **2** *verb* **to exhibit at the Motor Show** = to display new models of cars **wystawiać na targach samochodowych**

◊ **exhibition** [eksɪ'bɪʃən] *noun* show of goods so that buyers can look at them and decide what to buy **wystawa;** ***the government has sponsored an exhibition of British design; we have a stand at the Ideal Home Exhibition;*** **exhibition room** *or* **hall** = place where goods are shown so that buyers can look at them and decide what to buy **hala wystawowa; exhibition stand** = separate section of an exhibition where a company exhibits its products or services **stoisko wystawowe**

◊ **exhibitor** [ɪg'zɪbɪtə] *noun* person *or* company which shows products at an exhibition **wystawca**

exorbitant [ɪg'zɔ:bɪtənt] *adjective* unreasonably high **nadmierny, wygórowany;** ***$10,000 a minute, that's exorbitant and quite unjustified; their fees may seem exorbitant, but their costs are very high***

expand [ɪk'spænd] *verb* to increase *or* to get bigger *or* to make something bigger **powiększać (się), rozwijać (się);** ***an expanding economy; the company is expanding fast; we have had to expand our sales force***

◊ **expansion** [ɪk'spænʃən] *noun* increase in size **ekspansja, rozwój;** ***the expansion of the domestic market; the company had difficulty in financing its current expansion programme***

> QUOTE: inflation-adjusted GNP moved up at a 1.3% annual rate, its worst performance since the economic expansion began
>
> **Fortune**

> QUOTE: the businesses we back range from start-up ventures to established businesses in need of further capital for expansion
>
> **Times**

> QUOTE: the group is undergoing a period of rapid expansion and this has created an exciting opportunity for a qualified accountant
>
> **Financial Times**

expect [ɪk'spekt] *verb* to hope that something is going to happen **oczekiwać;** ***we are expecting him to arrive at 10.45; they are expecting a cheque from their agent next week; the house was sold for more than the expected price;*** **expected price** = price of a product which consumers consider corresponds to its true value **oczekiwana cena**

◊ **expectancy** [ɪk'spektənsɪ] *noun* **life expectancy** = number of years a person is likely to live **przeciętna długość życia**

◊ **expectation** [ekspek'teɪʃn] *noun* **(a)** what someone believes wil happen, especially concerning his future prosperity **przewidywanie; (b)** what someone believes about an item or service to be purchased, which is one of the reasons for making the purchase **oczekiwanie**

> QUOTE: American business as a whole has seen profits well above the levels normally expected at this stage of the cycle
>
> **Sunday Times**

expense [ɪk'spens] *noun* money spent **koszt, wydatek;** ***the likely profits do not justify the expense of setting up the project; it was well worth the expense to get really high-quality equipment;*** **expense account** = money which a businessman is allowed by his company to spend on travelling and entertaining clients in connection with his business **firmowy rachunek wydatków biznesmena;** ***I'll put this lunch on my expense account; expense account lunches form a large part of our current expenditure***

◊ **expenses** [ɪk'spensɪz] *plural noun* money paid for doing something **koszty, wydatki;** ***the salary offered is £10,000 plus expenses;*** **all expenses paid** = with all costs paid by the company **wszystkie koszty zapłacone;** ***the company sent him to San Francisco all expenses paid;*** **to cut down on expenses** = to try to reduce spending **zmniejszać wydatki; allowable expenses** = business expenses which are allowed against tax **koszty uzasadnione; business expenses** = money spent on running a business, not on stock or assets **koszty administracyjne/handlowe; entertainment expenses** = money spent on giving meals to business visitors **koszty reprezentacji; fixed expenses** = money which is spent regularly (such as rent, electricity, telephone, etc.) **koszty stałe; incidental expenses** = small amounts of money spent at various times, in addition to larger amounts **koszty dodatkowe; legal expenses** = money spent on fees paid to lawyers **koszty pomocy prawnej; overhead expenses** *or* **general expenses** *or* **running expenses** =

money spent on the day-to-day cost of running a business **koszty ogólne; travelling expenses** = money spent on travelling and hotels for business purposes **koszty podróży służbowych**

◊ **expensive** [ɪk'spensɪv] *adjective* which costs a lot of money **drogi;** ***first-class air travel is becoming more and more expensive***

experience [ɪk'spɪərɪəns] **1** *noun* knowledge or skill that comes from having lived through various situations **doświadczenie;** ***he is a man of considerable experience; she has a lot of experience of dealing with German companies; he gained most of his experience in the Far East; some experience is required for this job;*** **experience curve** = graph showing the relationship between the cumulative amount of products produced and the production cost per unit **krzywa doświadczenia;** ***the experience curve shows how increasing efficiency has brought down our costs;*** **experience effect** = the role of experience in improving business efficiency **wpływ doświadczenia;** ***the experience effect is evident in the rise in our profits as our workforce becomes more skilled*** **2** *verb* to live through a situation **doświadczyć, przeżyć;** ***the company experienced a period of falling sales***

◊ **experienced** [ɪk'spɪərɪənst] *adjective* person who has lived through many situations and has learnt from them **doświadczony;** ***he is the most experienced negotiator I know; we have appointed a very experienced sales director***

experiential [ekspi:rɪ'enʃl] *noun* lifestyle segment according to VALS, people who are attracted to others **[lgnący do innych]** **experiential advertising** = advertising which conveys to the customer the real sensation of using the product **[reklama empiryczna]**

experimental method [eksperɪ'mentl 'meθəd] *noun* use of controlled experiments to discover the influence of various variables in marketing, such as types of promotion and sales training **metoda eksperymentów**

expert ['ekspɜ:t] *noun* person who knows a lot about something **ekspert, specjalista;** ***an expert in the field of electronics*** *or* ***an electronics expert; the company asked a financial expert for advice*** *or* ***asked for expert financial advice;*** **expert's report** = report written by an expert **ekspertyza**

◊ **expertise** [ekspɜ:'ti:z] *noun* specialist knowledge **specjalistyczna wiedza;** ***we hired Mr Smith because of his financial expertise*** *or* ***because of his expertise in the African market***

exploit [ɪk'splɔɪt] *verb* to use something to make a profit **eksploatować, używać, wykorzystywać;** ***the company is exploiting its contacts in the Ministry of Trade; we hope to exploit the oil resources in the China Sea***

exponential [ekspə'nenʃl] *adjective* **exponential diffusion** *or* **exponential growth** = typical growth pattern of new products that involves a slow start, followed by acceleration and finally a slowing down **rozkład/wzrost wykładniczy; exponential smoothing** = technique for working out averages while allowing for recent changes in values by moving forward the period under consideration at regular intervals **wygładzanie wykładnicze**

export 1 ['ekspɔ:t] *noun* **(a) exports** = goods sent to a foreign country to be sold **towary eksportowane;** ***exports to Africa have increased by 25%*** **(b)** action of sending goods to a foreign country to be sold **eksport;** ***the export trade*** *or* ***the export market;*** **direct export** = sending goods for sale direct to the overseas customer, without going through a middleman **eksport bezpośredni; export agent** = person who sells overseas on behalf of a company and earns a commission **agent eksportowy;** ***an export agent is developing our business in West Africa; he is working in London as an export agent for a French company;*** **export bounty** = government payment to businesses to encourage certain types of export **subwencja eksportowa; export department** = section of a company which deals in sales to foreign countries **dział eksportu; export duty** = tax paid on goods sent out of a country for sale **cło wywozowe; export house** = company which specializes in the export of goods made by other manufacturers **firma eksportowa; export licence** = government permit allowing something to be exported **licencja eksportowa, zezwolenie wywozowe;** ***the government has refused an export licence for computer parts;*** **export manager** = person in charge of an export department in a company **szef działu eksportu;** ***the export manager planned to set up a sales force in Southern Europe; sales managers from all export markets report to our export manager;*** **Export Credit Guarantee Department (ECGD)** = British government department which insures British businesses against losses incurred in exporting goods **Wydział Eksportowych Gwarancji Kredytowych 2** [ɪk'spɔ:t] *verb* to send goods to foreign countries for sale **eksportować;** ***50% of our production is exported; the company imports raw materials and exports the finished products***

◊ **exportation** [ekspɔːˈteɪʃən] *noun* act of sending goods to foreign countries for sale **eksport**

◊ **exporter** [eksˈpɔːtə] *noun* person *or* company *or* country which sells goods in foreign countries **eksporter;** ***a major furniture exporter; Canada is an important exporter of oil** or **an important oil exporter***

◊ **exporting** [eksˈpɔːtɪŋ] *adjective* which exports **eksportujący; oil-exporting countries** = countries which produce oil and sell it to other countries **kraje eksportujące ropę naftową**

> QUOTE: in the past, export documentation was a major stumbling block for some companies
> **Marketing & Sales Management**

> QUOTE: Europe's gross exports of white goods climbed to 2.4 billion, about a quarter of total production
> **Economist**

> QUOTE: the New Zealand producers are now aiming to export more fresh meat as opposed to frozen which has formed the majority of its UK imports in the past
> **Marketing**

exposition [ekspəˈzɪʃən] *noun US* = EXHIBITION

exposure [ɪkˈspəʊʒə] *noun* **(a)** publicity given to an organization or product **reklama;** ***our company has achieved more exposure since we decided to go public*** **(b)** total number of people who can be reached by a particular advertising medium **[pokrycie reklamowe]**

express [ɪkˈspres] **1** *adjective* rapid *or* very fast **ekspresowy;** ***express letter; express delivery*** **2** *verb* to send very fast **wysyłać ekspresem;** ***we expressed the order to the customer's warehouse***

◊ **expressage** [ɪkˈspresɪdʒ] *noun US* very fast transport service **ekspresowy przewóz**

extend [ɪkˈstend] *verb* **(a)** to make available *or* to give **udostępniać, udzielać;** ***to extend credit to a customer*** **(b)** to make longer **przedłużać;** ***to extend a contract for two years;*** **extended credit** = credit allowing the borrower a very long time to pay **pożyczka długoterminowa;** ***we sell to Australia on extended credit;*** **extended guarantee** = guarantee offered by a manufacturer or dealer on consumer durables, such as dish-washers, which goes beyond the normal time specified in the manufacturer's original guarantee **przedłużona gwarancja**

◊ **extension** [ɪkˈstenʃən] *noun* allowing more time **przedłużenie; to get an extension of credit** = to get more time to pay back **uzyskać przedłużenie okresu spłaty kredytu; extension of a contract** = continuing the contract for a further period **przedłużenie umowy; extension strategy** = marketing strategy aimed at extending the life of a product either by making small changes in it, finding new uses for it or finding new markets **strategia przedłużenia życia produktu;** ***an extension strategy is needed to ensure demand for another few years; the extension strategy consisted in providing a greater choice of colours and upholstery for the range of cars***

◊ **extensive** [ɪkˈstensɪv] *adjective* very large *or* covering a wide area **rozległy;** ***an extensive network of sales outlets;*** **extensive marketing** = using a wide network of distributors and a great variety of promotional activities to gain as large a section of the market as possible **rozległe działania marketingowe;** ***only a company with vast resources could embark on this type of extensive marketing;*** **extensive problem-solving** = detailed research and decision-making by a buyer who needs to examine carefully all options open to him or her **nasilone poszukiwanie rozwiązań**

external [ɪkˈstɜːnl] *adjective* **(a)** outside a country **zagraniczny; external account** = account in a British bank held by someone who is living in another country **rachunek zagraniczny; external trade** = trade with foreign countries **handel zagraniczny; (b)** outside a company **obcy, zewnętrzny; external audit** = audit carried out by an independent auditor **kontrola zewnętrzna**

extra [ˈekstrə] **1** *adjective* which is added *or* which is more than usual **dodatkowy;** ***there is no extra charge for heating; to charge 10% extra for postage; we get £25 extra pay for working on Sunday; service is extra*** **2** *noun* **extras** = items which are not included in a price **rzeczy nie ujęte w cenie;** ***packing and postage are extras***

extrapolation [ekstræpəˈleɪʃn] *noun* forecasting technique which involves projecting past trends into the future **ekstrapolacja;** ***we are using extrapolation to forecast demand for a new product based on the demand for a similar product over the last five years***

eye [aɪ] *noun* **eye-movement test** = advertising research test which involves recording the movement of a subject's eyes as he or she looks at an advertisement to see which parts are of special interest **test ruchów oczu;** ***the eye-movement test will tell us what to highlight in future advertisements;*** **eye-wash** = inflated or exaggerated claims made for a product **zamydlanie oczu;** ***people were not impressed by the advertisement which was just just so much eye-wash***

Ff

face-lift [ˈfeɪslɪft] *noun* improvement to the design of products and packaging *or* of an image **operacja plastyczna;** ***these products need a face-lift if they are going to retain their appeal***

◊ **face out** [ˈfeɪs ˈaʊt] *adverb* way of displaying books on bookshop shelves, showing the front cover **okładką do klienta**

◊ **face-to-face selling** [ˈfeɪstəfeɪs ˈselɪŋ] *noun* person-to-person *or* direct selling, involving a meeting between seller and buyer **sprzedaż bezpośrednia;** ***six months of face-to-face selling will give trainees direct experience of the market; we need confident outgoing people to do our face-to face selling***

facia *see* FASCIA

facility [fəˈsɪlətɪ] *noun* **(a)** total amount of credit which a lender will allow a borrower **limit kredytowy; credit facilities** = arrangement with a bank *or* supplier to have credit so as to buy goods **kredyt, pożyczka; overdraft facility** = arrangement with a bank to have an overdraft **kredyt w rachunku bieżącym; (b) facilities** = equipment *or* buildings which make it easy to do something **budynki, obiekty, urządzenia;** ***storage facilities; harbour facilities; transport facilities; there are no facilities for passengers; there are no facilities for unloading*** *or* ***there are no unloading facilities*** **(c)** *US* single large building **obiekt;** ***we have opened our new warehouse facility***

facing [ˈfeɪsɪŋ] *adjective* opposite **naprzeciwko; facing page** = the page opposite **sąsiednia strona; facing matter** *or* **facing text matter** = placing an advertisement on the page opposite to one containing editorial matter **reklama obok artykułu w prasie**

facsimile [fækˈsɪməlɪ] *noun* an exact copy of a text *or* illustration **(ksero)kopia**

fact [fækt] *noun* piece of information **fakt; fact book** = data put together about a product on the market that can be used for reference by the producers or by an advertising agency **księga specyfikacji produktów; fact sheet** = sheet of paper giving information about a product or service which can be used for publicity purposes **arkusz informacyjny**

factor [ˈfæktə] **1** *noun* **(a)** thing which is important *or* which influences **czynnik;** ***the drop in sales is an important factor in the company's lower profits;*** **cost factor** = problem of cost **kwestia kosztów; cyclical factors** = way in which a trade cycle affects businesses **czynniki cyklu koniunkturalnego; deciding factor** = most important factor which influences a decision **czynnik decydujący; design factor** = ratio of sampling error of a complex sample *or* sample design to that of a completely random sample **współczynnik planowania; factor analysis** = process of identifying key factors that influence the results in an attitude research programme **analiza wskaźnikowa; (b)** (i) person who sells for a business or another person and earns a commission; **agent, pośrednik;** (ii) person or company which is responsible for collecting debts for companies, by buying debts at a discount to their face value; **faktor; 2** *verb* to buy debts from a company at a discount **zajmować się faktoringiem**

◊ **factorage** [ˈfæktərɪdʒ] *noun* commission earned by a factor **prowizja;** ***what percentage is the factorage?***

◊ **factoring** [ˈfæktərɪŋ] *noun* **(a)** selling for another person on commission **sprzedaż prowizyjna; factoring agent** = person who sells for a business or another person and earns a commission **agent, pośrednik; (b)** business of buying debts at a discount **faktoring; factoring charges** = cost of selling debts to a factor for a commission **prowizja za faktoring**

factory [ˈfæktrɪ] *noun* building where products are manufactured **fabryka;** ***car factory; shoe factory;*** **factory shop** *or* **factory outlet** = shop belonging to a factory and selling only its products **sklep fabryczny**

fad [fæd] *noun* short-lived fashion or craze **krótkotrwała moda**

fair [feə] **1** *noun* **trade fair** = large exhibition and meeting for advertising and selling a certain type of product **targi handlowe;** *to organize or to run a trade fair; the fair is open from 9 a.m. to 5 p.m.; the computer fair runs from April 1st to 6th; there are two trade fairs running in London at the same time - the carpet manufacturers' and the computer dealers'* **2** *adjective* correct *or* honest **prawidłowy, uczciwy; fair deal** = arrangement where both parties are treated equally **uczciwy układ;** *the workers feel they did not get a fair deal from the management;* **fair dealing** = legal buying and selling of shares **legalny obrót papierami wartościowymi; fair price** = good price for both buyer and seller **uczciwa cena; fair trade** = (i) international business system whereby countries agree not to charge import duties on certain items imported from their trading partners **uczciwy handel;** (ii) *US* = RESALE PRICE MAINTENANCE **fair trading** *or* **fair dealing** = way of doing business which is reasonable and does not harm the consumer **uczciwy handel;** *GB* **Office of Fair Trading (OFT)** = government department which protects consumers against unfair or illegal business **brytyjski Urząd Ochrony Konkurencji i Konsumentów; fair wear and tear** = acceptable damage caused by normal use **normalne zużycie;** *the insurance policy covers most damage, but not fair wear and tear to the machine*

fall [fɔ:l] **1** *noun* sudden drop; suddenly becoming smaller; loss of value **obniżka, spadek;** *a fall in the exchange rate; fall in the price of gold; a fall on the Stock Exchange; profits showed a 10% fall* **2** *verb* **(a)** to drop suddenly to a lower price **tanieć;** *shares fell on the market today; gold shares fell 10% or fell 45 cents on the Stock Exchange; the price of gold fell for the second day running; the pound fell against other European currencies* **(b)** to happen *or* to take place **przypadać;** *the public holiday falls on a Tuesday;* **payments which fall due** = payments which are now due to be made **płatności przypadające do zapłaty**

◊ **fall away** ['fɔ:lə 'weɪ] *verb* to become less **zmniejszać się;** *hotel bookings have fallen away since the tourist season ended*

◊ **fall back** ['fɔ:l 'bæk] *verb* to become lower or cheaper after rising in price **tanieć;** *shares fell back in light trading*

◊ **fall back on** ['fɔ:l 'bæk ɒn] *verb* to have to use money kept for emergencies **uciekać się do;** *to fall back on cash reserves*

◊ **fall-back price** ['fɔ:lbæk 'praɪs] *noun* lowest price which a seller will accept **minimalna cena sprzedaży;** *the buyer tries to guess the seller's fall-back price; the fall-back price must not be any lower or there won't be any profit in the deal*

◊ **fall behind** ['fɔ:l bɪ'haɪnd] *verb* to be late in doing something **opóźniać się z, zalegać;** *he fell behind with his mortgage repayments*

◊ **fall guy** ['fɔ:l 'gaɪ] *noun US* person who tends to be deceived in business deals **kozioł ofiarny;** *he was the fall guy in a complicated Stock Exchange swindle*

◊ **falling** ['fɔ:lɪŋ] *adjective* which is becoming smaller *or* dropping in price **spadający, taniejący; a falling market** = market where prices are coming down **rynek o tendencji zniżkowej; the falling pound** = the pound which is losing its value against other currencies **spadająca cena funta;**

◊ **fall off** ['fɔ:l 'ɒf] *verb* to become lower *or* cheaper *or* less **spadać, zmniejszać się, tanieć;** *sales have fallen off since the tourist season ended*

◊ **fall out** ['fɔ:l 'aʊt] *verb* **the bottom has fallen out of the market** = sales have fallen below what previously seemed to be their lowest point **sprzedaż osiągnęła rekordowo niski poziom**

◊ **fall through** ['fɔ:l 'θru:] *verb* not to happen *or* not to take place **nie dojść do skutku;** *the plan fell through at the last moment*

> QUOTE: market analysts described the falls in the second half of last week as a technical correction to the market
>
> **Australian Financial Review**

> QUOTE: for the first time since mortgage rates began falling in March a financial institution has raised charges on homeowner loans
>
> **Globe and Mail (Toronto)**

> QUOTE: falling profitability means falling share prices
>
> **Investors Chronicle**

false [fɔ:ls] *adjective* not true *or* not correct **fałszywy, nieprawidłowy;** *to make a false entry in the balance sheet;* **false claim** = untrue or exaggerated claim made in the advertising of a product **nieprawdziwe twierdzenie;** *a voluntary control body was set up to* *discourage false claims in the advertising business;* **false pretences** = actions or words intended to cheat someone **fałszywy pretekst;** *he was sent to prison for obtaining money by false pretences;* **false weight** = weight on shop scales which is wrong and so cheats customers **fałszywa waga**

◊ **falsify** ['fɔ:lsɪfaɪ] *verb* to change something to make it wrong **fałszować;** *to falsify the accounts*

◊ **falsification** [fɔ:lsɪfɪ'keɪʃən] *noun* action of making false entries in accounts **fałszerstwo**

family ['fæmɪlɪ] *noun* **(a)** group of products which are linked by a brand name or by their packaging **rodzina; family branding** = selling a variety of different products under the same brand name **opatrywanie grupy produktów tą samą marką; family packaging** = selling a whole range of products in similar packaging **wzór opakowania wspólny dla rodziny produktów;** *we hope that family packaging will make for a clear company image* **(b)** group of people, formed of parents and children **rodzina; family life cycle** = stages through which consumers pass in their lives, as they have families (stages such as 'young singles', 'young marrieds', 'young couples with small children', 'couples with adolescent children still at home' and 'retired couples', which correspond to different types of buying behaviour) **cykl życia rodziny**

fancy ['fænsɪ] *adjective* **(a) fancy goods** = small attractive items **atrakcyjne drobiazgi; (b) fancy prices** = high prices **zawyżone ceny;** *I don't want to pay the fancy prices they ask in London shops*

fascia ['feɪʃə] *noun* (i) board over a shop on which the name of the shop is written; **szyld;** (ii) board above an exhibition stand on which the name of the company represented can be put; **tablica z nazwą firmy na wystawie**

fast [fɑ:st] *adjective & adverb* quick *or* quickly **szybki, szybko;** *the train is the fastest way of getting to our supplier's factory; home computers sell fast in the pre-Christmas period;* **fast food** = food that can be cooked and sold quickly to customers, often the subject of franchises (such as hamburgers and pizzas) **fast food**

◊ **fastmarketing** ['fɑ:stmɑ:kətɪŋ] *noun* concept of concentrating all promotions into a short space of time, so that customers cannot avoid being affected **krótka akcja promocyjna**

> QUOTE: fastmarketing tactics mark a radical departure from more traditional marketing. Instead of dotting commercials over a 4 or 5 week campaign, fastmarketers try to squeeze them into just a few days
>
> **Times**

◊ **fast-moving** *or* **fast-selling** [fɑ:st'mu:vɪŋ *or* fɑ:st'selɪŋ] *adjective* **fast-selling items** = items which sell fast **chodliwe towary;** *dictionaries are not fast-moving stock;* **fast-moving consumer goods (FMCGs)** = essential low-price goods which get repeat sales **szybko zbywalne towary konsumpcyjne;** *he couldn't work in FMCGs because his only experience was in industrial selling*

fax [fæks] **1** *noun* facsimile copy, sent via the telephone lines **fax;** *we have received a fax of the design from our advertising agent* **2** *verb* to send a facsimile copy via the telephone **wysłać fax;** *ask the agent to fax us the details of the product launch*

feasibility study [fi:zə'bɪlətɪ 'stʌdɪ] *noun* careful investigation of a project to see whether it is worth undertaking **analiza celowości/wykonalności;** *we will carry out a feasibility study to decide whether it is worth setting up an agency in North America*

feature ['fi:tʃə] *noun* article in a newspaper *or* magazine that deals with one subject in depth **artykuł wiodący;** *there is a feature in the next issue describing the history of our company*

feed [fi:d] *verb* to give information *or* tips to another salesman, regarding promising customers or areas for sales **dostarczać informacji handlowych;** *I can feed you some interesting sales leads*

◊ **feedback** ['fi:dbæk] *noun* information about the results of an activity or a product, that is received by the originator from the sales force or from customers' reactions **informacje zwrotne, reakcje;** *we are getting plenty of negative feedback about our after-sales service; it would be useful to have some feedback from people who had a test drive but didn't buy the car; are we getting any feedback on customer reaction to our new product from the salesmen in the field? have you any feedback from the sales force about customers' reactions to the new model?*

> QUOTE: the service is particularly useful when we are working in a crisis management area and we need fast feedback from consumers
>
> **PR Week**

field [fi:ld] *noun* **in the field** = outside the office *or* among the customers **w terenie;** ***we have sixteen reps in the field;*** **first in the field** = first company to bring out a product *or* to start a service **pierwszy na rynku;** ***Smith Ltd has a great advantage in being first in the field with a reliable electric car;*** **field research** *or* **fieldwork** = looking for information that is not yet published and must be obtained in surveys **badania terenowe;** ***they had to do a lot of fieldwork before they found the right market for the product; field research is carried out to gauge potential demand;*** **field sales force** = salesmen working outside the company's offices, in the field **terenowi pracownicy handlowi;** ***the field sales force operates in three main areas; after working for a year in the field sales force, he became field sales manager;*** **field sales manager** = manager in charge of a group of salesmen **kierownik pracowników handlowych**

◊ **fieldwork** ['fi:ldwɜ:k] *noun see* FIELD RESEARCH

filler ['fɪlə] *noun* **(a)** something which fills a space **wypełniacz; stocking filler** = small item which can be used to put into a Christmas stocking **drobny upominek;** *see also* SHELF FILLER **(b)** advertisement used by an editor to fill space in a publication **reklama-wypełniacz**

filter question ['fɪltə 'kwestʃn] *noun* question in a questionnaire designed to separate respondents who are worth questioning further from those who are not **pytanie filtrujące**

finance 1 ['faɪnæns] *noun* **(a)** money used by a company, provided by the shareholders or by loans **finanse, fundusze, środki finansowe;** ***where will they get the necessary finance for the project?;*** **finance company** *or* **finance corporation** *or* **finance house** = company which provides money for hire-purchase **dom finansowy; finance market** = place where large sums of money can be lent or borrowed **rynek finansowy; high finance** = lending, investing and borrowing of very large sums of money, organized by financiers **rynek wielkich finansów; (b) finance department** *or* **finance committee** = department *or* committee which manages the money used in an organization **dział finansowy, komisja finansowa; (c) finances** = money *or* cash which is available **środki pieniężne;** ***the company's finances are in a bad way*** **2** [fɪ'næns] *verb* to provide money to pay for something **finansować;** ***to finance an operation***

◊ **Finance Act** ['faɪnæns 'ækt] *noun GB* annual Act of Parliament which gives the government the power to obtain money from taxes as proposed in the Budget **ustawa skarbowa**

◊ **financial** [fɪ'nænʃəl] *adjective* concerning money **finansowy; financial advertising** = advertising by companies in the field of financial investment **reklama finansowa; financial adviser** = person *or* company which gives advice on financial matters for a fee **doradca finansowy; financial assistance** = help in the form of money **pomoc finansowa; financial correspondent** = journalist who writes articles on money matters for a newspaper **dziennikarz ds. finansowych; financial position** = state of a company's *or* person's bank balance (assets and debts) **sytuacja finansowa;** ***he must think of his financial position;*** **financial resources** = money which is available for investment **zasoby finansowe;** ***a company with strong financial resources;*** **financial risk** = possibility of losing money **ryzyko finansowe;** ***there is no financial risk in selling to East European countries on credit;*** **financial statement** = document which shows the financial situation of a company **sprawozdanie finansowe;** ***the accounts department has prepared a financial statement for the shareholders;*** **Financial Times (Ordinary) index** = index published by the 'Financial Times', giving share prices on the London Stock Exchange based on a group of major companies **indeks Financial Times; financial year** = the twelve months' period for a firm's accounts **rok finansowy**

◊ **financially** [fɪ'nænʃəlɪ] *adverb* regarding money **finansowo; company which is financially sound** = company which is profitable and has strong assets **spółka o dobrej sytuacji finansowej;**

◊ **financier** [faɪ'nænsɪə] *noun* person who lends large amounts of money to companies **finansista**

◊ **financing** [fɪ'nænsɪŋ] *noun* providing money **finansowanie;** ***the financing of the project was done by two international banks;*** **deficit financing** = planning by a government to borrow money to cover the shortfall between expenditure and income from taxation **finansowanie deficytem/przez deficyt**

fire-fight ['faɪəfaɪt] *verb* to fight bad publicity (for a client) **zwalczać złą publicity;** ***the agency has done fire-fighting work for the egg producers***

◊ **fire sale** ['faɪəseɪl] *noun* sale of goods cheaply to pay off debts **wyprzedaż w celu spłaty długów**

firm [fɜːm] **1** *noun* business *or* partnership **firma, przedsiębiorstwo;** ***he is a partner in a law firm; a manufacturing firm; an important publishing firm*** **2** *adjective* **(a)** which cannot be changed **wiążący;** ***to make a firm offer for something; to place a firm offer for two aircraft; they are quoting a firm price of £1.22 per unit*** **(b)** not dropping in price, and possibly going to rise **mocny;** ***sterling was firmer on the foreign exchange markets; shares remained firm*** **3** *verb* to remain at a price and seem likely to go up **umocnić/ustabilizować się;** ***the shares firmed at £1.50***

first-hand [ˈfɜːs(t)ˈhænd] *adjective* **(a)** coming directly from the original source **prosto ze źródła, z pierwszej ręki; first-hand information** = information from an original source **informacje z pierwszej ręki;** ***we had a first-hand account of what happened at the sales meeting from one of the salesmen who was there*** **(b)** new *or* unused **nieużywany;** ***I actually bought the TV first-hand, but at a second-hand price***

first-line management [ˈfɜːstˈlaɪn ˈmænɪdʒmənt] *noun* the managers who have immediate contact with the workers **menedżerowie pierwszej linii**

fishy-back freight [ˈfɪʃɪbæk ˈfreɪt] *noun US* transportation of trucks or freight train cars on ferries or barges **[fracht na grzbietach ryb]**

fix [fɪks] *verb* **(a)** to arrange *or* to agree **ustalać;** ***to fix a budget; to fix a meeting for 3 p.m.; the date has still to be fixed; the price of gold was fixed at $300; the mortgage rate has been fixed at 11%*** **(b)** to mend **naprawiać;** ***the technicians are coming to fix the telephone switchboard; can you fix the photocopier?***

◊ **fixed** [fɪkst] *adjective* permanent *or* which cannot be removed **przymocowany na stałe; fixed assets** = property *or* machinery which a company owns and uses, but which the company does not buy or sell as part of its regular trade, including the company's investments in shares of other companies **środki trwałe; fixed break** = insistence by an advertiser on having a television or radio advertisement placed in a specific commercial break on a specific day **reklama w czasie wyznaczonym przez zleceniodawcę; fixed costs** = costs paid to produce a product which do not increase with the amount of product made (such as rent) **koszty stałe; fixed expenses** = money which is spent regularly (such as rent, electricity, telephone, etc.) **opłaty stałe; fixed position** = placing of an advertisement in a specific location in a publication, or running a commercial at a fixed time of day, at the advertiser's insistence **ustalone miejsce (reklamy); fixed-price agreement** = agreement where a company provides a service *or* a product at a price which stays the same for the whole period of the agreement **umowa o ustalonej cenie; fixed scale of charges** = rate of charging which cannot be altered **ustalona taryfa opłat; fixed spot** = insistence by an advertiser on having a TV or radio commercial placed in a specific position **ustalony spot reklamowy;**

◊ **fixing** [ˈfɪksɪŋ] *noun* **(a)** arranging **ustalanie, wyznaczanie;** ***fixing of charges; fixing of a mortgage rate*** **(b) price fixing** = illegal agreement between companies to charge the same price for competing products **nielegalny kartel cenowy; (c) the London gold fixing** = system where the world price for gold is set each day in London **ustalanie cen złota w Londynie**

> QUOTE: coupons are fixed by reference to interest rates at the time a gilt is first issued
>
> **Investors Chronicle**

> QUOTE: you must offer shippers and importers fixed rates over a reasonable period of time
>
> **Lloyd's List**

flagship [ˈflægʃɪp] *noun* key product in a range, the product on which the reputation of the producer most depends **produkt flagowy/sztandarowy; flagship store** *or* **flagship hotel** = main store *or* hotel in a chain **sklep/hotel flagowy**

flash pack [ˈflæʃ ˈpæk] *noun* pack or package which shows a price reduction very clearly in order to attract customers **specjalne opakowanie promocyjne;** ***flash packs are displayed at eye-level on the supermarket shelves to attract the attention of passing customers***

flat rate [ˈflæt ˈreɪt] *noun* **(a)** charge which always remains the same **stawka ryczałtowa;** ***we pay a flat rate for electricity each quarter; he is paid a flat rate of $2.50 per thousand*** **(b)** normal charge for advertising space, without allowing for discounts **stawka podstawowa/standardowa**

flea market [ˈfliː ˈmɑːkɪt] *noun* market for secondhand goods (often held outdoors) **pchli targ**

flier [ˈflaɪə] *noun* promotional leaflet **ulotka reklamowa**

flood [flʌd] **1** *noun* large quantity **zalew (produktów, zamówień itd.)**; ***we received a flood of orders; floods of tourists filled the hotels*** **2** *verb* to fill with a large quantity of something **zalać; *the market was flooded with cheap imitations; the sales department is flooded with orders*** *or* ***with complaints***

floor [flɔ:] *noun* **(a)** part of the room which you walk on **podłoga; floor space** = area of floor in an office *or* warehouse **powierzchnia; *we have 3,500 square metres of floor space to let;* floor stand** = display stand which stands on the floor, as opposed to one which stands on a table or counter **stojak podłogowy; (b)** all rooms on one level in a building **piętro; *the shoe department is on the first floor; her office is on the 26th floor;*** *US* **floor manager** = person in charge of the sales staff in a department store **kierownik piętra**

◊ **floorwalker** [ˈflɔ:wɔ:kə] *noun* employee of a department store who advises the customers, and supervises the shop assistants in a department **nadzorca piętra (w domu towarowym)**

flop [flɒp] **1** *noun* failure *or* thing which has not been successful **fiasko, niepowodzenie, niewypał; *the new model was a flop*** **2** *verb* to fail *or* not to be a success **nie udać się, okazać się niewypałem; *the launch of the new shampoo flopped badly***

flow chart *or* **flow diagram** [ˈfləʊ ˈtʃɑ:t *or* ˈfləʊ ˈdaɪəgræm] *noun* diagram which shows the sequence of steps in a procedure *or* production process **schemat blokowy**

fluidity [fluˈɪdətɪ] *noun* being able to move easily **płynność; fluidity of labour** = extent to which workers move from one place to another to work or from one occupation to another **płynność siły roboczej**

fly poster [ˈflaɪ ˈpəʊstə] *noun* poster which is pasted to a site without permission and without making any payment **nielegalnie umieszczony plakat reklamowy**

◊ **fly-posting** [ˈflaɪpəʊstɪŋ] *noun* sticking posters up illegally, without permission of the site owner and without making any payment **nielegalne umieszczanie plakatów reklamowych**

FMCGs = FAST-MOVING CONSUMER GOODS

FOB *or* **f.o.b.** = FREE ON BOARD

focus group [ˈfəʊkəs ˈgru:p] *noun* group of people who are brought together to discuss informally a market research question **grupa dyskusyjna; focus group survey** = urvey method in which a sample of people are asked to discuss some particular issue freely among themselves **metoda dyskusji grupowej**

fold-out [ˈfəʊldaʊt] *noun* folded page in a publication, which opens out to show a much larger advertisement **zakładka reklamowa**

follow [ˈfɒləʊ] *verb* to come behind *or* to come afterwards **następować; *the samples will follow by surface mail; we'll pay £10,000 down, with the balance to follow in six months***

◊ **follower** [ˈfɒləʊwə] *noun* company which follows others into a market **następca; market follower strategy** = strategy of a company which does not directly challenge the market leaders, but benefits from their innovations and gains a profitable corner of the market **strategia następcy**

◊ **following reading matter** [ˈfɒləʊɪŋ ˈri:dɪŋ mætə] *noun* good position for an advertisement, which follows an interesting article in a newspaper *or* magazine **pozycja reklamy po artykule**

◊ **follow up** [ˈfɒləʊ ˈʌp] *verb* to examine something further **kontynuować; *I'll follow up your idea of putting our address list on to the computer;* to follow up an initiative** = to take action once someone else has decided to do something **przyłączyć się do inicjatywy**

◊ **follow-up letter** [ˈfɒləʊʌp ˈletə] *noun* letter sent to someone who has not acted on the instructions in a previous letter, or to discuss in more detail points which were raised earlier **pismo przypominające/uzupełniające**

force [fɔ:s] **1** *noun* **(a)** strength **siła, moc; to be in force** = to be operating *or* working **obowiązywać; *the rules have been in force since 1946;* to come into force** = to start to operate *or* work **wchodzić w życie; *the new regulations will come into force on January 1st*** **(b) labour force** *or* **workforce** = all the workers in a company *or* in an area **personel, siła robocza; *the management has made an increased offer to the labour force; we are opening a new factory in the Far East because of the cheap local labour force;* sales force** = group of salesmen **pracownicy sprzedaży/działu handlowego; (c) force majeure** = something which happens which is out of the control of the parties who have signed a contract (such as a strike, war, storm, etc.) **siła wyższa; 2** *verb* to make someone do something **zmuszać; *competition has forced the company to lower its prices***

◊ **forced** [fɔ:st] *adjective* **forced consumption** = attempt to impose a rate or type of consumption on consumers **wymuszona konsumpcja; forced sale** = sale which takes place because a court orders it *or* because it is the only way to avoid a financial crisis **przymusowa/wymuszona sprzedaż**

◊ **force down** [ˈfɔːs ˈdaʊn] *verb* to make something become lower **zmuszać do zmniejszenia się; to force prices down** = to make prices come down **wymusić obniżkę cen;** ***competition has forced prices down***

◊ **force up** [ˈfɔːs ˈʌp] *verb* to make something become higher **zmuszać do wzrostu; to force prices up** = to make prices go up **wymusić podwyżkę cen;** ***the war forced up the price of oil***

forecast [ˈfɔːkɑːst] **1** *noun* description *or* calculation of what will probably happen in the future **prognoza;** ***the chairman did not believe the sales director's forecast of higher turnover; we based our calculations on the forecast turnover;*** **cash flow forecast** = forecast of when cash will be received or paid out **prognoza przepływów gotówkowych; population forecast** = calculation of how many people will be living in a country *or* in a town at some point in the future **prognoza demograficzna; sales forecast** = calculation of future sales **prognoza sprzedaży; 2** *verb* to calculate *or* to say what will probably happen in the future **prognozować;** ***he is forecasting sales of £2m; economists have forecast a fall in the exchange rate***

◊ **forecasting** [ˈfɔːkɑːstɪŋ] *noun* calculating what will probably happen in the future **prognozowanie; judgement forecasting** = forecasting which is done on judgement, rather than by following any scientific technique **prognozowanie w oparciu o opinie; manpower forecasting** = calculating how many workers will be needed in the future, and how many will actually be available **prognozowanie zatrudnienia**

foreign [ˈfɒrən] *adjective* not belonging to one's own country **zagraniczny;** ***foreign cars have flooded our market; we are increasing our trade with foreign countries;*** **foreign currency** = money of another country **waluta obca; foreign goods** = goods manufactured in other countries **towary zagraniczne; foreign investments** = money invested in other countries **inwestycje zagraniczne; foreign money order** = money order in a foreign currency which is payable to someone living in a foreign country **zagraniczny przekaz pieniężny; foreign trade** = trade with other countries **handel zagraniczny**

◊ **foreign exchange** [ˈfɒrən ɪksˈtʃeɪn(d)ʒ] *noun* **(a)** exchanging the money of one country for that of another **wymiana walut; foreign exchange broker** *or* **dealer** = person who deals on the foreign exchange market **makler dewizowy; foreign exchange dealing** = buying and selling foreign currencies **obrót dewizami; the foreign exchange markets** = market where people buy and sell foreign currencies **rynki dewizowe; foreign exchange reserves** = foreign money held by a government to support its own currency and pay its debts **rezerwy dewizowe; foreign exchange transfer** = sending of money from one country to another **przelew dewiz**

◊ **foreigner** [ˈfɒrənə] *noun* person from another country **cudzoziemiec**

> QUOTE: the dollar recovered a little lost ground on the foreign exchanges yesterday
>
> **Financial Times**

> QUOTE: a sharp setback in foreign trade accounted for most of the winter slowdown
>
> **Fortune**

> QUOTE: the treasury says it needs the cash to rebuild its foreign reserves which have fallen from $19 billion when the government took office to $7 billion in August
>
> **Economist**

forex *or* **Forex** = FOREIGN EXCHANGE

> QUOTE: the amount of reserves sold by the authorities were not sufficient to move the $200 billion Forex market permanently
>
> **Duns Business Month**

forfeit [ˈfɔːfɪt] **1** *noun* losing something as a punishment **utrata na skutek konfiskaty; forfeit clause** = clause in a contract which says that goods *or* deposit will be taken away if the contract is not obeyed **klauzula o konfiskacie; the goods were declared forfeit** = the court said that the goods had to be taken away from their owner **orzeczono konfiskatę towarów; 2** *verb* to have something taken away as a punishment **tracić na skutek konfiskaty; to forfeit a patent** = to lose a patent because payments have not been made **utracić prawa patentowe; to forfeit a deposit** = to lose a deposit which was left for an item because you have decided not to buy that item **utracić depozyt**

◊ **forfeiture** [ˈfɔːfɪtʃə] *noun* act of forfeiting a property **konfiskata, przepadek**

fork-lift truck [ˈfɔːklɪft ˈtrʌk] *noun* type of small tractor, with two metal arms in front, used for lifting and moving pallets **podnośnik widłowy**

form [fɔ:m] *noun* **(a) form of words** = words correctly laid out for a legal document **forma, sformułowanie; receipt in due form** = correctly written receipt **pokwitowanie we właściwej formie; (b)** official printed paper with blank spaces which have to be filled in with information **formularz;** *the reps carry pads of order forms;* **application form** = form which has to be filled in to apply for something **formularz wniosku; claim form** = form which has to be filled in when making an insurance claim **formularz roszczeniowy**

◊ **form utility** [ˈfɔ:m juˈtɪlɪ] *noun* use for a product created by the introduction of the product **[kreowanie potrzeb]**

forma [ˈfɔ:mə] *see* PRO FORMA

format [ˈfɔ:mæt] *noun* general page design of a publication; the page size of a publication **format**

forty-eight sheet [fɔ:tɪˈeɪt ˈʃi:t] *noun* large poster-sized sheet of paper **czterdziestka ósemka (format papieru)**

forward [ˈfɔ:wəd] **1** *adjective* in advance *or* to be paid at a later date **przyszły, terminowy; forward buying** *or* **buying forward** = buying shares *or* currency *or* commodities at today's price for delivery at a later date **transakcje na termin/terminowe; forward contract** = agreement to buy foreign currency *or* shares *or* commodities for delivery at a later date at a certain price **umowa terminowa; forward integration** = horizontal integration *or* lateral integration, the process of expansion in which a company becomes its own distributor or takes over a company in the same line of business as itself (as opposed to backward integration, where the company expands by becoming its own supplier) **integracja ku przodowi/postępująca;** *forward integration will give the company greater control over its selling; forward integration has brought the company closer to its consumers and has made it aware of their buying habits;* **forward market** = market for purchasing foreign currency *or* oil *or* commodities for delivery at a later date **rynek transakcji terminowych; forward price** = price of goods which are to be delivered in the future **cena w transakcji terminowej; forward (exchange) rate** = rate for purchase of foreign currency at a fixed price for delivery at a later date **stawka transakcji terminowych;** *what are the forward rates for the pound?;* **forward sales** = sales for delivery at a later date **sprzedaż terminowa; 2** *adverb* **(a) to date a cheque forward** = to put a later date than the present one on a cheque **postdatować; carriage forward** *or* **freight forward** = deal where the customer pays for transporting the goods **koszt transportu ponosi odbiorca; charges forward** = charges which will be paid by the customer **opłaty ponosi odbiorca; (b) to buy forward** = to buy foreign currency before you need it, in order to be certain of the exchange rate **kupować na termin; to sell forward** = to sell foreign currency for delivery at a later date **sprzedawać na termin; (c) balance brought forward** *or* **carried forward** = balance which is entered in an account at the end of a period and is then taken to be the starting point of the next period **saldo z przeniesienia; 3** *verb* **to forward something to someone** = to send something to someone **przesyłać coś komuś;** *to forward a consignment to Nigeria;* **please forward** *or* **to be forwarded** = words written on an envelope, asking the person receiving it to send it on to the person whose name is written on it **proszę przekazać adresatowi**

◊ **(freight) forwarder** [(ˈfreɪt) ˈfɔ:wədə] *noun* person *or* company which arranges shipping and customs documents for several shipments from different companies, putting them together to form one large shipment **spedytor**

◊ **forwarding** [ˈfɔ:wədɪŋ] *noun* **(a)** arranging shipping and customs documents **spedycja; air forwarding** = arranging for goods to be shipped by air **spedycja lotnicza; forwarding agent** = FORWARDER; **forwarding instructions** *or* **instructions for forwarding** = instructions showing how the goods are to be shipped and delivered **instrukcje wysyłkowe; (b) forwarding address** = address to which a person's mail can be sent on **adres do korespondencji**

foul [faʊl] *adjective* **foul bill of lading** = bill of lading which says that the goods were in bad condition when received by the shipper **konosament brudny**

four [fɔ:] **the four Cs** = simple way of referring to the four important points regarding customers: value to the Customer, Cost, Convenience for the customer, Communication between seller and buyer **cztery C marketingu; four-colour process** = printing process where the three primary colours and black are used to create a wide range of shades **druk czterokolorowy; four O's** = simple compact way of summarizing the essentials of a marketing operation, which are objects, objectives, organization and operations **cztery O marketingu;** *business school students learn the four O's as a simple way of remembering key points in strategy;* **four P's** = simple compact way of summarizing the essentials of the marketing mix, which are product, price, promotion and place **cztery P miksu marketingowego; four-plus cover**

= situation where consumers in the target audience will have seen an advertisement at least four times on average **pokrycie cztery plus**

fraction ['frækʃən] *noun* part of a whole **ułamek; sampling fraction** = the proportion of a population that is chosen as a sample **procentowa wielkość próby**

fragile ['frædʒaɪl] *adjective* which can be easily broken **kruchy;** ***there is an extra premium for insuring fragile goods in shipment***

fragment ['frægmənt] *verb* to split into sections **dzielić; fragmented market** = market which is split into many small segments, which are more difficult to sell into **rynek rozczłonkowany**

◊ **fragmentation** [frægmən'teɪʃn] *noun* using a variety of media for a publicity campaign **fragmentacja**

> QUOTE: the consumer market is fragmenting, which means that brand advertising to the whole market is no longer enough
>
> **Financial Times**

frame *see* SAMPLING FRAME

franchise ['fræn(t)ʃaɪz] **1** *noun* licence to trade using a brand name and paying a royalty for it **franszyza;** ***he's bought a printing franchise*** *or* ***a pizza franchise*** **2** *verb* to sell licences for people to trade using a brand name and paying a royalty **udzielać franszyzy;** ***his sandwich bar was so successful that he decided to franchise it***

◊ **franchisee** [fræn(t)ʃaɪ'zi:] *noun* person who runs a franchise **franchisingobiorca**

◊ **franchiser** ['fræn(t)ʃaɪzə] *noun* person who licenses a franchise **franchisingodawca**

◊ **franchising** ['fræn(t)ʃaɪzɪŋ] *noun* act of selling a licence to trade as a franchise **franchising;** ***he runs his sandwich chain as a franchising operation***

◊ **franchisor** ['fræn(t)ʃaɪzə] *noun* = FRANCHISER

> QUOTE: a quarter of a million Britons are seeking to become their own bosses by purchasing franchises
>
> **Marketing Week**

> QUOTE: feelings are already running high over the question of how to allocate the next TV franchises
>
> **Marketing**

franco ['fræŋkəʊ] *adverb* free **za darmo**

fraudulent misrepresentation ['frɔ:djʊlənt mɪsreprɪzen'teɪʃn] *noun* making a false statement with the intention of tricking a customer **świadome wprowadzenie w błąd**

free [fri:] **1** *adjective & adverb* **(a)** not costing any money **darmowy, za darmo;** ***to be given a free ticket to the exhibition; the price includes free delivery; goods are delivered free; catalogue sent free on request;*** **carriage free** = the customer does not pay for the shipping **darmowy transport; free alongside ship** = price that includes all costs up to delivery of goods next to the ship on the quay **franco wzdłuż burty; free advertisement** = advertisement shown without any charge to the advertiser **darmowa reklama;** ***the newspaper agreed to place a free advertisement for the charity on the back page;*** **free delivery area** = area within which a seller will deliver purchases free **rejon darmowej dostawy;** ***the total price will be low as the goods are being delivered in a free delivery area;*** **free docks** = price that includes all costs up to delivery of goods to the docks **franco doki; free gift** = present received by a customer, either attached to a product bought or given to him by the retailer or producer on proof of purchase of a minimum quantity of goods **darmowy upominek;** ***there is a free gift worth £25 to any customer buying a washing machine;*** **free (news)paper** = newspaper which is given away free, and which relies for its income on its advertising **darmowa gazeta; free sample** = sample given free in order to advertise a product **próbka promocyjna; free trial** = testing of a machine with no payment involved **darmowe testowanie sprzętu;** ***to send a piece of equipment for two weeks' free trial;*** **free of charge** = with no payment to be made **za darmo; free on board (f.o.b.)** = (i) price including all the seller's costs until the goods are on the ship for transportation; **franco statek;** (ii) *US* price includes all the seller's costs until the goods are delivered to a certain place; **franco wskazane miejsce przeznaczenia; free on quay** = price that includes all costs up to delivery of goods next to the ship on the quay **franco nabrzeże; free on rail** = price including all the seller's costs until the goods are delivered to the railway for shipment **franco wagon; free overboard** *or* **free overside** = price that includes all costs up to arrival of the ship at a port **franco za burtą w porcie przeznaczenia; (b)** with no restrictions **bez ograniczeń; free competition** = being free to compete without government interference **wolna konkurencja; free currency** =

currency which is allowed by the government to be bought and sold without restriction **wolna waluta; free enterprise** = system of business with no interference from the government **wolna przedsiębiorczość; free market economy** = system where the government does not interfere in business activity in any way **gospodarka wolnorynkowa; free port** *or* **free trade zone** = port *or* area where there are no customs duties **port wolnocłowy, strefa wolnocłowa; free of tax** *or* **tax-free** = with no tax having to be paid **wolny od opodatkowania;** ***he was given a tax-free sum of £25,000 when he was made redundant; interest free of tax*** *or* ***tax-free interest;*** **interest-free loan** = credit *or* loan where no interest is paid by the borrower **pożyczka nieoprocentowana; free of duty** *or* **duty-free** = with no duty to be paid **bezcłowy, wolny od cła;** ***to import wine free of duty*** *or* ***duty-free;*** **free trade** = system where goods can go from one country to another without any restrictions **wolny handel;** ***the government adopted a free trade policy;*** **free trade area** = group of countries practising free trade **strefa wolnego handlu; free trader** = person who is in favour of free trade **zwolennik wolnego handlu; (c)** not busy *or* not occupied **wolny, nie zajęty;** ***are there any free tables in the restaurant? I shall be free in a few minutes; the chairman always keeps Friday afternoon free for a game of bridge*** **2** *verb* to make something available *or* easy **uwalniać;** ***the government's decision has freed millions of pounds for investment***

> QUOTE: American business as a whole is increasingly free from heavy dependence on manufacturing
>
> **Sunday Times**

> QUOTE: can free trade be reconciled with a strong dollar resulting from floating exchange rates?
>
> **Duns Business Month**

> QUOTE: free traders hold that the strong dollar is the primary cause of the nation's trade problems
>
> **Duns Business Month**

freebie ['fri:bi:] *noun (informal)* product *or* service supplied free of charge (especially a gift to an agent or journalist) **upominek promocyjny**

freefone *or* **freephone** ['fri:fəʊn] *noun GB* system where one can telephone to reply to an advertisement *or* to place an order *or* to ask for information and the seller pays for the call **infolinia;** ***the company included their Freefone number in the advertisement***

◊ **freepost** ['fri:pəʊst] *noun GB* system where one can write to an advertiser to place an order *or* to ask for information to be sent, without paying for a stamp, the company paying for the postage on receipt of the envelope **opłata pocztowa przerzucona na adresata**

freesheet ['fri:ʃi:t] *noun* local weekly newspaper or magazine which is distributed free of charge and which contains a lot of advertising (which is the source of its revenue) **bezpłatna gazeta reklamowa;** ***we can use the freesheet and the local evening paper to advertise the shop in the area***

freeze [fri:z] **1** *noun* **credit freeze** = period when lending by banks is restricted by the government **zamrożenie kredytów; wages and prices freeze** *or* **a freeze on wages and prices** = period when wages and prices are not allowed to be increased **zamrożenie płac i cen; 2** *verb* to keep money *or* costs, etc. at their present levels and not allow them to rise **zamrażać;** ***we have frozen expenditure at last year's level; to freeze wages and prices; to freeze credits; to freeze company dividends***

◊ **freeze out** [fri:z'aʊt] *verb* **to freeze out competition** = to trade successfully and cheaply and so prevent competitors from operating **wyeliminować konkurencję**

freight [freɪt] **1** *noun* **(a)** cost of transporting goods by air, sea or land **fracht, koszty transportu;** ***at an auction, the buyer pays the freight;*** **freight charges** *or* **freight rates** = money charged for transporting goods **opłaty/stawki frachtowe;** ***freight charges have gone up sharply this year;*** *US* **freight collect** = arrangement whereby the customer pays for transporting the goods **koszt frachtu ponosi odbiorca; freight costs** = money paid to transport goods **koszty transportu; freight forward** = deal where the customer pays for transporting the goods **koszt frachtu ponosi odbiorca; (b) air freight** = shipping of goods in an aircraft **fracht lotniczy;** ***to send a shipment by air freight;*** **air freight charges** *or* **rates** = money charged for sending goods by air **opłaty/stawki za transport lotniczy; (c)** goods which are transported **przesyłka, ładunek; to take on freight** = to load goods onto a ship, train or truck **ładować;** *US* **freight car** = railway wagon for carrying goods **wagon towarowy; freight depot** = central point where goods are collected before being shipped **centrum frachtowe; freight elevator** = strong lift for carrying goods **winda**

towarowa; freight plane = aircraft which carries goods, not passengers **samolot transportowy; freight train** = train used for carrying goods **pociąg towarowy; 2** *verb* **to freight goods** = to send goods **wysyłać towary;** ***we freight goods to all parts of the USA***

◊ **freightage** [ˈfreɪtɪdʒ] *noun* cost of transporting goods **koszt transportu**

◊ **freighter** [ˈfreɪtə] *noun* **(a)** aircraft or ship which carries goods **samolot transportowy, frachtowiec; (b)** person or company which organizes the transport of goods **spedytor**

◊ **freight forwarder** [ˈfreɪt ˈfɔːwədə] *noun* person or company which arranges shipping and customs documents for several shipments from different companies, putting them together to form one large shipment **spedytor**

◊ **freightliner** [ˈfreɪtlaɪnə] *noun* train which carries goods in containers **pociąg kontenerowy;** ***the shipment has to be delivered to the freightliner depot***

frequency [ˈfriːkwənsɪ] *noun* **(a)** number of times something happens **częstotliwość; call frequency** = the number of times a salesman visits a particular customer during a certain period **częstotliwość wizyt handlowych; frequency distribution** = statistics (usually in the form of a graph) showing how often a sample group responded in a certain way to a questionnaire **rozkład częstotliwości odpowiedzi; (b)** (i) number of times an advertisement appears in a specific period; **częstotliwość ukazywania się reklamy;** (ii) number of times a person sees an advertisement during a campaign (as opposed to the 'reach', which is the number of people who see the advertisement once); **częstotliwość kontaktu z reklamą;** ***the plan is to have larger advertisements but less frequency; we feel that a frequency of two showings per night is enough for the first week of the campaign***

◊ **frequent** [ˈfriːkwənt] *adjective* which comes *or* goes *or* takes place often **częsty;** ***there is a frequent ferry service to France; we send frequent faxes to New York; how frequent are the planes to Birmingham?***

◊ **frequently** [ˈfriːkwəntlɪ] *adverb* often **często;** ***the photocopier is frequently out of order; we phone our New York office very frequently - at least four times a day***

fringe accounts [ˈfrɪn(d)ʒ əˈkaʊnts] *noun* accounts *or* customers that are not very profitable for the supplier **drugorzędni klienci;** ***the salesmen are not giving priority to these fringe accounts; it is hoped that some of these fringe accounts will soon start buying in larger quantities***

◊ **fringe benefits** [ˈfrɪn(d)ʒ ˈbenɪfɪts] *plural noun* extra items given by a company to workers in addition to a salary (such as company cars, private health insurance) **dodatkowe świadczenia pracownicze**

front [frʌnt] *noun* **(a)** part of something which faces away from the back **przód;** ***the front of the office building is on the High Street; there is a photograph of the managing director on the front page of the company report; our ad appeared on the front page of the newspaper;*** **front of book** = the first few pages of a magazine **kilka pierwszych stron publikacji; front cover** = front outside page of a publication (as opposed to the back cover) **tytułowa strona okładki; inside front cover** = the advertising page on the inside of the front cover of a magazine **wewnętrzna strona okładki;** ***even advertising on the front covers of national newspapers seems to have no effect on sales of this product*** **(b)** business or person used to hide an illegal trade **przykrywka;** ***his restaurant is a front for a drugs organization*** **(c) money up front** = payment in advance **pieniądze z góry;** ***they are asking for £10,000 up front before they will consider the deal; he had to put money up front before he could clinch the deal***

◊ **frontage** [ˈfrʌntɪdʒ] *noun* width of a shop which faces onto the street **front sklepu**

◊ **front-line management** [ˈfrʌntlaɪn ˈmænɪdʒmənt] *adjective* **front-line management** = managers who have immediate contact with the workers **menedżerowie pierwszej linii**

◊ **frontload** [ˈfrʌntləʊd] *noun* to plan a publicity campaign where most costs are incurred in the early stages (as opposed to backload, where the costs are mainly incurred in the later stages of the campaign) **kampania reklamowa z kosztami na początku**

◊ **front man** [ˈfrʌnt mæn] *noun* person who seems honest but is hiding an illegal trade **[człowiek-przykrywka]**

fudge [fʌdʒ] *noun* mistake made in an advertisement **błąd w reklamie**

fulfil *or US* **fulfill** [fʊlˈfɪl] *verb* to complete something in a satisfactory way **spełniać;** ***the clause regarding payments has not been fulfilled;*** **to fulfil an order** = to supply the items which have been ordered **zrealizować zamówienie;** ***we are so understaffed that we can't fulfil any more orders before Christmas***

◊ **fulfilment** *or US* **fulfillment** [fʊlˈfɪlmənt] *noun* carrying something out in a satisfactory way **realizacja, wykonanie; order fulfilment** = supplying items which have been ordered **realizacja zamówienia; fulfilment house** = company which carries out order fulfilment on behalf of a mail order company **[dom realizacyjny]**

full [fʊl] *adjective* **(a)** complete *or* including everything **pełen; we are working at full capacity** = we are doing as much work as possible **pracujemy pełną mocą; full costs** = all the costs of manufacturing a product, including both fixed and variable costs **koszty całkowite; full cost pricing** = pricing method based on assessing the full production cost of each product unit and adding a profit margin **ustalanie cen według kosztów całkowitych; full cover** = insurance cover against all risks **pełna ochrona ubezpieczeniowa, ubezpieczenie wszystkich ryzyk; in full discharge of a debt** = paying a debt completely **po całkowitej spłacie długu; full employment** = situation where all the people able to work have jobs **pełne zatrudnienie; full price** = price with no discount **cena całkowita; full rate** = advertising rate with no discount **pełna stawka; (b) in full** = completely **całkowicie;** ***give your full name and address*** *or* ***your name and address in full; he accepted all our conditions in full; full refund*** *or* ***refund paid in full; he got a full refund when he complained about the service;*** **full payment** *or* **payment in full** = paying all money owed **pełna spłata, wpłata całkowita**

◊ **full-function wholesaler** [ˈfʊlˈfʌŋkʃn ˈhəʊlseɪlə] *noun* distributor performing all the normal functions of a wholesaler, such as storage and transport **hurtownik w pełnym zakresie;** ***we use the services of one full-function wholesaler in each of our main areas; there is room for only one full-function wholesaler dealing with this product in the Southampton area***

◊ **full-line forcing** [ˈfʊlˈlaɪn ˈfɔːsɪŋ] *noun* situation where a supplier pressures a customer to buy from that supplier only **[wymuszanie na pełnej linii];** ***if the supplier succeeds in full-line forcing, he will probably raise prices***

◊ **full-scale** [ˈfʊlˈskeɪl] *adjective* complete *or* very thorough **kompletny;** ***the MD ordered a full-scale review of credit terms***

◊ **full-service advertising agency** [ˈfʊlˈsɜːvɪs] *noun* advertising agency offering a full range of services, such as sales promotion, design of house style, advice on public relations and market research, creating stands for exhibitions, etc. **pełnozakresowa agencja reklamowa;** ***we have so little marketing expertise, we'll need a full service agency***

◊ **full-time** [ˈfʊlˈtaɪm] *adjective & adverb* working all the normal working time (i.e. about eight hours a day, five days a week) **na pełen etat, w pełnym wymiarze godzin;** ***she's in full-time work*** *or* ***she works full-time*** *or* ***she's in full-time employment; he is one of our full-time staff***

◊ **full-timer** [fʊlˈtaɪmə] *noun* person who works full-time **pracownik na pełen etat**

function [ˈfʌŋ(k)ʃən] **1** *noun* **(a)** duty *or* job **funkcja, stanowisko; management function** *or* **function of management** = the duties of being a manager **obowiązki kierownicze; (b)** figure which can vary, depending on another figure **funkcja; response function** = figure which represents the value of a particular quantity of advertising impressions on a person **[funkcja reakcji]; 2** *verb* to work **działać, funkcjonować;** ***the advertising campaign is functioning smoothly; the new management structure does not seem to be functioning very well***

◊ **functional** [ˈfʌŋ(k)ʃənl] *adjective* referring to a function **funkcjonalny; functional discount** = discount offered on goods sold to distributors **rabat dla dystrybutorów; functional product differentiation** = ensuring that a product has some functional features that distinguish it from competing ones **funkcjonalne odróżnianie produktu; functional title** =job title, the description of a person's job which is used as part of his or her address ('marketing manager', 'head buyer', etc.) **nazwa stanowiska**

future [ˈfjuːtʃə] **1** *adjective* referring to time to come *or* to something which has not yet happened **przyszły; future delivery** = delivery at a later date **dostawa terminowa; 2** *noun* time which has not yet happened **przyszłość;** ***try to be more careful in future; in future all reports must be sent to Australia by air***

◊ **futurology** [fjuːtʃəˈrɒlədʒɪ] *noun* prediction and study of future trends **futurologia**

Gg

gable end ['geɪbl 'end] *noun* end of a building which is used as a poster site **szczyt budynku**

gain [geɪn] **1** *noun* **(a)** increase *or* becoming larger **przyrost, wzrost; gain in experience** = becoming more experienced **wzrost doświadczenia; gain in profitability** = becoming more profitable **wzrost opłacalności; (b)** increase in profit *or* price *or* value **wzrost wartości, zwyżka, zysk;** ***oil shares showed gains on the Stock Exchange; as property values rose, speculators in the real-estate market made substantial gains;*** **capital gains** = money made by selling a fixed asset **zysk kapitałowy; capital gains tax** = tax paid on capital gains **podatek od zysków kapitałowych; short-term gains** = increase in price made over a short period **zysk krótkoterminowy; 2** *verb* **(a)** to get *or* to obtain **zdobywać, zyskiwać;** ***he gained some useful experience working in a bank;*** **to gain control of a business** = to buy more than 50% of the shares so that one can direct the business **uzyskać kontrolę nad przedsiębiorstwem; (b)** to rise in value **zwiększać wartość, zyskiwać;** ***the dollar gained six points on the foreign exchange markets***

galleria [gə'leərɪə] *noun* large shopping complex, with many different stores under one roof, usually built round a large open space, with fountains, plants, etc. **centrum handlowe**

galley *or* **galley proof** ['gælɪ (pru:f)] *noun* first proof of typesetting, before the text is made up into pages **korekta szpaltowa**

game theory ['geɪm 'θi:ərɪ] *noun* principles, developed from business games, which relate to making the best choice from a number of possible strategies in various hypothetical situations where conflicting interests are involved **teoria gier**

gap [gæp] *noun* empty space **brak, luka; gap in the market** = opportunity to sell a product or service which is needed but which no one has sold before **luka rynkowa;** ***to look for or to find a gap in the market; this computer has filled a real gap in the market;*** **gap analysis** = analysis of a market to try to find a gap, or a particular area that is not at present being satisfied **analiza luk rynkowych;** ***gap analysis showed that there was a whole area of the market we were not exploiting; the computer performed a gap analysis and came up with suggestions for a medium-priced machine suitable for the small business market;*** **dollar gap** = situation where the supply of dollars is not enough to satisfy the demand for them from overseas buyers **deficyt dolarowy; trade gap** = difference in value between a country's imports and exports **deficyt handlowy;**

> QUOTE: these savings are still not great enough to overcome the price gap between American products and those of other nations
>
> **Duns Business Month**

gatefold ['geɪtfəʊld] *noun* double page spread in which both pages are folded over, and which open out like a gate to give a spread of almost four pages **[podwójna rozkładówka reklamowa]**

GDP ['dʒi:di:'pi:] = GROSS DOMESTIC PRODUCT

general ['dʒenərəl] *adjective* **general cargo** = cargo made up of various types of goods **przesyłka wieloasortymentowa;** ***the ship left the port with a general cargo bound for various destinations;*** *US* **general delivery** = post office service which receives parcels and letters for people and keeps them until they are claimed **poste restante;** ***he received the mail-order items via general delivery; they use the general delivery since they do not have a business mailing address*** (NOTE: GB English for this is **poste restante**); **general trading** = dealing in all types of goods **handel ogólny; general store** = small shop which sells a large range of goods **sklep wielobranżowy; general wholesaler** = wholesaler selling a variety of goods **hurtownia wielobranżowa**

generation [dʒenəˈreɪʃn] *noun* stage in the development of a product (each new generation is a new version of the product with certain technical improvements on the preceding version) **generacja**

generic [dʒəˈnerɪk] **1** *adjective* **generic product** = product sold without a brand name **produkt bez nazwy handlowej;** ***next to the brightly packaged branded goods the generic products on display were easily overlooked;*** **generic term** *or* **generic name** = brand name which becomes the name of a type of product (such as hoover for vacuum cleaner) **nazwa/marka rodzajowa; 2** *noun* **(a)** product sold without a brand name **produkt niemarkowy;** ***generics are cheap since they have no name to advertise*** **(b)** brand name which is now given to a product rather than to a particular brand (such as hoover, kleenex or thermos) **marka, która stała się nazwą rodzaju produktu**

geocentric stage [dʒɪəʊˈsentrɪk ˈsteɪdʒ] *noun US* advanced stage in a company's international marketing when there is great co-ordination of overseas marketing activities **etap geocentryczny**

geographical [dʒi:əʊˈgræfɪkl] *adjective* referring to a certain area **geograficzny; geographical concentration** = degree to which consumers in a market are concentrated *or* dispersed in a country or area **koncentracja geograficzna, skupienie geograficzne;** ***the number of salesmen needed will depend on the geographical concentration of the market; we only need one wholesaler because of the geographical concentration of the market;*** **geographical segmentation** = dividing of a market according to areas or regions **geograficzna segmentacja rynku**

gestation period [dʒesˈteɪʃn ˈpi:rɪəd] *noun* period of time between the initial inquiry about a product and the placing of an order **[okres inkubacji];** ***the long gestation period is due to inefficient decision-making procedures in the buying company***

GHI = GUARANTEED HOMES IMPRESSIONS

ghosting [ˈgəʊstɪŋ] *noun* showing a little of the product itself by removing a small part of the packaging **[ukazywanie ducha]**

GHR = GUARANTEED HOMES RATINGS

giant retailer [ˈdʒaɪənt ˈri:teɪlə] *noun* very large retailing group like a department store or chain store **detalista-potentat**

gift coupon *or* **gift token** *or* **gift voucher** [ˈgɪft ˈku:pɒn *or* ˈgɪft ˈtəʊkən *or* ˈgɪft ˈvaʊtʃə] *noun* card that can be used to buy specified goods up to the value printed on it (often issued by chain stores, the person receiving the voucher being able to redeem it in any store in the chain) **bon towarowy;** ***the children each had a £10 gift voucher for Christmas;*** **free gift** = present given by a shop to a customer who buys a certain amount of goods **bonus, podarunek, upominek;**

◊ **gift-wrap** [ˈgɪftræp] *verb* to wrap a present in attractive paper **zapakować w ozdobny papier;** ***do you want this book gift-wrapped?***

◊ **gift-wrapping** [ˈgɪftræpɪŋ] *noun* **(a)** service in a store for wrapping presents for customers **pakowanie podarunków; (b)** attractive paper for wrapping presents **ozdobny papier opakunkowy**

gimmick [ˈgɪmɪk] *noun* clever idea *or* trick **chwyt (reklamowy), sprytny pomysł;** ***a publicity gimmick; the PR men thought up this new advertising gimmick***

give away [ˈgɪv əˈweɪ] *verb* to give something as a free present **rozdawać;** ***we are giving away a pocket calculator with each £10 of purchases***

◊ **giveaway** [ˈgɪvəweɪ] **1** *adjective* **to sell at giveaway prices** = to sell at very low prices **sprzedawać za pół darmo; 2** *noun* thing which is given as a free gift when another item is bought **bonus, upominek reklamowy**

global [ˈgləʊbəl] *adjective* referring to the whole world **globalny, ogólnoświatowy;** ***we offer a 24-hour global delivery service;*** **global product** = product with a famous brand name which is recognised and sold all over the world **produkt globalny/światowy; global retailer** = company which sells its products all over the world **ogólnoświatowy detalista**

glut [glʌt] **1** *noun* **a glut of produce** = too much produce, which is then difficult to sell **nadmiar/zalew produktów rolnych;** ***a coffee glut*** *or* ***a glut of coffee;*** **glut of money** = situation where there is too much money available to borrowers **nadwyżka/zalew pieniędzy; 2** *verb* to fill the market with something which is then difficult to sell **zalewać rynek;** ***the market is glutted with cheap cameras***

GNP [ˈdʒi:enˈpi:] = GROSS NATIONAL PRODUCT

goal [gəʊl] *noun* aim *or* something which you try to do **cel;** ***our goal is to break even within twelve months; the company achieved all its goals***

going rate [ˈgəʊɪŋ ˈreɪt] *noun* the current price for a product or service **obecna cena/stawka;** ***he cannot afford to buy a***

house at the going rate; the going rate for cleaners is £5.00 per hour

gondola ['gɒndələ] *noun* free-standing display in a supermarket which shoppers can walk round **wolnostojący stojak z towarami**

goods [gʊdz] *plural noun* **(a) goods and chattels** = movable personal possessions **ruchomości osobiste; (b)** items which can be moved and are for sale **artykuły, towary; goods in bond** = imported goods held by the customs until duty is paid **towary pod zamknięciem celnym; capital goods** = machinery, buildings and raw materials which are used to make other goods **dobra kapitałowe; consumer goods** *or* **consumable goods** = goods bought by the general public and not by businesses **dobra/towary konsumpcyjne; dry goods** = cloth and clothes **materiały i ubrania; finished goods** = manufactured goods which are ready to be sold **wyroby gotowe; household goods** = items which are used in the home **artykuły gospodarstwa domowego; luxury goods** = expensive items which are not basic necessities **artykuły/towary luksusowe; manufactured goods** = items which are made by machine **wyroby fabryczne; goods in progress** = value of goods being manufactured which are not complete at the end of an accounting period **produkcja w toku;** *our current assets are made up of stock, goods in progress, and cash;* **goods in transit** = goods which are in the process of being transported **towary w drodze; goods on consignment** = goods kept for another company to be sold on their behalf for a commission **towar komisowy; (c) goods depot** = central warehouse where goods can be stored until they are moved **skład towarowy; goods train** = train for carrying freight **pociąg towarowy**

◊ **goodwill** ['gʊd'wɪl] *noun* good reputation of a business, considered as an intangible asset **wartość firmy;** *he paid £10,000 for the goodwill of the shop and £4,000 for the stock*

> QUOTE: profit margins in the industries most exposed to foreign competition - machinery, transportation equipment and electrical goods
> Sunday Times

> QUOTE: the minister wants people buying goods ranging from washing machines to houses to demand facts on energy costs
> Times

GOTS = GROSS OPPORTUNITY TO SEE

grade [greɪd] **1** *noun* level *or* rank **poziom, ranga, stopień; grade level** = classification of a product's quality written on a label attached to the product **klasa produktu;** *many consumers do not properly understand the grade levels;* **high-grade** = of very good quality **wysokiej jakości, wysokooktanowy (o benzynie);** *high-grade petrol;* **a high-grade trade delegation** = a delegation made up of important people **delegacja handlowa wysokiego szczebla; low-grade** = not very important *or* not of very good quality **niski rangą, kiepskiej jakości, niskooktanowy (o benzynie);** *a low-grade official from the Ministry of Commerce; the car runs well on low-grade petrol;* **top-grade** = most important *or* of the best quality **najważniejszy, najwyższej jakości;** *top-grade petrol* **2** *verb* **(a)** to sort something into different levels of quality **klasyfikować, sortować;** *to grade coal* **(b)** to make something rise in steps according to quantity **stopniować; graded advertising rates** = rates which become lower as you take more advertising space **stopniowane stawki reklamowe; graded tax** = tax which rises according to income **podatek progresywny; (c) graded hotel** = good quality hotel **hotel z „gwiazdkami"**

grand [grænd] **1** *adjective* important **główny, ważny; grand plan** *or* **grand strategy** = major plan **plan generalny/ogólny, strategia generalna/ogólna;** *the grand strategy consisted of opening stores in most of the European capitals; he explained his grand plan for redeveloping the factory site;* **grand total** = final total made by adding together several subtotals **ogólna suma, ogółem; 2** *noun (informal)* one thousand pounds *or* dollars **tysiączek, tysiak;** *they offered him fifty grand for the information*

graph [grɑːf] *noun* diagram which shows the relationship between two sets of quantities or values, each of which is represented on an axis **wykres;** *to set out the results in a graph; to draw a graph showing rising profitability; the sales graph shows a steady rise;* **graph paper** = special paper with many little squares, used for drawing graphs **papier milimetrowy**

graphics ['græfɪks] *noun* designs and illustrations in printed work, especially designs which are generated by computers **grafika;** *in this series of advertisements the graphics do not do justice to the copy*

gratis ['grætɪs] *adverb* free *or* not costing anything **za darmo;** *we got into the exhibition gratis*

grey market [ˈgreɪ ˈmɑːkɪt] *noun* **(a)** market formed of people over 60 years of age **[siwy rynek];** *see also* SILVER **(b)** unofficial legal buying and selling of scarce highly priced goods **szary rynek;** ***if the government puts a ceiling on prices for these products the grey market will become a black market***

grid [grɪd] *noun* graph with lines crossing at right angles and items written in the boxes, used for comparison **siatka; buy grid** = method used for objective assessment of competing products **[nabywcza siatka decyzyjna];** *see also* REPERTORY GRID TECHNIQUE

gross [grəʊs] **1** *adjective* **(a)** total *or* with no deductions **brutto; gross audience** *or* **gross impressions** = total number of people who have seen an advertisement, multiplied by the number of times it has been run **całkowita liczba odbiorców reklamy; gross circulation** = total sales of a publication before adjusting for error or discounting unsold copies **nakład prasowy brutto; gross cover** = the number of times a television *or* radio spot has been seen based on television ratings **pokrycie reklamowe brutto; gross earnings** = total earnings before tax and other deductions **zarobki brutto; gross income** *or* **gross salary** = salary before tax is deducted **dochód/ wynagrodzenie brutto; gross margin** = gross profit shown as a percentage of sales **marża detaliczna; gross opportunity to see (GOTS)** = number of opportunities that an average member of the target audience will have to see the advertisements in an advertising campaign **całkowita liczba sposobności zobaczenia reklamy; gross profit** = profit calculated as sales income less the cost of sales **zysk brutto;** *US* **gross rating point (GRP)** = way of calculating the effectiveness of outdoor advertising, where each point represents one per cent of the population in a certain market **punktowy pomiar efektywności reklamy; gross reach** = total number of opportunities for people to see a company's advertisements in a campaign (i.e. the total number of publications sold multiplied by the number of advertisements appearing in each) **globalny zasięg reklamy; gross receipts** = total amount of money received before expenses are deducted **przychody brutto; gross sales** = money received from sales before deductions for goods returned, special discounts, etc. **wartość sprzedaży brutto;** ***gross sales are impressive since many buyers seem to be ordering more than they will eventually need;*** **gross yield** = profit from investments before the deduction of tax **dochód z inwestycji brutto; (b) gross domestic product (GDP)** = annual value of goods sold and services paid for within a country **dochód narodowy brutto wytworzony w kraju; gross national product (GNP)** = annual value of goods and services in a country including income from other countries **dochód narodowy brutto; 2** *adverb* with no deductions **brutto;** ***his salary is paid gross*** **3** *verb* to make a gross profit **zarobić brutto;** ***the group grossed £25m in 1995***

> QUOTE: news that gross national product increased only 1.3% in the first quarter of the year sent the dollar down on foreign exchange markets
>
> **Fortune**

group [gruːp] **1** *noun* **(a)** several things or people together **grupa;** ***a group of the staff got together to send a memo to the chairman complaining about noise in the office; the respondents were interviewed in groups of three or four, and then singly;*** **group discussion** = survey method in which a focus group are brought together to discuss informally a market research question **dyskusja grupowa;** ***the group discussion was taken over by one or two strong personalities; a sample of housewives took part in a group discussion on the new washing powder;*** **group interview** = interview with a group of respondents in order to discover the views of the group as a whole, such as a family **wywiad grupowy;** ***there were group interviews with all the classes in the school in order to gauge reactions to the new educational programme*** **(b)** several companies linked together in the same organization **grupa, koncern;** ***the group chairman*** *or* ***the chairman of the group; group turnover*** *or* ***turnover for the group; the Granada Group;*** **group results** = results of a group of companies taken together **wyniki finansowe grupy; 2** *verb* **to group together** = to put several items together **grupować;** ***sales from six different agencies are grouped together under the heading 'European sales'***

growth [grəʊθ] *noun* increase in size *or* second stage in a product life cycle, following the launch, when demand for the product increases rapidly **przyrost, rozwój, wzrost; the company is aiming for growth** = is aiming to expand rapidly **spółka pragnie się rozwijać; economic growth** = rate at which a country's national income grows **rozwój/ wzrost gospodarczy; a growth area** = an area where sales are increasing rapidly **dziedzina wzrostu; a growth industry** = industry which is expanding rapidly **rozwojowa branża; a growth market** = a market where sales are increasing rapidly **rozwijający się**

rynek; ***we plan to build a factory in the Far East which is a growth market for our products;*** **growth rate** = speed at which something grows **tempo wzrostu; growth share matrix** = model for a marketing strategy with various categories of product based on present performance and growth rate **matryca udziału produktu we wzroście obrotów;** ***the growth share matrix helped to decide what products needed extra marketing efforts;*** **growth vector matrix** = model for a marketing strategy with various choices and combinations of strategy based on product and market development **matryca wektora wzrostu obrotów**

> QUOTE: a general price freeze succeeded in slowing the growth in consumer prices
>
> **Financial Times**

> QUOTE: the thrift had grown from $4.7 million in assets in 1980 to $1.5 billion
>
> **Barrons**

> QUOTE: growth in demand is still coming from the private rather than the public sector
>
> **Lloyd's List**

GRP = GROSS RATING POINT

guarantee [gærən'ti:] **1** *noun* **(a)** legal document, in which the producer agrees to compensate the buyer if the product is faulty or becomes faulty before a certain date after purchase **gwarancja;** ***certificate of guarantee*** *or* ***guarantee certificate; the guarantee lasts for two years; it is sold with a twelve-month guarantee;*** **the car is still under guarantee** = is still covered by the maker's guarantee **samochód jest ciągle na gwarancji; extended guarantee** = guarantee offered by a dealer on a product such as a dish-washer, which goes beyond the time specified in the manufacturer's guarantee **przedłużona gwarancja;** (NOTE: also called **warranty,** especially in the USA) **(b)** promise that someone will pay another person's debts **gwarancja, poręczenie; to go guarantee for someone** = to act as security for someone's debts **poręczyć za kogoś; (c)** thing given as a security **zabezpieczenie;** ***to leave share certificates as a guarantee*** **2** *verb* to give a promise that something will happen **gwarantować, poręczać; to guarantee a debt** = to promise that you will pay a debt incurred by someone else **poręczać spłatę długu; to guarantee an associate company** = to promise that an associate company will pay its debts **poręczać spłatę długu przez spółkę stowarzyszoną; to guarantee a bill of exchange** = to promise that the bill will be paid **poręczać weksel; the product is guaranteed for twelve months** = the manufacturer says that the product will work well for twelve months, and will mend it free of charge if it breaks down **produkt objęty jest 12-miesięczną gwarancją; guaranteed circulation** = the audited circulation of a magazine which is used as a basis for calculating advertising rates **gwarantowany nakład; guaranteed homes impressions (GHI)** *or* **guaranteed homes ratings (GHR)** = advertising package offered by television companies which guarantees the advertisers that their advertising will reach a specified number of people, but leaves it to the TV company to choose the number and timing of the spots **gwarancja dotarcia do adresata reklamy; guaranteed prices** = minimum prices guaranteed to an industry by government, with the payment of a subsidy to make up for market prices that fall below this level **ceny gwarantowane;** ***guaranteed prices help bring some security to a notoriously unstable industry;*** **guaranteed wage** = wage which a company promises will not fall below a certain figure **gwarantowany poziom zarobków**

◊ **guarantor** [gærən'tɔ:] *noun* person who promises to pay someone's debts **gwarant, poręczyciel;** ***he stood guarantor for his brother***

guesstimate ['gestɪmət] *noun (informal)* rough calculation **przybliżona prognoza**

gutter ['gʌtə] *noun* area where the two pages meet in book or magazine (it can be left blank as a centre margin, or can be printed across to form a double-page spread) **margines wewnętrzny**

Hh

haberdasher ['hæbədæʃə] *noun* dealer *or* shopkeeper selling small miscellaneous articles related to dress (buttons, thread, etc.) **osoba prowadząca sklep z pasmanterią**

habit ['hæbɪt] *noun* doing something regularly **obyczaj, zwyczaj;** ***most consumers continue to buy the same brands from force of habit;*** **habit buying** = buying a particular product again and again by force of habit, without making any conscious decision to buy **kupowanie nawykowe**

haggle ['hægl] *verb* to discuss prices and terms and try to make them more favourable **targować się;** ***to haggle about or over the details of a contract; after two days' haggling the contract was signed***

hallmark ['hɔ:lmɑ:k] **1** *noun* mark put on gold or silver items to show that the metal is of the correct quality **próba, stempel probierczy; hallmark of excellence** = reputation that a brand name has for high quality **wysoka renoma produktu; 2** *verb* to put a hallmark on a piece of gold or silver **cechować, stemplować stemplem probierczym;** ***a hallmarked spoon***

hall test ['hɔ:l 'test] *noun* market research test where respondents are asked to go into a public building or central place to answer questions or to test new products **[test halowy];** ***the hall test was conducted in the town's main school***

halo effect ['heɪləʊ ɪ'fekt] *noun* series of positive impressions of a product which consumers retain and which can be revealed by a respondent when questioned in a survey **efekt aureoli;** ***in some cases, the halo effect can mean that little useful criticism is being generated***

hand [hænd] *noun* **(a) to shake hands** = to hold someone's hand when meeting to show you are pleased to meet him, or to show that an agreement has been reached **uścisnąć dłoń;** ***the two negotiating teams shook hands and sat down at the conference table;*** **to shake hands on a deal** = to shake hands to show that a deal has been agreed **zakończyć uzgadnianie warunków porozumienia; (b) in hand** = kept in reserve **w ręku, do dyspozycji; balance in hand** *or* **cash in hand** = cash held to pay small debts and running costs **środki pieniężne w kasie;** ***we have £10,000 in hand;*** **work in hand** = work which is in progress but not finished **produkcja w toku**

◊ **handbill** ['hænbɪl] *noun* sheet of printed paper handed out to members of the public as an advertisement **ulotka reklamowa**

◊ **handbook** ['hænbʊk] *noun* book which gives instructions on how to use something **podręcznik;** ***the handbook doesn't say how you open the photocopier; look in the handbook to see if it tells you how to clean the typewriter;*** **service handbook** = book which shows how to service a machine **podręcznik naprawy i konserwacji**

◊ **handout** ['hændaʊt] *noun* **(a) publicity handout** = information sheet which is given to members of the public **ulotka informacyjna; (b)** gift of money **dotacja, jałmużna;** ***the company exists on handouts from the government***

handle ['hændl] *verb* **(a)** to deal with something; to organize something **zajmować się;** ***the accounts department handles all the cash; we can handle orders for up to 15,000 units; they handle all our overseas orders*** **(b)** to sell *or* to trade in (a sort of product) **handlować, sprzedawać;** ***we do not handle foreign cars; they will not handle goods produced by other firms***

◊ **account handler** [ə'kaʊnt 'hændlə] *noun* person who works in an advertising agency, and who is responsible for a particular client **[menedżer rachunku]**

◊ **handling** ['hændlɪŋ] *noun* receiving, storing and sending off goods **przechowywanie, przenoszenie, przyjmowanie, wysyłanie; handling charges** = money to be paid for packing and invoicing *or* for dealing with something in general *or* for moving goods from one place to another **opłaty manipulacyjne;** ***if our handling costs rise any further our prices will have to go up; distributing over such a wide area will create enormous handling problems for the company;*** **materials handling** = moving materials from one part of a factory to another in an efficient way **operacje dotyczące surowców i materiałów**

hardening [ˈhɑːdnɪŋ] *noun* **a hardening of prices** = when prices become settled at a higher level **stabilizacja cen**

◊ **hardness** [ˈhɑːdnəs] *noun* **hardness of the market** = being strong; not being likely to fall **stabilizacja rynku**

◊ **hard sell** [ˈhɑːd ˈsel] *noun* **to give a product the hard sell** = to make great efforts to persuade people to buy it **prowadzić agresywną sprzedaż produktu; he tried to give me the hard sell** = he put a lot of effort into trying to make me buy **był nachalny próbując sprzedać mi ten produkt**

◊ **hard selling** [ˈhɑːd ˈselɪŋ] *noun* act of selling by using great efforts **agresywna sprzedaż;** ***a lot of hard selling went into that deal***

◊ **hardware** [ˈhɑːdweə] *noun* **(a)** solid goods for use in the house (such as frying pans or hammers) **artykuły metalowe; (b) computer hardware** = machines used in data processing, including the computers and printers, but not the programs **sprzęt komputerowy;** ***the company offers a hardware maintenance service as part of the deal*** **(c) military hardware** = guns *or* rockets *or* tanks, etc. **broń i wyposażenie wojskowe**

> QUOTE: few of the paper millionaires sold out and transformed themselves into hard cash millionaires
>
> Investors Chronicle

harvesting [ˈhɑːvɪstɪŋ] *noun* cutting marketing investment on a particular product prior to withdrawing it from the market **[zbieranie plonów]**

haulage [ˈhɔːlɪdʒ] *noun* **(a) road haulage** = moving of goods by road **transport drogowy; road haulage depot** = centre for goods being moved by road, and the lorries which carry them **baza transportu drogowego; haulage contractor** = company which arranges for goods to be moved by road or rail under contract **przewoźnik drogowy; haulage costs** *or* **haulage rates** = cost *or* rates of transporting goods by road **koszty transportu drogowego; haulage firm** *or* **company** = company which transports goods by road **przewoźnik drogowy; (b)** cost of transporting goods by road **koszt transportu drogowego;** ***haulage is increasing by 5% per annum***

◊ **haulier** [ˈhɔːljə] *noun* **road haulier** = company which transports goods by road **przewoźnik drogowy**

hawk [hɔːk] *verb* to sell goods from door-to-door or in the street **prowadzić handel domokrążny; to hawk something round** = to take a product *or* an idea *or* a project to various companies to see if one will accept it **próbować zainteresować kogoś swoim produktem/pomysłem/projektem;** ***he hawked his idea for a plastic car body round all the major car manufacturers***

◊ **hawker** [ˈhɔːkə] *noun* person who sells goods from door-to-door or in the street **domokrążca**

headhunt [ˈhedhʌnt] *verb* to look for managers and offer them jobs in other companies **łowienie głów; he was headhunted** = he was approached by a headhunter and offered a new job **skontaktował się z nim łowca głów**

◊ **headhunter** [ˈhedhʌntə] *noun* person or company which looks for top managers and offers them jobs in other companies **łowca głów**

◊ **headline** [ˈhedlaɪn] *noun* heading of an article or advertisement, which is set in much larger type than the rest **nagłówek, tytuł**

◊ **head-on position** [ˈhedɒn pəˈzɪʃn] *noun* poster site directly facing traffic **eksponowane miejsce (przodem do ruchu drogowego);** ***let's try to obtain a head-on position in the central part of town***

heat sealing [ˈhiːt ˈsiːlɪŋ] *noun* method of closing plastic food containers **pakowanie termiczne**

> COMMENT: air is removed from a plastic bag with the food inside and the bag is then pressed by [illegible] contents in the vacuum

heavy [ˈhevɪ] *adjective* large; in large quantities **duży, wysoki;** ***a programme of heavy investment overseas; he suffered heavy losses on the Stock Exchange; the company is a heavy user of steel*** *or* ***a heavy consumer of electricity; the government imposed a heavy tax on luxury goods;*** **heavy costs** *or* **heavy expenditure** = spending large sums of money **wysokie koszty; heavy half** = situation where a small number of customers make up more than half of the total demand for a product

[„większa" połowa]; heavy user = consumer who buys more of a product than average **intensywny użytkownik;** ***heavy users will be particularly affected by the price rise;*** **heavy viewer** = person who watches a lot of television, and is part of the target audience for commercials **osoba oglądająca dużo telewizji;** ***heavy viewers gave us the most interesting comments on our advertising***

heterogeneous [hetərəʊ'dʒi:niəs] *adjective* varied **różnorodny; heterogeneous shopping goods** = goods which vary in quality and style from brand to brand and which consumers spend time in choosing **towary różnorodne** *compare* HOMOGENEOUS

hierarchy of effects ['haɪrɑ:kɪ ʌv ɪ'fekts] *noun* model showing the stages in the effect of advertising on a consumer (awareness, knowledge, liking, preference, conviction and purchase) **hierarchia wpływów**

high [haɪ] **1** *adjective* **(a)** tall **wysoki;** ***the shelves are 30 cm high; they are planning a 30-storey high office block*** **(b)** large; not low **wysoki;** ***high overhead costs increase the unit price; high prices put customers off; they are budgeting for a high level of expenditure; investments which bring in a high rate of return; high interest rates are crippling small businesses;*** **high finance** = lending, investing and borrowing of very large sums of money organized by financiers **świat wielkich finansów; high flier** = (i) person who is very successful *or* who is likely to get a very important job; **człowiek sukcesu;** (ii) share whose market price is rising rapidly; **szybko zwyżkująca akcja; high sales** = large amount of revenue produced by sales **wysokie obroty; high taxation** = taxation which imposes large taxes on incomes *or* profits **wysokie opodatkowanie; highest tax bracket** = the group of taxpayers who pay the most tax **grupa płacąca najwyższy podatek; high volume (of sales)** = large number of items sold **duży wolumen sprzedaży; (c) highest bidder** = person who offers the most money at an auction **osoba oferująca najwyższą cenę;** ***the property was sold to the highest bidder;*** **a decision taken at the highest level** = decision taken by the most important person or group **decyzja podejmowana na najwyższym szczeblu; 2** *adverb* **prices are running high** = prices are above their usual level **ceny są wysokie; 3** *noun* point where prices *or* sales are very large **szczyt cenowy;** ***share prices have dropped by 10% since the January 2nd high; the highs and lows on the Stock Exchange;*** **sales volume has reached an all-time high** = has reached its highest point ever **sprzedaż osiągnęła rekordowy poziom**

◊ **high-grade** ['haɪgreɪd] *adjective* of very good quality **wysokiej jakości;** ***high-grade petrol;*** **a high-grade trade delegation** = a delegation made up of very important people **delegacja handlowa wysokiego szczebla**

◊ **high-involvement product** [haɪɪn'vɒlvmənt 'prɒdʌkt] *noun* high-priced or high-tech product that is carefully considered by a consumer before being bought **produkt, którego zakup jest starannie rozważany**

◊ **high pressure** ['haɪ 'preʃə] *noun* strong force by other people to do something **silna presja; working under high pressure** = working with a manager telling you what to do and to do it quickly *or* with customers asking for supplies urgently **praca pod silną presją; high-pressure salesman** = salesman who tries to force the customer to buy something he or she does not really need **sprzedawca nachalny; high-pressure sales techniques** *or* **high-pressure selling** = trying to force a customer to buy something he or she does not really want **sprzedaż agresywna/nachalna**

◊ **high-quality** ['haɪ'kwɒlətɪ] *adjective* of very good quality **wysokiej jakości;** ***high-quality goods; high-quality steel***

◊ **high season** ['haɪ 'si:zn] *noun* period of the year when there are more travellers *or* tourists **pełnia sezonu;** ***the hotels are booked up right through the high season; high-season air fares are 10% higher than in the low season***

◊ **High Street** ['haɪstri:t] *noun* main shopping street in a British town **High Street (nazwa własna);** (NOTE: the US equivalent is **Main Street**) ***the High Street shops; a High Street bookshop;*** **the High Street banks** = main British banks which accept deposits from individual customers **banki przy High Street**

hire purchase (HP) ['haɪə 'pɜ:tʃəs] *noun* system of buying something by paying a sum regularly each month **kupno na raty;** ***to buy a refrigerator on hire purchase;*** **to sign a hire-purchase agreement** = to sign a contract to pay for something by instalments **zawrzeć umowę kupna na raty; hire-purchase company** = company which provides money for hire purchase **firma finansująca zakupy na raty;** (NOTE: US English uses **to buy on the installment plan**)

histogram ['hɪstəgræm] *noun* chart where values or quantities are shown as thick columns of different heights **histogram**

historic *or* **historical** [hɪsˈtɒrɪk *or* hɪsˈtɒrɪkəl] *adjective* which goes back over a period of time **historyczny; historic(al) cost** = actual cost of something which was purchased some time ago **koszt historyczny/nabycia/pierwotny; historical figures** = figures which were current in the past **dane historyczne; historical trend** = trend detected in the past on the basis of historical data **tendencja historyczna;** ***historical trends may help us to predict how the economy will develop in the future; it is difficult to detect any clear historical trends in consumer reaction to our past product launches***

hit rate [ˈhɪt ˈreɪt] *noun* rate at which a target is reached (such as the number of mail shots needed before a customer makes an order for a product advertised on them, or the number of customers who reply to a mail shot compared to the total number of customers mailed) **[wskaźnik trafień]**

hive off [ˈhaɪv ˈɒf] *verb* to split off part of a large company to form a smaller subsidiary **wydzielić (przedsiębiorstwo);** ***the new managing director hived off the retail sections of the company***

hoard [hɔːd] *verb* to buy and store food in case of need; to keep cash instead of investing it **gromadzić**

◊ **hoarder** [ˈhɔːdə] *noun* person who buys and stores food in case of need **„chomik"**

◊ **hoarding** [ˈhɔːdɪŋ] *noun* **(a) hoarding of supplies** = buying large quantities of money *or* food to keep in case of need **gromadzenie zapasów** (NOTE: the opposite is **dishoarding**) **(b)** large wooden board for posters **duża tablica reklamowa;** ***advertising hoardings have been taken down in that town since the council banned posters; giant hoardings were placed in fields on either side of the road***

> QUOTE: as a result of hoarding, rice has become scarce with prices shooting up
>
> **Business Times (Lagos)**

home [həʊm] *noun* **(a)** house, or place where a consumer lives **dom; home audit** = survey method whereby a panel of householders keeps records of purchases so that these can be regularly checked for quantity and brand **badanie domowe;** ***the home audit showed that although wholesalers were buying the product in large quantities, consumers were not; the home audit suggested that there is little brand loyalty for this type of product;*** **home shopping** = buying items direct from the customer's house, using a computer linked to the telephone which is linked to the store's ordering department **kupno bez ruszania się z domu; (b) home country** = country where a company is based **ojczyzna, kraj siedziby przedsiębiorstwa; home industry** = productive work carried out by people at home **chałupnictwo;** ***in third world countries there are still many home industries; home industries are disappearing as mass production takes over;*** **home market** = market in a producer's own country **rynek krajowy;** ***let's hope we do as well overseas as in the home market; the home market is fairly safe since demand there is both ample and stable;*** **home sales** *or* **sales in the home market** = sales in the country where a company is based **sprzedaż na rynku krajowym; home-produced products** = products manufactured in the country where the company is based **produkty krajowe**

◊ **homegrown** [ˈhəʊmgrəʊn] *adjective* which has been developed in a local area *or* in a country where the company is based **krajowy;** ***a homegrown computer industry; India's homegrown car industry***

◊ **homeward** [ˈhəʊmwəd] *adjective* going towards the home country **powrotny;** ***homeward freight; homeward journey***

◊ **homewards** [ˈhəʊmwədz] *adverb* towards the home country **do kraju, w kierunku powrotnym;** ***cargo homewards***

homogeneous [həʊməˈdʒiːnɪəs] *adjective* uniform *or* unvaried **jednorodny; homogeneous shopping goods** = goods which vary little in style and quality from brand to brand and which consumers spend little time choosing **towary jednorodne;** *compare* HETEROGENEOUS

horizontal [hɒrɪˈzɒntl] *adjective* flat, going from side to side, not up and down **horyzontalny, poziomy; horizontal communication** = communication between workers at the same level **komunikacja pozioma; horizontal industrial market** = market in which a product is used by many industries **poziomy rynek przemysłowy; horizontal integration** = forward integration *or* lateral integration, the process of expansion in which a company becomes its own distributor or takes over a company in the same line of business as itself (as opposed to backward integration, where the company expands by becoming its own supplier) **integracja pozioma; horizontal marketing system** = cooperation between *or* merger of two or more companies whose assets are complementary and who therefore all gain from coming together **marketing poziomy; horizontal publication** = publication which is aimed at people in similar levels of occupation in different industries **publikacja pozioma**

horse trading ['hɔ:s 'treɪdɪŋ] *noun* hard bargaining which ends with someone giving something in return for a concession from the other side **trudne negocjacje zakończone wzajemnymi ustępstwami**

hostess party selling ['həʊstəs 'pɑ:tɪ 'selɪŋ] *noun* method of selling certain items (such as household goods) directly by the manufacturer's agent at a party to which potential customers are invited **sprzedaż na przyjęciu promocyjnym**

hotline ['hɒtlaɪn] *noun* special telephone ordering service set up for a special period **gorąca linia;** *a Christmas hotline*

house [haʊs] *noun* **(a)** building in which someone lives **dom; house property** = private houses, not shops, offices or factories **domy prywatne; house agent** = estate agent who deals in buying or selling houses **agent nieruchomości mieszkalnych; (b)** company **przedsiębiorstwo;** *a French business house; the largest London finance house; he works for a broking house or a publishing house;* **export house** = company which specializes in the export of goods manufactured by other companies **przedsiębiorstwo eksportowe; house advertisement** *or* **house ad** = advertisement in a publication which is placed by the publication itself (offering a readers' inquiry service, special items for sale, etc.) **reklama własna; house agency** = advertising agency owned and used by a large company, and which other companies may also use **własna agencja reklamowa; house brand** = brand owned by a retailer rather than by the producer **własna marka; house journal** *or* **house magazine** *or US* **house organ** = magazine produced for the workers or shareholders in a company to give them news about the company **gazeta firmowa; house style** = company's own design which is used in all areas of its activities, such as packaging, stationery and office decoration **styl firmy;** *changing our house style is part of an effort to up-date the company's image; the house style needs a face-lift to suit our international market;* **house telephone** = internal telephone for calling from one office to another **linia wewnętrzna**

◊ **household** ['haʊs(h)əʊld] *noun* unit formed of all the people living together in a single house or flat, whether it is a single person living alone, a married couple, or a large family **gospodarstwo domowe; household appliances** = appliances (such as dishwashers and refrigerators) which are used in carrying out day-to-day work in the house **artykuły gospodarstwa domowego; household name** = brand name which is recognized by a large number of people **znana marka**

◊ **house-to-house** ['haʊstə'haʊs] *adjective* going from one house to the next, asking people to buy something *or* to vote for someone **domokrążny;** *house-to-house canvassing; house-to-house salesman; house-to-house selling*

> QUOTE: the extent of single women households has implications for marketing
>
> **Precision Marketing**

HP ['eɪtʃ'pi:] = HIRE PURCHASE

human resources ['hjʊmən rɪ'sɔ:sɪz] *noun* manpower *or* workforce that an organization has available **personel, zasoby ludzkie;** *we do not have sufficient human resources either to produce or market the product*

hype [haɪp] **1** *noun* excessive claims made in advertising **rozgłos, przesadna reklama;** *many consumers were actually put off by all the media hype surrounding the launch of the new magazine* **2** *verb* to make excessive claims in advertising **nadawać rozgłos, przesadnie reklamować**

hypermarket ['haɪpəmɑ:kɪt] *noun* very large supermarket, sited outside a large town, with ample car parking facilities **hipermarket**

hypothesis [haɪ'pɒθɪsɪs] *noun* assumption, theory which must be tested to be confirmed or proved correct **hipoteza;** *let us assume, as a working hypothesis, that we can win a 5% market share within two years of the launch; surveys proved that our original hypothesis about likely consumer behaviour was by and large correct* (NOTE: plural is **hypotheses**)

Ii

I-am-me [aɪæmˈmiː] lifestyle segment category of VALS, the people who think of themselves as being different from everyone else **[grupa „jestem inny"]**

iceberg principle [ˈaɪsbɜːg ˈprɪnsɪpl] *noun* principle that strong needs and desires lie deep in the human personality and that advertising must work at this level if it is to be effective **zasada góry lodowej**

image [ˈɪmɪdʒ] *noun* general idea that the public has of a product, brand or company **wizerunek;** ***they are spending a lot of advertising money to improve the company's image; the company has adopted a down--market image;*** **brand image** = qualities which people tend to associate with a particular brand name or branded product **wizerunek marki; corporate image** = idea which a company would like the public to have of it **wizerunek przedsiębiorstwa; to promote a corporate image** = to publicize a company so that its reputation is improved **promować wizerunek przedsiębiorstwa**

> QUOTE: charities are also ready to buy air time to promote their corporate image
>
> **Marketing Week**

IMF [ˈaɪemˈef] = INTERNATIONAL MONETARY FUND

imitate [ˈɪmɪteɪt] *verb* to do what someone else does **naśladować;** ***they imitate all our sales gimmicks***

◊ **imitation** [ɪmɪˈteɪʃən] *noun* thing which is a copy of an original **imitacja, naśladownictwo; beware of imitations** = be careful not to buy low quality goods which are made to look like other more expensive items **uważaj na podróbki**

immediate [ɪˈmiːdjət] *adjective* **(a)** happening at once **natychmiastowy;** ***he wrote an immediate letter of complaint; your order will receive immediate attention*** **(b)** close at hand **bezpośredni, najbliższy; immediate environment** = elements *or* factors outside a business organization which directly affect its work, such as the supply of raw materials and demand for its products **najbliższe otoczenie/środowisko;** ***the unreliability of our suppliers is one of the worst features of our immediate environment***

impact [ˈɪmpækt] *noun* shock *or* strong effect **wpływ;** ***the impact of new technology on the cotton trade; the new design has made little impact on the buying public;*** **impact scheduling** = running advertisements for the same product close together so as to make a strong impression on the target audience **częste pokazywanie tej samej reklamy;** ***impact scheduling can achieve rapid brand awareness***

◊ **impactaplan** [ɪmˈpæktəplæn] *noun* extensive poster advertising campaign **intensywna reklama plakatowa**

imperfect [ɪmˈpɜːfɪkt] *adjective* not perfect *or* having defects **niedoskonały;** ***sale of imperfect items; to check a batch for imperfect products;*** **imperfect competition** = degree of competition in a market which is somewhere between a monopoly at one extreme and perfect competition at the other **konkurencja niedoskonała;**

◊ **imperfection** [ɪmpəˈfekʃən] *noun* part of an item which is not perfect **niedoskonałość;** ***to check a batch for imperfections***

import 1 [ˈɪmpɔːt] *noun* **(a) imports** = goods brought into a country from abroad for sale **towary importowane;** ***imports from Poland have risen to $1m a year;*** **invisible imports** = services (such as banking, tourism, etc.) which are paid for in foreign currency **import niewidzialny/pozatowarowy; visible imports** = real goods which are imported **import towarowy/widzialny; (b) import ban** = government measure to stop imports **zakaz importu;** ***the government has imposed an import ban on arms;*** **import duty** = tax on goods imported into a country **cło wwozowe; import levy** = tax on imports, especially a tax imposed by the EU on imports of farm produce from outside the EU **cło wwozowe; import licence** *or* **import permit** = government licence *or* permit which allows goods to be imported **zezwolenie importowe; import quota** = fixed quantity of a particular type of goods which the government allows to be imported **kontyngent;** *the government has imposed an import quota on cars;* **import surcharge** = extra duty charged on imported goods, to try to prevent them from being imported and to encourage local manufacture **bariera celna, dodatkowa opłata celna 2** [ɪm'pɔ:t] *verb* to bring goods from abroad into a country for sale **importować;** *the company imports television sets from Japan; this car was imported from France; the union organized a boycott of imported cars*

> QUOTE: European manufacturers rely heavily on imported raw materials which are mostly priced in dollars
>
> **Duns Business Month**

importation [ɪmpɔ:'teɪʃən] *noun* act of importing **import;** *the importation of livestock is subject to very strict controls*

◊ **importer** [ɪm'pɔ:tə] *noun* person *or* company which imports goods **importer;** *a cigar importer; the company is a big importer of foreign cars*

◊ **import-export** ['ɪmpɔ:t'ekspɔ:t] *adjective* dealing with both bringing foreign goods into a country and sending locally made goods abroad **importowo-eksportowy;** *import-export trade; he's in import-export*

◊ **importing** [ɪm'pɔ:tɪŋ] **1** *adjective* which imports **importujący;** *oil-importing countries; an importing company* **2** *noun* act of bringing foreign goods into a country for sale **import;** *the level of importing is bound to affect domestic industries*

impression [ɪm'preʃn] *noun* one person's single exposure to an advertisement **jednorazowa ekspozycja na reklamę;** *one impression can be enough to induce a consumer to buy; too many impressions can put consumers off;* **impression cover** = amount of advertising necessary to ensure the required number of impressions **[wymagana intensywność reklamy]; gross impressions** = total number of people who have seen an advertisement, multiplied by the number of times it has been run **[pokrycie reklamowe brutto];** *see also* GUARANTEED

impulse ['ɪmpʌls] *noun* sudden decision **impuls; impulse buying** *or* **impulse purchasing** = buying things which you have just seen, and which you had not planned to buy **kupowanie sterowane impulsem, kupno nieplanowane; impulse buyer** = person who buys something on impulse, not because he intended to buy it **nabywca pod wpływem impulsu;** *the store puts racks of chocolates by the checkout to attract the impulse buyer;* **impulse purchase** = thing bought as soon as it is seen **zakup nieplanowany; to do something on impulse** = to do something because you have just thought of it, not because it was planned **zrobić coś pod wpływem impulsu**

incentive [ɪn'sentɪv] *noun* thing which encourages a customer to buy or staff to work better **bodziec, zachęta; incentive bonus** *or* **incentive payment** = extra pay offered to a worker to make him or her work better **premia uznaniowa; incentive marketing** = any additional incentives to buy (apart from advertising), such as free gifts **marketing bodźcowy;** *we will have to use incentive marketing to break down sales resistance;* **incentive scheme** = plan to encourage better work by paying higher commission or bonuses **system bodźców; sales incentive** = encouraging higher sales by paying the sales people a higher commission or bonuses, or giving them prizes, such as holidays, for increased sales **bodziec dla pracowników działu sprzedaży**

income ['ɪŋkʌm] *noun* **(a)** money which a person receives as salary or dividends **dochód, przychód; annual income** = money received during a calendar year **roczny dochód/przychód; disposable income** = income left after tax and national insurance have been deducted **dochód po opodatkowaniu; lower** *or* **upper income bracket** = people who earn low or high salaries categorized for tax purposes **ludzie płacący niższe/wyższe podatki; he comes into the higher income bracket** = he is a person earning a high income and therefore paying more tax **on płaci wyższe podatki; income distribution** = way in which the national income is distributed among the various classes and occupations in a country **podział dochodu narodowego; income effect** = effect that a change in a person's income has on his or her spending **wpływ dochodu; the government's incomes policy** = the government's ideas on how incomes should be controlled **rządowa polityka w zakresie dochodów; (b)** *US* **income statement** = accounts for a company which show expenditure and sales balanced to give a final profit or loss **rachunek wyników/zysków i strat**

> QUOTE: there is no risk-free way of taking regular income from your money much higher than the rate of inflation
>
> **Guardian**

indemnity [ɪnˈdemnɪtɪ] *noun* compensation for a loss or wrong **odszkodowanie; letter of indemnity** = letter promising payment of compensation for a loss **list gwarancyjny**

indent 1 [ˈɪndent] *noun* **(a)** order placed by an importer for goods from overseas **zamówienie eksportowe;** ***he put in an indent for a new stock of soap*** **(b)** line of typing which starts several spaces from the left-hand margin **wcięty akapit; 2** [ɪnˈdent] *verb* **(a) to indent for something** = to put in an order for something **złożyć zamówienie eksportowe;** ***the department has indented for a new computer*** **(b)** to start a line of typing several spaces from the left-hand margin **rozpocząć nową linijkę od wcięcia;** ***indent the first line three spaces***

independent [ɪndɪˈpendənt] **1** *adjective* free; not controlled by anyone **niezależny; independent company** = company which is not controlled by another company **spółka niezależna; independent retailer** *or* **independent trader** *or* **independent shop** = shop which is owned by an individual proprietor, not by a chain **niezależny detalista, niezależna placówka handlowa, niezależny sklep; independent television** = British commercial television (as opposed to the BBC) **niezależne stacje telewizyjne; independent variable** = a factor, a change in whose value influences one or more other variables called 'dependent variables' **zmienna niezależna;** ***in this model personal income is the independent variable and expenditure the dependent variable*** **2** *noun* **the independents** = shops or companies which are owned by private individuals **przedsiębiorstwa niezależne; media independent** = business offering other businesses a media buying service, but without the creative services usually offered by advertising agencies **firma pośrednicząca w zakupie mediów**

◊ **Independent Television Commission (ITC)** British statutory body which operates transmitting stations and oversees commercial television and radio **Rada Telewizji Niepublicznej**

index [ˈɪndeks] *noun* regular statistical report which shows rises and falls in prices, etc. **indeks, wskaźnik; growth index** = index showing how something has increased **wskaźnik wzrostu; cost-of-living index** = way of measuring the cost of living, shown as a percentage increase on the figure for the previous year **wskaźnik kosztów utrzymania; retail price index** *or* *US* **consumer price index** = index showing how prices of consumer goods have risen over a period of time, used as a way of measuring inflation and the cost of living **wskaźnik cen detalicznych; wholesale price index** = index showing rises and falls of prices of manufactured goods as they leave the factory **wskaźnik cen hurtowych; the Financial Times Index** = index which shows percentage rises or falls in share prices on the London Stock Exchange based on a small group of major companies **indeks Financial Times; index number** = number which shows the percentage rise of something over a period of time **indeks, wskaźnik;** (NOTE: plural is **indexes** or **indices**)

◊ **indexation** [indekˈseɪʃn] *noun* linking of something to an index **indeksacja; indexation of wage increases** = linking of wage increases to the percentage rise in the cost of living **indeksacja płac**

◊ **indexing** [ˈɪndeksɪŋ] *noun* method of showing changes in a value over time by starting with a simple base point such as 100, which then serves as a reference point for future years **indeksowanie;** ***indexing is used to show the rise in the cost of living over a ten-year period***

◊ **index-linked** [ˈɪndeksˈlɪŋkt] *adjective* which rises automatically by the percentage increase in the cost of living **indeksowany;** ***index-linked pensions; his pension is index-linked; index-linked government bonds***

> QUOTE: the index of industrial production sank 0.2 per cent for the latest month after rising 0.3 per cent in March
>
> **Financial Times**

indicate [ˈɪndɪkeɪt] *verb* to show **wskazywać;** ***the latest figures indicate a fall in the inflation rate; our sales for 1995 indicate a move from the home market to exports***

◊ **indicator** [ˈɪndɪkeɪtə] *noun* thing which indicates **wskaźnik; government economic indicators** = statistics which show how the country's economy is going to perform in the short or long term **rządowe wskaźniki ekonomiczne**

> QUOTE: it reduces this month's growth in the key M3 indicator from about 19% to 12%
>
> **Sunday Times**

> QUOTE: we may expect the US leading economic indicators for April to show faster economic growth
>
> **Australian Financial Review**

> QUOTE: other indicators, such as high real interest rates, suggest that monetary conditions are extremely tight
>
> **Economist**

indicia [ɪnˈdɪsɪə] *noun US* stamp printed on an envelope to show that postage has been paid by the sender **odcisk pieczęci opłaty pocztowej**

indifference curve [ɪnˈdɪfrəns ˈkɜːv] *noun* line on a graph that joins various points, each point representing a certain combination of two commodities, each combination giving the customer equal satisfaction **krzywa obojętności**

indigenous [ɪnˈdɪdʒənəs] *adjective* native, belonging to a particular country or area **lokalny, miejscowy;** *cocoa is not indigenous to the area, but has been grown there for some years*

indirect [ˌɪndaɪˈrekt] *adjective* not direct **pośredni; indirect expenses** *or* **costs** = costs which are not directly attached to the making of a product (such as cleaning, rent, administration, etc.) **koszty pośrednie; indirect exporting** = selling products to a customer overseas through a middleman in one's own country **eksport pośredni;** *there is no need for indirect exporting as we can sell directly to the major department stores in Spain; indirect exporting saved the company from having to worry about export documentation and transportation;* **indirect labour costs** = costs of paying workers who are not directly involved in making a product (such as secretaries, cleaners, etc.) **koszty pośrednie robocizny; indirect taxation** = taxes (such as sales tax) which are not paid direct to the government **opodatkowanie pośrednie;** *the government raises more money by indirect taxation than by direct*

individual [ɪndɪˈvɪdjuəl] **1** *noun* one single person **osoba fizyczna/indywidualna;** *savings plan made to suit the requirements of the private individual* **2** *adjective* single *or* belonging to one person **indywidualny, pojedynczy;** *a pension plan designed to meet each person's individual requirements; we sell individual portions of ice cream;* **individual demand** = demand from one single consumer **popyt indywidualny**

industry [ˈɪndəstrɪ] *noun* **(a)** all factories *or* companies *or* processes involved in the manufacturing of products **przemysł;** *all sectors of industry have shown rises in output;* **basic industry** = most important industry of a country (such as coal, steel, agriculture, etc.) **przemysł kluczowy; a boom industry** *or* **a growth industry** = industry which is expanding rapidly **prężnie rozwijająca się gałąź przemysłu; heavy industry** = industry which deals in heavy raw materials (such as coal) or makes large products (such as ships or engines) **przemysł ciężki; light industry** = industry making small products (such as clothes, books, calculators) **przemysł lekki; primary industry** = industry concerned with the production or extraction of basic raw materials (such as coal, wood, farm produce) **przemysł podstawowy; secondary industry** = industry which uses basic raw materials to produce manufactured goods **przemysł przetwórczy; service industry** *or* **tertiary industry** = industry which does not produce raw materials or manufacture products but offers a service (such as banking, retailing, accountancy, etc.) **usługi; (b)** group of companies making the same type of product **branża;** *the aircraft industry; the building industry; the car industry; the food processing industry; the mining industry; the petroleum industry*

◊ **industrial** [ɪnˈdʌstrɪəl] *adjective* referring to manufacturing work **przemysłowy; industrial accident** = accident which takes place at work **wypadek przy pracy; to take industrial action** = to go on strike or go-slow **zastrajkować; industrial advertising** = advertising to businesses, not to private individuals **reklama przemysłowa; industrial capacity** = amount of work which can be done in a factory or several factories **zdolność produkcyjna; industrial centre** = large town with many industries **centrum przemysłu; industrial consumer** = business which buys industrial goods **konsument przemysłowy;** *GB* **industrial court** *or* **industrial tribunal** = court which can decide in industrial disputes if both parties agree to ask it to judge between them **sąd pracy; industrial design** = design of products made by machines (such as cars, refrigerators) **wzornictwo przemysłowe; industrial disputes** = arguments between management and workers **zatargi pomiędzy kierownictwem i załogą; industrial espionage** = trying to find out the secrets of a competitor's work or products, usually by illegal means **szpiegostwo przemysłowe; industrial estate** *or* **industrial park** = area of land near a town specially for factories and warehouses **strefa przemysłowa; industrial expansion** = growth of industries in a country *or* a region **rozwój przemysłowy; industrial goods** *or* **industrial products** = goods or products bought by producers to be used in production processes **towary przemysłowe;** ***our industrial products are advertised in the specialized press; he is an engineer by profession and sells industrial goods to factories;*** **industrial injuries** = injuries which happen to workers at work **uszkodzenia ciała w wyniku wypadków przy pracy; industrial market** = customers who buy goods to be used in production **rynek przemysłowy; industrial marketing** = marketing of industrial products **marketing przemysłowy;** ***after doing a course in industrial marketing, he got a job selling machinery to aircraft manufacturers;*** **industrial processes** = processes involved in manufacturing products in factories **procesy przemysłowe; industrial relations** = relations between management and workers **stosunki pomiędzy pracodawcą a pracownikami; good industrial relations** = situation where management and workers understand each others' problems and work together for the good of the company **dobre stosunki pomiędzy pracodawcą a pracownikami; industrial training** = training of new workers to work in an industry **przyuczenie do pracy; land zoned for light industrial use** = land where planning permission has been given to build small factories for light industry **obszar przeznaczony do zabudowy przez małe fabryki przemysłu lekkiego; industrial user** = customer who buys industrial products to use in production **użytkownik przemysłowy**

◊ **industrialist** [ɪnˈdʌstrɪəlɪst] *noun* owner *or* director of a factory **przemysłowiec**

◊ **industrialization** [ɪndʌstrɪəlaɪˈzeɪʃən] *noun* process of change by which an economy becomes based on industrial production rather than on agriculture **industrializacja, uprzemysłowienie**

◊ **industrialize** [ɪnˈdʌstrɪəlaɪz] *verb* to set up industries in a country which had none before **uprzemysławiać industrialized societies** = countries which have many industries **kraje uprzemysłowione**

> QUOTE: indications of renewed weakness in the US economy were contained in figures on industrial production for April
>
> **Financial Times**

> QUOTE: central bank and finance ministry officials of the industrialized countries will continue work on the report
>
> **Wall Street Journal**

> QUOTE: with the present overcapacity in the airline industry, discounting of tickets is widespread
>
> **Business Traveller**

inelastic demand [ɪnɪˈlæstɪk dɪˈmɑːnd] *noun* demand which experiences a comparatively small percentage change in response to a percentage change in price **popyt nieelastyczny;** ***where a product is a household necessity, you almost always find an inelastic demand;*** **inelastic supply** = supply which experiences a comparatively small percentage change in response to a percentage change in price **podaż nieelastyczna**

inertia selling [ɪˈnɜːʃjə ˈselɪŋ] *noun* method of selling items by sending them when they have not been ordered and assuming that if the items are not returned, the person who has received them is willing to buy them **sprzedaż inercyjna;** *see also* LAW OF INERTIA OF LARGE NUMBERS

inferior [ɪnˈfɪərɪə] *adjective* not as good as others **gorszy, pośledni;** ***inferior products*** *or* ***products of inferior quality;*** **inferior product** = product which consumers buy less of as their incomes rise **produkt gorszy;** ***margarine was clearly an inferior product before it came to be considered healthier than butter; as the recession hit, sales of inferior products soared***

inflation [ɪnˈfleɪʃən] *noun* situation where prices rise to keep up with increased production costs and so the value of money decreases **inflacja; we have 15% inflation** *or* **inflation is running at 15%** = prices are 15% higher than at the same time last year **inflacja sięga 15%;** ***to take measures to reduce inflation; high interest rates tend to increase inflation;*** **rate of inflation** *or* **inflation rate** = percentage increase in prices over a twelve-month period **stopa inflacji; demand-led inflation** = inflation caused by a rising demand for goods which cannot be met **inflacja sterowana popytem; galloping inflation** *or* **runaway inflation** = very rapid inflation which it is almost impossible to reduce **inflacja galo-**

pująca; spiralling inflation = inflation where price rises make workers ask for higher wages which then increase prices again **inflacja spiralna**

◊ **inflationary** [ɪnˈfleɪʃnərɪ] *adjective* which tends to increase inflation **inflacyjny;** ***inflationary trends in the economy;*** **the economy is in an inflationary spiral** = in a situation where price rises encourage higher wage demands which in turn make prices rise **gospodarka znajduje się na spirali inflacyjnej; anti-inflationary measures** = measures to reduce inflation **przedsięwzięcia zmniejszające inflację**

> QUOTE: the decision by the government to tighten monetary policy will push the annual inflation rate above the year's previous high
>
> **Financial Times**

> QUOTE: when you invest to get a return, you want a 'real' return - above the inflation rate
>
> **Investors Chronicle**

influencer [ˈɪnfluənsə] *noun* expert in the decision-making unit who advises on technical aspects of the product or service under consideration **konsultant**

inform [ɪnˈfɔːm] *verb* to tell someone officially **informować, zawiadamiać;** ***I regret to inform you that your tender was not acceptable; we are pleased to inform you that your offer has been accepted; we have been informed by the Department of Trade that new tariffs are coming into force***

◊ **informant** [ɪnˈfɔːmənt] *noun* respondent, person who answers questions in a survey **respondent;** ***so far only two informants have said that they never buy the product; why are most informants reluctant to be questioned?***

◊ **information** [ɪnfəˈmeɪʃən] *noun* **(a)** details which explain something **informacja;** ***please send me information on*** *or* ***about holidays in the USA; have you any information on*** *or* ***about deposit accounts? I enclose this leaflet for your information; to disclose a piece of information; to answer a request for information; for further information, please write to Department 27;*** **disclosure of confidential information** = telling someone information which should be secret **ujawnienie poufnych informacji; (b) information technology (IT)** = working with computer data **informatyka; information retrieval** = storing and then finding data in a computer **wyszukiwanie informacji; (c) information bureau** *or* **information office** = office which gives information to tourists *or* visitors **biuro informacji; information officer** = person whose job is to give information about a company *or* an organization *or* a government department to the public; person whose job is to give information to other departments in the same organization **rzecznik prasowy**

inherent vice [ɪnˈhɪərənt ˈvaɪs] *noun* tendency of certain goods to spoil during transportation **wada naturalna;** ***inherent vice discouraged us from importing tropical fruit; inherent vice and pilfering are both problems in the export of medicines to Africa***

in-home selling *or* **retailing** [ˈɪnhəʊm ˈselɪŋ] *noun* selling to a customer in his or her home, either by direct contact or by telephone **sprzedaż z dostawą do domu;** ***in-home selling is the national strategy for our products; in-home selling is useful when housewives are the target market***

in-house [ˈɪnˈhaʊs] *adjective & adverb* done inside a company's offices, not by an outside contractor **zakładowy, wewnątrz przedsiębiorstwa;** ***all our advertising material is produced in-house; our in-house design team is preparing dummies for the exhibition***

initial [ɪˈnɪʃəl] *adjective* first *or* starting **początkowy; initial capital** = capital which is used to start a business **kapitał zakładowy;** ***he started the business with an initial expenditure*** *or* ***initial investment of £500;*** **initial sales** = first sales of a new product **sprzedaż początkowa;** ***the initial response to the TV advertising has been very good***

innovate [ˈɪnəveɪt] *verb* to bring in new ideas *or* new methods **wprowadzać innowacje**

◊ **innovation** [ɪnəˈveɪʃən] *noun* development of new products or new ways of selling *or* new idea *or* new method *or* new product **innowacja**

◊ **innovative** [ˈɪnəveɪtɪv] *adjective* (person or thing) which is new and makes changes **innowacyjny**

◊ **innovator** [ˈɪnəveɪtə] *noun* **(a)** person or company that brings in new ideas and methods **innowator; (b)** person (an adopter) who buys a new product first **innowator**

> QUOTE: small innovative companies in IT have been hampered for lack of funds
>
> **Sunday Times**

> QUOTE: if innovation equates with daring, then 'who dares wins' will be a marketing commandment
>
> **Marketing Workshop**

input tax ['ɪnpʊt 'tæks] *noun* VAT which is paid by a company on goods or services bought **podatek naliczony**

inquiry [ɪŋ'kwaɪərɪ] *noun* request for information about a product **zapytanie; letter of inquiry** = letter from a prospective customer to a supplier inquiring about products or services and their prices **zapytanie ofertowe;** ***we receive ten letters of inquiry a week concerning our range of electronic typewriters***

insert 1 ['ɪnsɜ:t] *noun* thing which is put inside something **wkładka; an insert in a magazine mailing** *or* **a magazine insert** = advertising sheet put into a magazine when it is mailed **wkładka reklamowa; loose insert** = advertising sheet slipped between the pages of a magazine, not bound into it **luźna wkładka reklamowa; 2** [ɪn'sɜ:t] *verb* to put something in **włożyć;** ***to insert a clause in a contract; to insert a publicity piece in a magazine mailing***

inset ['ɪnset] = INSERT

inside front cover [ɪn'saɪd 'frʌnt 'kʌvə] *noun* page on the inside of the front cover of a magazine, used for advertisements **wewnętrzna strona przedniej kartki okładki (druga strona okładki); inside back cover** = similar page on the inside of the back cover **wewnętrzna strona tylnej strony okładki**

instability [ɪnstə'bɪlətɪ] *noun* being unstable; moving up and down **chwiejność, niestałość; period of instability in the money markets** = period when currencies fluctuate rapidly **okres niestabilności na rynkach pieniężnych**

install [ɪn'stɔ:l] *verb* to put (a machine) into an office *or* into a factory **instalować;** ***to install new machinery; to install a new data processing system***

◊ **installation** [ɪnstə'leɪʃən] *noun* **(a)** machines, equipment and buildings **instalacja;** ***harbour installations; the fire seriously damaged the oil installations*** **(b)** putting new machines into an office *or* a factory **instalacja, instalowanie;** ***to supervise the installation of new equipment***

◊ **instalment** *or US* **installment** [ɪn'stɔ:lmənt] *noun* part of a sum owed which is paid regularly until the total amount is paid **rata;** ***the first instalment is payable on signature of the agreement;*** **the final instalment is now due** = the last of a series of payments should be paid now **ostatnia rata jest obecnie wymagalna; to pay £25 down and monthly instalments of £20** = to pay a first payment of £25 and the rest in payments of £20 each month **wpłacić £25 od razu, a następnie miesięczne raty w wysokości £20; to miss an instalment** = not to pay an instalment at the right time **nie zapłacić raty; instalment credit** = arrangement by which a purchaser pays for goods bought in instalments over a period of time **kredyt na zakup na raty**

◊ **installment plan** *or* **installment sales** *or* **installment buying** [ɪn'stɔ:lməntplæn *or* -seɪlz *or* -baɪɪŋ] *noun US* system of buying something by paying a sum regularly each month **sprzedaż/zakupy na raty;** ***to buy a car on the installment plan*** (NOTE: GB English is **hire purchase or HP**)

institution [ɪnstɪ'tju:ʃən] *noun* organization *or* society set up for a particular purpose **instytucja; financial institution** = bank *or* investment trust *or* insurance company whose work involves lending or investing large sums of money **instytucja finansowa**

◊ **institutional** [ɪnstɪ'tju:ʃənl] *adjective* referring to a financial institution **instytucjonalny; institutional advertising** = advertising an organization rather than a product **reklama instytucji; institutional buying** *or* **selling** = buying or selling shares by financial institutions **kupno/sprzedaż akcji przez instytucje finansowe; institutional investors** = financial institutions who invest money in securities **inwestorzy instytucjonalni**

in-store ['ɪn'stɔ:] *adjective* inside a store **własny (= sklepu); in-store bakery** = bakery in a large supermarket, where bread is baked fresh for the customers **piekarnia (własna supermarketu); in-store demonstration** = demonstration of a product (often a piece of kitchen equipment) inside a store **prezentacja w sklepie; in-store promotion** = promotion of a product inside a shop, by demonstrations, special gift counters, etc. **promocja w sklepie**

> QUOTE: dissatisfied with traditional media advertising, manufacturers in the USA are shifting their money into in-store promotion. The reason why marketers in the US put more effort into in--store marketing is the greater penetration of EPOS
>
> **Marketing Week**

instrument ['ɪnstrʊmənt] *noun* legal document **dokument, instrument; nego-**

tiable instrument = document (such as a bill of exchange, or cheque) which can be exchanged for cash **instrument przenoszalny/zbywalny**

integrate ['ɪntɪgreɪt] *verb* to link things together to form one whole group **integrować, jednoczyć;** *US* **integrated communications concept** = concept or principle that a company should link all its promotions, either of its own image or of the products and services it sells, in a consistent way on several different levels **koncepcja komunikacji zintegrowanej; integrated lifestyle segment** = according to VALS, the group of people who are satisfied with their way of life **segment zintegrowanego stylu życia; integrated marketing** = co-ordination of all of a company's marketing activities in establishing marketing strategies (such as packaging, media promotion, POS material, after-sales service) **zintegrowany marketing;** ***the separation of departments makes integrated marketing difficult to achieve***

◊ **integration** [ɪntɪ'greɪʃən] *noun* bringing several businesses together under a central control **integracja; backward integration** *or* **vertical integration** = the process of expansion in which businesses join together which deal with different stages in the production or sale of the same product, i.e., a business becomes its own supplier (as opposed to forward or horizontal integration, where the company becomes its own distributor) **integracja wsteczna/pionowa; forward integration** *or* **horizontal integration** *or* **lateral integration** = the process of expansion in which a company becomes its own distributor or takes over a company in the same line of business as itself (as opposed to backward integration, where the company expands by becoming its own supplier) **integracja postępująca/pozioma**

intensive [ɪn'tensɪv] *adjective* **intensive distribution** = use by a producer of as wide a network of distributors as possible to sell products **dystrybucja intensywna;** ***without intensive distribution we cannot hope to achieve these ambitious sales targets; intensive distribution makes us rely on too many retailers and wholesalers;*** **capital-intensive industry** = industry which needs a large amount of capital investment in plant to make it work **przemysł kapitałochłonny; labour-intensive industry** = industry which needs large numbers of workers *or* where labour costs are high in relation to turnover **przemysł pracochłonny**

intention to buy [ɪn'tenʃn tə 'baɪ] *noun* statement by a respondent that he or she intends to buy a product or service (which may or may not be true) **zamiar zakupu**

interactive [ɪntə'æktɪv] *adjective* which allows the customer and seller to influence the presentation of information, or of development of strategies **interaktywny; interactive marketing** = marketing strategies which are developed as a result of decisions taken by both salespeople and customers **marketing interaktywny**

intercompany *or* **interfirm comparison** [ɪntə'kʌmpənɪ *or* ɪntə'fɜːm] *noun* comparison of different companies to see how much they spend on promotion, what their return on investment is, etc. **zestawienie porównawcze przedsiębiorstw**

interest ['ɪntrəst] **1** *noun* **(a)** special attention **zainteresowanie;** ***the buyers showed a lot of interest in our new product range*** **(b)** payment made by a borrower for the use of money, calculated as a percentage of the capital borrowed **odsetki; simple interest** = interest calculated on the capital only, and not added to it **odsetki proste; compound interest** = interest which is added to the capital and then earns interest itself **odsetki składane; 2** *verb* to attract someone's attention **zainteresować;** ***the company is trying to interest a wide range of customers in its products***

intermedia comparison [ɪntə'miːdɪə] *noun* comparison of different media as vehicles for advertising **porównanie międzymedialne;** ***we will carry out intermedia comparisons before deciding on our promotional strategy*** *compare* INTRAMEDIA COMPARISON

internal [ɪn'tɜːnl] *adjective* **(a)** inside a company **wewnętrzny; we decided to make an internal appointment** = we decided to appoint an existing member of staff to the post, and not bring someone in from outside the company **zdecydowaliśmy dać to stanowisko komuś z firmy; internal audit** = audit carried out by a department within the company **audyt wewnętrzny; internal audit department** *or* **internal auditor** = department *or* member of staff who audits the accounts of the company he works for **dział kontroli wewnętrznej, wewnętrzny audytor; internal telephone** = telephone which is linked to other phones in an office **telefon wewnętrzny; (b)** inside a country **krajowy; an internal flight** = flight to a town inside the same country **lot krajowy;** *US* **Internal Revenue Service** = government department which deals with tax **Izba Skarbowa; internal trade** = trade between various parts of a country **handel wewnętrzny**

◊ **internally** [ɪnˈtɜːnəlɪ] *adverb* inside a company **wewnątrz;** ***the job was advertised internally***

international [ɪntəˈnæʃənl] *adjective* working between countries **międzynarodowy; international law** = laws governing relations between countries **prawo międzynarodowe; international marketing** = marketing of a company's products abroad **marketing międzynarodowy;** ***our international marketing so far consists of exporting to three countries; the next stage in the company's international marketing was the setting up of factories overseas;*** **the International Monetary Fund (IMF)** = (part of the United Nations) a type of bank which helps member states in financial difficulties, gives financial advice to members and encourages world trade **Międzynarodowy Fundusz Walutowy; international trade** = trade between different countries **handel międzynarodowy**

interpolation [ɪntɜːpəˈleɪʃn] *noun* method of estimating a value between two established values **interpolacja**

interstate commerce [ˈɪntəsteɪt ˈkɒmɜːs] *noun US* commerce between different states which is therefore subject to federal government control **handel międzystanowy**

interview [ˈɪntəvjuː] **1** *noun* **(a)** talk with a person who is applying for a job **rozmowa (kwalifikacyjna);** ***we called six people for interview; I have an interview next week*** *or* ***I am going for an interview next week; during the interview the candidate for the marketing job suggested some business strategies for the company*** **(b)** contact between a person looking for information or opinions and a person giving them, either through a meeting or by telephone or by post **wywiad;** ***the respondent in the interview would give no opinions about the brand*** *For various types of interview see also* DEPTH, DIRECTIVE, GROUP, MAIL, PATTERNED, STRUCTURED **(c) sales interview** = meeting between a salesman and prospective customer in which the latter may find out relevant information about a product or service in order to make a buying decision **rozmowa ze sprzedawcą; 2** *verb* **(a)** to talk to a person applying for a job to see if he or she is suitable **przeprowadzać rozmowę kwalifikacyjną;** ***we interviewed ten candidates, but found no one suitable*** **(b)** to try to get information or opinions from someone, either through a meeting or by telephone or post **rozmawiać;** ***we interviewed people in the street about their smoking habits***

◊ **interviewee** [ɪntəvjuːˈiː] *noun* person who is being interviewed **osoba udzielająca wywiadu, rozmówca**

◊ **interviewer** [ˈɪntəvjuːə] *noun* person who is conducting the interview **osoba przeprowadzająca rozmowę/wywiad**

intramedia comparison [ɪntrəˈmiːɪə] *adjective* comparison of different advertising options within the same medium **porównanie wewnątrzmedialne;** ***after extensive intramedia comparison we now know all the possibilities of TV advertising*** *compare* INTERMEDIA COMPARISON

intransient [ɪnˈtrænzɪənt] *adjective* (advertisement) which the target audience can keep and look at again, such as one in a newspaper *or* magazine, as opposed to a transient advertisement on TV or radio **trwały**

in transit [ɪn ˈtrænzɪt] *adverb* **goods in transit** = goods being transported from one place to another **towary w drodze**

intrinsic value [ɪnˈtrɪnsɪk ˈvæljuː] *noun* material value of something **wartość materialna/rzeczywista** ***these objects have sentimental value, but no intrinsic value at all; the intrinsic value of jewellery makes it a good investment***

introduce [ɪntrəˈdjuːs] *verb* to make a new person or thing known to someone **przedstawiać; to introduce a client** = to bring in a new client and make him known to someone **przedstawić klienta; to introduce a new product on the market** = to produce a new product and launch it on the market **wprowadzać nowy produkt na rynek**

◊ **introductory offer** [ɪntrəˈdʌktərɪ ˈɒfə] *adjective* special price offered on a new product to attract customers **oferta promocyjna**

inventory [ˈɪnvəntrɪ] **1** *noun* **(a)** stock *or* goods in a warehouse or shop **zapasy;** ***to carry a high inventory; to aim to reduce inventory;*** **inventory control** = system of checking that there is not too much stock in a warehouse, but just enough to meet requirements **kontrola stanu zapasów; (b)** list of the contents of a house for sale, of an office for rent, etc. **inwentarz, spis;** ***to draw up an inventory of fixtures;*** **to agree the inventory** = to agree that the inventory is correct **uzgodnić stan faktyczny z wykazem; 2** *verb* to make a list of stock or contents **inwentaryzować**

> QUOTE: a warehouse needs to tie up less capital in inventory and with its huge volume spreads out costs over bigger sales
>
> **Duns Business Month**

investment [ɪn'ves(t)mənt] *noun* placing money in such a way that it will increase in value **inwestycja; investment advertising** = large expenditure on advertising to achieve long-term objectives **reklama o długofalowych celach**

invisible [ɪn'vɪzəbl] **1** *adjective* **invisible assets** = assets which have a value but which cannot be seen (such as goodwill or patents) **niewidzialne aktywa; invisible earnings** = foreign currency earned by a country by providing services, not selling goods **niewidzialne wpływy; invisible imports** *or* **invisible exports** *or* **invisible trade** = services which are paid for in foreign currency or earn foreign currency without actually selling a product (such as banking, insurance or tourism) **niewidzialny import/eksport/handel; 2** *plural noun* **invisibles** = invisible imports and exports **niewidzialny import i eksport**

invoice ['ɪnvɔɪs] **1** *noun* **(a)** note asking for payment for goods or services supplied **faktura, rachunek;** *your invoice dated November 10th; they sent in their invoice six weeks late; to make out an invoice for £250; to settle or to pay an invoice;* **the total is payable within thirty days of invoice** = the total sum has to be paid within thirty days of the date on the invoice **cała kwota jest płatna w ciągu 30 dni od daty wystawienia faktury; VAT invoice** = invoice which includes VAT **faktura; (b) invoice clerk** = office worker who deals with invoices **fakturzysta; invoice price** = price as given on an invoice (including discount and VAT) **cena na fakturze; total invoice value** = total amount on an invoice, including transport, VAT, etc. **wartość faktury ogółem; 2** *verb* to send an invoice to someone **wysłać rachunek/fakturę;** *to invoice a customer;* **we invoiced you on November 10th** = we sent you the invoice on November 10th **wysłaliśmy do Państwa rachunek/fakturę 10 listopada**

◊ **invoicing** ['ɪnvɔɪsɪŋ] *noun* sending of an invoice **wystawianie faktur/rachunków;** *our invoicing is done by computer;* **invoicing department** = department in a company which prepares and sends invoices **dział fakturowania; invoicing in triplicate** = preparing three copies of invoices **sporządzanie faktur/rachunków w trzech egzemplarzach; VAT invoicing** = sending of an invoice including VAT **wystawianie faktur**

inward ['ɪnwəd] *adjective* towards the home country **kierujący się/skierowany do kraju; inward bill** = bill of lading for goods arriving in a country **konosament w podróży powrotnej; inward mission** = visit to one's home country by a group of foreign businessmen **wizyta zagranicznych biznesmenów**

irrevocable [ɪ'revəkəbl] *adjective* which cannot be changed **nieodwołalny; irrevocable acceptance** = acceptance which cannot be withdrawn **akcept nieodwołalny; irrevocable letter of credit** = letter of credit which cannot be cancelled or changed **akredytywa nieodwołalna;** *the sellers insisted on being paid by irrevocable letter of credit*

island ['aɪlənd] *noun* **island position** = advertising space separated from other advertising space in a newspaper or magazine **wyodrębniona przestrzeń reklamowa;** *an island position is expensive but will attract great attention;* **island site** *or* **island display** = sales display or exhibition stand separated from others **wyodrębniona pozycja towaru/stoiska;** *there are only two island sites at the exhibition and we have one of them; an island site means that visitors can approach the stand from several directions*

issue ['ɪʃu:] **1** *noun* number of a newspaper *or* magazine **wydanie; issue life** = time between one issue of a publication and another **życie wydania;** *the reason the magazine's advertising rates are so expensive is because it has an issue life of three months* **2** *verb* to put out *or* to give out **wydawać, wypuszczać;** *to issue a letter of credit; to issue shares in a new company; to issue a writ against someone; the government issued a report on London's traffic*

IT ['aɪ'ti:] = INFORMATION TECHNOLOGY

ITC ['aɪ'ti:'si:] = INDEPENDENT TELEVISION COMMISSION

item ['aɪtəm] *noun* **(a)** thing for sale **artykuł; cash items** = goods sold for cash **towary za gotówkę; we are holding orders for out-of-stock items** = for goods which are not in stock **przyjmujemy zamówienia na towary, których nie prowadzimy;** *please find enclosed an order for the following items from your catalogue* **(b)** piece of information **pozycja;** *items on a balance sheet;* **extraordinary items** = items in accounts which do not appear each year and need to be noted **pozycje nadzwyczajne; item of expenditure** = goods or services which have been paid for and appear in the accounts **pozycja kosztów; (c)** point on a list **pozycja, punkt; we will now take item four on the agenda** = we will now discuss the fourth point on the agenda **poruszymy teraz punkt 4 w naszym porządku obrad**

◊ **itemize** ['aɪtəmaɪz] *verb* to make a detailed list of things **wyliczać, wyszczególniać;** ***itemizing the sales figures will take about two days;*** **itemized account** = detailed record of money paid or owed **szczegółowe wyliczenie; itemized invoice** = invoice which lists each item separately **rachunek szczegółowy**

itinerary [aɪ'tɪnərərɪ] *noun* list of places to be visited on one journey **trasa;** ***a salesman's itinerary***

Jj

jingle [ˈdʒɪŋgl] *noun* **advertising jingle** *or* **publicity jingle** = short and easily remembered tune to advertise a product on television, etc. **dżingiel, melodyjka reklamowa**

JIT = JUST-IN-TIME

job [dʒɒb] *noun* **(a)** piece of work *or* order being worked on **zlecenie;** ***we are working on six jobs at the moment; the shipyard has a big job starting in August*** **(b) job lot** = group of miscellaneous items sold together **zestaw towarów sprzedany jako całość;** ***he sold the household furniture as a job lot***

◊ **jobber** [ˈdʒɒbə] *noun US* wholesaler **hurtownik; rack jobber** = wholesaler who sells goods by putting them on racks in retail shops **typ hurtownika**

◊ **jobbing** [ˈdʒɒbɪŋ] *noun* doing small pieces of work **praca dorywcza jobbing printer** = person who does small printing jobs **drukarz akcydensów; jobbing production** = production of several different articles, each to individual requirements **produkcja jednostkowa**

journal [ˈdʒɜːnl] *noun* **(a)** book with the account of sales and purchases made each day **dziennik; (b)** magazine **czasopismo; house journal** = magazine produced for the workers in a company to give them news about the company **gazetka zakładowa; trade journal** = magazine produced for people or companies in a certain trade **pismo branżowe**

◊ **journalist** [ˈdʒɜːnəlɪst] *noun* person who writes for a newspaper **dziennikarz**

journey [ˈdʒɜːnɪ] *noun* long trip, especially a trip made by a salesman **podróż;** ***he planned his journey so that he could visit all his accounts in two days;*** **journey mapping** = method of calculating how many people pass a poster site **zliczanie odbiorców reklamy zewnętrznej;** ***journey mapping allows us to pinpoint the ten key sites we will be renting for the next three months;*** **journey order** = order given by the shopkeeper to a salesman when he calls **[zamówienie podróżne]; journey planning** = planning what calls a salesperson will make and how he or she will reach them most efficiently, giving priority to the more profitable accounts **planowanie trasy;** ***the sales manager will stress how good journey planning will save precious time; inefficient journey planning means miles of unnecessary travelling for the sales force every day***

judgement *or* **judgment** [ˈdʒʌdʒmənt] *noun* assessment *or* evaluation of the quality of someone or something **opinia, osąd; judgement forecasting** = forecasting based on judgement rather than on any scientific techniques **prognozowanie w oparciu o opinie;** ***we need more precise information so that we can extrapolate rather than use judgement forecasting; market research departments find judgement forecasting too subjective and unreliable;*** **judgement sampling** = choosing a sample for a survey based on judgement of what criteria would be especially significant rather than applying any scientific techniques **dobór respondentów w oparciu o opinie;** ***judgement sampling can produce an insufficiently representative sample***

jumble sale [ˈdʒʌmbl ˈseɪl] *noun* sale of odd secondhand items organized by a club or organization to raise money **sprzedaż rzeczy używanych**

jumbo [ˈdʒʌmbəʊ] *adjective* very large **ogromny;** ***jumbo-sized pack*** *or* ***jumbo pack***

jumpy [ˈdʒʌmpɪ] *adjective* nervous *or* excited **nerwowy; the market is jumpy** = the stock market is nervous and share prices are likely to fluctuate **rynek reaguje nerwowo**

junk mail [ˈdʒʌŋk ˈmeɪl] *noun* unsolicited advertising material which is mailed and thrown away immediately by the people who receive it **poczta śmieciowa**

jury of executive opinion [ˈdʒʊərɪ ʌv ɪgˈzekjʊtɪv əˈpɪnjən] *noun* using a panel of executives to contribute to forecasting **panel ekspertów marketingowych**

just-in-time (JIT) [ˈdʒʌstɪnˈtaɪm] *noun* **just-in-time (JIT) production** = making goods to order just before they are needed, so as to avoid having too many goods in stock **produkcja dokładnie na czas; just-in-time (JIT) purchasing** = purchasing system where goods are purchased immediately before they are needed, so as to avoid carrying high levels of stock **zakupy dokładnie na czas**

Kk

KD = KNOCKDOWN

keen [kiːn] *adjective* **(a)** eager *or* active **chętny, aktywny; keen competition** = strong competition **ostra konkurencja;** *we are facing some keen competition from European manufacturers;* **keen demand** = wide demand **duży popyt;** *there is a keen demand for home computers* **(b) keen prices** = prices which are kept low so as to be competitive **konkurencyjne ceny;***our prices are the keenest on the market*

kerbside conference [ˈkɜːbsaɪd ˈkɒnfrəns] *noun* discussion of selling techniques between a trainee salesman and the person training him after making a sales call **[uliczna konferencja];** *in the kerbside conference, the sales trainer described a number of different approaches that might have been made to a particular customer*

key [kiː] *adjective* important **kluczowy, ważny;** *key factor; key industry; key personnel; key post; key staff;* **key account** = important account or client (such as of an advertising agency) **kluczowy klient; key code** = letter and number code printed on mailshots so that the respondents can be identified **kod kluczowy; key number** = number used in a keyed advertisement **numer-klucz; key prospects** = promising *or* hopeful potential customers **potencjalni klienci;** *in this sales campaign we will be concentrating on key prospects; this is bad journey planning since it does not allow sufficient time to visit all the key prospects*

◊ **keyboard** [ˈkiːbɔːd] **1** *noun* part of a typewriter or computer with keys which are pressed to make letters or figures **klawiatura; 2** *verb* to press the keys on a keyboard to type something **wprowadzać (dane do komputera) za pomocą klawiatury;** *he is keyboarding our address list*

◊ **keyboarder** [ˈkiːbɔːdə] *noun* person who types information into a computer **operator komputera**

◊ **keyboarding** [ˈkiːbɔːdɪŋ] *noun* act of typing on a keyboard **wprowadzanie (danych do komputera) za pomocą klawiatury;** *keyboarding costs have risen sharply*

◊ **keyed advertisement** [ˈkiːd ədˈvɜːtɪsmənt] *noun* advertisement which asks people to write to a specially coded address which will indicate where they saw it, thus helping the advertisers to evaluate the effectiveness of advertising in that particular newspaper *or* magazine **reklama prasowa z kluczem**

◊ **keypad** [ˈkiːpæd] *noun* set of keys on a computer **klawiatura pomocnicza numeric keypad** = set of programmable numbered keys on a computer **klawiatura numeryczna**

kickback [ˈkɪkbæk] *noun* illegal commission paid to someone (especially a government official) who helps in a business deal **łapówka**

Kimball tag [ˈkɪmbəl ˈtæg] *noun* paper tag attached to an item for sale, which is removed when the item has been sold, and kept by the store so that it can be used for stock control **metka Kimballa**

king-size [ˈkɪŋˈsaɪz] *adjective* extra large **ekstra duży;** *the cash-and-carry only sells king-size packs; the king-size carton contains twice as much as the regular size, but is less than twice as expensive*

kiosk [ˈkiːɒsk] *noun* small wooden shelter, for selling goods out of doors **budka, kiosk;** *a newspaper kiosk;* **telephone kiosk** = shelter with a public telephone in it **budka telefoniczna**

kite [kaɪt] *noun GB* **kite mark** = mark on goods to show they meet official standards **znak normy na produkcie**

knock [nɒk] *verb* **to knock the competition** = to hit competing firms hard by vigorous selling **dołożyć konkurencji; knocking copy** = advertising material which criticizes competing products **reklama krytykująca konkurencję**

◊ **knock down** [ˈnɒk ˈdaʊn] *verb* **to knock something down to a bidder** = to sell something at an auction **sprzedać oferentowi na aukcji/licytacji;** ***the stock was knocked down to him for £10,000***

◊ **knockdown** [ˈnɒkdaʊn] *noun* **(a) knockdown (KD) goods** = goods sold in parts, which are then assembled by the buyer **towary do samodzielnego montażu;** ***many do-it--yourself enthusiasts are buying our knock--down goods*** *compare* CKD **(b) knockdown prices** = very low prices **bardzo niskie ceny;** ***he sold me the car at a knockdown price***

◊ **knock off** [ˈnɒk ˈɒf] *verb* to reduce a price by a certain amount **obniżyć cenę;** ***he knocked £10 off the price as I was paying cash***

> QUOTE: for some years butter advertising tended to knock other fats such as margarine
>
> **Marketing Week**

know-how [ˈnəʊhaʊ] *noun* knowledge about how something works *or* how something is made **know-how, specjalistyczna wiedza;** ***electronic know-how; to acquire computer know-how***

Ll

label [ˈleɪbl] **1** *noun* **(a)** piece of paper *or* card attached to something to show its price *or* an address *or* instructions for use **etykieta, nalepka; gummed label** = label which you wet to make it stick on the item **etykietka z klejem; self-sticking label** = sticky label, ready to stick on an item **etykietka samoprzylepna; tie-on label** = label with a piece of string attached so that it can be tied on to an item **metka na sznureczku, przywieszka; (b) address label** = label with an address on it **etykietka z adresem; price label** = label showing a price **metka; quality label** = label which states the quality of something, such one showing that a product meets government standards **znak jakości; (c) own label goods** = goods specially produced for a store with the store's name on them **towary własnej marki; 2** *verb* to attach a label to something **opatrzyć etykietką, przyczepić metkę; incorrectly labelled parcel** = parcel with the wrong information on the label **nieprawidłowo oznakowana paczka**

◊ **labelling** [ˈleɪblɪŋ] *noun* putting a label on something **znakowanie, metkowanie; labelling department** = section of a factory where labels are attached to the product **dział metkowania**

lading [ˈleɪdɪŋ] *noun* putting goods on a ship **załadunek; bill of lading** = list of goods being shipped, which the transporter gives to the person sending the goods to show that they have been loaded **konosament**

laggards [ˈlægədz] *noun* category of adopters of a product who are the last to buy it or use it **[maruderzy]**

laissez-faire economy [ˈleseɪˈfeə ɪˈkɒnəmɪ] *noun* economy where the government does not interfere because it believes it is right to let the economy run itself **gospodarka wolnokonkurencyjna**

land [lænd] *verb* to put goods *or* passengers on land after a voyage by sea *or* by air **wyładować, wysadzić;** ***to land goods at a port; to land passengers at an airport*** **landed costs** = costs of goods which have been delivered to a port, unloaded and passed through customs **cena z kosztami transportu, wyładunku i cła**

◊ **landing** [ˈlændɪŋ] *noun* **landing card** = card given to passengers who have passed customs and can land from a ship *or* an aircraft **karta zejścia na ląd/lądowania; landing charges** = payment for putting goods on land and the customs duties **koszty wyładunku i cła; landing order** = permit which allows goods to be unloaded into a bonded warehouse without paying customs duty **pozwolenie organu celnego na wyładunek do składu celnego**

landscape [ˈlændskeɪp] *noun* illustration or page or a book whose width is greater than its height **strona o orientacji poziomej;** *compare* PORTRAIT

late [leɪt] **1** *adjective* **(a)** after the time stated or agreed **opóźniony;** ***we apologize for the late arrival of the plane from Amsterdam;*** **there is a penalty for late delivery** = if delivery is later than the agreed date, the supplier has to pay a fine **dostawa po terminie jest obłożona karą; late majority** = category of adopters of a product who buy or use it after the early majority but before the laggards **[późna większość]; (b)** at the end of a period of time **późny; latest date for signature of the contract** = the last acceptable date for signing the contract **ostateczny termin podpisania umowy; (c) latest** = most recent **najnowszy, ostatni;** ***he always drives the latest model of car; here are the latest sales figures*** **2** *adverb* after the time stated or agreed **z opóźnieniem;** ***the shipment was landed late; the plane was two hours late***

latent demand [ˈleɪtənt dɪˈmɑːnd] *noun* situation where there is demand for a product but potential customers are unable to pay for it **popyt ukryty;** ***we will have to wait for***

the economy to improve in countries where there is latent demand; situation analysis has shown that there is only latent demand

lateral ['lætərəl] *adjective* moving to the side; referring to the side **boczny; lateral diversification** = adding another quite different type of business to a firm's existing trade **dywersyfikacja pozioma;** ***lateral diversification means bringing in new expertise; lateral diversification brought the company into unknown territory;*** **lateral integration** = joining similar companies or taking over a company in the same line of business as oneself **integracja pozioma;** ***lateral integration will allow a pooling of resources; lateral integration in the form of a merger will improve the efficiency of both businesses involved;*** **lateral thinking** = imaginative approach to problem-solving which involves changing established patterns of thinking to help make a breakthrough **myślenie lateralne;** ***lateral thinking resulted in finding a completely new use for an existing product; brainstorming sessions encourage lateral thinking and originality***

launch [lɔːn(t)ʃ] **1** *verb* to put a new product on the market (usually spending money on advertising it) **wypuścić nowy produkt na rynek;** ***they launched their new car model at the motor show; the company is spending thousands of pounds on launching a new brand of soap*** **2** *noun* act of putting a new product on the market **wypuszczenie nowego produktu na rynek;** ***the launch of the new model has been put back three months; the company is geared up for the launch of its first microcomputer; the management has decided on a September launch date;*** **rolling launch** = the gradual launch of a product, by releasing it in selected areas over a period **stopniowe wprowadzanie nowych produktów na rynek**

◊ **launching** ['lɔːn(t)ʃɪŋ] *noun* act of putting a new product on the market **wypuszczenie nowego produktu na rynek; launching costs** = costs of publicity for a new product **koszty wprowadzenia na rynek nowego produktu; launching date** = date when a new product is officially shown to the public for the first time **termin wprowadzenia na rynek nowego produktu; launching party** = party held to advertise the launching of a new product **przyjęcie z okazji wypuszczenia na rynek nowego produktu**

law [lɔː] *noun* general rule **prawo; law of supply and demand** = general rule that the amount of a product which is available is related to the needs of potential customers **prawo popytu i podaży; law of diminishing returns** = the general rule that beyond a certain point, an increase in one factor of production (land, capital or labour) while the other factors remain constant, will not produce an equal increase in output or profit **prawo malejących przychodów krańcowych; law of inertia of large numbers** = principle that larger samples are more likely to be representative of the population than small ones **prawo inercji wielkich liczb; law of statistical regularity** = principle that a group of people or objects taken from a larger group of people or objects will tend to resemble the larger group **prawo statystycznej powtarzalności**

layout ['leɪaʊt] *noun* arrangement of words and pictures on a printed page *or* arrangement of counters, displays, etc., within a store **kompozycja, plan, układ;** ***I like the illustration and the copy but not the layout; the layout needs to be changed so that other features are highlighted***

LBO = LEVERAGED BUYOUT

L/C = LETTER OF CREDIT

lead [liːd] **1** *noun* information which may lead to a sale **wskazówki;** ***it has been difficult starting selling in this territory with no leads to follow up; I was given some useful leads by the salesman who used to cover this territory*** **2** *verb* **(a)** to be the first *or* to be in front **prowadzić;** ***the company leads the market in cheap computers*** **(b)** to be the main person in a group **kierować;** ***she will lead the trade mission to Nigeria; the tour of American factories will be led by the minister***

◊ **leader** ['liːdə] *noun* **(a)** person who manages *or* directs others **lider;** ***the leader of the construction workers' union or the construction workers' leader; she is the leader of the trade mission to Nigeria; the leader of the trade delegation was invited to meet the President*** **(b)** product which sells best **lider, produkt wiodący na rynku, bestseller; a market leader** = product which sells most in a market *or* company which has the largest share of a market **lider rynkowy; leader pricing** = cutting prices on some goods in the hope that they attract customers to the shop where more profitable sales can be made **obniżanie cen liderów rynkowych; loss-leader** = article which is sold very cheaply to attract customers **lider rynkowy (artykuł) w super promocji;** ***I didn't realize leader pricing was being used until I saw the loss-leaders in the window*** **(c)** main article in a newspaper *or* magazine **prasowy artykuł wstępny;** ***we got some welcome publicity in*** *this morning's leader; the leader was very critical of the government's policy*

◊ **leading question** [ˈli:dɪŋ ˈkwestʃən] *noun* question in a questionnaire which, by its phrasing, suggests a certain answer **pytanie sterowane;** ***interviewers were trained to avoid bias and leading questions; the leading question pressurized the respondent into answering untruthfully***

◊ **lead time** [ˈli:d ˈtaɪm] *noun* time between deciding to place an order and receiving the product **okres realizacji zamówienia;** ***the lead time on this item is more than six weeks***

leaflet [ˈli:flət] *noun* sheet of paper giving information, used to advertise something **ulotka;** ***to mail leaflets advertising a new hair-dressing salon; they are handing out leaflets describing the financial services they offer; we made a leaflet mailing to 20,000 addresses;*** **leave leaflet** = promotional leaflet left by a salesman with a prospective customer **ulotka reklamowa zostawiana przez handlowca**

leakage [ˈli:kɪdʒ] *noun* amount of goods lost in storage (by going bad *or* by being stolen *or* by leaking from the container) **ubytek**

learning curve [ˈlɜ:nɪŋ ˈkɜ:v] *noun* line on a graph which shows the relationship between experience in doing something and competence at carrying it out **krzywa uczenia się**

lease [li:s] **1** *noun* written contract for letting or renting of a building *or* a piece of land *or* a piece of equipment for a period against payment of a fee **dzierżawa, wynajem; long lease** = lease which runs for fifty years or more **dzierżawa długoterminowa; short lease** = lease which runs for up to two or three years **dzierżawa krótkoterminowa;** ***to take an office building on a long lease; we have a short lease on our current premises; to rent office space on a twenty-year lease;*** **full repairing lease** = lease where the tenant has to pay for all repairs to the property **najem z kosztami naprawy; headlease** = lease from the freeholder to a tenant **dzierżawa główna, najem główny; sublease** *or* **underlease** = lease from a tenant to another tenant **poddzierżawa, podnajem; the lease expires** *or* **runs out in 2001** = the lease comes to an end in 2001 **najem/dzierżawa wygasa w 2001 roku; on expiration of the lease** = when the lease comes to an end **w momencie wygaśnięcia dzierżawy/najmu; 2** *verb* **(a)** to let or rent offices *or* land *or* machinery for a period **dzierżawić/najmować komuś** ***to lease offices to small firms; to lease equipment*** **(b)** to use an office *or* land *or* machinery for a time and pay a fee **dzierżawić/najmować od kogoś;** ***to lease an office from an insurance company; all our company cars are leased***

ledger [ˈledʒə] *noun* book in which accounts are written **księga (rachunkowa); bought ledger** *or* **purchase ledger** = book in which expenditure is noted **rejestr zakupów; bought ledger clerk** *or* **sales ledger clerk** = office worker who deals with the bought ledger *or* the sales ledger **księgowy odpowiedzialny za rejestr zakupów/sprzedaży; nominal ledger** = book which records a company's income and expenditure in general **księga główna; payroll ledger** = list of staff and their salaries **rejestr płac; sales ledger** = book in which sales are noted **rejestr sprzedaży**

legal [ˈli:gəl] *adjective* **(a)** according to the law *or* allowed by the law **legalny;** ***the company's action was completely legal*** **(b)** referring to the law **prawny; to take legal action** = to sue someone *or* to take someone to court **wszcząć postępowanie sądowe; to take legal advice** = to ask a lawyer to advise about a legal problem **zasięgnąć porady prawnej; legal adviser** = person who advises clients about the law **doradca prawny; legal currency** = money which is legally used in a country **legalna waluta; legal department** *or* **legal section** = section of a company dealing with legal matters **dział prawny; legal tender** = coins or notes which can be legally used in making a payment (small denominations cannot be used to pay large debts) **prawny środek płatniczy**

◊ **legality** [lɪˈgæləti] *noun* being allowed by law **legalność;** ***there is doubt about the legality of the company's action in dismissing him***

◊ **legalize** [ˈli:gəlaɪz] *verb* to make something legal **legalizować**

◊ **legalization** [li:gəlaɪˈzeɪʃən] *noun* making something legal **legalizacja**

◊ **legally** [ˈli:gəli] *adverb* according to the law **legalnie, zgodnie z prawem; the contract is legally binding** = according to the law, the contract has to be obeyed **ta umowa jest wiążąca; the directors are legally responsible** = the law says that the directors are responsible **dyrektorzy ponoszą prawną odpowiedzialność**

legend [ˈledʒənd] *noun* short note printed underneath an illustration to explain it **legenda, podpis**

legislation [ledʒɪsˈleɪʃən] *noun* laws **legislacja, prawo, prawodawstwo; labour legislation** = laws concerning the employment of workers **prawo pracy**

letter ['letə] *noun* **(a)** piece of writing sent from one person *or* company to another to give information **list, pismo; business letter** = letter which deals with business matters **pismo handlowe; circular letter** = letter sent to many people **okólnik; covering letter** = letter sent with documents to say why they are being sent **pismo przewodnie; follow-up letter** = letter sent to someone who has not acted on the instructions in a previous letter, or to discuss in more detail points which were raised earlier **pismo uzupełniające; standard letter** = letter which is sent without change to various correspondents **list standardowy; (b) letter of acknowledgement** = letter which says that something has been received **pisemne potwierdzenie (odbioru); letters of administration** = letter given by a court to allow someone to deal with the estate of someone who has died **pismo sądowe ustanawiające zarządcę masy spadkowej; letter of advice** = letter to a customer giving details of goods ordered and shipped but not yet delivered **awizo;** ***the letter of advice stated that the goods would be at Southampton on the morning of the 6th; the letter of advice reminded the customer of the agreed payment terms;*** **letter of complaint** = letter in which someone complains **reklamacja na piśmie; letter of credit (L/C)** = letter from a bank allowing someone credit and promising to repay at a later date **akredytywa; letter of indemnity** = letter promising payment of compensation for a loss **list gwarancyjny; letter of inquiry** = letter from a prospective buyer to a supplier inquiring about products and their prices **zapytanie ofertowe;** ***the letter of inquiry requested us to send our catalogues and price lists; we received a letter of inquiry concerning possible trade discounts;*** **letter of intent** = letter which states what a company intends to do if something happens **list intencyjny; letters patent** = official document which gives someone the exclusive right to make and sell something which he has invented **zaświadczenie patentowe**

◊ **letterhead** ['letəhed] *noun* name and address of a company printed at the top of a piece of notepaper **nagłówek firmowy**

level ['levl] *noun* position of something compared to others **poziom, szczebel; stock level** = quantity of goods kept in stock **poziom zapasów; reorder level** = fixed minimum amount of an item which must be kept in stock; when stock falls to this level it must be reordered from the supplier **poziom ponownego zamówienia**

levy ['levɪ] **1** *noun* money which is demanded and collected by the government **danina, podatek; capital levy** = tax on the value of a person's property and possessions **podatek od kapitału; import levy** = tax on imports, especially, a tax imposed by the EU on imports of farm produce from outside the EU **cło wwozowe; levies on luxury items** = taxes on luxury items **podatek od towarów luksusowych; training levy** = tax to be paid by companies to fund the government's training schemes **podatek szkoleniowy; 2** *verb* to demand payment of a tax *or* an extra sum and to collect it **nałożyć podatek;** ***the government has decided to levy a tax on imported cars; to levy a duty on the import of luxury items***

> QUOTE: royalties have been levied at a rate of 12.5% of full production
>
> **Lloyd's List**

liability [laɪə'bɪlətɪ] *noun* **(a)** being legally responsible for damage *or* loss, etc. **odpowiedzialność prawna; to accept liability for something** = to agree that you are responsible for something **przyjąć odpowiedzialność za coś; to refuse liability for something** = to refuse to agree that you are responsible for something **odmówić przyjęcia na siebie odpowiedzialności; contractual liability** = legal responsibility for something as stated in a contract **zobowiązanie umowne; employers' liability insurance** = insurance to cover accidents which may happen at work, and for which the company may be responsible **ubezpieczenie pracodawcy od odpowiedzialności cywilnej;** *see also* LIMITED LIABILITY **(b) liabilities** = debts of a business **zobowiązania płatnicze, długi;** ***the balance sheet shows the company's assets and liabilities;*** **current liabilities** = debts which a company should pay within the next accounting period **zobowiązania krótkoterminowe; long-term liabilities** = debts which are not due to be paid for some time **zobowiązania długoterminowe; he was not able to meet his liabilities** = he could not pay his debts **nie mógł spłacić swoich zobowiązań; to discharge one's liabilities in full** = to pay everything which one owes **całkowicie wywiązać się ze swoich zobowiązań**

◊ **liable** ['laɪəbl] *adjective* **(a) liable for** = legally responsible for **prawnie odpowiedzialny za;** ***the customer is liable for breakages; the chairman was personally liable for the company's debts*** **(b) liable to** = for which a certain type of payment will have to be made **podlegający;** ***goods which are liable to stamp duty***

licence *or US* **license** ['laɪsəns] *noun* **(a)** official document which allows someone to do something **licencja, zezwolenie; driving licence** = document which allows someone to drive a car *or* a truck, etc. **prawo jazdy;** ***applicants should hold a valid driving licence;*** **import licence** *or* **export licence** = documents which allow goods to be exported or imported **licencja importowa/eksportowa, zezwolenie importowe/eksportowe; liquor licence** = government document allowing someone to sell alcohol **koncesja na sprzedaż alkoholu; off licence** = licence to sell alcohol to be drunk away from the place where it is bought; shop which sells alcohol for drinking at home **licencja na sprzedaż alkoholu bez konsumpcji na miejscu; (b) goods manufactured under licence** = goods made with the permission of the owner of the copyright or patent **towary produkowane na licencji**

◊ **license** ['laɪsəns] **1** *noun US* = LICENCE **2** *verb* to give someone official permission to do something for a fee, as when a company allows another to manufacture its products abroad **wydać licencję, zezwolenie; zezwalać;** ***licensed to sell beers, wines and spirits; to license a company to manufacture spare parts; she is licensed to run an employment agency***

◊ **licensee** [laɪsən'siː] *noun* person who has a licence, especially a licence to sell alcohol *or* to manufacture something **posiadacz licencji/zezwolenia, koncesjobiorca**

◊ **licensing** ['laɪsənsɪŋ] *noun* which refers to licences **licencyjny;** ***a licensing agreement; licensing laws;*** *GB* **licensing hours** = hours of the day when alcohol can be sold **godziny sprzedaży alkoholu**

lien [liːn] *noun* legal right to hold someone's goods and keep them until a debt has been paid **prawo zastawu**

life [laɪf] *noun* period of time for which something or someone exists **okres trwania, życie;** ***the life of a loan; during the life of the agreement;*** **life annuity** *or* **annuity for life** = annual payments made to someone as long as he or she is alive **dożywotnia renta; life assurance** *or* **life insurance** = insurance which pays a sum of money when someone dies, or at a certain date if he or she is still alive **ubezpieczenie na życie; the life assured** *or* **the life insured** = the person whose life has been covered by the life assurance **osoba ubezpieczona na życie; life expectancy** = number of years a person is likely to live **statystyczna długość życia; shelf life of a product** = length of time during which a product can stay in the shop and still be good to use **okres przydatności do użycia, trwałość towaru**

◊ **life cycle** ['laɪf 'saɪkl] *noun* concept used for charting the different stages in the life of people, animals or products **cykl życiowy; product life cycle** = stages in the life of a product in terms of sales and profitability, from its launch to its decline **cykl życiowy produktu;** ***growth is the first stage in the product life cycle*** *see also* FAMILY

◊ **life-style** ['laɪf 'staɪl] *noun* way of living of a particular section of society **styl życia;** ***these up-market products appeal to people with an extravagant life-style; the magazine ran a series of articles on the life- styles of some successful businessmen;*** **life-style segmentation** = dividing a market into segments according to the way in which customers live **podział nabywców według stylu życia;** *see also* VALS

light [laɪt] *adjective* **(a)** not heavy **lekki; shares fell back in light trading** = shares lost value on a day when there was little business done on the Stock Exchange **akcje straciły na wartości przy małym ożywieniu giełdy; light industry** = industry which makes small products (such as clothes, books, calculators, etc.) **przemysł lekki; light viewer** = person who watches little television **osoba oglądająca mało telewizji;** ***if too many of the target audience are light viewers, the impact of the commercials will be wasted*** **(b) light pen** = type of pen which, when passed over a bar code, can read it and pass information in it back to a central computer **pióro świetlne**

limit ['lɪmɪt] **1** *noun* point at which something ends *or* point where you can go no further **granica, limit, pułap; to set limits on imports** *or* **to impose import limits** = to allow only a certain quantity of imports **nałożyć ograniczenia importowe; age limit** = top age at which you are allowed to do a job **granica wieku;** ***there is an age limit of thirty-five on the post of buyer;*** **credit limit** = largest amount of money which a customer can borrow **limit kredytowy; he has exceeded his credit limit** = he has borrowed more money than he is allowed **przekroczył swój limit kredytowy; time limit** = maximum time which can be taken to do something **limit czasowy;** ***to set a time limit for acceptance of the offer;*** **weight limit** = maximum weight **maksymalny ciężar; 2** *verb* to stop something from going beyond a certain point **ograniczać; the banks have limited their credit** = the banks have allowed their customers only a certain amount of credit **banki ograniczyły poziom kredytu; each agent is**

limited to twenty-five units = each agent is allowed only twenty-five units to sell **każdemu przedstawicielowi przyznano 25 sztuk**

◊ **limitation** [lɪmɪ'teɪʃən] *noun* **(a)** act of allowing only a certain quantity of something **ograniczenie; limitation of liability** = making someone liable for only a part of the damage or loss **ograniczenie odpowiedzialności; time limitation** = limiting the amount of time available **ograniczenie czasowe;** *the contract imposes limitations on the number of cars which can be imported* **(b) statute of limitations** = law which allows only a certain amount of time (a few years) for someone to claim damages or property **przepisy o przedawnieniu**

◊ **limited** ['lɪmɪtɪd] *adjective* **(a)** restricted; not open **ograniczony; limited function wholesaler** = distributor performing only some of the functions of a wholesaler **hurtownik oferujący ograniczony wachlarz usług;** *as a limited function wholesaler the dealer did not provide a delivery service to retailers;* **limited market** = market which can take only a certain quantity of goods **zawężony rynek; (b) limited liability** = situation where someone's liability for debt is limited by law **ograniczona odpowiedzialność; limited liability company** = company where a shareholder is responsible for the company's debts only to the face value of his shares **spółka z ograniczoną odpowiedzialnością; private limited company** = company with a small number of shareholders, whose shares are not traded on the Stock Exchange **spółka osobowa z ograniczoną odpowiedzialnością; Public Limited Company (plc)** = company whose shares can be bought on the Stock Exchange **publiczna spółka akcyjna z ograniczoną odpowiedzialnością**

◊ **limiting** ['lɪmɪtɪŋ] *adjective* which limits **ograniczający;** *a limiting clause in a contract; the short holiday season is a limiting factor on the hotel trade*

line [laɪn] *noun* **(a)** long mark printed or written on paper **linia, prosta;** *he drew a thick line across the bottom of the column to show which figure was the total;* **line block** = printing block for line drawings **matryca do klisz kreskowych; line drawing** *or* **line illustration** = drawing or illustration consisting only of lines and no tones (shades are shown by lines drawn close together) **rysunek kreskowy; (b) shipping line** *or* **airline** = large shipping or aircraft company which carries passengers or cargo **linia żeglugowa/lotnicza;** *the profits of major airlines have been affected by the rise in fuel prices* **(c) line of business** *or* **line of work** = type of business or work **branża; line of product** *or* **product line** = series of different products which form a group, all made by the same company **asortyment/rodzina towarów;** *we do not stock that line; computers are not one of our best-selling lines; they produce an interesting line in garden tools;* **line divestment** = dropping or selling an entire product line so as to concentrate on other products **rezygnacja z całego asortymentu produktów; line extension** = adding to a product line **rozszerzenie asortymentu; line filling** = filling gaps in a product line **uzupełnianie asortymentu; line simplification** = removing some products from a product line to make the whole line more easily manageable **uproszczenie asortymentu; (d)** row of letters *or* figures on a page **linia (tekstu), wiersz; bottom line** = (i) the last line in accounts, showing the net profit; **ostatni wiersz bilansu (zysk netto);** (ii) final result **ostateczny wynik;** *the boss is only interested in the bottom line;* **to open a line of credit** *or* **a credit line** = to make credit available to someone **otworzyć linię kredytową; (e) assembly line** *or* **production line** = production system where the product (such as a car) moves slowly through a factory with new sections being added to it as it goes along **linia produkcyjna;** *he works on the production line* *or* *he's a production line worker in the car factory* **(f) line chart** *or* **line graph** = chart or graph using lines to indicate values **wykres liniowy; line printer** = machine which prints information from a computer one line at a time **drukarka wierszowa; (g) line of command** *or* **line management** *or* **line organization** = way of organizing a business so that each manager is responsible for doing what his superior tells him to do **liniowa organizacja zarządzania, zarządzanie pionowe**

lineage ['laɪnɪdʒ] *noun* method of measuring a classified advertisement by counting the lines, used for charging purposes **opłata za reklamę liczona od wiersza**

linear ['lɪniə] *adjective* calculated by length **liniowy; linear measurement** *or* **linear footage** = measurement of how long something is, such as the length of shelving available for a display **pomiar liniowy**

list [lɪst] **1** *noun* **(a)** several items written one after the other **lista, wykaz;** *list of products* *or* *product list; stock list; to add an item to a list; to cross an item off a list;* **black list** = list of goods *or* companies *or* countries which are banned for trade **czarna lista; picking list** = list of items in an order, but listed according to where they can be found in the warehouse **lista kompletacyjna zamówienia; (b) address list** *or* **mailing list** = list of names and addresses of people and companies **lista adresowa; list broker** = person who arranges to sell mailing lists to users, but who does not himself own the lists **broker list adresowych; (c)** catalogue **katalog; list price** = price as given in a catalogue **cena katalogowa; price list** = sheet giving prices of goods for sale **cennik; 2** *verb* to write a series of items one after the other **sporządzić wykaz;** ***to list products by category; to list representatives by area; to list products in a catalogue; the catalogue lists twenty-three models of washing machines***

◊ **listing** ['lɪstɪŋ] *noun* **computer listing** = printout of a list of items taken from the data stored in a computer **wykaz komputerowy; listing paper** = paper made as a long sheet, used in computer printers **papier komputerowy, składanka**

literature ['lɪtrətʃə] *noun* written information about something **literatura;** ***please send me literature about your new product range***

lithography [lɪ'θɒgrəfɪ] *noun* printing process, where a design is applied to a smooth flat surface with greasy ink or a crayon (the surface is wetted and ink will adhere to the greasy parts, but not to the wet parts) **litografia; offset lithography** = printing process used for printing books, where the ink sticks to image areas on the plate and is transferred to an offset cylinder from which it is printed on to the paper **litografia offsetowa**

livery ['lɪvrɪ] *noun* a company's own special design, used on uniforms, office decoration, vehicles, etc. **graficzny styl przedsiębiorstwa**

living ['lɪvɪŋ] *noun* **cost of living** = money which a person has to pay for rent, food, heating, etc. **koszty utrzymania; cost-of--living index** = way of measuring the cost of living which is shown as a percentage increase on the figure for the previous year **wskaźnik kosztów utrzymania; he doesn't earn a living wage** = he doesn't earn enough to pay for essentials (food, heat, rent, etc.) **to co zarabia, nie starcza mu na życie; standard of living** *or* **living standards** = quality of personal home life (amount of food, number of clothes bought, size of the family car, etc.) **stopa życiowa;** ***living standards fell as unemployment rose***

load [ləʊd] **1** *noun* **(a)** goods which are transported **ładunek; load of a lorry** *or* **of a container** = goods carried by a lorry or container **ładunek ciężarówki/zawartość kontenera; lorry-load** *or* **container-load** = amount of goods carried on a lorry or container **ładunek całociężarówkowy/całokontenerowy;** ***a container-load of spare parts is missing; they delivered six lorry-loads of coal;*** **commercial load** = amount of goods *or* number of passengers which a bus *or* train *or* plane has to carry to make a profit **opłacalna wielkość ładunku; maximum load** = largest weight of goods which a lorry *or* plane can carry **ładunek maksymalny; load-carrying capacity** = amount of goods which a lorry is capable of carrying **ładowność; load factor** = number of seats in a bus *or* train *or* plane which are occupied by passengers who have paid the full fare **obłożenie; (b) workload** = amount of work which a person has to do **obłożenie pracą;** ***the sales manager has difficulty coping with his heavy workload*** **2** *verb* **(a) to load a lorry** *or* **a ship** = to put goods into a lorry *or* a ship for transporting **ładować;** ***to load cargo onto a ship; a truck loaded with boxes; a ship loaded with iron;*** **fully loaded ship** = ship which is full of cargo **statek z pełnym ładunkiem; (b)** *(of ship)* to take on cargo **brać ładunek;** ***the ship is loading a cargo of wood*** **(c)** to put a program into a computer **wczytać program;** ***load the word-processing program before you start keyboarding*** **(d)** to add extra charges to a price **doliczać; loaded price** = price which includes an unusually large extra payment for some service **cena zawyżona;** ***that company is notorious for loading its prices***

◊ **loading** ['ləʊdɪŋ] *noun* **loading bay** = section of a warehouse where lorries can drive in to be loaded **zatoka załadowcza; loading dock** = part of a harbour where ships can load or unload **dok ładunkowy; loading ramp** = raised platform which makes it easier to load goods onto a lorry **rampa załadowcza**

local ['ləʊkəl] *adjective* referring to a small area of a country or part of a large town **lokalny; local media** = newspapers, radio and TV stations in a small area of the country **lokalne media; local newspapers** *or* **the local press** = newspapers which are sold in a small area of the country **gazety lokalne/prasa lokalna; local radio station** = radio station which broadcasts over a small area of the country **lokalna stacja radiowa;** ***the product was only advertised in the local press as it was only being distributed in that area of the country***

location [lə'keɪʃən] *noun* place where something is set *or* place, especially a site where still photographs or films are made **lokalizacja;** ***a superstore in an out-of-town location;***

we still have to decide on locations for the advertisements

logical models [ˈlɒdʒɪkl ˈmɒdlz] *noun* models of buyer decision-making which assume that purchasing is the result of a set of rational decisions made by the purchaser **modele logiczne;** ***logical models do not allow for the unpredictable side of buying behaviour***

logo [ˈlɒgəʊ] *noun* symbol *or* design *or* group of letters used by a company as a distinguishing mark on its products and in advertising **logo;** (NOTE: also called **logotype**)

long-dated [lɒŋˈdeɪtɪd] *adjective* **long-dated bills** = bills which are payable in more than three months' time **obligacje o długim terminie wykupu**

◊ **long-range** [ˈlɒŋˈreɪn(d)ʒ] *adjective* for a long period of time in the future **długoterminowy; long-range economic forecast** = forecast which covers a period of several years **prognoza długoterminowa**

◊ **long-standing** [lɒŋˈstændɪŋ] *adjective* which has been arranged for a long time **długoletni;** ***long-standing agreement;*** **long-standing customer** *or* **customer of long standing** = person who has been a customer for many years **długoletni klient**

◊ **long-term** [ˈlɒŋtɜːm] *adjective* **on a long-term basis** = for a long period of time **długoterminowo; long-term debts** = debts which will be repaid many years later *or* over a period of many years **zobowiązania o długim okresie spłaty; long-term forecast** = forecast for a period of over three years **prognoza długoterminowa; long-term loan** = loan to be repaid many years later *or* over a period of many years **długoterminowa pożyczka; long-term objectives** = aims which will take years to achieve **długoterminowe cele**

> QUOTE: land held under long-term leases is not amortized
>
> **Hongkong Standard**

> QUOTE: the company began to experience a demand for longer-term mortgages when the flow of money used to finance these loans diminished
>
> **Globe and Mail (Toronto)**

loose [luːs] *adjective* not attached **luźny; goods sold loose** = goods sold by weight, not prepacked in bags **towary sprzedawane luzem; loose insert** = advertising material slipped between the pages of a publication **luźna wkładka reklamowa**

lose [luːz] *verb* not to have something any more **gubić, tracić; to lose an order** = not to get an order which one was hoping to get **stracić zamówienie;** ***during the strike, the company lost six orders to American competitors;*** **to lose customers** = to have fewer customers **tracić klientów;** ***they've been losing customers because their service is so slow;*** **the company is losing sales** *or* **is losing market share** = the company has fewer sales *or* a smaller share of the market than before **spółka ma coraz mniejszą sprzedaż/traci swój udział w rynku**

◊ **lose out** [ˈluːz ˈaʊt] *verb* to be put in a bad position **stracić;** ***the company has lost out in the rush to make cheap computers; we lost out to a Japanese company who put in a lower tender for the job***

loss [lɒs] *noun* **(a) loss of customers** = not keeping customers because of bad service *or* high prices, etc. **utrata klientów; loss of an order** = not getting an order which was expected **utrata zamówienia; the company suffered a loss of market penetration** = the company found it had a smaller share of the market **spółka utraciła swoją pozycję na rynku; (b)** having less money than before *or* not making a profit **strata; the company suffered a loss** = the company did not make a profit **spółka poniosła stratę; to report a loss** = not to show a profit in the accounts at the end of the year **wykazać stratę;** ***the company reported a loss of £1m on the first year's trading;*** **capital loss** = loss made by selling assets **utrata kapitału; the car was written off as a dead loss** *or* **a total loss** = the car was so badly damaged that the insurers said it had no value **samochód został spisany w straty/zezłomowany; paper loss** = loss made when an asset has fallen in value but has not been sold **strata na papierze; trading loss** = situation where the company's receipts are less than its expenditure **strata na operacji/operacyjna; at a loss** = making a loss *or* not making any profit **ze stratą;** ***the company is trading at a loss; he sold the shop at a loss;*** **to cut one's losses** = to stop doing something which was losing money **zmniejszać straty; (c)** being worth less *or* having a lower value **spadek wartości, strata;** ***shares showed losses of up to 5% on the Stock Exchange*** **(d) loss in weight** = goods which weigh less than when they were packed **ubytek na wadze; loss in transport** = amount of weight which is lost while goods are being transported **ubytek transportowy**

◊ **loss-leader** [ˈlɒsˈliːdə] *noun* article which is sold at a loss to attract customers **lider**

rynkowy (artykuł) w super promocji; ***we use these cheap films as a loss-leader***

> QUOTE: against losses of FFr 7.7m in 1993, the company made a net profit of FFr 300,000 last year
> **Financial Times**

low-grade [ˈləʊgreɪd] *adjective* not very important *or* not of very good quality **pośledniej jakości, niskiego szczebla;** ***a low-grade official from the Ministry of Commerce; the car runs best on low-grade petrol***

◊ **low-involvement product** [ˈləʊɪnˈvɒlvmənt ˈprɒdʌkt] *noun* low-priced product for everyday use that is bought by consumers without giving much thought to brands **tani produkt nabywany rutynowo**

◊ **low-pressure** [ˈləʊˈpreʃə] *adjective* **low-pressure sales** = sales where the salesman does not try to force someone to buy, but only encourages him or her to do so **delikatna sprzedaż**

◊ **low-quality** [ˈləʊˈkwɒlətɪ] *adjective* not of good quality **o niskiej jakości;** ***they tried to sell us some low-quality steel***

◊ **low season** [ˈləʊ ˈsi:zn] *noun* period of the year when there are few travellers *or* tourists **okres poza sezonem**

loyal [ˈlɔɪəl] *adjective* faithful, always buying the same brand or using the same shop **lojalny;** ***the aim of the advertising is to keep the customers loyal*** (NOTE: you are loyal **to** someone *or* something)

◊ **loyalty** [ˈlɔɪəltɪ] *noun* **brand loyalty** = inclination of a customer to keep buying the same brand of product **lojalność wobec marki; customer loyalty** = inclination of a customer to keep shopping at the same shop or to keep buying the same brand **lojalność nabywcy; reader loyalty** = inclination of a person to keep reading (and buying) the same publication **lojalność czytelnika**

> QUOTE: the company which knows its own customers, their names, addresses, ages, occupations and buying habits, can better satisfy their needs and retain their loyalty
> **Financial Times**

> QUOTE: though a difficult market to get into, China nevertheless offers a high degree of customer loyalty once successfully entered
> **Economist**

> QUOTE: a blanket one per cent loyalty offer goes against the grain of true loyalty marketing, which rewards best customers by using funds generated by 'disrewarding' the worse
> **Marketing Week**

> QUOTE: nobody has yet managed to explain why marketers need to reward loyal customers. If they're loyal, presumably you're already doing something right
> **Marketing Week**

lull [lʌl] *noun* quiet period **bezruch, zastój;** ***after last week's hectic trading, this week there was a welcome lull***

lump [lʌmp] *noun* **lump sum** = money paid in one single amount, not in several small sums **cała kwota, płatność w całości;** ***when he retired he was given a lump-sum bonus; she sold her house and invested the money as a lump sum***

luxury [ˈlʌkʃərɪ] *noun* expensive thing which is not necessary but which is good to have **luksus;** ***luxury items*** *or* ***luxury goods; a black market in luxury articles;*** **luxury product** = product which people buy more of as their incomes rise **artykuł/towar luksusowy;** ***luxury products such as caviare are selling poorly since the slump; the company has gone up-market and is now selling luxury products***

Mm

macro- [ˈmækrə(ʊ)] *prefix* very large, covering a wide area **makro-; macro-economics** = study of the economics of a whole area *or* whole industry *or* whole group of the population *or* whole country, in order to help in economic planning **makroekonomia; macro-environment** = general environmental factors *or* elements that affect an organization, such as legislation or the country's economy **makrośrodowisko;** ***we must develop a flexible planning system to allow for major changes in the macro-environment;*** **macro-marketing** = study of trading activity within a whole economic system, such as a country, with its political, economic and social implications **makromarketing**

made-to-measure [ˈmeɪdtəˈmeʒə] *adjective* made to fit the requirements of the customer **zrobiony na zamówienie;** ***made-to-measure kitchen cabinets; a made-to-measure suit***

magazine [mægəˈziːn] *noun* (i) paper, usually with pictures, and printed on glossy paper, which comes out regularly, every month or every week; **czasopismo;** (ii) special colour supplement published with a newspaper; **kolorowa wkładka w czasopiśmie; computer magazine** = magazine with articles on computers and programs **czasopismo komputerowe; do-it-yourself magazine** = magazine with articles on work which the average person can do to repair or improve the house **czasopismo dla majsterkowiczów; house magazine** = magazine produced for the workers in a company to give them news of the company's affairs **gazetka zakładowa; trade magazine** = magazine produced for people or companies in certain trades **czasopismo branżowe; travel magazine** = magazine with articles on holidays and travel **czasopismo podróżnicze; women's magazine** = magazine aimed at the women's market **czasopismo kobiece; magazine insert** = advertising sheet put into a magazine when it is mailed or sold **wkładka reklamowa; to insert a leaflet in a specialist magazine** = to put an advertising leaflet into a magazine before it is mailed or sold **umieścić wkładkę reklamową w specjalistycznym czasopiśmie; magazine mailing** = sending of copies of a magazine by post to subscribers **wysyłanie pocztą czasopisma do subskrybentów**

mail [meɪl] **1** *noun* **(a)** system of sending letters and parcels from one place to another **poczta;** ***to put a letter in the mail; the cheque was lost in the mail; the invoice was put in the mail yesterday; mail to some of the islands in the Pacific can take six weeks;*** **by mail** = using the postal services, not sending something by hand or by messenger **pocztą; to send a package by surface mail** = to send a package by land or sea, not by air **wysłać paczkę pocztą lądową lub morską; by sea mail** = sent by post abroad, using a ship **pocztą morską; to receive a sample by air mail** = by post using a plane **otrzymać próbkę pocztą lotniczą; we sent the order by first-class mail** = by the most expensive mail service, designed to be faster **wysłaliśmy zamówienie przesyłką pierwszej klasy; electronic mail** = system of sending messages from one computer to another, using the telephone lines **poczta elektroniczna;** *US* **mail interview** *or* **mail survey** = sending a questionnaire to respondents by post for a survey **ankieta rozsyłana pocztą;** ***not enough consumers responded to the mail interview; to encourage people to cooperate in the mail survey we'll include a free sample with the questionnaire*** **(b)** letters sent or received **poczta;** ***has the mail arrived yet? to open the mail; your cheque arrived in yesterday's mail; my secretary opens my mail as soon as it arrives; the receipt was in this morning's mail;*** **incoming mail** = mail which arrives **poczta przychodząca; outgoing mail** = mail which is sent out **poczta wychodząca; mail room** = room in an office where incoming letters are sorted and sent to each department, and where outgoing mail is collected for sending **dział pocztowy**

(przedsiębiorstwa); (c) direct mail = selling a product by sending publicity material to possible buyers through the post **reklama przesyłana pocztą;** ***the company runs a successful direct-mail operation; these calculators are sold only by direct mail;*** **direct-mail advertising** = advertising by sending leaflets to people by post **reklama bezpośrednia pocztą; 2** *verb* to send something by post **wysyłać pocztą;** ***they mailed their catalogue to three thousand customers in Europe; we mailed our order last Wednesday***

◊ **mailer** ['meɪlə] *noun* packaging made of folded cardboard, used to mail items which need protection **ochronne opakowanie pocztowe;** *see also* SELF-MAILER

◊ **mailing** ['meɪlɪŋ] *noun* sending in the post **przesyłanie pocztą;** ***the mailing of publicity material;*** **direct mailing** = sending of publicity material by post to possible buyers **reklama bezpośrednia pocztą; mailing list** = list of names and addresses of people who might be interested in a product *or* list of names and addresses of members of a society **lista adresowa;** ***his name is on our mailing list; to build up a mailing list;*** **to buy a mailing list** = to pay a society, etc. money to buy their list of members in order to mail publicity material to them **nabyć listę adresową; mailing piece** = leaflet suitable for sending by direct mail **pocztowa ulotka reklamowa; mailing shot** = leaflets sent by mail to possible customers **zestaw pocztowych materiałów reklamowych; mailing tube** = stiff cardboard or plastic tube, used for mailing large pieces of paper (such as posters) **ochronna tuba pocztowa**

◊ **mail-order** ['meɪl'ɔ:də] *noun* system of buying and selling from advertisements or a catalogue, where the customer places orders by mail and the goods purchased are sent by mail **sprzedaż wysyłkowa; mail-order business** *or* **mail-order firm** *or* **mail-order house** = company which sells a product by mail **przedsiębiorstwo sprzedaży wysyłkowej; mail-order catalogue** = catalogue from which a customer can order items to be sent by mail **katalog wysyłkowy**

◊ **mail out** ['meɪl 'aʊt] *verb* to send promotional material by mail **wysyłać reklamy pocztą**

◊ **mail-out** ['meɪlaʊt] *noun* promotional material sent by direct mail, usually accompanied by a letter which may be personalized **pocztowe materiały reklamowe**

◊ **mailshot** ['meɪlʃɒt] *noun* single mailing of direct-mail advertising literature **zestaw pocztowych materiałów reklamowych**

> QUOTE: the building of media lists, the mailing out of releases tailored to the reader interests of newspapers and periodicals, and the follow-up phone calls all have their parallel in direct marketing
>
> **PR Week**

Main Street ['meɪn 'stri:t] *noun US* most important street in a town, where the shops and banks are **Main Street (nazwa własna);** (NOTE: British English equivalent is **High Street**)

majority [mə'dʒɒrətɪ] *noun* larger group than all other; more than half of a group **większość; early majority** = category of buyers of a product, who buy it later than the early adopters **[wczesna większość]; late majority** = category of buyers of a product, who buy it later than the early majority but before the laggards **[późna większość]**

make [meɪk] **1** *noun* brand *or* type of product manufactured **marka;** ***Japanese makes of cars; a standard make of equipment; what make is the new computer system*** *or* ***what's the make of the new computer system?*** **2** *verb* to produce *or* to manufacture **robić, wytwarzać;** ***to make a car*** *or* ***to make a computer; the workmen spent ten weeks making the table; the factory makes three hundred cars a day***

◊ **makegood** ['meɪkgʊd] *noun* advertisement placed again in a magazine *or* newspaper free of charge, because a mistake was made in it when it was previously published **poprawiona reklama prasowa**

◊ **make out** ['meɪk 'aʊt] *verb* to write **sporządzić, wypisać;** ***to make out an invoice; the bill is made out to Smith & Co.;*** **to make out a cheque to someone** = to write someone's name on a cheque **wypisać czek na kogoś**

◊ **make-up** ['meɪkʌp] *noun***page make-up** = arrangement of material into pages in a publication **podział na strony**

mall [mɔ:l] *noun* **shopping mall** = enclosed covered area for shopping, with shops, restaurants, banks and other facilities **centrum handlowe**

manage ['mænɪdʒ] *verb* **(a)** to direct *or* to be in charge of **kierować, zarządzać;** ***to manage a department; to manage a branch office*** **(b) to manage property** = to look after rented property for the owner **zarządzać nieruchomością; (c) to manage to** = to be able to do something **dawać sobie radę, zdołać;** ***did you manage to see the head buyer? she managed to write six orders and take three phone calls all in two minutes***

◊ **manageable** ['mænɪdʒəbl] *adjective* which can be dealt with easily **możliwy do przeprowadzenia, wykonalny;** ***difficulties which are still manageable; the problems which the company faces are too large to be manageable by one person***

◊ **management** ['mænɪdʒmənt] *noun* **(a)** directing *or* running a business **kierowanie, zarządzanie;** ***to study management; good management** or **efficient management; bad management** or **inefficient management; a management graduate** or **a graduate in management;*** **line management** = way of organizing a business where each manager is responsible for doing what his superior tells him to do **liniowa organizacja zarządzania, zarządzanie liniowe/pionowe; product management** = directing the making and selling of a product as an independent item **zarządzanie produktem; management accountant** = accountant who prepares specialized information for managers so that they can make decisions **księgowy ds. księgowości zarządczej; management accounts** = financial information (on sales, costs, credit, profitability, etc.) prepared for a manager **rachunkowość zarządcza; management committee** = committee which manages a club, a pension fund, etc. **zarząd; management consultant** = person who gives advice on how to manage a business **konsultant ds. zarządzania; management course** = training course for managers **kurs zarządzania; management development** = selection and training of potential managers **rozwój kadry zarządzającej; management by exception** = management system whereby deviations from plans are located and corrected **zarządzanie przez wyjątki; management by objectives** = way of managing a business where the managers work according to a plan and checks are made periodically to see whether their work is completed correctly and on time **zarządzanie przez cele; management team** = a group of managers working together **zespół kierowniczy/zarządzający; management techniques** = ways of managing a business **techniki zarządzania; management training** = training managers by making them study problems and work out ways of solving them **szkolenie menedżerów; management trainee** = young person being trained to be a manager **uczestnik kursu dla menedżerów; (b)** group of managers or directors **kierownictwo, zarząd;** ***the management has decided to give everyone a pay increase;*** **top management** = the main directors of a company **kierownictwo najwyższego szczebla; middle management** = the department managers of a company who carry out the policy set by the directors and organize the work of a group of workers **kierownictwo średniego szczebla**

◊ **manager** ['mænɪdʒə] *noun* **(a)** head of a department in a company **kierownik, szef;** ***a department manager; personnel manager; production manager; sales manager;*** **accounts manager** = head of the accounts department **kierownik księgowości; area manager** = manager who is responsible for the company's work (usually sales) in an area **kierownik na (dany) obszar; brand manager** = manager responsible for the marketing of a particular brand **menedżer marki; general manager** = manager in charge of the administration in a large company **kierownik administracyjny; (b)** person in charge of a branch or shop **kierownik;** ***Mr Smith is the manager of our local Lloyds Bank; the manager of our Lagos branch is in London for a series of meetings;*** **bank manager** = person in charge of a branch of a bank **dyrektor oddziału banku; branch manager** = person in charge of a branch of a company **dyrektor/kierownik oddziału**

◊ **manageress** [mænɪdʒə'res] *noun* woman who runs a shop, or a department **kierowniczka**

◊ **managerial** [mænə'dʒɪərɪəl] *adjective* referring to managers **kierowniczy;** ***managerial staff;*** **to be appointed to a managerial position** = to be appointed a manager **otrzymać stanowisko kierownicze; decisions taken at managerial level** = decisions taken by managers **decyzje podejmowane na szczeblu kierowniczym**

◊ **managership** ['mænɪdʒəʃɪp] *noun* job of being a manager **stanowisko kierownicze, posada dyrektora;** ***after six years, he was offered the managership of a branch in Scotland***

◊ **managing** ['mænɪdʒɪŋ] *adjective* **managing director** = director who is in charge of a whole company **dyrektor naczelny; chairman and managing director** = managing director who is also chairman of the board of directors **przewodniczący zarządu i dyrektor naczelny**

> QUOTE: the management says that the rate of loss-making has come down and it expects further improvement in the next few years
>
> **Financial Times**

> QUOTE: the research director will manage and direct a team of graduate business analysts reporting on consumer behaviour throughout the UK
>
> **Times**

> QUOTE: the No. 1 managerial productivity problem in America is managers who are out of touch with their people and out of touch with their customers
>
> **Fortune**

mandatory ['mændətərɪ] *adjective* which is required by law *or* which is stipulated in a contract **obowiązkowy; mandatory blurb** *or* **mandatory copy** = certain words which are required by law to be included in an advertisement (such as a health warning on cigarette advertisements) **obowiązkowa część reklamy**

manifest ['mænɪfest] *noun* list of goods in a shipment **manifest; passenger manifest** = list of passengers on a ship or plane **lista pasażerów**

mannequin ['mænɪkɪn] *noun* model of a person, used to display clothes in a shop window or inside a store **manekin**

manpower ['mænpaʊə] *noun* number of workers **kadra, siła robocza; manpower forecasting** = forecasting how many workers will be needed, and how many will be available **prognozowanie zatrudnienia; manpower planning** = planning to obtain the right number of workers for each job **planowanie zatrudnienia; manpower requirements** = number of workers needed **wymogi kadrowe; manpower shortage** *or* **shortage of manpower** = lack of workers **brak/niedostatek siły roboczej**

manufacture [mænjʊ'fæktʃə] **1** *verb* to make a product for sale, using machines **produkować, wytwarzać;** ***manufactured goods; the company manufactures spare parts for cars*** **2** *noun* making a product for sale, using machines **produkcja; products of foreign manufacture** = products made in foreign countries **wyroby zagraniczne**

◊ **manufacturer** [mænjʊ'fæktʃərə] *noun* person *or* company which produces machine-made products **producent;** ***foreign manufacturers; cotton manufacturer; sports car manufacturer;*** **manufacturer's agent** = person who sells on behalf of a manufacturer and earns a commission **przedstawiciel producenta; manufacturer's brand** = brand which belongs to the manufacturer and has the same name **marka producenta; manufacturer's recommended price (MRP)** = price at which the manufacturer suggests the product should be sold on the retail market, though often reduced by the retailer **cena zalecana przez producenta, zalecana cena detaliczna;** (NOTE: also called **recommended retail price (RRP)**) ***all typewriters - 20% off the manufacturer's recommended price***

◊ **manufacturing** [mænjʊ'fæktʃərɪŋ] *noun* referring to the production of machine-made products for sale **produkcyjny; manufacturing capacity** = amount of a product which a factory is capable of making **moc produkcyjna, zdolności produkcyjne; manufacturing costs** = costs of making a product **koszty produkcji/wytworzenia; manufacturing industries** = industries which take raw materials and make them into finished products **przemysł wytwórczy**

map [mæp] *noun* chart which shows a geographical area **mapa, plan; market map** = chart showing the structure of a market in terms of the number and type of consumer and the activity of competitors **mapa rynku;** *see also* PERCEPTUAL MAP

◊ **mapping** ['mæpɪŋ] *noun* drawing up a map of an area **kreślenie mapy; journey mapping** = method of calculating how many people pass a poster site **zliczanie odbiorców reklamy zewnętrznej**

margin ['mɑːdʒɪn] *noun* **(a)** difference between the money received when selling a product and the money paid for it **marża detaliczna; gross margin** = percentage difference between the unit manufacturing cost and the received price **marża pokrycia; net margin** = percentage difference between received price and all costs, including overheads **marża netto; we are cutting our margins very fine** = we are reducing our margins as much as possible in order to be more competitive **maksymalnie zmniejszamy nasze marże; our margins have been squeezed** = profits have been reduced because our margins have to be smaller to stay competitive **zostaliśmy zmuszeni do zmniejszenia naszych marż; (b)** extra space *or* time allowed **margines; margin of error** = number of mistakes which are accepted in a document *or* in a calculation **margines błędu; safety margin** = time *or* space allowed to make something safe **margines bezpieczeństwa**

◊ **marginal** ['mɑːdʒɪnəl] *adjective* **(a) marginal cost** = cost of making a single extra unit above the number already planned **koszt krańcowy; marginal cost pricing** = pricing method that involves fixing a price per unit that covers marginal costs and makes an acceptable contribution to fixed costs **kalkulacja wg kosztów krańcowych; marginal pricing** = making the selling price the same as the marginal cost **kalkulacja krańcowa; marginal productivity** = extra productivity achieved by the use of one more factor of production **wydajność krańcowa; marginal rate of tax** = percentage of tax which a taxpayer pays at the top rate **krańcowa stawka podatkowa; marginal revenue** = income from selling a single extra unit above the number already sold **dochód krańcowy; marginal utility** = possession utility, satisfaction gained from using one more unit of a product **użyteczność krańcowa; (b)** not very profitable; hardly worth the money paid **marginalny, marginesowy;** *marginal return on investment;* **marginal land** = land which is almost not worth farming **obszar brzeżny; marginal purchase** = thing which a buyer feels is only just worth buying **zakup marginalny**

marine [məˈri:n] **1** *adjective* referring to the sea **morski; marine insurance** = insurance of ships and their cargoes **ubezpieczenie morskie; marine underwriter** = person who insures ships and their cargoes **ubezpieczyciel morski; 2** *noun* **the merchant marine** = all the commercial ships of a country **flota handlowa**

◊ **maritime** [ˈmærɪtaɪm] *adjective* referring to the sea **morski; maritime law** = laws referring to ships, ports, etc. **prawo morskie; maritime lawyer** = lawyer who specializes in legal matters concerning ships and cargoes **prawnik prawa morskiego; maritime trade** = transporting commercial goods by sea **handel morski**

mark [mɑ:k] **1** *noun* **(a)** sign put on an item to show something **oznaczenie, znak; assay mark** = hallmark, mark put on gold or silver items to show that the metal is of the correct quality **cecha probiercza;** *GB* **kite mark** = mark on goods to show that they meet official standards **znak normy na produkcie; (b)** money used in Germany **marka;** *the price is twenty-five marks; the mark rose against the dollar* (NOTE: usually written **DM** after a figure: **25DM.** Also called **Deutschmark, D-Mark) 2** *verb* to put a sign on something **znakować;** *to mark a product 'for export only'; article marked at £1.50; to mark the price on something;* **marked price** = price which is marked on or attached to an article for sale **cena podana na wyrobie**

◊ **mark down** [ˈmɑ:k ˈdaʊn] *verb* to make the price of something lower **obniżyć cenę;** *this range has been marked down to $24.99; we have marked all prices down by 30% for the sale*

◊ **mark-down** [ˈmɑ:kdaʊn] *noun* reduction of the price of something to less than its usual price *or* percentage amount by which a price has been lowered **obniżka** *there has been a 30% mark-down on all goods in the sale*

◊ **mark up** [ˈmɑ:k ˈʌp] *verb* to increase the price of something **podnosić;** *these prices have been marked up by 10%*

◊ **mark-up** [ˈmɑ:kʌp] *noun* **(a)** increase in price **podwyżka;** *since I was last in the store they have put at least a 10% mark-up on the whole range of items* **(b)** amount added to the cost price to give the selling price **marża; we work to a 3.5 times mark-up** *or* **to a 350% mark-up** = we take the unit cost and multiply by 3.5 to give the selling price **stosujemy zasadę: cena sprzedaży = 3,5 x koszt produkcji; mark-up percentage** = mark-up expressed as a percentage either of the cost price or of the selling price **marża procentowa;** *what's the mark-up percentage on these items?*

market [ˈmɑ:kɪt] **1** *noun* **(a)** place (often in the open air) where farm produce and household goods are sold **rynek, targ;** *the fish market is held every Thursday; the open-air market is held in the central square; here are this week's market prices for sheep;* **covered market** = market which is held in a special building **rynek pod dachem; flea market** = market for secondhand goods **pchli targ; open-air market** = market which is held on stalls in the open air **targ na świeżym powietrzu; market day** = day when a market is regularly held **dzień targowy;** *Tuesday is market day, so the streets are closed to traffic;* **market dues** = rent for a stall in a market **placowe; market hall** = building in which a market is held regularly **hala targowa; market stall** = light wooden stand where a trader sells goods in a market **stragan; (b)** place where a product might be sold **rynek; home** *or* **domestic market** = market in the country where the selling company is based **rynek krajowy;** *sales in the home market rose by 22%* **(c)** group of people who might buy a product **rynek; the leisure market** = people who have plenty of leisure time and are willing to buy products or services to occupy their time **rynek artykułów służących do wypoczynku; (d)** possible sales of a certain type of product *or* demand for a certain type of product **rynek;** *the market for home computers has fallen sharply; we have 20% of the British car market; there's no market for electric typewriters;* **captive market** = market where one supplier has the monopoly and the buyer has no choice **rynek chłonny/zmonopolizowany; a growth market** = market where sales are likely to rise rapidly **rynek rozwojowy; the labour market** = number of workers available for work **rynek**

pracy; 25,000 graduates have come onto the labour market = they have become available for work after leaving college **25 tys. absolwentów zasiliło rynek pracy; the housing market** *or* **property market** = sales of houses **rynek nieruchomości; (e) the black market** = buying and selling goods in a way which is not allowed by law **czarny rynek;** ***there is a flourishing black market in spare parts for cars;*** **to pay black market prices** = to pay high prices to get items which are not easily available **płacić ceny czarnorynkowe;** *see also* GREY MARKET **(f) a buyer's market** = market where goods are sold cheaply because there is little demand **rynek nabywcy; a seller's market** = market where the seller can ask high prices because there is a large demand for the product **rynek sprzedawcy; (g) closed market** = market where a supplier deals with only one agent or distributor and does not supply any others direct **rynek zamknięty; free market economy** = system where the government does not interfere in business activity in any way **gospodarka wolnorynkowa; open market** = market where anyone can buy and sell **otwarty rynek; (h) market analysis** = detailed examination and report on a market **analiza rynku; market build-up method** = method of assessing the sales potential of a product by adding up the number of potential buyers in each market segment **[ilościowe określanie potencjału rynku]; market challenger strategy** = strategy of a company which is challenging the market leaders through pricing, promotion or product design **strategia pretendenta rynkowego;** ***it's a new aggressive company adopting a market challenger strategy;*** **market coverage** = market share *or* measurement of what proportion of the sales of an article is accounted for by a particular brand **udział w rynku;** ***the marketing director's brief was to increase market coverage by at least ten per cent;*** **market demand** = total demand for a product in the market **popyt rynkowy;** ***market demand for this product is falling, as fashions have changed*** **market development** = strategy involving the search for and exploitation of new markets for a product **rozwój rynku;** ***market development for our tractors is part of the company's growth strategy;*** **market economist** = person who specializes in the study of financial structures and the return on investments in the stock market **ekonomista giełdowy; market factor analysis** = forecasting method which concentrates on certain key market factors that are believed to affect demand **analiza czynników rynkowych; market follower strategy** = strategy of a company which does not directly challenge the market leaders, but attempts to benefit from their innovations and gain a profitable corner of the market **strategia następcy rynkowego;** ***adopting a market follower strategy greatly reduces expenditure on research and development;*** **market forces** = influences on the sales of a product **siły rynkowe; market forecast** = forecast of prices on the stock market **prognoza rynkowa; market leader** = company with the largest market share **lider na rynku;** ***we are the market leader in home computers;*** **market leader strategy** = strategy of a company which is a market leader and wants to maintain a dominant market share, or to keep its reputation as an innovator **strategia lidera rynkowego; market map** = graph showing the structure of a market in terms of the number and type of consumers and the activity of competitors **mapa rynku;** ***one look at the market map shows we are aiming at the wrong target market;*** **market niche** = particular segment or specialized area of a market **nisza rynkowa;** ***in producing this unusual product, the company has found itself a market niche;*** **market opportunities** = possibility of finding new sales in a market **możliwość wejścia na rynek; market penetration** = the selling of more products into a market segment, shown as a percentage of the total market **penetracja rynku;** ***we hope our new product range will increase our market share;*** **market potential** = sales of a product that should be achieved with the right kind of marketing effort **potencjał rynku;** ***the product is promising but has not yet achieved its market potential;*** **market price** = price at which a product can be sold **cena rynkowa; market profile** = basic characteristics of a particular market **charakterystyka/profil rynku; market rate** = normal price in the market **stawka rynkowa;** ***we pay the market rate for secretaries*** *or* ***we pay secretaries the market rate;*** **market research** = examining the possible sales of a product before it is put on the market or the reasons for its performance after it has been launched **badania rynku; market segment** = group of consumers in a market who are definable by their particular needs **segment rynku; market segmentation** = division of the market or consumers into certain categories according to their buying habits **segmentacja rynku;** ***our strategy is based on satisfying the demands of many different types of buyers and therefore requires thorough market segmentation;*** **market share** = percentage of a total market which the sales of a company's product cover **udział w rynku; market survey** = survey *or* general report on market conditions **ankieta, przegląd rynku;** ***the market survey suggests that there***

is no longer much demand for this type of product; **market test** = examination to see if a sample of a product will sell in a market by selling it through the normal retail channels **badanie rynku; market trends** = gradual changes taking place in a market **tendencje rynkowe; market value** = value of a product *or* of a company if sold today **wartość rynkowa; (i) up market** *or* **down market** = more expensive *or* less expensive **droższy/dla zamożniejszych konsumentów, tańszy/ dla uboższych konsumentów; to go up market** *or* **to go down market** = to make products which appeal to a wealthier section of the market *or* to a wider, less wealthy, section of the market **wejść na rynek towarów dla bardziej/mniej zamożnych konsumentów; (j) to be in the market for secondhand cars** = to look for secondhand cars to buy **poszukiwać używanego samochodu; to come onto the market** = to become available for sale **pojawić się na rynku;** *this soap has just come onto the market;* **to put something on the market** = to start to offer something for sale **wprowadzić coś na rynek;** *they put their house on the market; I hear the company has been put on the market;* **the company has priced itself out of the market** = the company has raised its prices so high that its products do not sell **spółka ustaliła zbyt wysokie ceny na swoje towary; 2** *verb* to sell (products) **sprzedawać;** *this product is being marketed in all European countries*

◊ **marketable** [ˈmɑːkɪtəbl] *adjective* which can be sold easily **zbywalny**

◊ **marketer** [ˈmɑːkɪtə] *noun* person or company that carries out marketing activities **handlowiec, kupiec;** *the company has been in manufacturing for ten years, and is now becoming a marketer of its own products as well; most direct marketers support the Post Office, which is almost the sole channel for their services*

marketing [ˈmɑːkɪtɪŋ] *noun* the process of identifying needs and satisfying these needs with suitable goods or services, through product design, distribution and promotion, either as a business or as a non-profit-making organization **marketing;** *the firm's products were good but they had difficulty in selling them because of bad marketing; experience in selling and market research gave him a good background for a career in marketing see also* EXTENSIVE MARKETING, INTEGRATED MARKETING; **marketing agreement** = contract by which one company undertakes to market another company's products **dział marketingu; marketing board** = organization set up by the government *or* by a group of producers to help producers market a certain type of product **rada marketingowa; marketing budget** = money set aside by an organization for its marketing activities **budżet marketingowy; marketing communications** = all methods of communicating used in marketing, such as television, radio and sales literature **media marketingowe; marketing concept** = business idea or philosophy based on the importance of profit, consumer satisfaction and the welfare of the general public **koncepcja marketingowa; marketing department** = department in a company which specializes in using marketing techniques to sell a product, and which is responsible for taking marketing initiatives such as advertising and public relations **dział marketingu; marketing intelligence** = information about a market that can help a marketing effort **wywiad marketingowy; marketing manager** = person in charge of a marketing department **kierownik działu marketingu;** *the marketing manager has decided to start a new advertising campaign;* **marketing mix** = combination of all the elements that make up marketing, such as price and distribution and advertising **miks marketingowy;** (*compare* FOUR Ps) *personal selling is a vital part of the company's marketing mix;* **marketing model** = overview of the entire marketing process which can be shown graphically, possibly using as computer, and used to solve problems **model marketingowy; marketing plan** = plan, usually annual, for a company's marketing activities, specifying expenditure and expected revenue and profits **plan marketingu;** *has this year's marketing plan been drawn up yet? the marketing plan is flexible enough to allow for an increase in advertising costs;* **marketing policy** = basic attitudes underlying a company's marketing activities **polityka marketingowa; marketing research** = all research carried out in the interests of successful marketing, including market research, media research and product research **badania marketingowe; marketing services** = marketing functions other than selling, such as market research and advertising **pomocnicze usługi marketingowe;** *our sales drive is supported by well-developed and effective marketing services;* **marketing strategy** = strategy *or* planning for marketing activities **strategia marketingowa;** *what marketing strategy should be adopted to reach these long-term objectives? the marketing strategy was one of expansion through diversification and market development*

◊ **marketplace** [ˈmɑːkɪtpleɪs] *noun* **(a)** open space in the middle of a town where a market is held **plac targowy, rynek; (b)** situation and environment in which goods are sold **rynek;** ***our salesmen find life difficult in the marketplace; what's the reaction to the new car in the marketplace?*** *or* ***what's the marketplace reaction to the new car?***

> QUOTE: over the past 15 months there has been a dramatic loss of confidence among marketers across the whole of British industry
>
> **Marketing Week**

> QUOTE: our scheme has been running for 12 years, but we've only really had a true marketing strategy since 1984
>
> **Marketing**

> QUOTE: long-term marketing involves making a serious effort to identify what the company's customers will need in the future
>
> **Management Today**

> QUOTE: the next decade will see major changes in the marketing mix
>
> **Marketing Workshop**

> QUOTE: direct marketing is one of the faster growing elements of the marketing mix
>
> **Marketing**

> QUOTE: reporting to the marketing director, the successful applicant will be responsible for the development of a training programme for the new sales force
>
> **Times**

> QUOTE: most discounted fares are sold by bucket shops but in today's competitive marketplace any agent can supply them
>
> **Business Traveller**

marque [mɑ:k] *noun* famous brand name for a car (such as Jaguar, MG, etc.) **sławna marka samochodu**

mart [mɑ:t] *noun* market, a place where things are sold **rynek; car mart** = secondhand car salesroom **salon sprzedaży samochodów używanych; auction mart** = auction rooms **sale aukcyjne**

mass [mæs] *noun* **(a)** large group of people **masa; mass market** = the whole market, consisting of a vary large number of customers **rynek masowy; mass marketing** = marketing which aims at reaching large numbers of people **marketing nastawiony na masowego odbiorcę; mass media** = means of communication which reach large numbers of people (such as radio, television, newspapers) **środki masowego przekazu; mass unemployment** = unemployment of large numbers of workers **masowe bezrobocie; (b)** large number **duża liczba, mnóstwo;** ***we have a mass of letters*** *or* ***masses of letters to write; they received a mass of orders*** *or* ***masses of orders after the TV commercials***

> QUOTE: in the good old days of mass marketing, the things marketers did to attract new customers tended to be the same as the things they did to keep existing customers - competitive prices, high quality and good service
>
> **Marketing Week**

mass-produce [mæsprəˈdju:s] *verb* to manufacture identical products in large quantities **produkować masowo;**

◊ **mass production** [mæsprəˈdʌkʃən] *noun* manufacturing large quantities of identical products **masowa produkcja**

master [ˈmɑ:stə] *adjective* main *or* original **główny, nadrzędny; master budget** = budget prepared by amalgamating budgets from various profit and cost centres (sales, production, marketing, administration, etc.) to provide a main budget for the whole company **zbiorczy plan finansowy; master copy of a file** = main copy of a computer file, kept for security purposes **kopia matka; master sample** = collection of basic sampling units (such as parliamentary constituencies) compiled by research organizations to help a company's market research **próbka populacyjna do badań rynkowych**

matched sample [ˈmætʃt ˈsɑ:mpl] *noun* the use of two samples of people with the same characteristics to compare reactions to different products in tests **porównywalna próbka respondentów**

material [məˈtɪərɪəl] *noun* **(a)** substance which can be used to make a finished product **materiał; building materials** = bricks, cement, etc. used in building **materiały budowlane; raw materials** = substances which have not been manufactured (such as wool, wood, sand, etc.) **surowce; synthetic materials** = substances made as products of a chemical process **materiały syntetyczne; materials control** = system to check that a company has enough materials in stock to do its work **kontrola stanu zapasów ma-**

teriałowych; materials handling = moving materials from one part of a factory to another in an efficient way **wewnątrzzakładowe przemieszczanie materiałów; (b) display material** = posters, photographs, etc., which can be used to attract attention to goods which are for sale **materiały reklamowe**

matrix ['meɪtrɪks] *noun* arrangement of data in horizontal and vertical columns **macierz, matryca**

matter ['mætə] *noun* **(a) printed matter** = printed books, newspapers, publicity sheets, etc. **druki; publicity matter** = sheets *or* posters *or* leaflets used for publicity **materiały reklamowe; (b) editorial matter** = text of a magazine which is written by journalists, and not part of an advertisement **(niereklamowe) artykuły prasowe; next matter** = placing of an advertisement in a magazine, so that it is next to editorial text **materiał tekstowy obok reklamy**

mature [mə'tjʊə] **1** *adjective* **mature economy** = fully developed economy **dojrzała gospodarka; mature market** = well-established market, with little potential for increased sales **dojrzały rynek; 2** *verb* **bills which mature in three weeks' time** = bills which will be due for payment in three weeks **weksle płatne za trzy tygodnie**

◊ **maturity** [mə'tjʊərətɪ] *noun* third stage in a product life cycle when a product is well established in the market, though no longer enjoying increasing sales, after which sooner or later it will start to decline **dojrzałość**

maximal awareness ['mæksɪməl ə'weənəs] *noun* advertising point at which a consumer is convinced enough by a product's advertising to buy the product **poziom maksymalnej świadomości;** ***the marketing director considered the advertisement's message too weak to achieve maximal awareness***

maximization [mæksɪmaɪ'zeɪʃən] *noun* making as large as possible **maksymalizacja; profit maximization** *or* **maximization of profit** = business strategy based on achieving as high a profit as possible **maksymalizacja zysku**

◊ **maximize** ['mæksɪmaɪz] *verb* to make as large as possible **maksymalizować;** ***the management's aim is to maximize profits***

maximum ['mæksɪməm] **1** *noun* largest possible number *or* price *or* quantity **maksimum; up to a maximum of £10** = no more than £10 **maksimum £10; to increase exports to the maximum** = as much as possible **maksymalnie zwiększyć eksport;** ***it's the maximum the insurance company will pay*** (NOTE: plural is **maxima**) **2** *adjective* largest possible **maksymalny;** ***maximum income tax rate*** *or* ***maximum rate of income tax; maximum load; maximum production levels;*** **to increase production to the maximum level** = as much as possible **maksymalnie zwiększyć poziom produkcji; maximum price** = highest legal price for a product **maksymalna cena;** ***the government insists on such a low maximum price that we'll never break even; demand for the product is so low that no company is charging the maximum price***

MBO = MANAGEMENT BUYOUT

me too product ['mi: 'tu: prɒdʌkt] *noun* product which is a very similar to an existing market leader **[produkt „ja także"]**

mean [mi:n] **1** *adjective* average **przeciętny, średni;** ***mean annual increase*** **2** *noun* average *or* number calculated by adding several quantities together and dividing by the number of quantities added **średni;** ***unit sales are over the mean for the first quarter*** *or* ***above the first quarter mean***

◊ **means** [mi:nz] *plural noun* **(a)** way of doing something **metoda, sposób;** ***air freight is the fastest means of getting stock to South America; do we have any means of copying all these documents quickly?*** **(b)** money *or* resources **środki pieniężne;** ***the company has the means to launch the new product; such a level of investment is beyond the means of a small private company;*** **means test** = inquiry into how much money someone earns to see if he or she is eligible for state benefits **sprawdzenie poziomu dochodów; he has private means** = he has income from dividends *or* interest *or* rent which is not part of his salary **on posiada prywatne środki**

mechanical [mɪ'kænɪkəl] *adjective* worked by a machine **mechaniczny; mechanical data** = information regarding the printing of newspapers *or* magazines (such as format, column width, etc.) **specyfikacja techniczna**

media ['mi:djə] *noun* means of communicating a message (about a product or service) to the audience **media; the mass media** = means of communicating information to the general public (such as television, radio, newspapers) **środki masowego przekazu;** ***the product attracted a lot of interest in the media*** *or* ***a lot of media interest;*** **advertising media** = types of media used as a vehicle for advertising **media reklamowe, środki przekazu reklamowego; electronic media** = advertising media such as television, radio and teletext services **media elektroniczne; mixed media** = various types of media used together in a promotional campaign **media mieszane; printed media** = advertising media such as magazines and newspapers **media drukowane; media analysis** *or* **media research** = examining different types of media and their audiences (such as the readers of newspapers, television viewers) to see which is best for promoting a certain type of product **badanie mediów; media broker** = business which offers organizations a media buying service and possibly additional services such as media planning **[broker medialny]; media buyer** = person in an advertising agency or in the advertising department of a company who places advertisements in the media on behalf of an organization **osoba kupująca czas i przestrzeń w mediach; media buying** = placing advertisements in the media on behalf of an organization **zakup mediów;** ***efficient media buying is impossible without a good knowledge of comparative media costs;*** **media class** = basic type of medium, such as TV, radio or the press **klasa mediów; media coverage** = reports about something in the media **materiały w mediach na dany temat;** ***we got good media coverage for the launch of the new model;*** **media data form** = document giving basic data or information about a publication, such as circulation, readership and geographical distribution **arkusz danych środka przekazu; media event** = happening which is staged by, or organized so as to attract the attention of, the mass media **impreza zorganizowana przez media/dla mediów; media independent** *or* **media shop** = business which offers organizations a media buying service, but without the creative services usually offered by advertising agencies **firma pośrednictwa zakupu mediów; media option** = single unit of advertising space or time **jednostka handlowa przestrzeni lub czasu reklamowego; media owner** = person or company that owns a magazine or newspaper, or radio or TV station **właściciel środka przekazu; media planning** = strategy concerned with what type of media should be used and how much advertising should be done and when **planowanie użycia mediów;** ***the marketing manager and media buyer are having a media planning session; proper media planning avoids overexpenditure on promotion;*** **media research** = study or investigation of a target audience in order to improve an organization's promotional activities **badanie mediów; media schedule** = all the details of advertising to be used in a promotional campaign, such as the timing and positioning of advertisements **plan użycia mediów; media selection** = choosing the right type of media for a promotional campaign **wybór mediów;** ***the agency will give us guidance on media selection;*** **media shop** = MEDIA INDEPENDENT (NOTE: **media** can be followed by a singular or plural verb, though the singular form is **medium)**

> QUOTE: both advertisers and agencies agree that the media owners do their bit to keep advertisers well informed
>
> **Marketing Workshop**

> QUOTE: media costs represent a major expense for advertisers
>
> **Marketing**

median ['mi:djən] *noun* middle number in a list of numbers **mediana**

medium ['mi:djəm] *noun* one particular means of communicating information to the public **środek przekazu; advertising medium** = type of advertisement (such as a TV commercial) **nośnik reklamowy;** ***the product was advertised through the medium of the trade press***

◊ **medium-term** ['mi:djəm'tɜ:m] *adjective* referring to a point between short-term and long-term **średnioterminowy; medium-term forecast** = forecast for two or three years **prognoza średnioterminowa**

megastore ['megəstɔ:] *noun* very large store **hipermarket**

mercantile ['mɜ:kəntaɪl] *adjective* commercial **handlowy; mercantile agent** = person who sells for a business or another person and earns a commission **przedstawiciel handlowy; mercantile country** = country which earns income from trade **kraj żyjący z handlu; mercantile law** = laws relating to business **prawo handlowe; mercantile marine** = all the commercial ships of a country **flota handlowa; mercantile paper** = negotiable document used in commerce **przenoszalny dokument**

merchandise ['mɜ:tʃəndaɪs] *noun* goods which are for sale *or* which have been sold **towar handlowy;** ***the merchandise is shipped through two ports;*** **distress merchandise** = goods sold off cheaply to pay a company's debts **towar sprzedawany pospiesznie**

merchandize ['mɜ:tʃəndaɪz] *verb* to sell goods by a wide variety of means, including display, advertising, sending samples, etc. **handlować;** ***to merchandize a product***

◊ **merchandizer** [ˈmɜːtʃəndaɪzə] *noun* person *or* company which organizes the display and promotion of goods **osoba/firma organizująca zbyt towarów**

◊ **merchandizing** [ˈmɜːtʃəndaɪzɪŋ] *noun* organizing the display and promotion of goods in retail outlets **organizacja zbytu towarów;** ***merchandizing of a product; merchandizing department*** *see also* SCRAMBLED MERCHANDIZING

merchant [ˈmɜːtʃənt] *noun* **(a)** businessman who buys and sells, especially one who buys imported goods in bulk for retail sale **handlowiec, kupiec;** ***coal merchant; tobacco merchant; wine merchant*** **(b) merchant bank** = bank which lends money to companies and deals in international finance **bank kupiecki; merchant banker** = person who has a high position in a merchant bank **wysoki urzędnik banku kupieckiego; merchant navy** *or* **merchant marine** = all the commercial ships of a country **flota handlowa; merchant ship** *or* **merchant vessel** = commercial ship *or* ship which carries a cargo **statek handlowy**

◊ **merchantable** [ˈmɜːtʃəntəbl] *adjective* of good enough quality for sale and use **nadający się do sprzedaży**

◊ **merchanting** [ˈmɜːtʃəntɪŋ] *noun* action of buying and selling **obrót handlowy**

◊ **merchantman** [ˈmɜːtʃəntmən] *noun* commercial ship **statek handlowy**

merge [mɜːdʒ] *verb* to join together **łączyć (się);** ***the two companies have merged; the firm merged with its main competitor***

◊ **merger** [ˈmɜːdʒə] *noun* joining together of two or more companies **fuzja;** ***as a result of the merger, the company is now the largest in the field***

message [ˈmesɪdʒ] *noun* **(a)** piece of news which is sent to someone **wiadomość;** ***I'll leave a message with his secretary; can you give the director a message from his wife? he claims he never received the message*** **(b)** idea that is communicated by promotion **przekaz, przesłanie;** ***the agency was given clear instructions as to what message the advertisement should convey; few people interviewed in the survey knew what the advertisement's message was supposed to be; the message on the poster was conveyed in only three words;*** **message effect** = effect of an advertisement's message on the target audience **wpływ przesłania reklamy;** ***the message effect was lost because so many people didn't understand the joke used in the advertisement; after the campaign we'll try to assess what the message effect has been***

metamarketing [ˈmetəmɑːkɪtɪŋ] *noun US* marketing applied to all kinds of organizations, such as hospitals, churches and religions as well as to profit-making concerns **metamarketing**

micro- [ˈmaɪkrəʊ] *prefix* very small **mikro-**
micro-economics = study of the economics of persons or single companies **mikroekonomia; micro-environment** = elements *or* factors outside a business organization which directly affect it, such as supply of raw materials, demand for its products and rival companies **mikrośrodowisko;** ***unreliability of suppliers is one the greatest problems in our micro-environment;*** **micro-marketing** = study of the marketing strategy of the individual business **mikromarketing**

middleman [ˈmɪdlmæn] *noun* businessman who buys from the manufacturer and sells to retailers or to the public **pośrednik;** ***we sell direct from the factory to the customer and cut out the middleman*** (NOTE: plural is **middlemen**)

milk [mɪlk] *verb* to make as much profit for as long as possible from a particular product or service **doić, wykorzystywać;** ***we intend to milk the product hard for the next two years, before it becomes obsolete***

minicontainer [ˈmɪnɪkənˈteɪnə] *noun* small container **minikontener**

◊ **minimarket** [ˈmɪnɪˈmɑːkɪt] *noun* very small self-service store **minimarket**

misc = MISCELLANEOUS

miscellaneous [mɪsəˈleɪnjəs] *adjective* various *or* mixed *or* not all of the same sort **różnorodny;** ***miscellaneous items; a box of miscellaneous pieces of equipment; miscellaneous expenditure***

misrepresentation [mɪsreprɪzenˈteɪʃən] *noun* making a wrong statement in order to persuade someone to enter into a contract (such as to buy a product or service) **wprowadzenie w błąd; fraudulent misrepresentation** = false statement made wilfully to trick someone **świadome wprowadzenie w błąd**

mission [ˈmɪʃən] *noun* **(a)** the long-term objectives of an organization **misja;** ***our mission is to be the market leader in selling fixatives in southern Europe*** **(b)** group of people going on a journey for a special purpose **delegacja, misja; trade mission** = visit by a group of businessmen to discuss trade **delegacja handlowa;** ***he led a trade mission to China;*** **inward mission** = visit to one's home country by a group of foreign businessmen **wizyta zagranicznych biznesmenów; outward mission** = visit by a group of businessmen to a foreign country

wizyta biznesmenów za granicą; a fact--finding mission = visit to an area to search for information about a problem **wizyta w celu zebrania danych**

◊ **missionary** ['mɪʃənrɪ] *adjective* **missionary salesperson** = salesperson who approaches a new market with a product **[handlowiec-misjonarz]; missionary selling** = approaching new customers with a product **[sprzedaż misjonarska];** ***we have never sold there before, so be prepared for missionary selling; some salesmen are not aggressive enough for missionary selling***

mix [mɪks] *noun* arrangement of different things together **mieszanka, miks; marketing mix** = combination of all the elements that make up marketing, such as price, distribution and promotion **miks marketingowy; product mix** = combination of products made or sold by the same company **asortyment wyrobów firmy; promotional mix** = different elements used in a company's promotion **miks promocyjny**

◊ **mixed** [mɪkst] *adjective* made up of different sorts *or* of different types of things together **mieszany; mixed economy** = system which contains both nationalized industries and private enterprise **gospodarka mieszana; mixed farm** = farm which has both animals and crops **gospodarstwo hodowlano-uprawne; mixed media** = various types of media, used together in a promotional package **mieszanka mediów**

mobile ['məʊbaɪl] *adjective* which can move about **przenośny, ruchomy; mobile shop** = van fitted out like a small shop which travels around selling groceries or vegetables **sklep na kołach**

mock-up ['mɒkʌp] *noun* model of a new product for testing or to show to possible buyers **atrapa, model**

mode [məʊd] *noun* **(a)** way of doing something **tryb; mode of payment** = way in which payment is made (such as cash or cheque) **sposób płatności; (b)** most common result found in a sample **najczęstsza reakcja**

model ['mɒdl] **1** *noun* **(a)** small copy of something to show what it will look like when finished **model;** ***he showed us a model of the new office building*** **(b)** style *or* type *or* version of a product **model;** ***this is the latest model; the model on display is last year's; he drives a 1990 model Ford;*** **demonstration model** = piece of equipment used in demonstrations and then sold cheaply **egzemplarz/model pokazowy; (c)** person whose job is to wear new clothes to show them to possible buyers **model; (d)** description in the form of mathematical data **model; economic model** = computerized plan of a country's economic system, used for forecasting economic trends **model gospodarczy; marketing model** = description of an entire marketing process, shown graphically and on computer, used to solve marketing problems **model marketingowy;** *see also* VEBLENIAN MODEL **2** *adjective* which is a perfect example to be copied **modelowy, wzorcowy;** ***a model agreement*** **3** *verb* to wear new clothes to show them to possible buyers **pracować jako model**

modem ['məʊdem] *noun* device which links a computer to the telephone line, allowing data to be sent from one computer to another by telephone **modem**

modify ['mɒdɪfaɪ] *verb* to change *or* to make something fit a different use **modyfikować, zmieniać;** ***the management modified its proposals; this is the new modified agreement; the car will have to be modified to pass government tests; the refrigerator was considerably modified before it went into production;*** **modified rebuy** = type of organizational buying decision where either the product or the supplier has changed in some way since the previous purchase **zakup powtórny modyfikowany**

◊ **modification** [mɒdɪfɪ'keɪʃən] *noun* change **modyfikacja, zmiana;** ***to make*** *or* ***to carry out modifications to the plan the new model has had several important modifications; we asked for modifications to the contract***

modular ['mɒdjʊlə] *adjective* made of various sections **modułowy**

monadic test [mɒ'nædɪk 'test] *noun* product test involving only one product **[test jednotowarowy]**

monetary ['mʌnɪtərɪ] *adjective* referring to money or currency **monetarny, pieniężny, walutowy; the government's monetary policy** = the government's policy relating to finance (bank interest rates, taxes, government expenditure and borrowing) **polityka pieniężna rządu; the international monetary system** = methods of controlling and exchanging currencies between countries **międzynarodowy system walutowy; monetary unit** = standard currency in a country (the pound, the dollar, the franc, etc.) **jednostka pieniężna;** *see also* INTERNATIONAL MONETARY FUND

> QUOTE: the decision by the government to tighten monetary policy will push the annual inflation rate above the year's previous high
>
> **Financial Times**

> QUOTE: it is not surprising that the Fed started to ease monetary policy some months ago
>
> **Sunday Times**

> QUOTE: a draft report on changes in the international monetary system
>
> **Wall Street Journal**

money [ˈmʌnɪ] *noun* **(a)** coins and notes used for buying and selling **pieniądz/e; to earn money** = to have a salary *or* wages **zarabiać pieniądze; to earn good money** = to have a large salary *or* high wages **dobrze zarabiać; to lose money** = to make a loss *or* not to make a profit **ponosić straty; the company has been losing money for months** = the company has been working at a loss **od miesięcy ta spółka ponosi straty; to get your money back** = to earn enough to cover your original investment **odzyskać pieniądze; to make money** = to make a profit **zarabiać; to put money into the bank** = to deposit money into a bank account **włożyć pieniądze do banku; to put money into a business** = to invest money in a business **zainwestować pieniądze w przedsiębiorstwo;** *he put all his redundancy money into a shop;* **to put money down** = to pay cash, especially as a deposit **wpłacić (kwotę, zaliczkę);** *he put £25 down and paid the rest in instalments;* **cheap money** = money which can be borrowed at a low rate of interest **tani pieniądz; danger money** = extra salary paid to workers in dangerous jobs **dodatek za pracę w niebezpiecznych warunkach; dear money** = money which has to be borrowed at a high rate of interest **drogi pieniądz; easy money** = money which can be earned with no difficulty **łatwy pieniądz;** *selling insurance is easy money;* **hot money** = money which is moved from country to country to get the best returns **pieniądz spekulacyjny; paper money** = money in notes, not coins **pieniądz papierowy; ready money** = cash *or* money which is immediately available **gotówka; money lying idle** = money not being used to produce interest **martwy pieniądz; (b) money supply** = amount of money which exists in a country **zasoby pieniężne; money markets** = markets for buying and selling short-term loans **rynki pieniężne;** *the international money markets are nervous;* **money rates** = rates of interest for borrowers or lenders **stawki oprocentowania pożyczek; (c) money order** = document which can be bought for sending money through the post **przekaz pieniężny; foreign money order** *or* **international money order** *or* **overseas money order** = money order in a foreign currency which is payable to someone living in a foreign country **międzynarodowy przekaz pieniężny; (d) monies** = sums of money **sumy pieniężne;** *monies owing to the company; to collect monies due*

◊ **money-back guarantee** *or* **offer** [ˈmʌnɪˈbæk] *noun* a guarantee that money will be paid back to customers who are not satisfied with their purchases **gwarancja zwrotu pieniędzy**

◊ **money-making** [ˈmʌnɪˈmeɪkɪŋ] *adjective* which makes money **przynoszący zysk;** *a money-making plan*

◊ **money-off coupon** [ˈmʌnɪˈɒf] *noun* coupon in a newspaper or on a package, which can be cut off and used to claim a discount on the next purchase **kupon rabatowy**

◊ **money-spinner** [ˈmʌnɪˈspɪnə] *noun* item which sells very well *or* which is very profitable **wysokodochodowy produkt**

monopoly [məˈnɒpəlɪ] *noun* situation where one person or company is the only supplier of a particular product or service **monopol;** *to have the monopoly of alcohol sales or to have the alcohol monopoly; to be in a monopoly situation; the company has the absolute monopoly of imports of French wine; the factory has the absolute monopoly of jobs in the town;* **monopoly profit** = profit earned by a business through having a monopoly **zysk monopolistyczny; public monopoly** *or* **state monopoly** = situation where the state is the only suppliers of a product or service (such as the Post Office, the fire service, etc.) **monopol państwowy;** (NOTE: **trust** is used more often in US English)

◊ **monopolist** [məˈnɒpəlɪst] *noun* business which is the sole seller in a market **monopolista**

◊ **monopolistic competition** [mənɒpəˈlɪstɪk kɒmpəˈtɪʃn] *noun* situation where there are only a few producers who therefore control the market between them **konkurencja w warunkach monopolu;** *with only three suppliers of cotton in the country it was a clear case of monopolistic competition*

◊ **monopolize** [məˈnɒpəlaɪz] *verb* to create a monopoly *or* to get control of all the supply of a product **monopolizować**

◊ **monopolization** [məˈnɒpəlaɪˈzeɪʃən] *noun* making a monopoly **monopolizacja**

monopsony [məˈnɒpsənɪ] *noun* situation where there is only one buyer for a particular product or service **monopson;** *monopsony*

gives the buyer leverage in demanding a low price

◊ **monopsonist** [mə'nɒpsənɪst] *noun* sole buyer of a particular product or service **monopsonista**

monthly ['mʌnθli] *noun* magazine which is published each month **miesięcznik;** ***the holidays were advertised in the all the monthlies***

morphological analysis [mɔ:fə'lɒdʒɪkl ə'nælɪsɪs] *noun* method of identifying the most profitable market segments by exploring various dimensions, such as countries, market types, etc. **analiza morfologiczna**

motivated ['məʊtɪveɪtɪd] *adjective* **highly motivated sales staff** = sales staff who are very eager to sell **pracownicy sprzedaży o wysokiej motywacji**

◊ **motivation** [məʊtɪ'veɪʃən] *noun* encouragement, being eager to sell **motywacja; the sales staff lack motivation** = the sales staff are not motivated enough **pracownikom sprzedaży brakuje motywacji**

◊ **motivational research** [məʊtɪ'veɪʃənl 'ri:sɜ:tʃ] *noun* research into the psychological reasons behind the buying behaviour of customers **badanie motywacji;** ***our motivational research failed to tell us why the product is so popular***

move [mu:v] *verb* to be sold *or* to sell **sprzedawać (się);** ***the stock is starting to move; the salesmen will have to work hard if they want to move all that stock by the end of the month***

◊ **moving averages** ['mu:vɪŋ 'ævrɪdʒɪz] *noun* method for working out averages while allowing for seasonal variations, by moving the period under consideration forward at regular intervals **metoda średnich ruchomych**

MRP ['ema:'pi:] = MANUFACTURER'S RECOMMENDED PRICE

multi- ['mʌltɪ] *prefix* referring to many things **multi-, wielo-; multi-channel system** = distribution system used by a producer which makes use of more than one distribution channel **system wielokanałowy**

◊ **multi-dimensional scaling** [mʌltɪdaɪ'menʃnl 'skeɪlɪŋ] *noun* method of carrying out market research, where the respondents are given a scale (usually 1 to 5) on which they base their replies **wielowymiarowe skalowanie semantyczne**

◊ **multilateral** ['mʌltɪ'lætərəl] *adjective* between several parties **wielostronny;** ***a multilateral agreement*** **multilateral trade** = trade between several countries **handel wielostronny**

◊ **multimedia** ['mʌltɪ'mi:diə] *adjective* referring to several media used in a project **multimedia;** ***we are going for an all-out multimedia advertising campaign***

multinational ['mʌltɪ'næʃənl] *adjective & noun* company which has branches *or* subsidiary companies in several countries **wielonarodowy, korporacja wielonarodowa;** ***the company has been bought by one of the big multinationals***

> QUOTE: we see two trends in international exhibitions: the increasing globalization of business, reflected in multinational branding strategies, and the expanding number of potential exporters coming to UK exhibitions as a way to meet new customers
>
> Marketing Week

multi-pack offer ['mʌltɪ'pæk 'ɒfə] *noun* special promotional offer, where an extra pack is offered free, or at a reduced price, for each pack bought at full price **oferta jeden za jeden**

multiple ['mʌltɪpl] **1** *adjective* many **wielokrotny; multiple choice question** = type of question used in a survey which allows the respondent to choose a single answer from several possible ones **pytanie wielokrotnego wyboru;** ***the questionnaire had eight multiple choice questions, two dichotomous questions and one open question;*** **multiple correlation** = method for measuring the effect of several independent variables on one dependent variable **korelacja wielokrotna; multiple discriminant analysis** = method for assessing products by separating out their various attributes, and estimating the relative values of these attributes to different market segments, the whole process producing an assessment of the general potential of a product **analiza czynników dyskryminujących; multiple pricing** = fixing the same price for several different products **asortymentowe ustalanie cen; multiple regression analysis** = method for discovering the relationship between several independent variables and one dependent variable **analiza wielokrotnej regresji; multiple store** = one store in a chain of stores **jeden sklep sieci; 2** *noun* company with stores in several different towns **sieć sklepów**

multi-stage sample ['mʌltɪ'steɪdʒ 'sa:mpl] *noun* sample selected by ensuring equal proportions of various categories existing in the population and then using random sampling to select respondents within these categories **próbka wieloetapowa**

Nn

name [neɪm] *noun* word used to call a thing *or* a person by **imię/nazwisko, nazwa;** ***I can't remember the name of the managing director of Smith's Ltd; his first name is John, but I'm not sure what his surname is;*** **brand name** = name of a particular make of product **marka, nazwa firmowa/handlowa; corporate name** = name of a large corporation **nazwa korporacji/przedsiębiorstwa; under the name of** = using a particular name **pod nazwą/firmą; trading under the name of 'Best Foods'** = using the name 'Best Foods' as a commercial name, though it is not the official legal name of the company **prowadząc handel pod firmą „Best Foods"**

◊ **named** [neɪmd] *adjective* **person named in the policy** = person whose name is given on an insurance policy as the person insured **ubezpieczony**

narrowcasting [ˈnærəʊkɑːstɪŋ] *noun* reaching only a small, special audience through an electronic medium such as cable television **nadawanie programów dla małej grupy odbiorców**

nation [ˈneɪʃən] *noun* country and the people living in it **kraj, naród; most favoured nation** = country which has the best trade terms **kraj najwyższego uprzywilejowania; most-favoured-nation clause** = agreement between two countries that each will give the other the best possible trade terms in commercial contracts **klauzula o kraju najwyższego uprzywilejowania; the United Nations** = organization linking almost all the countries in the world **Organizacja Narodów Zjednoczonych**

◊ **national** [ˈnæʃənl] *adjective* referring to the whole of a particular country **krajowy, narodowy; national account** = customer with branches or locations all over the country **klient działający w całym kraju; national advertising** = advertising in every part of a country, not just in the capital **reklama o zasięgu ogólnokrajowym;** ***we took national advertising to promote our new 24-hour delivery service;*** **national brand** = brand which is recognised throughout a whole country, not just in a local area **marka ogólnokrajowa; national campaign** = sales or publicity campaign in every part of a country **kampania ogólnokrajowa; national income** = value of income from the sales of goods and services in a country **dochód narodowy; national launch** = launch of a product over the whole country at the same time, as opposed to launching it in certain areas only **wprowadzenie produktu na rynek ogólnokrajowy; national newspapers** *or* **the national press** = newspapers which sell in all parts of a country **prasa krajowa; national retailer** = retailing company which has branches throughout a country **detalista sprzedający w całym kraju**

◊ **nationalization** [næʃənəlaɪˈzeɪʃən] *noun* taking over of private industry by the state **nacjonalizacja, upaństwowienie**

◊ **nationwide** [neɪʃənˈwaɪd] *adjective* all over a country **ogólnokrajowy;** ***the union called for a nationwide strike; we offer a nationwide delivery service; the new car is being launched with a nationwide sales campaign***

natural [ˈnætʃrəl] *adjective* **(a)** found in the earth **naturalny;** ***natural gas;*** **natural resources** = raw materials (such as coal, gas, iron, etc.) which are found in the earth **bogactwa naturalne; (b)** not made by people **naturalny;** ***natural fibres*** **(c)** normal **normalny, zwykły;** ***it was only natural that the shopkeeper should feel annoyed when the hypermarket was built close to his shop;*** **natural break** = convenient or reasonable point in a TV programme for a commercial break **naturalna przerwa w programie**

necessity [nɪˈsesətɪ] *noun* thing which is vitally important, without which nothing can be done or one cannot survive **artykuł pierw-**

szej potrzeby, konieczność; the basic necessities = the very least that people need to live, such as food and clothing **artykuły pierwszej potrzeby;** *being unemployed makes it difficult to afford even the basic necessities;* **necessity product** = ordinary everyday product of which consumers tend not to buy much more as their incomes rise **artykuł pierwszej potrzeby;** *consumers find shopping for necessity products boring; fancy packaging will not increase sales of necessity products*

negative ['negətɪv] *adjective* meaning 'no' **negatywny, ujemny; the answer was in the negative** = the answer was 'no' **odpowiedź brzmiała „nie"; negative cash flow** = situation where a company is spending more money than it receives **ujemny przepływ środków pieniężnych; negative demand** = firm decisions by consumers not to buy a particular product **popyt negatywny;** *negative demand was due to offensive advertising;* **negative variance** = difference between a financial plan and its outcome that means a less favourable profit than expected **odchylenie ujemne;** *the unexpected increase in raw material prices meant a negative variance of $5000; a sudden fall in revenue resulted in a negative variance for the year as a whole*

negotiable [nɪ'gəʊʃəbl] *adjective* which can be transferred from one person to another or exchanged for cash **do negocjacji, przenoszalny, zbywalny; not negotiable** = which cannot be exchanged for cash **nieprzenoszalny, niezbywalny; 'not negotiable'** = words written on a cheque to show that it can be paid only to a certain person's account **tylko do rozrachunku; negotiable cheque** = cheque made payable to bearer (i.e. to anyone who holds it) **czek na okaziciela; negotiable instrument** = document (such as a bill of exchange, or cheque) which can be exchanged for cash **instrument zbywalny**

◊ **negotiate** [nɪ'gəʊʃɪeɪt] *verb* **to negotiate with someone** = to discuss a problem formally with someone, so as to reach an agreement **negocjować z kimś;** *the management refused to negotiate with the union;* **to negotiate terms and conditions** *or* **to negotiate a contract** = to discuss and agree terms of a contract **negocjować warunki umowy; he negotiated a £250,000 loan with the bank** = he came to an agreement with the bank for a loan of £250,000 **wynegocjował z bankiem pożyczkę w wysokości £250.000; negotiating committee** = group of representatives of management or unions who negotiate a wage settlement **grupa negocjatorów**

◊ **negotiation** [nɪgəʊʃɪ'eɪʃən] *noun* discussion of terms and conditions to reach an agreement **negocjacje; contract under negotiation** = contract which is being discussed **umowa na etapie negocjacji; a matter for negotiation** = something which must be discussed before a decision is reached **kwestia do uzgodnienia; to enter into negotiations** *or* **to start negotiations** = to start discussing a problem **rozpocząć negocjacje; to resume negotiations** = to start discussing a problem again, after talks have stopped for a time **ponownie podjąć negocjacje; to break off negotiations** = to refuse to go on discussing a problem **zerwać negocjacje; to conduct negotiations** = to negotiate **negocjować; negotiations broke down after six hours** = discussions stopped because no agreement was possible **negocjacje załamały się po sześciu godzinach; pay negotiations** *or* **wage negotiations** = discussions between management and workers about pay **negocjacje w sprawie płac**

◊ **negotiator** [nɪ'gəʊʃɪeɪtə] *noun* **(a)** person who discusses a problem with the aim of reaching an agreement **negocjator; an experienced union negotiator** = member of a union who has a lot of experience of discussing terms of employment with management **doświadczony negocjator związku zawodowego; (b)** *GB* person who works in an estate agency **pracownik agencji nieruchomości**

> QUOTE: initial salary is negotiable around $45,000 per annum
>
> **Australian Financial Review**

> QUOTE: after three days of tough negotiations, the company reached agreement with its 1,200 unionized workers
>
> **Toronto Star**

> QUOTE: many of the large travel agency chains are able to negotiate even greater discounts
>
> **Duns Business Month**

net [net] **1** *adjective* price *or* weight *or* pay, etc. after all deductions have been made **netto; net assets** *or* **net worth** = value of all the property of a company after taking away what the company owes **wartość aktywów netto; net cash flow** = difference between money coming in and money going out of a firm **przepływ środków pieniężnych netto;**

net circulation = total sales figure of a publication after adjusting for error and discounting unsold copies **nakład netto; net cover** = percentage of target audience exposed at least once to an advertisement on TV or radio **[pokrycie reklamowe netto]; net earnings** *or* **net income** = total earnings of a business after tax and other deductions **dochód netto; net income** *or* **net salary** = the amount of a person's income which is left after deducting tax, etc. **dochód netto; net loss** = actual loss, after deducting overheads **strata netto; net margin** = percentage difference between received price and all costs, including overheads **marża netto; net national product** = gross national product less investment on capital goods and depreciation **produkt narodowy netto; net price** = price which cannot be reduced by a discount **cena netto; net profit** = profit calculated as sales income less all expenditure **zysk netto; net reach** = total number of people who have seen a press advertisement at least once **zasięg reklamy netto; net receipts** = receipts after deducting commission *or* tax *or* discounts, etc. **wpływy netto; net sales** = sales less damaged or returned items **sprzedaż netto; net weight** = weight of goods after deducting the weight of packaging material and container **waga netto; net yield** = profit from investments after deduction of tax **czysty zysk; 2** *verb* to make a true profit **zarobić na czysto;** ***to net a profit of £10,000***

> QUOTE: out of its earnings a company will pay a dividend. When shareholders receive this it will be net, that is it will have had tax deducted at 30 per cent
>
> **Investors Chronicle**

network ['netwɜ:k] **1** *noun* **(a)** system which links different points together **sieć; a network of distributors** *or* **a distribution network** = series of points *or* warehouses from which goods are sent all over a country **sieć dystrybucji; computer network** = computer system where several micros are linked so that they all draw on the same database **sieć komputerowa; network analysis** = analysis of a project by charting the individual activities involved, each with the time needed for its completion, so that the timing of the whole can be planned and controlled **analiza sieciowa; (b) television network** = system of linked television stations covering the whole country **sieć telewizyjna; network programming** = scheduling TV programmes over the whole network **sporządzanie programu sieciowego; 2** *verb* to link together in a network **łączyć w sieć; to network a television programme** = to send out the same television programme through several TV stations **nadać program telewizyjny w całej sieci; networked system** = computer system where several micros are linked together so that they all draw on the same database **sieć komputerowa, system połączony w sieć**

never-never ['nevə'nevə] *noun (informal)* buying on credit **system ratalny;** ***he bought his car on the never-never***

new [nju:] *adjective* recent *or* not old **nowy; new buy** = type of organizational buying where a completely new type of product is bought **nowy zakup; new product committee** = group of people from different departments in a company who work together on a new product development project **zespół ds. nowego wyrobu;** ***the new product committee met regularly to monitor the progress in the product's development;*** **new product development (NPD)** = developing completely new products or improving existing ones **opracowywanie nowego produktu;** ***the company fell behind because it failed to invest enough in new product development;*** **new technology** = electronic instruments which have recently been invented **nowa technologia**

◊ **news** [nju:z] *noun* information about things which have happened **wiadomości;** ***business news; financial news; financial markets were shocked by the news of the devaluation;*** **news agency** = office which distributes news to newspapers and television companies **agencja prasowa; news release** = sheet giving information about a new event which is sent to newspapers and TV and radio stations so that they can use it **komunikat prasowy;** ***the company sent out a news release about the new managing director***

◊ **newsletter** ['nju:zletə] *noun* **company newsletter** = printed sheet or small newspaper giving news about a company **gazetka zakładowa**

◊ **newspaper** ['nju:zpeɪpə] *noun* regular publication (usually daily or weekly) which gives items of general news, sold to the general public **gazeta; national newspaper** = newspaper which is sold throughout a whole country and carries national and international news **gazeta o zasięgu ogólnokrajowym; local newspaper** = newspaper which is sold only in a restricted area, and mainly carries news about that area **gazeta lokalna**

next matter *or* **next-to-reading matter** ['nekst 'mætə] *noun* placing of an advertisement in a publication, next to editorial matter **umieszczenie reklamy w publikacji obok tekstu**

niche [ni:ʃ] *noun* special place in a market, occupied by one company **luka rynkowa, nisza; niche marketing** = promotion of a product aimed at one particular area of the market **marketing luk rynkowych/niszowy;** *(also called* CONCENTRATED SEGMENTATION)

Nielsen Index ['ni:lsən 'ɪndeks] American publication belonging to A.C. Nielsen, with a number of different retail and wholesale audit services referring to various types of outlet and different areas of the country **indeks Nielsena**

no-change discount ['nəʊ'tʃeɪndʒ 'dɪskaʊnt] *noun* reduction in the price of an advertisement which uses the same artwork as a previous one **rabat za brak zmian graficznych**

no returns policy ['nəʊ rɪ'tɜ:nz 'pɒlɪsɪ] *noun* trading policy where the supplier will not take back unsold merchandise for credit, and in return allows the retailer an extra discount **nieprzyjmowanie zwrotów**

non- [nɒn] *prefix* not **nie**

◊ **non-acceptance** ['nɒnək'septəns] *noun* situation in which the person who is to pay a bill of exchange does not accept it **nieprzyjęcie, odmowa akceptu**

◊ **non-business organization** ['nɒn'bɪznəs ɔ:gənaɪ'zeɪʃn] *noun US* organization (such as a club) which is not allowed by law to make a profit **organizacja niezarobkowa;** ***though only a non-business organization, the charity used highly sophisticated marketing techniques; he became a fundraiser for a non business organization***

◊ **non-delivery** ['nɒndɪ'lɪvərɪ] *noun* failure to deliver goods ordered **niedostarczenie**

◊ **non-directive interview** ['nɒndaɪ'rektɪv 'ɪntəvju:] *noun* interview using no preset questions and following no fixed pattern **wywiad otwarty**

◊ **non-durables** *or* **non-durable goods** ['nɒn'djʊərəblz *or* 'nɒn'djʊərəbl 'gʊdz] *plural noun* goods which are used up soon after they have been bought (such as food, newspapers, etc.) **towary nietrwałe**

◊ **non-negotiable instrument** ['nɒnnɪgəʊʃəbl 'ɪnstrəmənt] *noun* document (such as a crossed cheque) which cannot be exchanged for cash **instrument niezbywalny**

◊ **non-payment** ['nɒn'peɪmənt] *noun* **non-payment of a debt** = not paying a debt due **niespłacenie długu**

◊ **non-price competition** ['nɒn'praɪs kɒmpe'tɪʃn] *noun* attempt to compete in a market through other means than price, such as quality of product and promotion **konkurencja pozacenowa**

non-profit-making organization *or US* **non-profit organization** ['nɒn'prɒfɪtmeɪkɪŋ ɔ:gənaɪ'zeɪʃən *or* 'nɒn'prɒfɪt kɔ:pə'reɪʃən] *noun* organization (such as a club or charity) which does not exist to make a profit, but to provide some sort of service to people **organizacja niezarobkowa;** ***non-profit-making organizations are exempted from tax***

> QUOTE: situations can and inevitably do occur in non-profit organizations when no monetary charge can be made for products and services
>
> **Quarterly Review of Marketing**

non-refundable ['nɒnrɪ'fʌndəbl] *adjective* which will not be refunded **bezzwrotny; nie podlegający zwrotowi;** ***non-refundable deposit***

◊ **non-returnable** ['nɒnrɪ'tɜ:nəbl] *adjective* which cannot be returned **bezzwrotny; non-returnable packing** = packing which is to be thrown away and not returned to the sender once it has been used **opakowanie bezzwrotne/jednorazowe**

◊ **non-statistical error** ['nɒnstə'tɪstɪkl 'eɪə] *noun* distortion of the results of a survey owing to bias and mistakes made in conducting the survey **błąd niestatystyczny**

normal ['nɔ:məl] *adjective* usual; which happens regularly **normalny;** ***now that the strike is over we hope to resume normal service as soon as possible;*** **under normal conditions** = if things work in the usual way **w normalnych okolicznościach;** ***under normal conditions a package takes two days to get to Copenhagen;*** **normal distribution** = term used in sampling theory, referring to the results of a sample and meaning a symmetrical distribution of values around a mean or average, so that one can be confident that the sample is properly representative of the population or universe **rozkład normalny; normal price** = price that can be expected for a product under normal market conditions **cena normalna/zwykła; normal product** = product which people buy more of as their incomes rise and less of as their incomes fall **produkt normalny/zwykły; normal profit** = minimum profit that can motivate a business to carry on a certain type of production *or* selling **zysk normalny/zwykły**

note [nəʊt] *noun* **(a)** short document *or* short piece of information **nota, notatka, zawiadomienie; advice note** = written notice to a customer giving details of goods ordered and shipped but not yet delivered **awizo; contract note** = note showing that shares have been bought or sold but not yet paid for **karta umowy; cover note** = letter from an insurance company giving details of an insurance policy and confirming that the policy exists **nota pokrycia; covering note** = letter sent with documents to explain why you are sending them **list przewodni; credit note** = note showing that money is owed to a customer **nota kredytowa; debit note** = note showing that a customer owes money **nota debetowa;** ***we undercharged Mr Smith and had to send him a debit note for the extra amount;*** **delivery note** = list of goods being delivered, given to the customer with the goods **kwit przewozowy; dispatch note** = note saying that goods have been sent **kwit wysyłkowy; note of hand** *or* **promissory note** = document stating that someone promises to pay an amount of money on a certain date **weksel własny; (b)** short letter *or* short piece of information **notka;** ***to send someone a note; I left a note on his desk; she left a note for the managing director with his secretary*** **(c) bank note** *or* **currency note** = piece of printed paper money **banknot;** ***a £5 note; he pulled out a pile of used notes***

◊ **noting** [ˈnəʊtɪŋ] *noun* noticing (though not necessarily reading and understanding) an advertisement in a publication **zauważenie; noting score** = percentage of total readers who note an advertisement **wskaźnik zauważenia reklamy;** ***the amount of advertising we will need to do depends on the anticipated noting score***

notice [ˈnəʊtɪs] *noun* **(a)** official warning that a contract is going to end *or* that terms are going to be changed **zawiadomienie; until further notice** = until different instructions are given **aż do odwołania;** ***you must pay £200 on the 30th of each month until further notice*** **(b)** time allowed before something takes place **wypowiedzenie; at short notice** = with very little warning **z krótkim okresem zawiadomienia;** ***the bank manager will not see anyone at short notice;*** **you must give seven days' notice of withdrawal** = you must ask to take money out of the account seven days before you want it **zamiar wycofania pieniędzy należy zgłosić 7 dni wcześniej**

◊ **noticeboard** [nəʊtɪsbɔːd]*noun* board fixed to a wall where notices can be put up **tablica ogłoszeń;** ***did you see the new list of prices on the noticeboard?***

novelty [ˈnɒvəltɪ] *noun* original amusing article which is often bought as a gift **dziwny, śmieszny artykuł;** ***a novelty shop provided paper hats for parties***

NPD = NEW PRODUCT DEVELOPMENT

null [nʌl] *adjective* (i) with no meaning; (ii) which cannot legally be enforced **bez mocy prawnej, nieważny; the contract was declared null and void** = the contract was said to be invalid **umowa została uznana za nieważną; to render a decision null** = to make a decision useless *or* to cancel a decision **unieważnić decyzję**

◊ **nullification** [nʌlɪfɪˈkeɪʃən] *noun* act of making something invalid **unieważnienie**

◊ **nullify** [ˈnʌlɪfaɪ] *verb* to make something invalid *or* to cancel something **unieważniać**

numeric *or* **numerical** [njʊˈmerɪk *or* njʊˈmerɪkl] *adjective* referring to numbers **numeryczny; in numerical order** = in the order of figures (such as 1 before 2, 33 before 34) **w porządku liczbowym, według kolejności;** ***file these invoices in numerical order;*** **numeric data** = data in the form of figures **dane liczbowe; numeric keypad** = part of a computer keyboard which is a programmable set of numbered keys **klawiatura numeryczna**

Oo

the four O's simple compact way of summarizing the essentials of a marketing operation, which are Objects, Objectives, Organization and Operations **cztery „O" marketingu;** ***business school students learn the four O's as a simple way of remembering key points in strategy***

objective [əbˈdʒektɪv] **1** *noun* something which you hope to achieve **cel, założenie;** ***the company has achieved its objectives; we set the sales forces certain objectives;*** **long-term objective** *or* **short-term objective** = aim which you hope to achieve within a few years or a few months **cel długofalowy/krótkofalowy; management by objectives** = way of managing a business where the managers work according to a plan and checks are made periodically to see whether their work is completed correctly and on time **zarządzanie przez cele; objective method** = method of calculating an advertising appropriation by basing it on the actual amount needed to achieve the objectives **metoda celowa; 2** *adjective* considered from a general point of view not from that of the person involved **obiektywny;** ***they have been asked to carry out an objective survey of the market***

obligation [ɒblɪˈgeɪʃən] *noun* **(a)** duty to do something **obowiązek; to be under an obligation to do something** = to feel it is your duty to do something **mieć obowiązek zrobienia czegoś;** ***there is no obligation to buy; to be under no obligation to do something;*** **he is under no contractual obligation to buy** = he has signed no contract which forces him to buy **nie jest zobowiązany do kupna umową; to fulfil one's contractual obligations** = to do what is stated in a contract **spełnić zobowiązania umowne; two weeks' free trial without obligation** = the customer can try the item at home for two weeks without having to buy it at the end of the test **dwutygodniowy darmowy test bez zobowiązań; (b)** debt **dług; to meet one's obligations** = to pay one's debts **spłacić długi**

observation method *or* **observational research** [ɒbsəˈveɪʃn ˈmeθəd *or* ɒbsəˈveɪʃnl ˈri:sɜ:tʃ] *noun* market research method of obtaining information through personal observation, rather than interviews **metoda obserwacji;** ***the observation method does not tell you anything about the consumers' attitudes to the product***

obsolescence [ɒbsəˈlesəns] *noun* act of going out of date because of advances in design or technology, and therefore becoming less useful and valuable **starzenie się moralne; artificial obsolescence** = deliberately making old models seem out-of-date by bringing out new ones with changes and additional features which will attract the customer **sztuczne starzenie się moralne; built-in obsolescence** *or* **planned obsolescence** = method of ensuring continuing sales of a product by making it in such a way that it will soon become obsolete **celowe/zaplanowane starzenie się moralne; dynamic obsolescence** = redesigning a company's product to make other products in the market obsolete **dynamiczne starzenie się moralne**

◊ **obsolescent** [ɒbsəˈlesənt] *adjective* becoming out of date **starzejący się moralnie**

◊ **obsolete** [ˈɒbsəli:t] *adjective* no longer used **przestarzały;** ***when the office was equipped with word-processors the typewriters became obsolete***

odd [ɒd] *adjective* **(a) odd numbers** = numbers (like 17 or 33) which cannot be divided by two **liczby nieparzyste;** ***odd-numbered buildings or buildings with odd numbers are on the south side of the street;*** **odd-even pricing** = using odd numbers (such as 0.95 or 0.99) or even numbers (such as 1.00 or 2.50) when pricing, because this seems to be most effective psychologically in persuading customers to buy **polityka cen nieparzystych;** ***students can study the psychological***

bases of odd-even pricing **(b)** one of a group **niepasujący, jeden z; an odd shoe** = one shoe of a pair **but nie do pary; we have a few odd boxes left** = we have a few boxes left out of the total shipment **zostało nam kilka pudełek; odd lot** = group of miscellaneous items for sale at an auction **grupa różnorodnych towarów do sprzedaży na aukcji; to do odd jobs** = to do various pieces of work **wykonywać zajęcia dorywcze; (c) odd sizes** = strange sizes which are not usual **dziwaczne rozmiary**

◊ **odd-job-man** [ɒd'dʒɒbmæn] *noun* person who does various pieces of work **człowiek do wszystkiego, „złota rączka"**

◊ **oddments** ['ɒdmənts] *plural noun* items left over; pieces of large items sold separately **resztki**

off [ɒf] **1** *adverb* **(a) to be off** = to be not working *or* not in operation **być odwołanym/zerwanym;** *the agreement is off; they called the strike off* **(b)** taken away from a price **niżej, poniżej;** *these carpets are sold at £25 off the marked price; we give 5% off for quick settlement* **2** *preposition* subtracted from **(odjęty) od;** *to take £25 off the price; we give 10% off our normal prices*

◊ **off-card rate** ['ɒf'kɑːd 'reɪt] *noun* specially arranged price (lower than that on the rate card) for advertising space or time **stawka pozataryfowa;** *the newspaper offered us an off-card rate for space which was still empty the day before publication*

offer ['ɒfə] **1** *noun* **(a)** statement that you are willing to pay a certain amount of money to buy something **oferta;** *to make an offer for a company; he made an offer of £10 a share; we made a written offer for the house; £1,000 is the best offer I can make; to accept an offer of £1,000 for the car;* **the house is under offer** = someone has made an offer to buy the house and the offer has been provisionally accepted **złożono na ten dom ofertę kupna; we are open to offers** = we are ready to discuss the price which we are asking **jesteśmy otwarci na propozycje; cash offer** = being ready to pay in cash **oferta zapłaty gotówką; or near offer** = or an offer of a price which is slightly less than the price asked **lub za nieco niższą cenę;** *the car is for sale at £2,000 or near offer* (NOTE: often shortened to **o.n.o.**) **(b)** statement that you are willing to sell something **oferta; offer for sale** = situation where a company advertises something for sale **oferta sprzedaży; (c) he received six offers of jobs** *or* **six job offers** = six companies told him he could have a job with them **dostał sześć propozycji pracy; (d) banded offer** = type of sales promotion involving the offer of an additional item along with the main one **oferta wiązana; bargain offer** = sale of a particular type of goods at a low price **okazja;** *this week's bargain offer - 30% off all carpet prices;* **introductory offer** = special price offered on a new product to attract customers **oferta promocyjna; premium offer** = present given to a customer, either attached to the product bought, or given by the retailer on proof of purchase of a minimum quantity of goods **upominek promocyjny, bonus; special offer** = goods put on sale at a specially low price **oferta specjalna;** *we have a range of men's shirts on special offer;* **total offer** = complete package offered to the customer (including the product or service itself, its price, availability and promotion) **pakiet; 2** *verb* **(a)** to say that you are willing to pay a certain amount of money for something **oferować, złożyć ofertę;** *to offer someone £100,000 for his house; he offered £10 a share* **(b)** to say that you are willing to sell something **oferować;** *we offered the house for sale*

Office of Fair Trading (OFT) government organization which protects both traders and consumers from unfair practices in the market **brytyjski Urząd Ochrony Konkurencji i Konsumentów**

offload [ɒf'ləʊd] *verb* to pass something which is not wanted on to someone else **przekazać, zrzucić; to offload excess stock** = to try to sell excess stock **pozbyć się nadmiernych zapasów; to offload costs onto a subsidiary company** = to try to get a subsidiary company to pay some charges so as to reduce tax **przerzucić koszty na spółkę zależną**

off-peak [ɒf'piːk] *adjective* not during the most busy time **poza szczytem; during the off-peak period** = at the time when business is less busy **(w okresie) poza godzinami szczytu; off-peak tariff** *or* **rate** = lower charges used when the service is not busy **taryfa stawek za usługi poza godzinami szczytu**

off-price label ['ɒf'praɪs 'leɪbl] *noun* label on a product which shows a reduced price **etykietka/metka z obniżoną ceną**

off-season 1 [ɒf'siːzn] *adjective* **off-season tariff** *or* **rate** = cheap fares which are charged in a season when there is less business **opłata/taryfa pozasezonowa; 2** ['ɒfsiːzn] *noun* less busy season for travel (usually during the winter) **okres poza sezonem;** *to travel in the off-season; air fares are cheaper in the off-season*

off-the-page buying ['ɒfðə'peɪdʒ 'baɪɪŋ] *noun* buying items which have been advertised in magazines or newspapers **kupno pod wpływem reklam prasowych**

off-the-peg ['ɒfðə'peg] *adjective & adverb* ready made, and not fitted specially **gotowy, standardowy;** *she buys all her clothes off-the-peg;* **off-the-peg research** = taking research which has already been carried out in another context, and using it as the basis for taking particular decisions **badania na podstawie danych archiwalnych**

OFT = OFFICE OF FAIR TRADING

oligopoly [ɒlɪ'gɒpəlɪ] *noun* situation where only a few sellers control the market **oligopol;** *an oligopoly means that prices can be kept high*

◊ **oligopsony** [ɒlɪ'gɒpsənɪ] *noun* situation where only a few buyers control the market **oligopson**

omnibus ['ɒmnɪbəs] *noun* **omnibus advertisement** = advertisement which covers several different products **reklama omnibusowa; omnibus agreement** = agreement which covers many different items **umowa omnibusowa; omnibus research** *or* **omnibus survey** = survey to which several companies subscribe, each adding specific questions of its own **badania omnibusowe, ankieta omnibusowa**

oncosts ['ɒnkɒsts] *plural noun* fixed costs, money spent in producing a product which does not rise with the quantity of the product made **koszty ogólnego zarządu**

one-stop shopping ['wɒn'stɒp 'ʃɒpɪŋ] *noun* offering a wide range of services to a customer, not necessarily services which are related to the product or service which the company normally sells **kupno wszystkiego w jednym miejscu; one-stop shopping centre** = shopping centre with a comprehensive choice of shops and supermarkets, designed to cover all of a person's shopping needs **wielobranżowe centrum handlowe**

◊ **one-time rate** ['wɒn'taɪm 'reɪt] *noun* special rate for an advertisement that is only placed once **stawka za reklamę jednorazową**

on-pack promotion ['ɒn'pæk prə'məʊʃn] *noun* advertising material on the outside of packaged goods **reklama na opakowaniu;** *we use on-pack promotion to stimulate buying at the point-of-sale; our on-pack promotion is designed to complement the TV advertising campaign*

o.n.o. = OR NEAR OFFER

open ['əʊpən] **1** *adjective* **(a)** at work; not closed **otwarty;** *the store is open on Sunday mornings; our offices are open from 9 to 6; they are open for business every day of the week* **(b)** ready to accept something **dostępny, otwarty; the job is open to all applicants** = anyone can apply for the job **każdy może starać się o tę pracę; open to offers** = ready to accept a reasonable offer **otwarty na propozycje; the company is open to offers for the empty factory** = the company is ready to discuss an offer which is lower than the suggested price **spółka oczekuje ofert dotyczących pustej fabryki; (c) open account** = arrangement where a seller offers the customer unsecured credit up to a certain maximum amount **rachunek otwarty; open cheque** = cheque which is not crossed and can be cashed anywhere **czek gotówkowy/niekrosowany; open credit** = bank credit given to good customers without security up to a certain maximum sum **kredyt bez zabezpieczenia; open general licence** = import licence for all goods which are subject to special import restrictions **otwarta importowa licencja generalna; open market** = market where anyone can buy or sell **wolny rynek; 2** *verb* **(a)** to start a new business working **otwierać;** *she has opened a shop in the High Street; we have opened an office in London* **(b)** to start work; to be at work **otwierać, zaczynać pracę;** *the office opens at 9 a.m.; we open for business on Sundays*

◊ **open-dating** ['əʊpən'deɪtɪŋ] *noun* putting the sell-by date on a packet in an uncoded form which can be understood by the consumers **oznaczanie niezakodowaną datą;** *open-dating is considered by many to be an important feature of consumer protection in food products*

◊ **open-door policy** ['əʊpən'dɔː 'pɒlɪsɪ] *noun* policy of a country to accept imports from all other countries on equal terms **polityka otwartych drzwi**

◊ **open-ended** *or US* **open-end** ['əʊpən'endɪd *or* 'əʊpən'end] *adjective* with no fixed limit *or* with some items not specified **bez ograniczeń, otwarty;** *open-ended agreement;* **open-ended question** = question in a questionnaire which allows a respondent to answer in some detail as he or she likes without having simply to say 'yet' or 'no' **pytanie otwarte;** *open-ended questions elicit answers that are original but hard to evaluate; an open-ended question is needed here, since the question involves the respondent's personal feelings*

◊ **opening** ['əʊpənɪŋ] **1** *noun* **(a)** act of starting a new business **otwarcie;** *the opening* *of a new branch; the opening of a new market* or *of a new distribution network* **(b) opening hours** = hours when a shop or business is open **godziny otwarcia/urzędowania; (c)** opportunity to do something **możliwość; job openings** = jobs which are empty and need filling **wakaty;** *we have openings for office staff;* **a market opening** = possibility of starting to do business in a new market **możliwość wejścia na nowy rynek; 2** *adjective* at the beginning or first **początkowy; opening balance** = balance at the beginning of an accounting period **bilans otwarcia; opening bid** = first bid at an auction **pierwsza oferta; opening entry** = first entry in an account **pierwsza pozycja; opening price** = price at the start of the day's trading **cena otwarcia; opening stock** = stock at the beginning of the accounting period **początkowy stan zapasów**

◊ **open pricing** ['əʊpən 'praɪsɪŋ] *noun* attempt by companies to achieve some cooperation and conformity in pricing **otwarte ustalanie cen;** *representatives from the major companies in the industry are meeting to establish an open-pricing policy*

◊ **open up** ['əʊpən 'ʌp] *verb* **to open up new markets** = to work to start business in markets where such business has not previously existed **otwierać nowe rynki**

operate ['ɒpəreɪt] *verb* **(a)** to work; to be in force **działać, obowiązywać;** *the new terms of service will operate from January 1st; the rules operate on inland postal services only* **(b) to operate a machine** = to make a machine work **obsługiwać maszynę;** *he is learning to operate the new telephone switchboard*

◊ **operating** ['ɒpəreɪtɪŋ] *noun* general running of a business or of a machine **prowadzenie; operating budget** = forecast of income and expenditure over a period of time **budżet operacyjny; operating costs** or **operating expenses** = costs of the day-to-day organization of a company **koszty operacyjne; operating manual** = book which shows how to work a machine **instrukcja obsługi; operating profit** or **operating loss** = profit or loss made by a company in its usual business **zysk operacyjny/strata operacyjna; operating statement** = financial statement which shows a company's expenditure and income and consequently its final profit or loss **sprawozdanie z działalności;** *the operating statement shows unexpected electricity costs; let's look at the operating statement to find last month's expenditure;* **operating supplies** = low-priced industrial products that are normally bought by producers **nadwyżka z operacji;** *production came to a standstill for lack of operating supplies; we are now ordering operating supplies for next month's production;* **operating system** = the main program which operates a computer **system operacyjny**

◊ **operation** [ɒpə'reɪʃən] *noun* business organization and work **działanie, funkcjonowanie;** *the company's operations in West Africa; he heads up the operations in Northern Europe;* **operations review** = examining the way in which a company or department works to see how it can be made more efficient and profitable **przegląd operacji; a franchising operation** = a business operating under a franchising agreement **firma prowadząca działalność na zasadzie franchisingu**

◊ **operational** [ɒpə'reɪʃənl] *adjective* **(a)** referring to how something works **operacyjny; operational budget** = forecast of expenditure in running a business **budżet operacyjny, operacyjny plan finansowy; operational costs** = costs of running a business **koszty operacyjne; operational planning** = planning how a business is to be run **planowanie operacyjne; operational research (OR)** = study of a company's way of working to see if it can be made more efficient and profitable **badanie sprawności operacyjnej przedsiębiorstwa; (b)** working or in operation **działający, funkcjonujący;** *it will be another six months before the plant is fully operational*

opinion [ə'pɪnjən] *noun* **public opinion** = what people think about something **opinia publiczna; opinion poll** or **opinion research** = asking a sample group of people what their opinion is, so as to work out the probable opinion of the whole population **badanie opinii publicznej;** *opinion polls showed that the public preferred butter to margarine; before starting the new service, the company carried out nationwide opinion polls;* **opinion-formers** or **opinion-leaders** = people whose opinions influence others in society **opiniotwórcy;** *a pop-star is the ideal opinion-leader if we are aiming at the teenage market; the celebrity used in the sales promotion campaign was not respected enough to be a true opinion-former*

opportunity [ɒpə'tju:nətɪ] *noun* chance to do something successfully **możliwość, okazja, szansa; investment opportunities** or **sales opportunities** = possibilities for making investments or sales which will be profitable **możliwości inwestycyjne/sprzedaży; a market opportunity** = possibility of going into a market for the first time **możliwość wejścia na rynek; opportunities to see**

(OTS) = number of opportunities an average member of the target audience will have to see an advertisement **liczba możliwości obejrzenia reklamy; employment opportunities** *or* **job opportunities** = jobs which are available **wakaty;** ***the increase in export orders has created hundreds of job opportunities;*** **purchasing opportunity** = possibility for a customer to make a purchase **możliwość dokonania zakupu; opportunity and threat analysis** = company's analysis of both the advantages and disadvantages in its environment in order to ensure sound strategic planning **analiza możliwości i zagrożeń; opportunity cost** = cost of a business initiative in terms of profits that could have been gained through an alternative plan **koszt utraconych korzyści;** ***it's a good investment plan and we will not be deterred by the opportunity cost***

optimal ['ɒptɪməl] *adjective* best **najlepszy, optymalny; optimal balance** = best combination of elements or activities that can be achieved in a marketing mix **optymalny dobór elementów;** ***if it achieves optimal balance the company will soon be a market leader***

option ['ɒpʃən] *noun* **option to purchase** *or* **to sell** = giving someone the possibility of buying or selling something within a period of time at a specified price **opcja; first option** = allowing someone to be the first to have the possibility of deciding something **prawo pierwszeństwa; to grant someone a six-month option on a product** = to allow someone six months to decide if he wants to be the agent for the product or if he wants to manufacture it **dać komuś sześciomiesięczną opcję dotyczącą produktu; to take up an option** *or* **to exercise an option** = to accept the option which has been offered and to put it into action **skorzystać z prawa/opcji;** ***he exercised his option*** *or* ***he took up his option to acquire sole marketing rights to the product;*** **I want to leave my options open** = I want to be able to decide what to do when the time is right **chcę pozostawić sobie wszystkie opcje; to take the soft option** = to decide to do something which involves the least risk, effort or problems **wybrać bezpieczne/łatwe rozwiązanie**

◊ **optional** ['ɒpʃənl] *adjective* which can be added if the customer wants **dobrowolny, nieobowiązkowy;** ***the insurance cover is optional;*** **optional extras** = items (such as a radio) which can be added (to a car) if wanted **wyposażenie dodatkowe**

OR = OPERATIONAL RESEARCH

Oracle UK teletext service broadcast by the IBA

orange goods ['ɒrɪnʒ 'gʊdz] *noun* goods (such as clothing) which are not bought as often as fast-moving items but are replaced from time to time **towary „pomarańczowe";** *compare* RED GOODS, YELLOW GOODS

order ['ɔːdə] **1** *noun* **(a) pay to Mr Smith or order** = pay money to Mr Smith or as he orders **wypłacić panu Smithowi albo według jego instrukcji (napis na czeku); pay to the order of Mr Smith** = pay money directly into Mr Smith's account **wpłacić bezpośrednio na konto pana Smitha; (b)** official request for goods to be supplied **zamówienie;** ***to give someone an order*** *or* ***to place an order with someone for twenty filing cabinets;*** **to fill** *or* **to fulfil an order** = to supply items which have been ordered **zrealizować zamówienie;** ***we are so understaffed we can't fulfil any more orders before Christmas; to fill an order for twenty filing cabinets;*** **purchase order** = official paper which places an order for something **polecenie zakupu; repeat order** = order for something which has been ordered before **ponowne zamówienie; order fulfilment** = supplying items which have been ordered **realizacja zamówienia; order number** = number given by the buyer to an order when placing the order with the supplier **numer zamówienia; terms: cash with order** = the goods will be supplied only if payment in cash is made at the same time as the order is placed **warunki płatności: gotówka przy zamówieniu; items available to order only** = items which will be manufactured only if someone orders them **artykuły dostępne jedynie na zamówienie; on order** = ordered but not delivered **zamówiony;** ***this item is out of stock, but is on order;*** **unfulfilled orders** *or* **back orders** *or* **outstanding orders** = orders received in the past and not yet supplied **zamówienia niezrealizowane; order book** = record of orders **księga zamówień; the company has a full order book** = it has enough orders to work at full capacity **spółka ma pełen portfel zamówień; telephone orders** = orders received over the telephone **zamówienia telefoniczne;** ***since we mailed the catalogue we have had a large number of telephone orders;*** **a pad of order forms** = a pad of blank forms for orders to be written on **blok formularzy zamówieniowych; (c)** item which has been ordered **zamówiony artykuł;** ***the order is to be delivered to our warehouse;*** **order picking** = collecting various items in a warehouse to make up an order to be sent to a customer **kompletowanie zamówienia; (d)** instruction **instrukcja, polecenie;**

delivery order = instructions given by the customer to the person holding his goods, telling him to deliver them **zlecenie dostawy; (e)** document which allows money to be paid to someone **przekaz;** ***he sent us an order on the Chartered Bank;*** **banker's order** *or* **standing order** = order written by a customer asking a bank to make a regular payment **stałe zlecenie płatnicze;** ***he pays his subscription by banker's order;*** **money order** = document which can be bought for sending money through the post **przekaz pieniężny; 2** *verb* to ask for goods to be supplied **zamawiać;** ***to order twenty filing cabinets to be delivered to the warehouse; they ordered a new Rolls Royce for the managing director***

organization [ɔ:gənaɪˈzeɪʃən] *noun* **(a)** arranging something so that it works efficiently **organizacja;** ***the chairman handles the organization of the AGM; the group's organization is too centralized to be efficient; the organization of the head office into departments has led to increased efficiency;*** **organization and methods** = examining how an office works, and suggesting how it can be made more efficient **analiza organizacji i metod; organization chart** = list of people working in various departments, showing how a company *or* office is organized **schemat organizacyjny; line organization** = way of organizing a business in which each manager is responsible for doing what his superior tells him to do **organizacja liniowa/pionowa; (b)** group or institution which is arranged for efficient work **organizacja; a government organization** = official body, run by the government **organizacja rządowa; a travel organization** = body representing companies in the travel business **stowarzyszenie biur podróży; an employers' organization** = group of employers with similar interests **stowarzyszenie pracodawców**

◊ **organizational buying** [ɔ:gənaɪˈzeɪʃənl ˈbaɪɪŋ] *noun* buying by a large organization, such as a company or government department, as opposed to purchases by individual consumers **zakupy przemysłowe**

◊ **organize** [ˈɔ:gənaɪz] *verb* to arrange something so that it works efficiently **organizować;** ***the company is organized into six profit centres; the group is organized by areas of sales;*** **organized labour** = workers who are members of trade unions **pracownicy zorganizowani w związki zawodowe; organized market** = market controlled by regulations set down by government or an official organization **rynek kontrolowany;** ***the government feels that an organized market is not conducive to business initiative***

orientation [ɔ:rɪenˈteɪʃn] *noun* main interest *or* type of activity **koncentracja, orientacja;** ***the company's orientation is towards production and it has little marketing experience***

◊ **oriented** [ˈɔ:rɪentɪd] *adjective* interested in *or* involved with **koncentrujący się na, zorientowany;** ***our strategy is oriented towards achieving further growth in the export market; the promotion is entirely product-oriented***

origin [ˈɒrɪdʒɪn] *noun* where something comes from **pochodzenie, źródło;** ***spare parts of European origin;*** **certificate of origin** = document showing where goods were made **świadectwo pochodzenia; country of origin** = country where a product is manufactured **kraj pochodzenia**

◊ **original** [əˈrɪdʒənl] **1** *adjective* which was used or made first **oryginalny, pierwotny;** ***they sent a copy of the original invoice; he kept the original receipt for reference;*** **original purchase** = copy of a magazine or newspaper which is actually bought by the reader, rather than simply read by him or her **zakup pierwotny; 2** *noun* first copy made **oryginał;** ***send the original and file two copies***

◊ **originally** [əˈrɪdʒənəlɪ] *adverb* first *or* at the beginning **pierwotnie, początkowo**

OS = OUTSIZE

O/S = OUT OF STOCK

OTS = OPPORTUNITIES TO SEE

outbid [aʊtˈbɪd] *verb* to offer a better price than someone else **przelicytować;** ***we offered £100,000 for the warehouse, but another company outbid us***

◊ **outdoor advertising** [ˈaʊtdɔ: ˈædvətaɪzɪŋ] *noun* advertising on the outside of a building or in the open air, using posters on hoardings or neon signs **reklama uliczna**

◊ **outer** [ˈaʊtə] *noun* packaging which covers items which already are in packages **opakowanie zewnętrzne outer pack** = container which holds a number of smaller packaged units **opakowanie zewnętrzne;** ***the goods are sold in outer packs, each containing twenty packets;*** **display outer** = container for goods in transit which can also be used as a container for goods in a shop **opakowanie ochronno-wystawowe**

◊ **outlet** [ˈaʊtlet] *noun* place where something can be sold **punkt sprzedaży; retail outlets** = shops which sell to the general public **punkty sprzedaży detalicznej**

◊ **out of date** ['aʊt əv 'deɪt] *adjective & adverb* old-fashioned *or* no longer modern **niemodny, przestarzały;** ***their computer system is years out of date; they're still using out-of-date equipment***

◊ **out of stock (O/S)** ['aʊt əv 'stɒk] *adjective & adverb* with no stock left **brak na składzie, wyczerpany, wyprzedany;** ***those records are temporarily out of stock; several out-of-stock items have been on order for weeks***

◊ **output** ['aʊtpʊt] *noun* amount which a company or a person or a machine produces **wielkość produkcji, wydajność;** ***output has increased by 10%; 25% of our output is exported;*** **output per hour** = amount produced in one hour **wydajność na godzinę; output bonus** = extra payment for increased production **premia produkcyjna; output tax** = VAT charged by a company on goods or services sold **podatek należny**

◊ **outsell** [aʊt'sel] *verb* to sell more than someone **sprzedawać więcej niż;** ***the company is easily outselling its competitors***

◊ **outsize (OS)** ['aʊtsaɪz] *noun* size which is larger than usual **większy niż zwykle; an outsize order** = a very large order **bardzo duże zamówienie**

◊ **outstanding** [aʊt'stændɪŋ] *adjective* not yet paid or completed **niezapłacony, zaległy; outstanding debts** = debts which are waiting to be paid **niespłacone długi; outstanding orders** = orders received but not yet supplied **niezrealizowane zamówienia; what is the amount outstanding?** = how much money is still owed? **jaka kwota jest jeszcze niespłacona? matters outstanding from the previous meeting** = questions which were not settled at the previous meeting **kwestie nierozwiązane na poprzednim zebraniu**

◊ **outward mission** ['aʊtwəd 'mɪʃn] *noun* visit by a group of businessmen to a foreign country **wizyta biznesmenów za granicą**

over- ['əʊvə] *prefix* more than **więcej niż, ponad; shop which caters to the over-60s** = shop which has goods which appeal to people who are more than sixty years old **sklep z towarami dla ludzi powyżej sześćdziesiątki**

◊ **overall** [əʊvər'ɔ:l] *adjective* covering *or* including everything **całkowity, ogólny; although some divisions traded profitably, the company reported an overall fall in profits** = the company reported a general fall in profits **chociaż niektóre piony zanotowały zyski, zysk całej spółki spadł; overall plan** = plan which covers everything **plan ogólny**

◊ **overcharge 1** ['əʊvətʃɑ:dʒ] *noun* charge which is higher than it should be **nadmierna opłata;** ***to pay back an overcharge*** **2** [əʊvə'tʃɑ:dʒ] *verb* to ask too much money **nałożyć/pobrać nadmierną opłatę;** ***they overcharged us for our meals; we asked for a refund because we'd been overcharged***

◊ **overhead** ['əʊvəhed] **1** *adjective* **overhead costs** *or* **expenses** = money spent on the day-to-day cost of a business **koszty ogólne/ogólnego zarządu; overhead budget** = plan of probable overhead costs **budżet kosztów ogólnych/ogólnego zarządu; 2** *noun* **overheads** *or US* **overhead** = costs of the day-to-day running of a business **koszty ogólne/ogólnego zarządu;** ***the sales revenue covers the manufacturing costs but not the overheads***

◊ **overkill** ['əʊvəkɪl] *noun* very intensive and expensive marketing campaign which has the effect of putting potential customers off **efekt marketingowy odwrotny do zamierzonego**

◊ **overlay** ['əʊvəleɪ] *noun* transparent plastic sheet placed over artwork (with instructions for changing it or used to show how the artwork is to be printed) **nakładka**

◊ **overmatter** *or* **oversetting** ['əʊvəmætə *or* 'əʊvəsetɪŋ] *noun* text which when typeset is too long for the space available **zbyt długi tekst**

◊ **overpayment** [əʊvə'peɪmənt] *noun* paying too much **nadpłata**

◊ **overpricing** ['əʊvəpraɪsɪŋ] *noun* charging a higher price than is justified by demand **ustalanie zbyt wysokich cen;** ***overpricing led to the producer being priced out of the market***

◊ **overprint** ['əʊvəprɪnt] *verb* to print text on paper which already contains printed matter **nadrukować;** ***the retailer's name and address is overprinted on the catalogue; we will overprint the catalogue with the retailer's name and address***

◊ **overproduce** [əʊvəprə'dju:s] *verb* to produce too much **produkować w nadmiarze**

◊ **overproduction** [əʊvəprə'dʌkʃən] *noun* manufacturing too much of a product **nadprodukcja**

◊ **overrider** *or* **overriding commission** [ˈəʊvəraɪdə *or* ˈəʊvəraɪdɪŋ kəˈmɪʃən] *noun* special extra commission which is above all other commissions **komisja nadrzędna**

◊ **overseas** [əʊvəˈsiːz] **1** *adjective* across the sea *or* to foreign countries **zagraniczny; an overseas call** = phone call to another country **rozmowa zagraniczna; the overseas division** = section of a company dealing with trade with other countries **oddział zagraniczny; overseas markets** = markets in foreign countries **rynki zagraniczne; overseas trade** = trade with foreign countries **handel zagraniczny; 2** *noun* foreign countries **zagranica;** ***the profits from overseas are far higher than those of the home division***

◊ **oversell** [əʊvəˈsel] *verb* to sell more than you can produce **sprzedawać za dużo; he is oversold** = he has taken orders for more of a product than he can produce **przyjął więcej zamówień niż może zrealizować; the market is oversold** = market prices are too low, because there have been too many sellers **ceny są za niskie, gdyż sprzedaż była za wysoka;** (NOTE: **overselling - oversold)**

◊ **overstock** [əʊvəˈstɒk] **1** *verb* to have more stock than is needed **gromadzić nadmierny zapas; to be overstocked with spare parts** = to have too many spare parts in stock **mieć nadmierny zapas części zamiennych; 2** *plural noun US* **overstocks** = more stock than is needed to supply orders **nadmierne zapasy;** ***we will have to sell off the overstocks to make room in the warehouse***

◊ **over-the-counter** [əʊvəðəˈkaʊntə] *adjective* **over-the-counter sales** = selling of goods to customers directly; selling of drugs to customers directly, without the need of a doctor's prescription **sprzedaż bez pośredników/sprzedaż leków bez recepty**

◊ **overweight** [əʊvəˈweɪt] *adjective* **the package is sixty grams overweight** = the package weighs sixty grams too much **ta paczka waży o 60 gramów za dużo**

QUOTE: Cash paid for your stock: any quantity, any products, overstocked lines, factory seconds

Australian Financial Review

QUOTE: it ties up less capital in inventory and with its huge volume spreads out costs over bigger sales; add in low overhead (i.e. minimum staff, no deliveries, no credit cards) and a warehouse club can offer bargain prices

Duns Business Month

own brand goods [ˈəʊn ˈbrænd ˈgʊdz] *noun* products specially packed for a store with the store's name on them **towary firmowe**

owner [ˈəʊnə] *noun* person who owns something **właściciel; media owner** = person or company that owns a magazine or newspaper or radio or TV station **właściciel nośnika reklamy; sole owner** = person who owns something on his or her own, without any partners **wyłączny właściciel; owner-occupier** = person who owns and lives in a house **użytkownik-właściciel; owner's risk** = situation where goods shipped or stored are insured by the owner, not by the transport company or the storage company **ryzyko właściciela; goods sent at owner's risk** = situation where the owner has to insure the goods while they are being transported **towary wysłane na ryzyko właściciela**

◊ **own label goods** [əʊn ˈleɪbl ˈgʊdz] *noun* goods specially produced for a store with store's name on them **towary firmowe**

QUOTE: the company is hunting for a marketing director as part of an effort to expand its non-food division and introduce own-label. It will also review its entire own-label ranges and look at the possibility of rolling out the non-food division own-label brands

Marketing Week

QUOTE: its survey of brand development indicates that whereas branded goods appeal to over-45 year olds, supermarket own-label goods are favoured by consumers under the age of 34

Marketing Week

Pp

the four P's simple way of summarizing the essentials of the marketing mix, which are Product, Price, Promotion and Place **cztery „P" marketingu**

pack [pæk] **1** *noun* **pack of items** = items put together in a container for selling **paczka;** *pack of cigarettes; pack of biscuits; pack of envelopes;* **items sold in packs of 200** = sold in boxes containing 200 items **artykuły sprzedawane w pudełkach po 200 sztuk; banded pack** = pack which includes an additional item along with the main one **promocyjny pakiet towarów; blister pack** *or* **bubble pack** = type of packing where the item for sale is covered with a stiff plastic cover sealed to a card backing **opakowanie ze sztywnej folii przymocowanej do kartonu; display pack** = specially attractive box for showing goods for sale **pudełko reklamowe; dummy pack** = empty pack for display in a shop **puste opakowanie reklamowe; six-pack** = box containing six items (often bottles or cans) **sześciopak; in pack** = placed inside the packaging with the product **wewnątrz opakowania;** *in pack promotion may include information on other products in the same line* **2** *verb* to put things into a container for selling *or* sending **pakować;** *to pack goods into cartons; the biscuits are packed in plastic wrappers; the computer is packed in expanded polystyrene before being shipped*

package [ˈpækɪdʒ] **1** *noun* **(a)** goods packed and wrapped for sending by mail **paczka;** *the Post Office does not accept bulky packages; the goods are to be sent in airtight packages* **(b)** group of different items joined together in one deal **pakiet; pay package** *or* **salary package** *or US* **compensation package** = salary and other benefits offered with a job **pakiet płacowy;** *the job carries an attractive salary package;* **package deal** = agreement which covers several different items **transakcja zbiorcza;** *we are offering a package deal which includes the whole office computer system, staff training and hardware maintenance;* **package holiday** = holiday where the hotel, travel and meals are all included in the price **wczasy zorganizowane;** *the travel company is arranging a package trip to the international computer exhibition* **2** *verb* **(a) to package goods** = to wrap and pack goods in an attractive way **pakować; (b) to package holidays** = to sell a holiday package including travel, hotels and food **sprzedawać wczasy zorganizowane**

◊ **packaged** [ˈpækɪdʒd] *adjective* put into a package **zapakowany;** *packaged goods; packaged holidays*

◊ **packaging** [ˈpækɪdʒɪŋ] *noun* **(a)** the action of putting things into packages **pakowanie; (b)** material used to protect goods which are being packed *or* attractive material used to wrap goods for display **opakowanie;** *airtight packaging; packaging material;* **family packaging** = selling a whole range of products in similar packaging **podobne opakowanie dla całej rodziny produktów**

QUOTE: the consumer wants to be challenged by more individual products and more innovative packaging
Marketing

QUOTE: promotional packaging can mean rethinking more than just the pack graphics
Marketing

QUOTE: airlines will book not only tickets but also hotels and car hire to provide a complete package
Business Traveller

QUOTE: in today's fast-growing packaged goods area many companies are discovering that a well-recognized brand name can be a priceless asset
Duns Business Month

packer [ˈpækə] *noun* person who packs goods **pakowacz**

◊ **packet** [ˈpækɪt] *noun* small box of goods for selling **paczka;** ***packet of cigarettes; packet of biscuits; packet of filing cards;*** **item sold in packets of 20** = sold in boxes containing 20 items each **artykuł sprzedawany w paczkach po 20 sztuk; postal packet** = small container of goods sent by post **przesyłka pocztowa**

◊ **packing** [ˈpækɪŋ] *noun* **(a)** action of putting goods into boxes and wrapping them for shipping **pakowanie;** ***what's the cost of the packing? is packing included in the price?;*** **packing case** = large wooden box for carrying easily broken items **pudło ochronne; packing charges** = money charged for putting goods into boxes **koszty pakowania; packing list** *or* **packing slip** = list of goods which have been packed, sent with the goods to show they have been checked **specyfikacja koli; packing station** = place where goods are packed for transport **pakowalnia;** ***from the production line the goods are taken directly to the packing station; the company has three packing stations, each one dealing with goods for a particular part of the world*** **(b)** material used to protect goods **materiał opakunkowy, opakowanie;** ***packed in airtight packing;*** **non-returnable packing** = packing which is to be thrown away when it has been used and not returned to the sender **opakowanie bezzwrotne**

page [peɪdʒ] *noun* one side of a sheet of printed paper in a book *or* newspaper *or* magazine **strona; full page** = size of advertisement taking up one complete page **pełna strona; half page** *or* **quarter page** *or* **eighth of a page** = sizes of advertisement which take up half or a quarter or one eighth of a page **pół strony, ćwierć strony, jedna ósma strony;** ***a full page advertisement costs $600; we'll take a quarter page in the July issue;*** **page proof** = proof after the text has been made up into pages, ready for checking before printing **korekta po przełamaniu; page rate** = cost of a whole page of advertising space **stawka za stronę;** ***what's the page rate in that paper? the page rate is lower in August when circulation is at its lowest;*** **page traffic** = proportion of readers of a publication who read a particular page **[ruch na stronie];** ***let's find out the page traffic before we decide to advertise on page two***

paired comparisons [ˈpeəd kəmˈpærɪsənz] *noun* test in which respondents compare two brands on the basis of certain attributes which are common to both **porównanie w parach**

pallet [ˈpælət] *noun* flat wooden base on which goods can be stacked for easy handling by a fork-lift truck, and on which they remain for the whole of their transportation **paleta**

◊ **palletize** [ˈpælətaɪz] *verb* to put goods on pallets; to use pallets for shipping goods **paletyzować;** ***palletized cartons***

pamphlet [ˈpæmflət] *noun* small booklet of advertising material or of information **broszura, ulotka**

panel [ˈpænl] *noun* **(a)** flat surface standing upright **panel, płyta, tablica; display panel** = flat area for displaying goods in a shop window **tablica wystawiennicza; advertisement panel** = specially designed large advertising space in a newspaper **panel reklamowy; (b) panel of experts** = group of people who give advice on a problem **grupa/zespół ekspertów; consumer panel** = group of consumers who report on goods they have used so that the manufacturer can improve the goods, or use the consumers' reports in his advertising **grupa konsumentów**

panic buying [ˈpænɪk ˈbaɪɪŋ] *noun* rush to buy something at any price because stocks may run out or because the price may rise **kupowanie pod wpływem paniki;** ***panic buying of sugar or of dollars***

pantry check *or US* **pantry audit** [ˈpæntrɪ ˈtʃek] *noun* survey method where a panel or sample of householders keep records of purchases so that these can be regularly checked for quantity and brand **[przegląd spiżarni];** ***the pantry check suggests that there is little brand loyalty for that type of product***

paper [ˈpeɪpə] *noun* **(a)** documents which can represent money (bills of exchange, promissory notes, etc.) **dokumenty, papiery; bankable paper** = document which a bank will accept as security for a loan **papier wartościowy mogący stanowić zabezpieczenie pożyczki; negotiable paper** = document which can be transferred from one owner to another for money **instrument zbywalny; (b) paper money** *or* **paper currency** = banknotes **banknoty; (c)** newspaper **gazeta; trade paper** = newspaper aimed at people working in a certain industry **gazeta branżowa; free paper** *or* **giveaway paper** = newspaper which is given away free, and which relies for its income on its advertising **bezpłatna gazeta**

parallel billboard [ˈpærælel ˈbɪlbɔːd] *noun* billboard which is parallel to a main road **billboard równoległy do drogi**

parcel ['pɑːsl] **1** *noun* goods wrapped up in paper *or* plastic, etc. to be sent by post **paczka; to tie up a parcel** = to fasten a parcel with string **obwiązać paczkę sznurkiem; parcel delivery service** = private company which delivers parcels within a certain area **doręczanie przesyłek; parcels office** = office where parcels can be handed in for sending by mail **punkt przyjmowania paczek; parcel post** = mail service for sending parcels **przesyłanie paczek;** ***send the order by parcel post*** **parcel rates** = charges for sending parcels by post **opłaty za przesyłanie paczek; 2** *verb* to wrap and tie up in a parcel **pakować (w paczkę);** ***to parcel up a consignment of books***

Pareto effect *or* **Pareto's law** [pə'riːtəʊ ɪ'fekt *or* 'lɔː] *noun* the theory that a small percentage of a total is responsible for a large proportion of value or resources (also called the 80/20 law, because 80/20 is the normal ratio between majority and minority figures: so 20% of accounts produce 80% of turnover; 80% of GDP enriches 20% of the population, etc.) **reguła Pareto**

part [pɑːt] *noun* **(a) spare part** = small piece of machinery to replace a part of a machine which is broken **część zamienna/zapasowa;** ***the photocopier won't work - we need to replace a part*** *or* ***a part needs replacing*** **(b) part exchange** = giving an old product as part of the payment for a new one **przyjęcie w rozliczeniu;** ***they refused to take my old car in part exchange for the new one;*** **part payment** = paying part of a whole payment **zapłata częściowa, zaliczka;** ***I gave him £250 as part payment for the car;*** **part delivery** *or* **part order** *or* **part shipment** = delivering *or* shipping only some of the items in an order **dostawa częściowa**

party ['pɑːtɪ] *noun* **(a)** company *or* person involved in a legal dispute *or* legal agreement **strona;** ***one of the parties to the suit has died; the company is not a party to the agreement;*** **third party** = any third person, in addition to the two main people involved in a contract **osoba trzecia; (b)** group of people who meet to celebrate something or to enjoy themselves **grupa; party plan selling** = selling by salesmen who present their products at parties organized in their homes **promocja towaru na przyjęciach;** ***party plan selling provides a relaxed atmosphere in which people are more inclined to buy the products being shown***

pass off ['pɑːs 'ɒf] *verb* **to pass something off as something else** = to pretend that it is another thing in order to cheat a customer **podawać coś za coś;** ***he tried to pass off the wine as French, when in fact it came from outside the European Union***

◊ **pass-on readership** ['pɑːsɒn 'riːdəʃɪp] *noun* the number of people who read a publication who have not bought it, but borrowed it from a purchaser **czytelnicy pisma, którzy go nie nabyli;** ***we know the magazine's circulation, but will have to estimate the level of pass-on readership***

patent ['peɪtənt *or* 'pætənt] **1** *noun* **(a)** official document showing that a person has the exclusive right to make and sell an invention **patent;** ***to take out a patent for a new type of light bulb; to apply for a patent for a new invention;*** **letters patent** = official term for a patent **dokument patentowy; patent applied for** *or* **patent pending** = words on a product showing that the inventor has applied for a patent **postępowanie patentowe w toku; to forfeit a patent** = to lose a patent because payments have not been made **utracić prawa patentowe; to infringe a patent** = to make and sell a product which works in the same way as a patented product and not pay a royalty for it **naruszyć prawa patentowe; infringement of patent** *or* **patent infringement** = act of illegally making or selling a product which is patented **naruszenie praw patentowych; (b) patent agent** = person who advises on patents and applies for patents on behalf of clients **rzecznik patentowy; to file a patent application** = to apply for a patent **złożyć wniosek patentowy; patent medicine** = medicine which is registered as a patent **opatentowane lekarstwo; patent office** = government office which grants patents and supervises them **urząd patentowy; patent rights** = rights which an inventor holds under a patent **prawa patentowe; 2** *verb* **to patent an invention** = to register an invention with the patent office to prevent other people from copying it **opatentować wynalazek**

◊ **patented** ['peɪtəntɪd *or* 'pætəntɪd] *adjective* which is protected by a patent **opatentowany**

◊ **patentee** [peɪtən'tiː] *noun* person *or* business that has acquired a patent **właściciel patentu;** ***we shall have to obtain the patentee's permission to manufacture the product***

patron ['peɪtrən] *noun* **(a)** regular customer **stały klient;** ***there is a special offer for regular patrons of the restaurant; to judge by its wealthy patrons, the store is clearly aimed at an up-market clientele*** **(b)** person who gives an organization or charity his or her financial support **patron;** ***the chairman is a patron of several leading charities***

◊ **patronage** ['pætrənɪdʒ] *noun* being a regular customer **częste kupowanie w jednej placówce**

◊ **patronize** ['peɪtrənaɪz] *verb* to be a regular customer **stale kupować w jednej placówce**; *I stopped patronizing that restaurant on the day I found a cigarette in my soup*

pattern ['pætən] *noun* **(a) pattern book** = book showing examples of design **katalog wzorów; (b)** general way in which something usually happens **wzorzec, wzór;** *pattern of prices or price pattern; pattern of sales or sales pattern;* **pattern of trade** *or* **trading pattern** = general way in which trade is carried on **struktura handlu;** *the company's trading pattern shows high export sales in the first quarter and high home sales in the third quarter*

◊ **patterned interview** ['pætənd 'ɪntəvju:] *noun* interview using pre-set questions following a fixed pattern **wywiad według wzorca**

pay [peɪ] *verb* **(a)** to give money to buy an item or a service **płacić;** *to pay £1,000 for a car; how much did you pay to have the office cleaned?;* **to pay in advance** = to give money before you receive the item bought *or* before the service has been completed **płacić z góry;** *we had to pay in advance to have the new telephone system installed;* **to pay in instalments** = to give small amounts of money regularly over an agreed period of time **płacić w ratach;** *we are paying for the computer by monthly instalments of £50;* **to pay cash** = to pay the complete sum in cash **płacić gotówką; 'pay cash'** = words written on a crossed cheque to show that it can be paid in cash if necessary **„wypłacić gotówką"; to pay by cheque** = to pay by giving a cheque, not by using cash or credit card **płacić czekiem; to pay by credit card** = to pay, using a credit card and not a cheque or cash **płacić kartą kredytową; pay television** *or* **pay TV** = television service that is paid for by regular subscriptions **płatna telewizja; (b)** to give money **płacić; to pay on demand** = to pay money when it is asked for, not after a period of credit **płacić na żądanie; please pay the sum of £10** = please give £10 in cash or by cheque **proszę zapłacić £10 gotówką lub czekiem; (c)** to give money which is owed *or* which has to be paid **zapłacić;** *to pay a bill; to pay an invoice; to pay duty on imports; to pay tax*

◊ **payable** ['peɪəbl] *adjective* which is due to be paid **płatny; payable in advance** = which has to be paid before the goods are delivered **płatny z góry; payable on delivery** = which has to be paid when the goods are delivered **płatny przy odbiorze; payable on demand** = which must be paid when payment is asked for **płatny na żądanie; payable at sixty days** = which has to be paid by sixty days after the date of invoice **płatny w terminie 60 dni; cheque made payable to bearer** = cheque which will be paid to the person who has it, not to any particular name written on it **czek na okaziciela; shares payable on application** = shares which must be paid for when you apply to buy them **akcje płatne w momencie złożenia wniosku; accounts payable** = money owed by a company **płatności; bills payable** = bills which a debtor will have to pay **weksle do zapłaty; electricity charges are payable by the tenant** = the tenant (and not the landlord) must pay for the electricity **opłaty za prąd pokrywa najemca**

◊ **pay down** ['peɪ 'daʊn] *verb* **to pay money down** = to make a deposit **wpłacić depozyt;** *he paid £50 down and the rest in monthly instalments*

◊ **payee** [peɪ'i:] *noun* person who receives money from someone *or* person whose name is on a cheque **remitent, beneficjent**

◊ **payer** ['peɪə] *noun* person who gives money to someone **płatnik; slow payer** = person *or* company which does not pay debts on time **opieszały płatnik;** *he's known to be a slow payer*

◊ **payload** ['peɪləʊd] *noun* cargo or passengers carried by a ship *or* train *or* plane, for which payment is made **ładunek handlowy**

◊ **payment** ['peɪmənt] *noun* **(a)** giving money **płatność, zapłata;** *payment in cash or cash payment; payment by cheque; payment of interest or interest payment;* **payment after delivery** = paying for goods at an agreed date after delivery **płatność po dostawie;** *there is a 10% discount for payment on delivery, but none for payment after delivery;* **payment on account** = paying part of the money owed **płatność na poczet/rachunek; payment on delivery** = paying for goods when they are delivered **zapłata przy dostawie;** *some customers won't agree to payment on delivery and want more time to settle up;* **full payment** *or* **payment in full** = paying all money owed **pełna zapłata; payment on invoice** = paying money as soon as an invoice is received **płatność po otrzymaniu faktury; payment in kind** = paying by giving goods or food, but not money **płatność w naturze; payment by results** = money given which increases with the amount of work done or goods produced **płaca akordowa; payment**

supra protest = payment of a bill of exchange by a third party to protect the debtor's honour **zapłata weksla zaprotestowanego; (b)** money paid **wpłata, zapłata; back payment** = paying money which is owed **płatność po terminie; deferred payments** = money paid later than the agreed date **płatności odroczone;** ***the company agreed to defer payments for three months;*** **down payment** = part of a total payment made in advance **zaliczka; repayable in easy payments** = repayable with regular small sums **płatny w małych, regularnych ratach; incentive payments** = extra pay offered to a worker to make him work better **premia uznaniowa; balance of payments** = the international financial position of a country including visible and invisible trade **bilans handlowy**

PD = PHYSICAL DISTRIBUTION

peak [pi:k] **1** *noun* highest point **szczyt; peak period** = time of the day when most commuters are travelling *or* when most electricity is being used, etc. **okres szczytu; time of peak demand** = time when something is being used most **okres szczytu/największego zużycia; peak output** = highest output **szczytowa wydajność; peak time** = time during the day when the greatest number of people are watching television **czas najwyższej oglądalności;** ***for the price of a 30-second spot at peak time we can get two minutes in mid-morning;*** **peak year** = best year *or* year when the largest quantity of products was produced *or* when sales were highest **szczytowy rok;** ***the shares reached their peak in January; the share index has fallen 10% since the peak in January*** **2** *verb* to reach the highest point **osiągnąć szczyt;** ***productivity peaked in January; shares have peaked and are beginning to slip back***

peddle ['pedl] *verb* to sell goods from door to door *or* in the street **prowadzić handel domokrążny**

◊ **peddlar** *or* **pedlar** ['pedlə] *noun* person who sells goods from door to door or in the street **domokrążca**

peer group ['pi:r 'gru:p] *noun* class of people that a person can respect or identify with, because they belong to the same age group, social class or have the same opinions **grupa rówieśnicza/o tym samym statusie;** ***consumers are found to be especially influenced by the tastes and opinions of those in their peer groups***

peg [peg] **1** *noun* hook to hang clothes on **kołek; off-the-peg clothes** = clothes which are made ready to wear in certain standard sizes **ubrania seryjne/standardowe/z półki; 2** *verb* to maintain prices at a certain level **zamrażać**

pen [pen] *noun* **light pen** = type of pen which when passed over a bar code can read it and send information back to a computer **pióro świetlne**

penalty clause ['penltɪ 'klɔ:z] *noun* clause in a contract that lays down penalties to be paid by a party who does not fulfil his or her part of that contract **klauzula o karach umownych**

penetrate ['penɪtreɪt] *verb* **to penetrate a market** = to get into a market and capture a share of it **wejść na rynek**

◊ **penetration** [penɪ'treɪʃən] *noun* percentage of a target market that accepts a product *or* percentage of a target audience reached by an advertisement **penetracja (rynku);** ***our promotion will have to be far more effective if we are to achieve penetration;*** **market penetration** *or* **penetration strategy** = selling more of a company's products into a market segment, shown as a percentage of the total market, by aggressive pricing and advertising **penetracja rynku, strategia penetracji; penetration pricing** = pricing a product low enough to achieve market penetration **polityka cen penetracyjnych;** ***penetration pricing is helping us acquire a bigger market share at the expense of short--term profits***

per annum ['pɜ: 'ænəm] *adverb* in a year **rocznie;** ***what is their turnover per annum?***

◊ **per capita** [pə 'kæpɪtə] *adjective & adverb* for each person **na głowę/osobę; average income per capita** *or* **per capita income** = average income of one person **przeciętny dochód na osobę; per capita expenditure** = total money spent divided by the number of people involved **wysokość wydatków na osobę**

percentile [pə'sentaɪl] *noun* one of a series of ninety-nine figures below which a certain percentage of the total falls **percentyl**

perception [pə'sepʃn] *noun* way in which something is viewed and assessed by a person **percepcja, postrzeganie**

perceptual map [pə'septjʊəl 'mæp] *noun* map *or* diagram which represents how consumers view various comparative products on the basis of certain factors or attributes **mapa percepcyjna;** ***thorough analysis of perceptual maps was followed by decisions on changes in product design and marketing strategy***

perfect 1 ['pɜ:fɪkt] *adjective* completely correct *or* with no mistakes **doskonały;** ***we check each batch to make sure it is perfect; she did a perfect typing test;*** **perfect competition** = hypothetical model of a market where all products of a particular type are identical, where there is complete information about market conditions available to buyers and sellers and complete freedom for sellers to enter or to leave the market **konkurencja doskonała; perfect market** = hypothetical market where there is perfect competition **rynek doskonały; 2** [pə'fekt] *verb* to develop *or* improve something until it is as good as it can be **udoskonalać;** ***he perfected the process for making high-grade steel***

periodical [pɪərɪ'ɒdɪkəl] *noun* magazine which comes out regularly (usually once a month or once a week) **czasopismo, periodyk;** ***we have not yet decided in which periodicals we should run the advertisement*** *see also* MONTHLY, QUARTERLY, WEEKLY

perishable ['perɪʃəbl] **1** *adjective* which can go bad *or* become rotten easily **łatwo psujący się, nietrwały;** ***perishable goods*** *or* ***items*** *or* ***cargo*** **2** *plural noun* **perishables** = goods which can go bad easily **artykuły łatwo psujące się**

permanent ['pɜ:mənənt] *adjective* which will last for a very long time *or* for ever **niezmienny, stały;** ***he has found a permanent job; she is in permanent employment; the permanent staff and the part-timers;*** **permanent income hypothesis** = theory that people spend in line with the average income they expect to receive in their life-time **hipoteza stałego dochodu**

permit 1 ['pɜ:mɪt] *noun* official document which allows someone to do something **licencja, zezwolenie; building permit** = official document which allows someone to build on a piece of land **zezwolenie budowlane; export permit** *or* **import permit** = official document which allows goods to be exported *or* imported **licencja eksportowa/importowa; work permit** = official document which allows someone who is not a citizen to work in a country **pozwolenie na pracę; 2** [pə'mɪt] *verb* to allow someone to do something **pozwalać;** ***will we be permitted to use her name in the advertising copy? smoking is not permitted in the design studio***

persistent demand [pə'sɪstənt dɪ'mɑ:nd] *noun* continuous *or* stable demand for a product **stały popyt;** ***persistent demand for the product means that there is very little pressure to adapt it; the product is so useful that it is not surprising there is a persistent demand for it***

personal ['pɜ:sənl] *adjective* referring to one person **osobisty; personal call** = (i) telephone call where you ask the operator to connect you with a particular person; **rozmowa z przywołaniem;** (ii) telephone call not related to business; **rozmowa prywatna; personal interview** = questioning respondents in a survey directly, by meeting them **wywiad osobisty;** ***the advantage of a personal interview is that we have the chance to explain the questions; it's possible that interviewers' bias may influence results in a personal interview;*** **personal selling** = selling to a customer by personal contact, either face to face or by telephone **sprzedaż osobista;** ***personal selling allows any doubts the prospective customer may have to be cleared up by the salesman***

◊ **personality** [pɜ:sə'nælɪtɪ] *noun* famous person (usually connected with television or sport) **osobistość; personality advertising** *or* **personality promotion** = promotion which makes use of famous people to endorse a product **promocja z wykorzystaniem znanych osobistości;** ***personality promotion is a tried and tested method of promoting beauty products; a famous pop star was chosen for the personality promotion because of his widespread popularity among the target audience***

◊ **personalized** ['pɜ:snəlaɪzd] *adjective* with the name of a particular person written on it **opatrzony imieniem i/lub nazwiskiem lub inicjałami;** ***he has a personalized briefcase;*** **personalized mailing** = mailing of letters addressed to particular people by name **wysyłanie zindywizualizowanych materiałów reklamowych**

persuade [pə'sweɪd] *verb* to talk to someone and get him or her to do what you want **przekonywać;** ***after ten hours of discussion, they persuaded the MD to resign; we could not persuade the French company to sign the contract***

◊ **persuasibility** [pəsweɪzə'bɪlɪtɪ] *noun US* degree to which a target audience can be persuaded through advertising that a product has good qualities **podatność (na reklamę);** ***persuasibility will depend on consumer's experience with products similar to the ones we are promoting***

photoengraving [fəʊtəʊɪŋ'greɪvɪŋ] *noun* process of producing a metal plate for printing, by photographing on the plate which is then etched in such a way that prints can be taken from it **chemigrafia**

◊ **photogravure** [fəʊtəʊgrə'vjʊə] *noun* type of photoengraving where the design is etched into the metal rather than in relief **heliograwiura, fotograwiura**

◊ **phototypesetting** [fəʊtəʊ'taɪpsetɪŋ] *noun* typesetting by photographic means rather than by using metal type **skład fotograficzny, fotoskład**

physical ['fɪzɪkl] *adjective* **physical distribution (PD)** = the process of moving goods from the producer to wholesaler, then to the retailer and so to the end user **dystrybucja fizyczna;** ***physical distribution is always a problem because of high transportation costs;*** **physical inventory** = count of actual items of stock **inwentaryzacja, spis z natury; physical stock** = the actual items of stock held in a warehouse **artykuły fizycznie na stanie; physical stock check** *or* **physical stocktaking** = counting actual items of stock (and then checking this figure against stock records) **spis inwentarzowy/z natury**

picking ['pɪkɪŋ] *noun* **(a)** selecting a product according to its packaging or place on the shelf, rather than by making a conscious decision to buy **wybór; (b) order picking** = collecting various items in a warehouse to make up an order to be sent to a customer **kompletowanie zamówienia; picking list** = list of items in an order, listed according to where they can be found in the warehouse **lista kompletacyjna**

◊ **pick up** ['pɪk 'ʌp] *verb* to get better *or* to improve **polepszać się;** ***business or trade is picking up***

◊ **pickup** ['pɪkʌp] *noun* **pickup (truck)** = type of small van for transporting goods **półciężarówka, pikap; pickup and delivery service** = service which takes goods from the warehouse and delivers them to the customer **odbiór i dostawa towarów**

pie chart ['paɪ 'tʃɑːt] *noun* diagram where information is shown as a circle cut up into sections of different sizes **wykres kołowy**

piggy-back freight service ['pɪgɪbæk 'freɪt] *noun US* transport of loaded trucks on freight trains **przewóz załadowanych ciężarówek koleją;** *compare* FISHY-BACK

◊ **piggy-back promotion** ['pɪgɪbæk prə'məʊʃn] *noun* sales promotion for one product which accompanies promotion for another product made by the same company **promocja towarzysząca (promocji innego towaru)**

pilferage *or* **pilfering** ['pɪlfərɪdʒ *or* 'pɪlfərɪŋ] *noun* stealing small amounts of money *or* small items from an office *or* shop **drobna kradzież**

pilot ['paɪlət] **1** *adjective* used as a test, which, if successful, will then be expanded into a full operation **pilotażowy;** ***the company set up a pilot project to see if the proposed manufacturing system was efficient; the pilot factory has been built to test the new production processes; he is directing a pilot scheme for training unemployed young people*** **2** *verb* to test a project on a small number of people, to see if it will work in practice **testować**

pink market ['pɪŋk 'mɑːkɪt] *noun* market of gay and lesbian people **„różowy" rynek**

pioneer [ˌpaɪə'nɪə] **1** *noun* first person *or* company to do something **pionier;** ***Smith, Inc. were pioneers in the field of market research;*** **pioneer project** *or* **pioneer development** = project or development which is new and has never been tried before **pionierskie przedsięwzięcie; pioneer selling** = hard, intensive selling in new markets **pionierska sprzedaż;** ***a campaign of pioneer selling was organized to educate the public in the use of the new product; there was a lot of consumer resistance to pioneer selling, since few customers had heard of the product or thought they needed it*** **2** *verb* to be the first to do something **być pionierem, torować drogę;** ***the company pioneered developments in the field of electronics***

pipeline ['paɪplaɪn] *noun* distribution channel (from manufacturer through wholesalers and retailers to the customer) **kanał dystrybucji;** ***how many different businesses are involved in the product's pipeline?***

pirate ['paɪərət] **1** *noun* person who copies a patented invention or a copyright work and sells it **pirat; 2** *adjective* copied without permission **piracki;** ***a pirate copy of a book*** **3** *verb* to copy a copyright work **uprawiać piractwo;** ***a pirated book or a pirated design; the designs for the new dress collection were pirated in the Far East***

◊ **piracy** ['paɪərəsɪ] *noun* copying of patented inventions or copyright works **piractwo**

pitch [pɪtʃ] **1** *noun* **sales pitch** = talk by a salesman to persuade someone to buy **argumenty zachęcające do kupna; 2** *verb (of an advertising agency)* to make a presentation to a potential customer **zachęcać do kupna poprzez prezentację**

> QUOTE: the company is drawing up a shortlist of agencies to pitch for the account, which it claims is worth £4m this year
>
> **Marketing Week**

> QUOTE: the head of marketing says the company is reviewing its advertising agency arrangements, but does not have a pitch list at this stage
>
> Marketing Week

pix [pɪks] *plural noun (informal)* pictures (used in advertising or design) **ilustracje, zdjęcia**

placard [ˈplækɑːd] *noun* poster of double crown size (i.e. 30 inches deep by 20 inches wide) *or* large advertisement on a stiff card **afisz/plakat reklamowy**

placement test [ˈpleɪsmənt ˈtest] *noun* test where different versions of a new product are tested in different places and with different types of consumer (as opposed to market tests, where the new product is actually sold through normal distribution channels in the test areas) **[test ulokowania]**

place utility [ˈpleɪs juˈtɪlɪtɪ] *noun* usefulness to a customer of receiving a product at a particular place **[użyteczność miejscowa]**

plain cover [ˈpleɪn ˈkʌvə] *noun* **to send something under plain cover** = to send something in an ordinary envelope with no company name printed on it **wysłać coś w kopercie nieoznaczonej nazwą firmy**

plan [plæn] *noun* way of doing something which has been decided on and organized in advance **plan; business plan** = plan of a company's anticipated expenditure, sales and profits, drawn up to discuss with a potential backer (such as the bank manager) **biznesplan; contingency plan** = plan which will be put into action if something unexpected happens **plan awaryjny; marketing plan** = plan, usually drawn up once a year, of a company's marketing activities, with details of proposed expenditure and expected revenue and profits **plan marketingowy; plans board** = group of senior managers that meets to discuss campaign strategy **rada ds. planowania;** ***the plans board will meet on Monday to discuss the latest sales figures; the plans board has decided to concentrate the campaign in those areas where there are most sales representatives***

◊ **planned** [plænd] *adjective* **planned obsolescence** = built-in obsolescence *or* method of ensuring continuing sales of a product by making it in such a way that it will soon become obsolete **„wbudowane" starzenie się moralne;** ***planned obsolescence was condemned by the consumer organization as a cynical marketing ploy***

◊ **planning** [ˈplænɪŋ] *noun* organizing how something should be done, especially how a company should be run to make increased profits **planowanie;** ***long-term planning*** *or* ***short-term planning;*** **corporate planning** = planning the future work of a whole company **planowanie strategiczne działalności przedsiębiorstwa; economic planning** = planning the future financial state of the country for the government **planowanie gospodarcze; journey planning** = planning the calls which a salesperson will make, and how he or she will reach them most efficiently **planowanie trasy; manpower planning** = planning to get the right number of workers for each job **planowanie potrzeb kadrowych; media planning** = deciding what media should be used in a promotional campaign **planowanie wykorzystania mediów**

plateau [ˈplætəʊ] *noun* level point (as when sales or costs stop increasing) **niezmienny poziom; plateau pricing** = setting a medium price for a product where the raw materials used in making it are subject to wide price fluctuations **polityka cen średnich**

platform [ˈplætfɔːm] *noun* **copy platform** = the main theme of the text of an advertisement **zasadniczy temat tekstu reklamy**

PLC = PRODUCT LIFE CYCLE, PUBLIC LIMITED COMPANY

ploy [plɔɪ] *noun* trick *or* gimmick, used to attract customers **chwyt, podstęp**

plug [plʌg] **1** *noun* **to give a plug to a new product** = to publicize a new product **reklamować nowy produkt; 2** *verb* to publicize *or* to advertise **reklamować;** ***they ran six commercials plugging holidays in Spain***

point [pɔɪnt] *noun* place *or* position **miejsce, punkt; point of purchase (POP)** = place where a product is bought (which is usually the same as point of sale, though not always, as in the case of mail order purchases) **punkt nabycia; point of purchase advertising (POPA)** = advertising (such as posters or dump bins) at the place where the products are bought **reklama w punkcie nabycia; point of sale (POS)** = place where a product is sold (such as a shop) **punkt sprzedaży; point of sale material** *or* **POS material** = display material (such as posters, dump bins) to advertise a product where it is being sold **materiały reklamowe w punkcie sprzedaży; breakeven point** = position at which sales cover costs but do not show a profit **próg rentowności; customs entry point** = place at a border between two countries where goods are declared to customs **punkt wejścia na teren celny; sampling point** = place where sampling is carried out **miejsce próbkobrania; starting point** = place where something starts **miejsce rozpoczęcia, początek**

policy ['pɒlɪsɪ] *noun* **(a)** decisions on the general way of doing something **polityka;** ***government policy on wages*** *or* ***government wages policy; the government's prices policy*** *or* ***incomes policy; the country's economic policy; a company's trading policy;*** **the government made a policy statement** *or* **made a statement of policy** = the government made its plans public **rząd przedstawił założenia swojej polityki; budgetary policy** = policy of expected income and expenditure **polityka budżetowa; (b) company policy** = the company's agreed plan of action *or* the company's way of doing things **polityka spółki;** ***what is the company policy on credit? it's against company policy to give more than thirty days' credit; our policy is to submit all contracts to the legal department***

poll [pəʊl] **1** *noun* **opinion poll** = asking a sample group of people, taken at random, what they feel about something, so as to guess the opinion of the whole population **badanie opinii publicznej;** ***opinion polls showed the public preferred butter to margarine; before starting the service the company carried out a nationwide opinion poll*** **2** *verb* **to poll a sample of the population** = to ask a sample group of people what they feel about something **przeprowadzić badanie opinii publicznej na wybranej grupie respondentów**

polycentric stage [pɒlɪ'sentrɪk 'steɪdʒ] *noun US* stage in a company's international marketing when there is a separate marketing planning unit for each country **etap policentryczny;** ***it's an expanding multinational in its polycentric stage***

POP = POINT OF PURCHASE

POPA = POINT OF PURCHASE ADVERTISING

popular ['pɒpjʊlə] *adjective* liked by many people **popularny;** ***this is our most popular model; the South Coast is the most popular area for holidays;*** **popular prices** = prices which are low and therefore liked by most customers **przystępne ceny; popular pricing** = pricing method which tries to fix prices that will be popular with customers **polityka przystępnych cen;** ***our competitor's popular pricing strategy is a serious threat to our sales***

population [pɒpjʊ'leɪʃən] *noun* **(a)** number of people who live in a country *or* in a town **liczba ludności, populacja;** ***it is a city with a population of over one million; the working population of the country is getting older;*** **floating population** = people who move from place to place **przemieszczająca się ludność; (b)** total number of people in a group under study in a survey, from which a sample is chosen **liczebność badanej grupy**

port [pɔːt] *noun* harbour *or* place where ships come to load *or* unload **port;** ***the port of Rotterdam*** **inland port** = port on a river *or* canal **port śródlądowy; to call at a port** = to stop at a port to load or unload cargo **zawinąć do portu; port authority** = organization which runs a port **władze portowe; port of call** = port at which a ship often stops **port pośredni; port charges** *or* **port dues** = payment which a ship makes to the port authority for the right to use the port **opłaty portowe; port of embarkation** = port at which passengers get on a ship **port zaokrętowania; port installations** = buildings and equipment of a port **urządzenia portowe; commercial port** = port which has only goods traffic **port handlowy; fishing port** = port which is used mainly by fishing boats **port rybacki; free port** = port where there are no customs duties to be paid **wolny port**

portfolio [pɔːt'fəʊljəʊ] *noun* **(a)** folder containing a selection of samples **portfel;** ***the student brought a portfolio of designs to show the design department manager*** **(b) product portfolio** = collection of products made by the same company **portfel produktów; product portfolio analysis** = model for marketing strategy with various categories of product based on present performance and growth rate, which can help a business to plan its product development and strategy **analiza portfela produktów**

> QUOTE: the Italian manufacturer has shaken up its drinks portfolio with a new launch and two relaunches
>
> **Marketing Week**

portrait ['pɔːtreɪt] *noun* illustration, page or book, where the height is greater than the width **portret;** *compare* LANDSCAPE

POS *or* **p.o.s.** ['piːəʊ'es] = POINT OF SALE

position [pə'zɪʃən] *noun* **(a)** situation *or* state of affairs **sytuacja; what's the cash position?** = what's the state of the company's current account? **ile jest gotówki? bargaining position** = statement of position by one group during negotiations **stanowisko podczas negocjacji; (b)** place where something is **pozycja; preferred position** = place in a publication where an advertiser asks for his or her advertisement to be put **wybrana pozycja reklamy**

◊ **positioning** [pə'zɪʃənɪŋ] *noun* **(a)** creating an image for a product in the minds of consumers **pozycjonowanie; brand positioning** *or* **product positioning** = placing a brand *or* product in a particular position in the market, so that it is particularly recognizable to the public **pozycjonowanie marki/produktu;** *see also* REPOSITIONING **(b)** placing an advertisement in a certain place on a certain page of a magazine **rozmieszczenie reklamy**

positive ['pɒzətɪv] *adjective* meaning 'yes' **dodatni, pozytywny; positive appeal** = advertising which shows the positive attraction of the product **atrakcyjność produktu; positive cash flow** = situation where more money is coming in than is being spent **dodatni przepływ środków pieniężnych; positive variance** = difference between a financial plan and its outcome, that means a more favourable profit than expected **odchylenie dodatnie;** ***the managing director is pleased because costs this year show a £60,000 positive variance***

possession utility [pə'zeʃn jʊ'tɪlɪtɪ] *see* MARGINAL UTILITY

post [pəʊst] **1** *noun* **(a)** system of sending letters and parcels from one place to another **poczta;** ***to send an invoice by post; he put the letter in the post; the cheque was lost in the post;*** **to send a reply by return of post** = to reply to a letter immediately **wysłać odpowiedź pocztą zwrotną; letter post** *or* **parcel post** = service for sending letters or parcels **przesyłanie listów/paczek; post room** = room in an office where the post is sorted and sent to each department or collected from each department for sending **dział pocztowy; (b)** letters sent or received **korespondencja;** ***has the post arrived yet? my secretary opens the post as soon as it arrives; the receipt was in this morning's post; the letter didn't arrive by the first post this morning*** **2** *verb* to send something by post **wysyłać pocztą;** ***to post a letter*** *or* ***to post a parcel***

◊ **postcode** ['pəʊs 'kəʊd] *noun* series of numbers and letters which forms part of an address, indicating the street and the town in a way which can be read by a scanner **kod pocztowy;** (NOTE: US English is **zip code**)

post- [pəʊst] *prefix* later **po**

◊ **post-purchase** ['pəʊst'pɜːtʃəs] *adjective* after a purchase has been made **po zakupie, posprzedażny; post-purchase advertising** = advertising designed to minimize post-purchase anxiety **reklama po zakupie; post-purchase anxiety** = feelings of doubt about a purchase after it has been made **wątpliwości po zakupie; post-purchase assessment** = assessment of a product by the purchaser after it has been bought and used **ocena towaru po zakupie**

◊ **post-test** ['pəʊst'test] *adjective* evaluation of an advertising campaign after it has taken place, or of a product after it has been launched **[„test po"];** ***the post-test showed that an unnecessary amount of money had been spent;*** **post-testing** = evaluating an advertising campaign after it has been run or a product after it has been launched **[„testowanie po"]**

postage ['pəʊstɪdʒ] *noun* payment for sending a letter or parcel by post **opłata pocztowa;** ***what is the postage to Nigeria?;*** **postage paid** = words printed on an envelope to show that the sender has paid the postage even though there is no stamp on it **opłata pocztowa opłacona; postage stamp** = small piece of paper attached to a letter or parcel to show that you have paid for it to be sent through the post **znaczek pocztowy**

postal ['pəʊstəl] *adjective* referring to the post **pocztowy; postal charges** *or* **postal rates** = money to be paid for sending letters or parcels by post **opłaty pocztowe;** ***postal charges are going up by 10% in September;*** **postal interview** = POSTAL SURVEY **postal order** = document bought at a post office, as a method of sending small amounts of money by post **przekaz pocztowy; postal sales** = sales of products by post, through advertisements in the press **sprzedaż drogą pocztową;** ***the company carried out postal sales from a big warehouse in the north;*** **postal survey** = sending questionnaires for a survey by post for respondents to fill in and send back **ankieta pocztowa;** ***not enough consumers responded to the postal survey***

poster ['pəʊstə] *noun* large eyecatching notice or advertisement which is stuck up outdoors or placed prominently inside a store **afisz, plakat; poster site** = place reserved for posters **miejsce na plakaty;** ***we want a poster site in a busy street; I wish we could afford a prime poster site for our fund-raising campaign*** *see also* BILL POSTER, FLY POSTER

post free ['pəʊst 'friː] *adverb* without having to pay any postage **wolny od opłaty pocztowej;** ***the game is obtainable post free from the manufacturer***

postpaid [pəʊs'peɪd] *adjective* with the postage already paid **z opłatą pocztową uiszczoną;** ***the price is £5.95 postpaid***

potential [pə'tenʃəl] **1** *adjective* possible **potencjalny; potential customers** = people who could be customers **potencjalni na-**

bywcy; potential demand = situation where there is no demand as yet for a product but there is money to buy it **potencjalny popyt;** ***though there is no interest in our product in Saudi Arabia as yet, there is considerable potential demand;*** **potential market** = market which could be exploited **potencjalny rynek; the product has potential sales of 100,000 units** = the product will possibly sell 100,000 units **potencjalnie można sprzedać 100 tys. sztuk tego produktu; he's a potential managing director** = he's the sort of man who could become managing director **on jest potencjalnym dyrektorem naczelnym; 2** *noun* possibility of becoming something **potencjał; sales potential** = maximum market share that can be achieved by a product **potencjał rynkowy; product with considerable sales potential** = product which is likely to have very large sales **produkt o dużym potencjale rynkowym;** ***the product has enormous sales potential being both cheaper and longer-lasting than any of its rivals on the market;*** **to analyze the market potential** = to examine the market for a market to see how large it possibly is **przeanalizować potencjał rynkowy; earning potential** = amount of money which someone should be able to earn *or* amount of dividend which a share is capable of earning **potencjał zarobkowy**

> QUOTE: career prospects are excellent for someone with growth potential
>
> **Australian Financial Review**

> QUOTE: for sale: established general cleaning business; has potential to be increased to over 1 million dollar turnover
>
> **Australian Financial Review**

PR = PUBLIC RELATIONS ***a PR firm is handling all our publicity; he works in PR; the PR people gave away 100,000 balloons***

preapproach [ˈpriːəˈprəʊtʃ] *noun* stage in a salesman's preparation for a sale devoted to planning actual meetings with customers **etap przedsprzedażny;** ***preapproach sessions cover techniques in assessing customers and their needs***

precinct [ˈpriːsɪŋ(k)t] *noun* separate area **strefa; pedestrian precinct** = area of streets, where no cars are allowed and shoppers can walk freely **strefa ruchu pieszego; shopping precinct** = separate area of shops, usually with the streets closed to traffic **dzielnica handlowa**

pre-coding [ˈpriːˈkəʊdɪŋ] *noun* assigning codes to items on questionnaires in order to facilitate reference and evaluation **oznaczanie kodami;** ***much time was lost in the survey through a confusing pre-coding system; freelance interviewers should be given a complete explanation of the pre-coding of questionnaires***

predatory [ˈpredətərɪ] *adjective* which tries to destroy **rabunkowy; predatory pricing policy** = policy of reducing prices as low as possible to try to get market share from weaker competitors **rozbójnicza polityka cenowa**

pre-empt [prɪˈem(p)t] *verb* to get an advantage by doing something quickly before anyone else **ubiegać;** ***they staged a management buyout to pre-empt a takeover bid;*** **pre-empt selling** = selling television advertising time at a lower rate with the proviso that another advertiser can take it over if he offers the full rate **sprzedaż z zastrzeżeniem pierwszeństwa;** ***as we're on a tight advertising budget we'll have to go for pre-empt selling***

premium [ˈpriːmjəm] *noun* amount added to a normal price or rate for a product or service **dodatkowa opłata; premium offer** = present which is given to the customer, either attached to the product bought or given by a retailer on proof of purchase of a minimum quantity of goods **bezpłatny upominek promocyjny**

prepack *or* **prepackage** [ˈpriːˈpæk *or* ˈpriːˈpækɪdʒ] *verb* to pack something before putting it on sale **opakować przed sprzedażą;** ***the fruit are prepacked or prepackaged in plastic trays; the watches are prepacked in attractive display boxes***

prepaid [ˈpriːˈpeɪd] *adjective* paid in advance **opłacony; carriage prepaid** = note showing that the transport costs have been paid in advance **transport opłacony; prepaid reply card** = stamped addressed card which is sent to someone so that he can reply without paying the postage **karta odpowiedzi z uiszczoną opłatą pocztową**

◊ **prepay** [ˈpriːˈpeɪ] *verb* to pay in advance **opłacić z góry**

◊ **prepayment** [priːˈpeɪmənt] *noun* payment in advance **opłata z góry; to ask for prepayment of a fee** = to ask for the fee to be paid before the work is done **prosić o zapłatę z góry**

preparatory set [preˈpærətrɪ set] *noun* principle that people have preconceived ideas about brands which influence their buying decisions **zasada zestawu wstępnego**

presence [ˈprezəns] *noun* measurement of an advertisement's real audience as opposed to its potential audience **rzeczywista grupa odbiorców reklamy;** ***with an impressive presence our advertisement should have considerable effect***

presentation [prezənˈteɪʃən] *noun* **(a)** showing a document **okazanie; cheque payable on presentation** = cheque which will be paid when it is presented **czek płatny za okazaniem; free admission on presentation of this card** = you do not pay to go in if you show this card **wstęp za okazaniem niniejszej karty; (b)** demonstration *or* exhibition of a proposed plan **prezentacja;** ***we were not very impressed with the presentation, and will have to think again about investing in the scheme; the distribution company made a presentation of the services they could offer; we have asked two PR firms to make presentations of proposed publicity campaigns*** **(c)** demonstration by a salesman of a product **prezentacja;** ***the manufacturer made a presentation of his new product line to possible customers; we have some slides of the product which we use in presentations;*** **canned presentation** = standard sales presentation which some salesmen use all the time instead of adapting their presentation technique to different customers **prezentacja standardowa/rutynowa**

press [pres] *noun* newspapers and magazines **prasa; the local press** = newspapers which are sold in a small area of the country **prasa lokalna; the national press** = newspapers which sell in all parts of the country **prasa krajowa;** ***the new car has been advertised in the national press; we plan to give the product a lot of press publicity; there was no mention of the new product in the press;*** **press conference** = meeting where reporters from newspapers are invited to hear news of a new product *or* of a court case *or* of a takeover bid, etc. **konferencja prasowa; press coverage** = reports about something in the press **nagłośnienie tematu, artykuły prasowe na dany temat;** ***we were very disappointed by the press coverage of the new car;*** **press cutting** = (i) cutting out pieces in newspapers and magazines which refer to items of particular interest; **gromadzenie wycinków prasowych;** (ii) piece cut out of a newspaper *or* magazine, which refers to an item of particular interest; **wycinek prasowy;** ***we've kept a file of press cuttings about the new car;*** **press date** = date on which a publication is printed **dzień druku; press relations** = part of the public relations activity of an organization, aimed at building up good relations with the press **public relations z prasą;** ***if the company image is to improve we must first improve our press relations;*** **press release** = sheet sent to newspapers and TV and radio stations giving news about something **komunikat prasowy, informacja dla mediów;** ***the company sent out a press release about the launch of the new car***

pressure [ˈpreʃə] *noun* **high pressure** = strong force by other people to do something **silna presja; working under high pressure** = working with a manager telling you what to do and to do it quickly *or* with customers asking for supplies urgently **praca pod silną presją; high-pressure salesman** = salesman who tries to force the customer to buy something he or she does not really need **nachalny sprzedawca; high-pressure sales techniques** *or* **high-pressure selling** = trying to force a customer to buy something he or she does not really want **techniki sprzedaży intensywnej/nachalnej; low-pressure sales** = sales where the salesman does not try to force someone to buy, but only encourages him or her to do so **sprzedaż delikatna; pressure group** = group of people who try to influence the government *or* the local town council, etc. **grupa nacisku;** ***the institute which represented the advertising profession, rapidly became a powerful pressure group***

prestige [presˈtiːʒ] *noun* status, reputation achieved because of being successful *or* wealthy *or* powerful **prestiż; prestige advertising** = advertising in high quality magazines to increase a company's reputation **reklama prestiżowa; prestige product** = expensive luxury product **produkt luksusowy/prestiżowy; prestige offices** = expensive offices in a good area of the town **prestiżowe biura**

pre-testing [priːˈtestɪŋ] *noun* testing or evaluating a product or advertising campaign before it is launched or run **testowanie wstępne;** ***pre-testing has shown that the product would do well in the country as a whole; the area chosen for pre-testing may not be representative enough of the whole country***

preview [ˈpriːvjuː] *noun* showing of a film, television commercial or an exhibition to a specially invited audience before the general public sees it **pokaz wstępny**

price [praɪs] **1** *noun* money which has to be paid to buy something **cena; agreed price** = price which has been accepted by both the buyer and seller **uzgodniona cena; all-in price** = price which covers all items in a purchase (goods, insurance, delivery, etc.) **cena całkowita; asking price** = price which the seller is hoping to be paid for the item when it is sold **cena żądana przez**

sprzedawcę; bargain price = very low price **cena okazyjna; catalogue price** *or* **list price** = price as marked in a catalogue or list **cena katalogowa; competitive price** = low price aimed at competing with a rival product **cena konkurencyjna; cost price** = selling price which is the same as that which the seller paid for the item (either the manufacturing price or the wholesale price) **cena po kosztach (własnych); cut price** = very low price **cena obniżona; discount price** = full price less a discount **cena z upustem; factory price** *or* **price ex factory** = price not including transport from the maker's factory **cena fabryczna/ z fabryki; fair price** = good price for both buyer and seller **uczciwa godziwa/słuszna; firm price** = price which will not change **cena stała;** *they are quoting a firm price of $1.23 a unit;* **going price** *or* **current price** *or* **usual price** = the price which is being charged now **cena bieżąca; to sell goods off at half price** = to sell goods at half the price at which they were being sold before **sprzedawać towary za pół ceny; market price** = price at which a product can be sold **cena rynkowa; net price** = price which cannot be reduced by a discount **cena netto; retail price** = price at which the retailer sells to the final customer **cena detaliczna; retail price index** = index which shows how prices of consumer goods have increased or decreased over a period of time **wskaźnik cen detalicznych; spot price** = price for immediate delivery of a commodity **cena z natychmiastową dostawą;** *the spot price of oil on the commodity markets* **(b) price band** = method of grouping articles within a narrow range of prices **przedział cenowy; price ceiling** = highest price which can be reached **pułap cenowy; price competition** = attempt to compete in a market through skilful pricing **konkurencja cenowa; price control** = legal measures to stop prices rising too fast **kontrola cen; price cutting** = sudden lowering of prices **obniżanie cen; price-cutting war** = competition between companies to get a larger market share by cutting prices **wojna cenowa; price differential** = difference in price between products in a range **rozpiętość cen; price discrimination** = charging different prices in different markets or to different types of customer **dyskryminacja cenowa;** *price discrimination has caused some ill-feeling among customers;* **price effect** = result of a change in price on a person's buying habits **efekt cenowy;** *before fixing the price, we'll have to carry out a survey to determine the price effect;* **price fixing** = illegal agreement between companies to charge the same price for competing products **kartel cenowy; price label** *or* **price tag** = label which shows a price **metka z ceną;** *the takeover bid put a $2m price tag on the company;* **price leadership** = situation where the producers model their prices on those of one leading producer **przywództwo cenowe; price level** = average price of a particular product in a country at a particular time **poziom cen; price list** = sheet giving prices of goods for sale **cennik; price maintenance** = agreement between producers or distributors on a minimum price for a product **utrzymanie ceny minimalnej; price-off label** = label on a product showing a reduced price **metka z obniżoną ceną; price pegging** = maintaining prices at a certain level **zamrożenie cen; price point** = exact price for a range of different products which is psychologically important for the customer, since if an article is given a higher price it will discourage sales **pułap cenowy;** *we must have a meeting to determine price points for our products;* **price range** = series of prices for similar products from different suppliers **przedział cenowy; cars in the £6-7,000 price range** = cars of different makes, selling for between £6,000 and £7,000 **samochody w przedziale cenowym £6-7.000; price ring** = group of producers or distributors who agree to control prices and market conditions in their industry **grupa producentów lub dystrybutorów, którzy zawarli kartel cenowy; price-sensitive product** = product which will not sell if the price is increased **produkt czuły na zmianę ceny; price war** = reduction of prices by competing firms in order to maintain or increase their market shares **wojna cenowa;** *a full-scale price war will mean lower prices for consumers* **(c) to increase in price** = to become more expensive **drożeć;** *petrol has increased in price* *or* *the price of petrol has increased;* **to increase prices** *or* **to raise prices** = to make items more expensive **podnosić cenę; we will try to meet your price** = we will try to offer a price which is acceptable to you **spróbujemy zaoferować Państwu cenę spełniającą Państwa wymagania; to cut prices** = to reduce prices suddenly **obniżać ceny; to lower prices** *or* **to reduce prices** = to make items cheaper **obniżać ceny; 2** *verb* to give a price to a product **ustalić cenę, wyceniać;** *car priced at £5,000* **competitively priced** = sold at a low price which competes with that of similar goods from other companies **w konkurencyjnej cenie; the company has priced itself out of the market** = the company has raised its prices so high that its products do not sell **spółka nałożyła tak wysokie ceny na swoje wyroby, że brak na nie popytu**

◊ **pricing** ['praɪsɪŋ] *noun* giving a price to a product **ustalanie cen; pricing policy** = a company's policy in giving prices to its products **polityka cenowa;** ***our pricing policy aims at producing a 35% gross margin;*** **common pricing** = illegal fixing of prices by several businesses so that they all charge the same price **kartel cenowy; competitive pricing** = putting a low price on a product so that it competes with similar products from other companies **ustalanie cen konkurencyjnych; contribution pricing** = setting a price for a product so as to maximize its contribution to fixed costs **polityka cenowa oparta na maksymalnym udziale ceny w pokryciu kosztów stałych; marginal pricing** = making the selling price the same as the cost of a single extra unit above the number already planned **ustalanie cen według kosztów krańcowych; penetration pricing** = setting a low price for a product to try to penetrate the market **ustalanie cen penetracyjnych; plateau pricing** = setting a medium price for a product where the raw materials used in making it are subject to wide price fluctuations **ustalanie cen średnich**

> QUOTE: in today's circumstances, price-cutting is inevitable in an attempt to build up market share
>
> **Marketing Week**

> QUOTE: it is doubtful that British goods will price themselves back into world markets as long as sterling labour costs continue to rise faster than in competitor countries
>
> **Sunday Times**

> QUOTE: the average price per kilogram for this season has been 300c
>
> **Australian Financial Review**

> QUOTE: European manufacturers rely heavily on imported raw materials which are mostly priced in dollars
>
> **Duns Business Month**

primary ['praɪmərɪ] *adjective* basic **podstawowy; primary brand** = brand owned by a distributor rather than by a producer **marka pierwotna; primary commodities** = raw materials or food **towary podstawowe; primary data** = data or information which has not yet been published and must therefore be found by field research **dane pierwotne;** ***the company's market research proved very expensive since it needed so much primary data;*** **primary demand** = demand for a product in general, as opposed to demand for a particular brand **popyt główny;** ***the main producer companies are cooperating to create primary demand since this type of product is quite new to the public;*** **primary industry** = industry dealing with basic raw materials (such as coal, wood, farm produce, etc.) **przemysł podstawowy; primary products** = products (such as wood, milk, fish, etc.) which are basic raw materials **produkty podstawowe**

prime [praɪm] **1** *adjective* most important **najważniejszy; prime cost** = cost involved in producing a product, excluding overheads **koszt własny; prime rate** = best rate of interest at which a bank lends to its customers **najkorzystniejsza stopa; prime time** = most expensive advertising time for TV commercials, usually in the evenings, from 6 p.m. to 10.30 p.m. **czas najwyższej oglądalności;** ***we are putting out a series of prime-time commercials*** **2** *noun* = PRIME RATE

◊ **priming** ['praɪmɪŋ] *noun see* PUMP PRIMING

> QUOTE: the base lending rate, or prime rate, is the rate at which banks lend to their top corporate borrowers
>
> **Wall Street Journal**

principal ['prɪnsəpl] **1** *noun* person *or* company which is represented by an agent **mocodawca, zleceniodawca;** ***the agent has come to London to see his principals*** **2** *adjective* most important **główny;** ***the principal shareholders asked for a meeting; the country's principal products are paper and wood***

> QUOTE: the company was set up with funds totalling 145m with the principal aim of making capital gains on the secondhand market
>
> **Lloyd's List**

print run ['prɪnt 'rʌn] *noun* the number of copies of a publication or piece of advertising material which are printed **nakład;** ***the company has ordered a print run of 100,000 for their new catalogue***

private ['praɪvət] *adjective* **(a)** belonging to a single person, not a company *or* the state **prywatny; letter marked 'private and confidential'** = letter which must not be opened by anyone other than the person it is addressed to **list oznaczony: „prywatne i poufne"; private client** *or* **private customer** = client who has dealings with a company as an individual, not as the representative of another company **klient prywatny; private income** = income from dividends *or* interest *or* rents which is not part of a salary **dochód osobisty; private investor** = ordinary person with money to invest **inwestor prywatny; private property** = property which belongs to a private person *or* company, not to the state or to a local authority **prywatna własność; (b) private brand** = brand owned by a distributor rather than by a producer **marka prywatna; private label goods** = goods with a brand name which is owned by the store, rather than the producer **artykuły oznaczone własną marką sklepu; (c) private limited company** = company with a small number of shareholders whose shares are not traded on the Stock Exchange **prywatna spółka z ograniczoną odpowiedzialnością; (d) private enterprise** = businesses which are owned by private shareholders, not by the state **przedsiębiorstwa prywatne;** ***the project is funded by private enterprise;*** **the private sector** = all companies which are owned by private shareholders, not by the state **sektor prywatny**

◊ **privately** [ˈpraɪvətlɪ] *adverb* away from other people **prywatnie;** ***the deal was negotiated privately***

◊ **privatization** [praɪvɪtaɪˈzeɪʃən] *noun* selling a nationalized industry to private owners **prywatyzacja**

◊ **privatize** [ˈpraɪvətaɪz] *verb* to sell a nationalized industry to private owners **prywatyzować**

> QUOTE: in the private sector the total number of new house starts was 3 per cent higher than in the corresponding period last year, while public sector starts were 23 per cent lower
>
> **Financial Times**

> QUOTE: even without privatization, water charges would probably have to rise to pay for meeting EC water-quality rules
>
> **Economist**

> QUOTE: management had offered to take the company private through a leveraged buyout for $825 million
>
> **Fortune**

PRO = PUBLIC RELATIONS OFFICER

probable [ˈprɒbəbl] *adjective* likely to happen **prawdopodobny;** ***it is probable that the company will collapse if a rescue package is not organized before the end of the month***

◊ **probability** [prɒbəˈbɪlɪtɪ] *noun* likelihood that something will happen, expressed mathematically **prawdopodobieństwo; probability sampling** = choosing samples for testing without any special selection method **losowy dobór próbek**

probing [ˈprəʊbɪŋ] *noun* attempt by an interviewer to get the interviewee to develop an answer **zadawanie pytań uzupełniających;** ***no amount of probing would induce the housewife to say why she did not like the new washing powder***

problem children [ˈprɒbləm ˈtʃɪldrən] *noun* in the Boston matrix, products which are not very profitable, and have a low market share and a high growth rate **„problemowe dzieci";** ***the problem children in our range make very little contribution to the company profits*** (NOTE: also called **question marks** and **wild cats**)

procurement [prəˈkjʊəmənt] *noun* the activity of buying **nabywanie;** ***procurement of raw materials is becoming very complicated with the entry of so many new suppliers into the market***

produce 1 [prɒdju:s] *noun* foodstuffs grown on the land **płody/produkty rolne;** ***home produce; agricultural produce*** *or* ***farm produce*** **2** [prəˈdju:s] *verb* to make *or* to manufacture **produkować;** ***to produce cars*** *or* ***engines*** *or* ***books;*** **to mass-produce** = to make large quantities of a product **produkować masowo**

◊ **producer** [prəˈdju:sə] *noun* person *or* company *or* country which manufactures **producent;** ***country which is a producer of high quality watches; the company is a major car producer;*** **producer market** = customers who buy goods to be used in production **rynek producenta; producer's surplus** = amount by which the actual price of a product is more than the minimum which the producer would accept for it **superata producenta;** ***there is a considerable producer's surplus because the product is in short supply; if our customer knew the producer's surplus she would have offered much less than the asking price***

product [ˈprɒdʌkt] *noun* **(a)** thing which is made *or* manufactured **produkt; basic product** = main product made from a raw material **produkt podstawowy; by-product** = secondary product made as a raw material is being processed **produkt uboczny; end product** *or* **final product** *or* **finished product** = manufactured product, made at the end of a production process **produkt końcowy; generic product** = product with no brand name (such as electricity or gas) **produkt niemarkowy; (b)** manufactured item for sale **produkt; product acceptance** = degree to which a product is accepted by the market and so sells well **recepcja produktu;** ***we do not***

know what product acceptance will be in such an unknown market; **product advertising** = advertising a particular named product, not the company which makes it **reklama produktu; product analysis** = examining each separate product in a company's range to see why it sells *or* who buys it, etc. **analiza marketingowa produktu; product concept** = concept for a totally new product or an adaptation of an existing one **koncepcja produktu; product deletion** *or* **product elimination** = discontinuing of products as news ones are added to a company's product range **eliminacja/wycofanie produktu;** ***product deletion was caused by poor sales; if production costs continue to rise then product deletion will be the only answer;*** **product design** = design of consumer products **projektowanie produktu; product development** = improving an existing product line to meet the needs of the market **prace nad produktem; product differentiation** = ensuring that a product has some unique features that distinguish it from competing ones **różnicowanie produktu;** ***we are adding some extra features to our watches in the interest of product differentiation;*** **product engineer** = engineer in charge of the equipment for making a product **inżynier produktu; product idea** = idea for a totally new product or an adaptation of an existing one **koncepcja produktu; product idea testing** = evaluating a new product idea, usually by consulting representatives from all main departments in a company and interviewing a sample of consumers **testowanie nowego produktu; product image** = general idea which the public has of a product **wizerunek produktu;** ***we need a huge promotional campaign to create the desired product image; the product functions well but has the wrong image;*** **product life cycle (PLC)** = course of a product's life in terms of sales and profitability from its launch to its decline **cykl życia produktu;** ***the machine has reached a point in its product life cycle where we should be thinking about a replacement for it; what stage is this product at in its product life cycle?;*** **product line** = series of different products made by the same company which form a group (such as different models of cars, pens in different colours, etc.) **asortyment; product management** = directing the making and selling of a product as an independent item **zarządzanie produktem; product manager** = manager or executive responsible for the marketing of a particular product **menedżer ds. produktu;** ***to co-ordinate the selling of our entire range we need more consultation between product managers;*** **product market** = group of consumers for a product which is different from other groups to which the product is also sold **rynek produktu; product-market strategies** = basic marketing strategies consisting of either market penetration, market development, product development or diversification **strategie marketingowe; product mix** = the particular combination of products made by the same company **asortyment wyrobów, oferta produkcyjna firmy; product-plus** = features of a product which make it particularly attractive **szczególne zalety produktu; product portfolio** = collection of products made by the same company **asortyment/portfel produktów; product portfolio analysis** = model for marketing strategy with various categories of product based on present performance and growth rate, which can help a business to plan its product development and strategy **analiza portfela produktów;** ***product portfolio analysis showed that some products were neither performing well nor showing any signs of increasing their market share;*** **product positioning** = placing a product in the market so that it is recognizable to the public **pozycjonowanie produktu; product range** = series of products from which the customer can choose *or* series of different products made by the same company which form a group **asortyment produktów; product strategy** = various elements (such as price, design and availability) which a company has to take into account when developing a product **strategia produktu; product testing** = testing a product by allowing a sample of consumers to use it without knowing which brand it is **testowanie produktu;** ***product testing showed that unfortunately consumers preferred two other brands to this one***

> QUOTE: today new marketing is about new products based on consumer understanding and technology
>
> **Marketing Week**

> QUOTE: consistency of product is probably essential for successful branding
>
> **Marketing Workshop**

> QUOTE: any expansion or change in market share is most likely to come from the development and improvement of existing products
>
> **Marketing**

production [prəˈdʌkʃən] *noun* making *or* manufacturing of goods for sale **produkcja;** ***production will probably be held up by***

industrial action; we are hoping to speed up production by installing new machinery; **batch production** = manufacturing products in batches **produkcja małoseryjna; domestic production** = production of goods in the home market **produkcja krajowa; mass production** = manufacturing of large quantities of goods **produkcja masowa;** ***mass production of cars*** *or* ***of calculators;*** **rate of production** *or* **production rate** = speed at which items are made **tempo produkcji; production cost** = cost of making a product **koszt produkcji; production department** = section of a company which deals with the making of the company's products **dział produkcji; production line** = system of making a product, where each item (such as a car) moves slowly through the factory with new sections added to it as it goes along **linia produkcyjna;** ***he works on the production line; she is a production line worker;*** **production manager** = person in charge of the production department **kierownik produkcji; production unit** = separate small group of workers producing a certain product **brygada produkcyjna**

◊ **productive** [prəˈdʌktɪv] *adjective* which produces **produkcyjny, produktywny; productive capital** = capital which is invested to give interest **kapitał produkcyjny; productive discussions** = useful discussions which lead to an agreement *or* decision **produktywne dyskusje**

◊ **productivity** [prɒdʌkˈtɪvɪtɪ] *noun* rate of output per worker *or* per machine in a factory **produktywność, wydajność;** ***bonus payments are linked to productivity; the company is aiming to increase productivity; productivity has fallen*** *or* ***risen since the company was taken over;*** **productivity agreement** = agreement to pay a productivity bonus **porozumienie w sprawie premii produkcyjnych; productivity bonus** = extra payments made to workers because of increased production **premia produkcyjna; productivity drive** = extra effort to increase productivity **kampania na rzecz zwiększenia wydajności**

> QUOTE: though there has been productivity growth, the absolute productivity gap between many British firms and their foreign rivals remains
>
> **Sunday Times**

> QUOTE: if growth does slow down in 1996, as it is likely to do, productivity will slow down with it
>
> **Management Today**

profile [ˈprəʊfaɪl] *noun* description of the characteristics of something **charakterystyka, profil; customer profile** = description of an average customer for a product or service **charakterystyka klienta; market profile** = basic characteristics of a particular market **charakterystyka rynku**

> QUOTE: the audience profile does vary greatly by daypart: 41.6% of the adult audience is aged 16 to 34 during the morning period, but this figure drops to 24% during peak viewing time
>
> **Marketing Week**

profit [ˈprɒfɪt] *noun* money gained from a sale which is more than the money spent on making the item sold or on providing the service offered **zysk; clear profit** = profit after all expenses have been paid **czysty zysk;** ***we made $6,000 clear profit on the deal;*** **gross profit** = profit calculated as sales income less the cost of the goods sold **zysk brutto; net profit** = amount by which income from sales is larger than all expenditure **zysk netto; operating profit** = result where sales from normal business activities are higher than the costs **zysk operacyjny/z działalności; trading profit** = result where the company's receipts are higher than its expenditure **zysk handlowy/z działalności; profit margin** = percentage difference between sales income and the cost of sales **marża zysku; profit maximization** = business strategy or policy based on achieving as high a profit as possible **maksymalizacja zysku;** ***the company considers profit maximization a socially irresponsible policy;*** **profits tax** *or* **tax on profits** = tax to be paid on profits **podatek od zysków; profit before tax** *or* **pretax profit** = profit before any tax has been paid **zysk przed opodatkowaniem; profit after tax** = profit after tax has been paid **zysk po opodatkowaniu; to make a profit** = to have more money as the result of a deal **osiągać zysk; to show a profit** = to make a profit and state it in the company accounts **wykazywać zysk;** ***we are showing a small profit for the first quarter;*** **to take one's profit** = to sell shares at a higher price than was paid for them, rather than keep them as an investment **sprzedać akcje z zyskiem; to move into profit** = to start to make a profit **stać się dochodowym/rentownym;** ***the company is breaking even now, and expects to move into profit within the next two months;*** **to sell at a profit** = to sell at a price which gives you a profit **sprzedawać z zyskiem; excess profit** = profit which is higher than is thought to be normal **nadmierny zysk; excess profits tax**

= tax on excess profits **podatek od nadmiernych zysków; healthy profit** = quite a large profit **porządny zysk; paper profit** = profit on an asset which has increased in price but has not been sold **zysk na papierze;** ***he is showing a paper profit of £25,000 on his investment***

◊ **profitability** [prɒfɪtə'bɪlətɪ] *noun* **(a)** ability to make a profit **dochodowość, rentowność; (b)** amount of profit made as a percentage of costs **rentowność; measurement of profitability** = way of calculating how profitable something is **miara rentowności**

◊ **profitable** ['prɒfɪtəbl] *adjective* which makes a profit **dochodowy**

profit and loss account (P&L account) ['prɒfɪtənd'lɒsəkaʊnt] *noun* statement of a company's expenditure and income over a period of time, almost always one calendar year, showing whether the company has made a profit or loss **rachunek wyników/zysków i strat; consolidated profit and loss account** = profit and loss accounts of the holding company and its subsidiary companies, grouped together into a single profit and loss account **skonsolidowany rachunek wyników/zysków i strat;** (NOTE: the US equivalent is the **profit and loss statement** or **income statement**)

profit centre ['prɒfɪt 'sentə] *noun* person *or* department which is considered separately for the purposes of calculating a profit **centrum zysku**

profiteer [prɒfɪ'tɪə] *noun* person who makes too much profit, especially when goods are rationed *or* in short supply **spekulant**

◊ **profiteering** [prɒfɪ'tɪərɪŋ] *noun* making too much profit **spekulacja**

◊ **profit-making** ['prɒfɪtmeɪkɪŋ] *adjective* which makes a profit **dochodowy;** ***it is hoped to make it into a profit-making concern; the whole project was expected to be profit-making by 1995;*** **non-profit-making** = (organization, such as a club) which is not allowed by law to make a profit **niedochodowy, nie przynoszący zysku;** ***non-profit-making organizations are exempt from tax***

> QUOTE: because capital gains are not taxed and money taken out in profits and dividends is taxed, owners of businesses will be using accountants and tax experts to find loopholes in the law
>
> **Toronto Star**

> QUOTE: the bank transferred $5 million to general reserve compared with $10 million in 1983 which made the consolidated profit and loss account look healthier
>
> **Hongkong Standard**

> QUOTE: some profit-taking was seen yesterday as investors continued to lack fresh incentives to renew buying activity
>
> **Financial Times**

pro forma ['prəʊ 'fɔːmə] *noun* **pro forma (invoice)** = invoice sent to a buyer before the goods are sent, so that payment can be made or business documents produced **faktura pro forma;** ***they sent us a pro forma***

project ['prɒdʒekt] *noun* **(a)** plan **plan, projekt;** ***he has drawn up a project for developing new markets in Europe*** **(b)** particular job of work which follows a plan **przedsięwzięcie;** ***we are just completing an engineering project in North Africa; the company will start work on the project next month;*** **project analysis** = examining all the costs *or* problems generated by a project before starting work on it **analiza przedsięwzięcia; project engineer** = engineer in charge of a project **inżynier projektu; project manager** = manager in charge of a project **kierownik projektu**

◊ **projected** [prə'dʒektɪd] *adjective* planned *or* expected **przewidywany, zakładany; projected sales** = forecast of sales **zakładany poziom sprzedaży;** ***projected sales in Europe next year should be over £1m***

◊ **projection** [prə'dʒekʃən] *noun* forecast of something which will happen in the future **prognoza;** ***projection of profits for the next three years; the sales manager was asked to draw up sales projections for the next three years***

promissory note [prə'mɪsərɪ 'nəʊt] *noun* document stating that someone promises to pay an amount of money on a certain date **weksel własny**

promote [prə'məʊt] *verb* to advertise **promować, reklamować; to promote a new product** = to increase the sales of a new product by a sales campaign *or* TV commercials *or* free gifts **promować nowy produkt**

◊ **promotion** [prə'məʊʃən] *noun* all means of conveying the message about a product *or* service to potential customers (by publicity *or* sales campaign *or* TV commercials *or* free gifts, etc.) **promocja;** ***our promotion budget has been doubled; the promotion team has put*** *forward plans for the launch; we are offering free holidays in France as part of our special in-store promotion*

◊ **promotional** [prəˈməʊʃənl] *adjective* used in an advertising campaign **promocyjny;** *the admen are using balloons as part of their promotional material;* **promotional allowance** = discount which is offered to a buyer in return for some promotional activity in connection with the product sold **rabat promocyjny; promotional budget** = forecast cost of promoting a new product **budżet promocyjny; promotional discount** = special discount offered as part of the promotion for a product **cenowy upust promocyjny; promotional mix** = combination of all the elements that make up a company's promotion **miks promocyjny;** *our promotional mix consists of an extended TV and radio advertising campaign; the exact promotional mix will depend on the costs of the various media available;* **promotional price** = reduced price offered in order to maximize sales (often when a product is launched) **cena promocyjna; promotional tools** = material used in promotion, such as display material and sales literature **narzędzia promocji;** *a draw for a free holiday on the exhibition stand is one of the best promotional tools I know; the salesmen are armed with a full range of promotional tools*

◊ **promotools** [ˈprəʊməʊtu:lz] *noun (informal)* = PROMOTIONAL TOOLS

> QUOTE: the simplest way to boost sales at the expense of regional newspapers is by a heavyweight promotional campaign
>
> Marketing Week

> QUOTE: finding the right promotion to appeal to children is no easy task
>
> Marketing

> QUOTE: you have to study the profiles and people involved very carefully and tailor the promotion to fill those needs
>
> Marketing Week

prompt [prɒm(p)t] **1** *adjective* rapid *or* done immediately **natychmiastowy, szybki;** *prompt service; prompt reply to a letter;* **prompt payment** = payment made rapidly **szybka zapłata; prompt supplier** = supplier who delivers orders rapidly **szybki dostawca; 2** *noun* information *or* idea offered to a person to help him or her answer a question in a survey **wskazówka; 3** *verb* to give someone help in answering a question **podpowiadać;** *in order to avoid influencing the answers, the interviewer must prompt the respondent only when it is really necessary;* **prompted awareness test** = test where the respondent is asked if he knows the named product **wspomagany test świadomości istnienia produktu; prompted recall** = test to see how well someone can remember an advertisement in which the respondent is given some help such as a picture which he or she might associate with the advertisement **wspomagany test zapamiętania reklamy;** *after a prompted recall test, the company and its advertising agency decided to change the advertisement*

proof [pru:f] *noun* **(a) proof of purchase** = evidence (such as a sales slip) to show that an article has been purchased, in order, for example, to claim some benefit such as a free gift, or in order to claim reimbursement **dowód zakupu; (b)** typeset text which has to be checked for errors before it is finally printed **odbitka próbna reklamy**

propaganda [prɒpəˈgændə] *noun* attempt to spread an idea through clever use of the media and other forms of communication **propaganda;** *the charity has been criticized for spreading political propaganda; the government is using propaganda to discourage people from buying our products*

propensity [prəˈpensɪtɪ] *noun* tendency **skłonność; propensity to consume** = ratio between consumers' needs and their expenditure on goods **skłonność do konsumpcji; propensity to import** = ratio between changes in the national income and changes in expenditure on imports **skłonność do importu; propensity to invest** = tendency of producers to invest in capital goods **skłonność do inwestowania; propensity to save** = tendency of consumers to save instead of spending on consumer goods **skłonność do oszczędzania**

proprietary goods [prəˈpraɪətərɪ ˈgʊdz] *noun* brands of product (such as medicines) that are owned by the company which makes them **towary firmowe**

prospect [ˈprɒspekt] *noun* **(a) prospects** = possibilities for the future **perspektywy; prospects for the market** *or* **market prospects are worse than they were last year** = sales in the market are likely to be lower than they were last year **perspektywy rynkowe są gorsze niż w zeszłym roku; (b)** person who may become a customer **potencjalny klient;** *the salesmen were looking out for possible prospects;* **key prospects** = potential customers who are very likely to buy **obiecujący potencjalni klienci**

◊ **prospecting** [prəˈspektɪŋ] *noun* looking for new customers **poszukiwanie nowych klientów**

◊ **prospective** [prəˈspektɪv] *adjective* which may happen in the future **potencjalny; a prospective buyer** = someone who may buy in the future **potencjalny klient;** ***there is no shortage of prospective buyers for the computer***

◊ **prospectus** [prəˈspektəs] *noun* document which gives information to attract buyers *or* customers **broszura, prospekt;** ***the restaurant has young women handing out prospectuses in the street***

protectionism [prəˈtekʃənɪzm] *noun* protecting producers in the home country against foreign competitors by banning or taxing imports or by imposing import quotas **protekcjonizm**

protest 1 [ˈprəʊtest] *noun* official document which proves that a bill of exchange has not been paid **protest (weksla); 2** [prə(ʊ)ˈtest] *verb* **to protest a bill** = to draw up a document to prove that a bill of exchange has not been paid **zaprotestować weksel**

prototype [prəʊtətaɪp] *noun* first model of a new product before it goes into production **prototyp;** ***prototype car*** *or* ***prototype plane; the company is showing the prototype of the new model at the exhibition***

provisional [prəˈvɪʒənl] *adjective* temporary *or* not final or permanent **tymczasowy;** ***provisional forecast of sales; provisional budget; they telexed their provisional acceptance of the contract***

prune [pru:n] *verb* to reduce a product range by deleting old products **wycofywać stare produkty z oferty;** ***the new marketing director insisted on pruning the product line to streamline the company's functions***

psychogalvanometer [saɪkəʊgælvəˈnɒmɪtə] *noun* instrument used to measure emotional reactions to advertising by checking the degree of sweating on palms **psychogalwanometr;** ***the results of the psychogalvanometer test suggested that the ad was so dull it had no effect whatever on the public***

◊ **psychographics** [saɪkəʊˈgræfɪks] *noun* study of the life style of different sectors of society for marketing purposes **psychografia;** ***psychographics can help define the market segment we should be aiming for with our product;*** **psychographic segmentation** = dividing a market into segments according to the life styles of the customers **psychograficzna segmentacja rynku**

public [ˈpʌblɪk] **1** *adjective* referring to all the people in general **publiczny; public image** = idea which the people have of a company *or* a person **wizerunek w opinii publicznej;** ***the minister is trying to improve his public image;*** **Public Limited Company (plc)** = company whose shares can be bought on the Stock Exchange **publiczna spółka z ograniczoną odpowiedzialnością; public sector** = nationalized industries and public services **sektor publiczny; public transport** = transport (such as buses, trains, etc.) used by members of the public **transport publiczny; public warehouse** = warehouse which stores goods awaiting shipment or which have just been landed **publiczny dom składowy; 2** *noun* **(a) the public** *or* **the general public** = the people **ludzie, naród; (b) publics** = groups of people that are identified for marketing purposes **grupa, populacja (wyizolowana dla celów marketingowych);** ***what publics is this product likely to appeal to? different marketing messages need to be aimed at different publics***

◊ **public relations (PR)** [ˈpʌblɪk rɪˈleɪʃənz] *plural noun* keeping good relations between a company or a group and the public so that people know what the company is doing and approve of it **public relations;** ***a public relations man; he works in public relations; a public relations firm handles all our publicity;*** **a public relations exercise** = a campaign to improve public relations **kampania na rzecz poprawy public relations; public relations officer (PRO)** = person in an organization who is responsible for public relations activities **pracownik ds. public relations**

publication [pʌblɪˈkeɪʃən] *noun* **(a)** act of making something public by publishing it **ogłoszenie, publikacja;** ***the publication of the government report has provoked complaints from the advertising industry*** **(b)** thing which has been published, such as a book, newspaper, magazine, etc. **publikacja; a business publication** = a magazine aimed at business people **publikacja/wydawnictwo dla biznesu**

publicity [pʌbˈlɪsətɪ] *noun* attracting the attention of the public to products or services by mentioning them in the media **nagłośnienie w mediach, publicity; publicity agency** *or* **publicity bureau** = office which organizes publicity for companies who do not have publicity departments **agencja reklamowa; publicity budget** = money allowed for expenditure on publicity **budżet reklamowy; publicity campaign** = organized operation to publicize something over a period of time

kampania reklamowa; publicity copy = text of an advertisement before it is printed **proponowany tekst reklamy; publicity department** = section of a company which organizes the company's publicity **dział reklamy; publicity expenditure** = money spent on publicity **wydatki na reklamę; publicity manager** = person in charge of a publicity department **kierownik działu reklamy; publicity matter** = sheets *or* posters *or* leaflets used for publicity **materiały reklamowe**

◊ **publicize** ['pʌblɪsaɪz] *verb* to attract people's attention to a product for sale *or* a service *or* an entertainment **reklamować;** ***the campaign is intended to publicize the services of the tourist board; we are using advertisements on buses to publicize our products; audiences were small because the play had not been publicized properly***

puff [pʌf] *noun* claim made for a product *or* an organization in order to promote it **przechwałka reklamowa;** ***the magazine article was supposed to about telecommunications, but was just a puff for a new modem***

pull strategy ['pʊl 'strætɪdʒɪ] *noun* attempt by a producer to use heavy advertising to persuade final users to buy a product and so 'pull' the product through the distribution channel to the point-of-sale **strategia przeciągania;** ***we must develop a better pull strategy to allow retailers to sell off their excess stocks;*** **pull-push strategy** = combination of both pull and push strategies **strategia przeciągania-przepychania**

pump priming ['pʌmp 'praɪmɪŋ] *noun* investment by the government in new projects, which it is hoped will benefit the economy **nakręcanie koniunktury**

pup [pʌp] *noun (informal)* worthless item **bubel, chłam;** ***that street trader sold me a pup***

purchase ['pɜːtʃəs] **1** *noun* thing which has been bought **nabytek, zakup; to make a purchase** = to buy something **nabyć coś; purchase book** = records of purchases **rejestr zakupów; purchase ledger** = book in which expenditure is noted **księga zakupów; purchase order** = official order made out by a purchasing department for goods which a company wants to buy **zlecenie zakupu;** ***we cannot supply you without a purchase order number;*** **purchase price** = price paid for something **cena zakupu; purchase tax** = tax paid on things which are bought **podatek od zakupu; bulk purchase** *or* **quantity purchase** = buying of large quantities of goods at low prices **zakup w ilościach hurtowych; cash purchase** = purchase made in cash **zakup za gotówkę; hire purchase** = system of buying something by paying a sum regularly each month **kupno na raty;** ***he is buying a refrigerator on hire purchase;*** **hire purchase agreement** = contract to pay for something by instalments **umowa zakupu na raty; impulse purchase** = thing bought as soon as it is seen **artykuł kupiony pod wpływem impulsu; 2** *verb* to buy **kupować; to purchase something for cash** = to pay cash for something **kupić coś za gotówkę**

◊ **purchaser** ['pɜːtʃəsə] *noun* person *or* company which purchases **nabywca; the company is looking for a purchaser for its warehouse** = the company is trying to find someone who will buy it **spółka szuka kupca na swój magazyn**

◊ **purchasing** ['pɜːtʃəsɪŋ] *noun* buying **kupno; purchasing department** = section of a company which deals with buying stock, raw materials, equipment, etc. **dział zakupów/zaopatrzenia; purchasing manager** = head of a purchasing department **kierownik działu zakupów; purchasing officer** = person in a company *or* organization who is responsible for buying stock, raw materials, equipment, etc. **zaopatrzeniowiec; purchasing opportunity** = possibility for a customer to make a purchase **okazja do nabycia/zakupu; purchasing power** = quantity of goods which can be bought by a group of people *or* with a certain amount of money **siła nabywcza;** ***the decline in the purchasing power of the pound;*** **central purchasing** = purchasing organized by the main office for all departments or branches **zaopatrzenie scentralizowane; repeat purchasing** = frequent buying of a low-price product for household use **zakupy powtórne**

pure competition ['pjuːə kɒmpɪ'tɪʃn] *noun* hypothetical model of a market where all products of a particular type are identical, where there is complete information about market conditions available to buyers and sellers, and complete freedom for sellers to enter or leave the market **konkurencja czysta**

push strategy ['pʊʃ 'strætɪdʒɪ] *noun* attempt by a manufacturer to push the product towards the customer *or* attempt by a producer to persuade distributors to take part in the marketing of a product, so 'pushing' it through the distribution channel **strategia przepychania; push-pull strategy** = combination of both push and pull strategies **strategia przepychania-przeciągania**

put down ['pʊt 'daʊn] *verb* to make a deposit **wpłacić depozyt;** ***to put down money on a house***

◊ **put in** ['pʊt 'ɪn] *verb* **to put an ad in a paper** = to have an ad printed in a newspaper **umieścić reklamę w gazecie; to put in a bid for something** = to offer (usually in writing) to buy something **złożyć ofertę na coś; to put in an estimate for something** = to give someone a written calculation of the probable costs of carrying out a job **przedstawić kosztorys; to put in a claim for damage** = to ask an insurance company to pay for damage **wysunąć roszczenie odszkodowawcze**

pyramid selling ['pɪrəmɪd 'selɪŋ] *noun* illegal way of selling goods or investments to the public, where each selling agent pays for the franchise to sell the product or service, and sells that right on to other agents together with stock, so that in the end the person who makes most money is the original franchiser, and sub agents or investors may lose all their investments **[sprzedaż typu piramida]**

Qq

quad crown ['kwɒd 'kraʊn] *noun* poster size corresponding to twice a double crown **(format plakatu)**

quality ['kwɒləti] *noun* **(a)** what something is like *or* how good or bad something is **jakość; we sell only quality farm produce** = we sell only farm produce of the best quality **sprzedajemy produkty rolnicze jedynie najwyższej jakości;** ***there is a market for good quality secondhand computers;*** **high quality** *or* **top quality** = very best quality **wysoka/najwyższa jakość;** ***the store specializes in high quality imported items;*** **quality press** = newspapers aiming at the upper end of the market **prasa dla wymagającego czytelnika;** ***we advertise in the quality Sundays*** **(b) quality control** = checking that the quality of a product is good **kontrola jakości; quality controller** = person who checks the quality of a product **kontroler jakości**

◊ **qualitative** ['kwɒlɪtətɪv] *adjective* referring to quality **jakościowy; qualitative data** = data found in qualitative research **dane jakościowe; qualitative research** = survey based on finding the opinions and attitudes of respondents rather than any scientifically measurable data **badania jakościowe;** ***qualitative research can be used to ascertain consumers' attitudes to a new advertising campaign; qualitative research will not give objective information***

quantity ['kwɒntəti] *noun* **(a)** amount *or* number of items **ilość;** ***a small quantity of illegal drugs; he bought a large quantity of spare parts*** **(b)** large amount **duża ilość;** ***the company offers a discount for quantity purchase;*** **quantity discount** = discount based on quantity bought or on the value of total purchases **rabat od wielkości zakupu;** ***there is a quantity discount of 15% on purchases of more than 100 units of any product; we offer a quantity discount on purchases of more than 500 items***

◊ **quantitative** ['kwɒntɪtətɪv] *adjective* referring to quantity **ilościowy; quantitative data** = information gathered in quantitative research **dane ilościowe; quantitative research** = survey based on measurable data gathered by sampling **badania ilościowe;** ***quantitative research will provide a firm basis for strategy decisions***

> QUOTE: the collection of consumer behaviour data in the book covers both qualitative and quantitative techniques
>
> Quarterly Review of Marketing

quarterly ['k(w)ɔːtəli] *noun* newspaper or magazine which appears four times a year **kwartalnik;** ***we're advertising in a medical quarterly***

quasi- ['kweɪzaɪ] *prefix* almost *or* which seems like **prawie, jakby; quasi-retailing** = retailing relating to the provision of services, as in restaurants or hairdressers **detaliczna sprzedaż usług**

quay [kiː] *noun* place in a port where ships can tie up **nabrzeże; free on quay** = price which includes all costs up to delivery of the goods to the quay, ready to be loaded **franko nabrzeże; price ex quay** = price that includes all costs up to delivery of the goods onland at a port, including customs duties and unloading costs **franko z nabrzeża**

question marks ['kwestʃ(ə)n 'mɑːks] *noun* in the Boston matrix, products which are not very profitable, having a low market share, but a high growth rate **„znaki zapytania"; (NOTE: the same as problem children or wild cats)**

questionnaire [k(w)estʃə'neə] *noun* printed list of questions, aiming at collecting data in an unbiased way, especially used in market research **kwestionariusz;** ***to send out a questionnaire to test the opinions of users of the system; to answer*** *or* ***to fill in a questionnaire about holidays abroad***

quota [ˈkwəʊtə] *noun* **(a)** limited amount of something which is allowed to be produced or imported, etc. **kontyngent, kwota; import quota** = fixed quantity of a particular type of goods which the government allows to be imported **kwota importowa;** ***the government has imposed a quota on the importation of cars; the quota on imported cars has been lifted;*** **quota system** = system where imports *or* supplies are regulated by fixing maximum amounts **system kontyngentowy; to arrange distribution through a quota system** = to arrange distribution by allowing each distributor only a certain number of items **zorganizować dystrybucję w systemie kontyngentowym; (b) quota sample** = sample which is preselected on the basis of specific criteria so as best to represent the universe **próbka reprezentatywna;** ***the quota sample was used to represent the various racial groupings in their correct proportions***

quote [kwəʊt] **1** *verb* **(a)** to repeat words used by someone else; to repeat a reference number **cytować, przytaczać;** ***he quoted figures from the annual report; in reply please quote this number; when making a complaint please quote the batch number printed on the box; he replied, quoting the invoice number*** **(b)** to estimate *or* to say what costs may be **podawać koszt;** ***to quote a price for supplying stationery; their prices are always quoted in dollars; he quoted me a price of £1,026; can you quote for supplying 20,000 envelopes?*** **2** *noun (informal)* estimate of how much something will cost **kosztorys;** ***to give someone a quote for supplying computers; we have asked for quotes for refitting the shop; his quote was the lowest of three; we accepted the lowest quote***

◊ **quotation** [kwə(ʊ)ˈteɪʃ(ə)n] *noun* estimate of how much something will cost **kosztorys;** ***they sent in their quotation for the job; to ask for quotations for refitting the shop; his quotation was much lower than all the others; we accepted the lowest quotation***

Rr

R&D [ˈɑːrənˈdiː] = RESEARCH AND DEVELOPMENT ***the R&D department; the company spends millions on R&D***

rack [ræk] *noun* frame to hold items for display **stelaż, stojak;** ***card rack; display rack; magazine rack;*** **rack board** = board on which items can be displayed, showing the names and prices of products **tablica; rack jobber** = wholesaler who sells goods from racks in retail shops and fills the racks regularly as the goods sell **[„wypełniacz półek"]**

racket [ˈrækɪt] *noun* illegal deal which makes a lot of money **nielegalna wysoce dochodowa transakcja;** ***he runs a cut-price ticket racket***

◊ **racketeer** [rækəˈtɪə] *noun* person who runs a racket **oszust, spekulant**

rail [reɪl] *noun* using a railway **kolej;** ***six million commuters travel to work by rail each day; we ship all our goods by rail; rail travellers are complaining about rising fares; rail travel is cheaper than air travel;*** **free on rail** = price including all the seller's costs until the goods are delivered to the railway for shipment **franko wagon kolejowy**

◊ **railhead** [ˈreɪlhed] *noun* end of a railway line **koniec linii kolejowej;** ***the goods will be sent to the railhead by lorry***

◊ **railway** *or US* **railroad** [ˈreɪlweɪ *or* ˈreɪlrəʊd] *noun* system using trains to carry passengers and goods **kolej;** ***a railway station; a railway line; the British railway network***

rake-off [ˈreɪkɒf] *noun* a person's share of profits from a deal, especially if obtained illegally **dola, łapówka;** ***I have a contact in government who can help us to get the contract, but he will expect at least a 10% rake-off; the store gets a rake off on all the boutique's sales; he got a £100,000 rake-off for introducing new business; he didn't agree to the plan because his rake-off would be too small to make taking such a risk worthwhile***

random [ˈrændəm] *adjective* done without making any special choice **losowy, wyrywkowy; random check** = check on items taken from a group without any special choice **kontrola wyrywkowa; random error** = computer error which has no special reason **błąd przypadkowy; random fluctuation** = unforeseeable deviation from an expected trend **wahanie losowe/przypadkowe; random sample** = sample for testing, chosen without any special method of selection **próbka losowa; random sampling** = choosing samples for testing without any special method of selection **losowe pobieranie/wyznaczanie próbek; random walk** = sampling technique which allows for random selection within certain parameters set up by a non-random technique **[przypadkowa przechadzka]; at random** = without special choice **wyrywkowo;** ***the chairman picked out two salesmen's reports at random***

range [reɪn(d)ʒ] **1** *noun* **(a)** series of items from which the customer can choose **asortyment;** ***we offer a wide range of sizes*** *or* ***range of styles; their range of products*** *or* ***product range is too narrow; we have the most modern range of models*** *or* ***model range on the market*** **(b)** variation from small to large or from a top to a bottom figure **przedział, zakres;** ***I am looking for something in the £2 - £3 price range; we make shoes in a wide range of prices*** **(c)** type or variety of things which someone can do **zakres;** ***this falls within the company's range of activities*** **2** *verb* to vary *or* to be different **wahać się, sięgać;** ***the company sells products ranging from cheap down-market pens to imported luxury items; the company's salary scale ranges from £5,000 for a trainee to £50,000 for the managing director; our activities range from mining in the USA to computer servicing in Scotland***

> QUOTE: the latest addition to the range features two hotplates, a storage cupboard, a refrigerator and a microwave oven
>
> **Sales & Marketing Management**

> QUOTE: the range has been extended to nine products
>
> Marketing Week

rapport [ræ'pɔː] *noun* good communication and understanding between two people **kontakt, porozumienie;** ***the interviewer managed to establish a good rapport with the interviewees; co-ordination is difficult owing to lack of rapport between the marketing manager and the managing director***

rate [reɪt] *noun* **(a)** money charged for time worked *or* work completed **opłata, stawka; all-in rate** = price which covers all items in a purchase (such as delivery, tax and insurance, as well as the goods themselves) **stawka całkowita; card rate** = charge for advertising which is laid out in the rate card **stawka wg cennika; fixed rate** = charge which cannot be changed **stawka stała; flat rate** = (i) charge which always stays the same or which applies to anybody; **stawka ryczałtowa;** (ii) normal charge for advertising space or time, without allowing for discounts; **stawka normalna/ standardowa/wg cennika;** ***a flat-rate increase of 10%; we pay a flat rate for electricity each quarter; he's paid a flat rate of £2 per thousand;*** **full rate** = full charge, with no reductions **stawka pełna; the going rate** = the usual *or* the current rate of payment **stawka obowiązująca; the market rate** = normal price in the market **stawka rynkowa;** ***we pay the going rate or the market rate for typists; the going rate for offices is £10 per square metre;*** **page rate** = charge for taking a full page advertisement in a publication **stawka za stronę; reduced rate** = specially low charge **stawka ulgowa; (b) discount rate** = percentage taken by a bank when it buys bills **stopa dyskontowa; insurance rate** = amount of premium which has to be paid per £1000 of insurance **stawka ubezpieczeniowa; interest rate** *or* **rate of interest** = percentage charge for borrowing money **stopa oprocentowania; rate of return** = amount of interest *or* dividend which comes from an investment, shown as a percentage of the money invested **rentowność, stopa zwrotu; (c) exchange rate** *or* **rate of exchange** = rate at which one currency is exchanged for another **kurs wymiany;** ***what is today's rate or the current rate for the dollar?;*** **to calculate costs on a fixed exchange rate** = to calculate costs on an exchange rate which does not change **obliczać koszty przyjmując stały kurs wymiany; forward rate** = rate for purchase of foreign currency at a fixed price for delivery at a later date **stawka przy zakupie terminowym; freight rates** = charges for transporting goods **opłaty transportowe; letter rate** *or* **parcel rate** = postage (calculated by weight) for sending a letter *or* a parcel **opłata za list/paczkę;** ***it's more expensive to send a packet letter rate but it will get there more quickly;*** **night rate** = cheap telephone calls at night **taryfa nocna; (d)** amount *or* number *or* speed compared with something else **stopa, tempo, wskaźnik;** ***the rate of increase in redundancies; the rate of absenteeism or the absenteeism rate always increases in fine weather;*** **birth rate** = number of children born per 1,000 of the population **współczynnik urodzeń; call rate** = number of calls (per day *or* per week) which a salesman makes on customers **wskaźnik liczby wizyt handlowych; depreciation rate** = rate at which an asset is depreciated each year in the company accounts **stawka amortyzacji; error rate** = number of mistakes per thousand entries *or* per page **współczynnik błędów; rate of sales** = speed at which units are sold **tempo sprzedaży; rate of turnover** = length of time taken from the purchase of an item of stock to its replacement after being sold **wskaźnik rotacji zapasów;** ***the rate of turnover is so low that some articles have been in the shop for more than a year***

◊ **rate card** ['reɪt 'kɑːd] *noun* list of charges for advertising issued by a media owner (such as a magazine) **cennik opłat za reklamy;** ***if you look at the rate card you will find the various charges for display advertising***

rating ['reɪtɪŋ] *noun* **(a)** action of giving something a value **wycena; exempt rating** = right of a business not to add VAT to the price of goods or services **zwolnienie z naliczania VAT; vendor rating** = the assessment of a vendor by a buyer **ocena sprzedawcy; (b) ratings** = lists of TV or radio programmes based on the estimated number of people who watch or listen to them **oglądalność, liczba słuchaczy programu radiowego;** ***the show is high in the ratings, which means it will attract good publicity***

ratio ['reɪʃɪəʊ] *noun* proportion *or* quantity of something compared to something else **wskaźnik, współczynnik;** ***the ratio of successes to failures; our product outsells theirs by a ratio of two to one***

rationalization [ræʃnəlaɪ'zeɪʃən] *noun* streamlining *or* making more efficient **racjonalizacja**

◊ **rationalize** ['ræʃnəlaɪz] *verb* to streamline *or* to make more efficient **racjonalizować;** ***the rail company is trying to rationalize its freight services***

raw [rɔː] *adjective* in the original state *or* not processed **nieprzetworzony, surowy; raw**

data = data as it is put into a computer, without being analyzed **dane surowe; raw materials** = substances which have not been manufactured (such as wool, wood, sand, etc.) **surowce**

> QUOTE: it makes sense for them to produce goods for sale back home in the US from plants in Britain where raw materials are relatively cheap
>
> **Duns Business Month**

reach [riːtʃ] **1** *noun* the actual number of people who will see an advertisement once (as opposed to the frequency, which is the number of times one person sees an advertisement over a given period of time) **zasięg reklamy;** ***the success of an advertisement depends on its reach;*** **cumulative reach** = the number of people who have seen an advertisement at least once over a period of time **zasięg łączny; gross reach** = total number of opportunities for people to see a company's advertisements in a publication **zasięg brutto/globalny; net reach** = total number of people who have seen an advertisement at least once **zasięg netto; 2** *verb* to get to an audience **docierać;** ***what percentage of the target audience did the advertisement reach?***

reader [ˈriːdə] *noun* person who reads a newspaper or magazine **czytelnik; reader advertisement** = advertisement in the form of editorial matter **reklama w formie artykułu; reader loyalty** = the inclination of a person to keep reading the same publication **lojalność czytelnika względem tytułu; reader's inquiry card** *or* **reader's service card** = card bound into a magazine which contains a matrix of numbers and letters on which readers can mark codes for products they wish to have further information about; the card is returned to the publisher, who gets the advertiser to send the relevant information to the reader **reklamowa karta korespondencyjna**

◊ **readership** [ˈriːdəʃɪp] *noun* all the people who read a particular publication **liczba czytelników pisma;** ***our readership has increased since we included more feature articles in the magazine*** **pass-on readership** = the number of people who read a publication who have not bought it, but borrowed it from a purchaser **czytelnicy pisma, którzy go nie nabyli**

◊ **reading and noting** [ˈriːdɪŋ n ˈnəʊtɪŋ] *noun* research statistic showing the proportion of the readership of the publication who actually read a given advertisement **czytanie i spostrzeganie**

readvertise [ˈriːˈædvətaɪz] *verb* to advertise again **ponownie reklamować; to readvertise a post** = to put in a second advertisement for a vacant post **ponownie ogłosić wakat;** ***all the candidates failed the test, so we will just have to readvertise***

◊ **readvertisement** [ˈriːədˈvɜːtɪsmənt] *noun* second advertisement **ponowna reklama**

ready [ˈredɪ] *adjective* **(a)** fit to be used *or* to be sold **gotowy;** ***the order will be ready for delivery next week; the driver had to wait because the shipment was not ready*** **(b) ready cash** = money which is immediately available for payment **gotówka; these items find a ready sale in the Middle East** = these items sell rapidly *or* easily in the Middle East **te artykuły dobrze się sprzedają na Bliskim Wschodzie; ready market** = market with a high turnover of goods **chłonny rynek;** ***distribution has to be good in such a ready market;*** **ready sale** = sale that is easily achieved **łatwy zbyt;** ***lengthy negotiations are a trial for salesmen used to ready sales***

◊ **ready-made** *or* **ready-to-wear** [redɪˈmeɪd *or* redɪtəˈweə] *adjective* (clothes) which are mass-produced, not made for each customer personally **gotowy, standardowy, z półki;** ***the ready-to-wear trade has suffered from foreign competition***

real [rɪəl] *adjective* true; not an imitation **prawdziwy;** ***his case is made of real leather*** *or* ***he has a real leather case; that car is a real bargain at £300,*** **real income** *or* **real wages** = income which is available for spending after tax, etc. has been deducted **realny dochód, realne płace; in real terms** = actually *or* really **realnie, w rzeczywistości;** ***prices have gone up by 3% but with inflation running at 5% that is a fall in real terms;*** **real time** = time when a computer is working on the processing of data **czas rzeczywisty**

rebate [ˈriːbeɪt] *noun* **(a)** reduction in the amount of money to be paid **bonifikata, rabat;** ***to offer a 10% rebate on selected goods*** **(b)** money returned to someone because he has paid too much **zwrot;** ***he got a tax rebate at the end of the year***

◊ **rebating** [riːˈbeɪtɪŋ] *noun* offering a rebate **udzielanie bonifikat/rabatów; commission rebating** = advertising agency's discounting of invoices for media costs sent to clients, in effect taking them out of its own commission or profit margin **udzielanie rabatów kosztem własnej prowizji**

rebound [rɪˈbaʊnd] *verb* to go back up again quickly **odbijać się, powracać;** ***the market***

rebounded when the government lowered interest rates again

rebuy [ˈriːbaɪ] *noun* act of buying a product again **zakup powtórny; modified rebuy** = buying decision where either the product or the supplier has changed from the time of the previous purchase **zakup powtórny zmodyfikowany; straight rebuy** = buying decision where the same product is bought again from the same supplier **zakup powtórny prosty**

recall [rɪˈkɒl] **1** *noun* ability to remember an advertisement **zdolność do zapamiętania reklamy; aided** *or* **prompted recall** = test to see how well someone can remember an advertisement in which the respondent is given some help, such as a picture which he or she might associate with the advertisement **wspomagane przypomnienie reklamy; unprompted recall** = recall test where the respondent is given no help in remembering the advertisement **niewspomagane przypomnienie reklamy; recall test** = advertising research test to see how well someone can remember an advertisement **test rozpoznawczy/przypomnienia;** ***a disappointing number of respondents in the recall test failed to remember the advertisement*** **2** *verb (of a manufacturer)* to ask for products to be returned because of possible faults **wycofać z rynku;** ***they recalled 10,000 washing machines because of a faulty electrical connection***

receipt [rɪˈsiːt] **1** *noun* **(a)** paper showing that money has been paid *or* that something has been received **pokwitowanie;** ***customs receipt; rent receipt; receipt for items purchased; please produce your receipt if you want to exchange items;*** **receipt book** *or* **book of receipts** = book of blank receipts to be filled in when purchases are made **kwitariusz; (b) receipts** = money earned from sales **przychody, wpływy;** ***to itemize receipts and expenditure; receipts are down against the same period last year*** **2** *verb* to stamp *or* to sign a document to show that it has been received; to stamp an invoice to show that it has been paid **pokwitować, potwierdzić odbiór**

recession [rɪˈseʃən] *noun* fall in trade *or* in the economy **recesja;** ***the recession has reduced profits in many companies; several firms have closed factories because of the recession***

recipient [rɪˈsɪpɪənt] *noun* person who receives **odbiorca;** ***the recipient of the award for salesman of the year; a registered letter must be signed for by the recipient***

reciprocal [rɪˈsɪprəkəl] *adjective* done by one country *or* person *or* company to another which does the same thing in return **wzajemny;** ***they signed a reciprocal trade agreement;*** **reciprocal holdings** = situation where two companies own shares in each other to prevent takeover bids **wzajemne posiadanie akcji/udziałów; reciprocal trade** = trade between two countries **handel obustronny**

◊ **reciprocate** [rɪˈsɪprəkeɪt] *verb* to do the same thing to someone as he has done to you **odwzajemniać się, rewanżować się;** ***they offered us an exclusive agency for their cars and we reciprocated with an offer of the agency for our buses***

> QUOTE: in 1934 Congress authorized President Roosevelt to seek lower tariffs with any country willing to reciprocate
>
> **Duns Business Month**

recognize [ˈrekəgnaɪz] *verb* **(a)** to know someone *or* something because you have seen or heard them before **rozpoznać;** ***I recognized his voice before he said who he was; do you recognize the handwriting on the letter?*** **(b) to recognize a union** = to accept that a union can act on behalf of staff **uznać związek zawodowy;** ***although all the staff had joined the union, the management refused to recognize it;*** **recognized agent** = agent who is approved by the company for which he acts **oficjalny przedstawiciel**

◊ **recognition** [rekəgˈnɪʃən] *noun* **(a)** act of recognizing **rozpoznanie; brand recognition** = ability of the consumer to recognize a brand on sight **rozpoznawanie marki; recognition test** = advertising research test to see how well someone can remember an advertisement either with or without prompting or aided recall **test rozpoznania/zapamiętania reklamy; (b)** official approval given by the controlling media organizations to an advertising agency, so that the agency can receive commissions from media owners **zezwolenie dla agencji reklamowej na prowadzenie działalności**

recommended retail price (RRP) [rekəˈmendɪd ˈriːteɪl ˈpraɪs] *noun* price at which the manufacturer suggests the product should be sold on the retail market, though this may be reduced by the retailer **zalecana cena detaliczna**

record 1 [ˈrekɔːd] *noun* **(a) records** = documents which give information **akta, dokumenty;** ***the names of customers are kept in the company's records; we find from our records that our invoice No. 1234 has not***

been paid **(b)** description of what has happened in the past **historia;** ***the salesman's record of service*** *or* ***service record; the company's record in industrial relations;*** **track record** = what is known about a company's or a salesman's successes or failures in the past **dotychczasowe wyniki/historia działalności;** ***he has a good track record as a salesman; the company has no track record in the computer market*** **(c)** success which is better than anything before **rekord;** **record sales** *or* **record losses** *or* **record profits** = sales *or* losses *or* profits which are higher than ever before **rekordowa sprzedaż/rekordowe straty/rekordowe zyski;** ***1995 was a record year for the company; sales for 1995 equalled the record of 1990; our top salesman has set a new record for sales per call;*** **we broke our record for June** = we sold more than we have ever sold before in June **pobiliśmy czerwcowy rekord sprzedaży;** **2** [rɪˈkɔːd] *verb* to note *or* to report **notować, rejestrować;** ***the company has recorded another year of increased sales; your complaint has been recorded and will be investigated;*** **recorded delivery** = mail service where the letters are signed for by the person receiving them **poczta polecona**

◊ **record-breaking** [ˈrekɔːdbreɪkɪŋ] *adjective* which is better (or worse) than anything which has happened before **rekordowy;** ***we are proud of our record-breaking profits in 1995***

◊ **recording** [rɪˈkɔːdɪŋ] *noun* making of a note **rejestracja, zapis;** ***the recording of an order*** *or* ***of a complaint***

recruit [rɪˈkruːt] *verb* **to recruit new staff** = to get new staff to join a company **rekrutować nowych pracowników;** ***we are recruiting staff for our new store***

◊ **recruitment** *or* **recruiting** [rɪˈkruːtmənt *or* rɪˈkruːtɪŋ] *noun* **the recruitment of new staff** = looking for new staff to join a company **rekrutacja nowych pracowników;** **recruitment advertising** = advertising of jobs **ogłaszanie rekrutacji/wakatów;** ***a sudden need for labour has led to a huge demand for recruitment advertising***

recycle [ˈriːˈsaɪkl] *verb* to take waste material and process it so that it can be used again **dokonywać recyclingu, przetwarzać powtórnie;** **recycled paper** = paper made from waste paper **papier makulaturowy**

red goods [ˈred ˈgʊdz] *noun* fast-selling convenience goods, especially food items **towary „czerwone";** *compare* ORANGE GOODS, YELLOW GOODS

redeem [rɪˈdiːm] *verb* to trade in vouchers or stamps for a special free gift or a reduction in price **realizować kupony reklamowe**

◊ **redemption** [rɪˈdem(p)ʃən] *noun* trading in of vouchers, coupons or stamps for a gift or a price reduction **realizacja kuponów reklamowych**

reduction [rɪˈdʌkʃən] *noun* lowering (of prices, etc.) **obniżka, zmniejszenie;** ***price reductions; tax reductions; staff reductions; reduction of expenditure; reduction in demand; the company was forced to make reductions in its advertising budget***

re-export 1 [ˈriːˈekspɔːt] *noun* exporting of goods which have been imported **reeksport;** ***re-export trade; we import wool for re-export; the value of re-exports has increased*** **2** [riːeksˈpɔːt] *verb* to export something which has been imported **reeksportować**

◊ **re-exportation** [riːekspɔːˈteɪʃən] *noun* exporting goods which have been imported **reeksport**

reference group [ˈrefərəns ˈgruːp] *noun* group of people who share some interest or purpose and are used by consumers as a model to be imitated **grupa odniesienia**

refund 1 [ˈriːfʌnd] *noun* money paid back **zwrot (pieniędzy);** ***to ask for a refund; she got a refund after complaining to the manager;*** **full refund** *or* **refund in full** = refund of all the money paid **zwrot pełnej kwoty;** ***he got a full refund when he complained about the service*** **2** [rɪˈfʌnd] *verb* to pay back money **zwrócić (koszt/wydatek);** ***to refund the cost of postage; all money will be refunded if the goods are not satisfactory***

◊ **refundable** [rɪˈfʌndəbl] *adjective* which can be paid back **podlegający zwrotowi, zwrotny;** ***refundable deposit; the entrance fee is refundable if you purchase £5 worth of goods***

regiocentre stage [ˈriːdʒiəʊsentə ˈsteɪdʒ] *noun US* stage in a company's international marketing when a region consisting of several countries is treated as one market **[etap regionocentryczny]**

register [ˈredʒɪstə] *noun* **cash register** = machine with a drawer for keeping the cash received which shows and adds the prices of items bought in a shop **kasa rejestrująca**

◊ **registered** [ˈredʒɪstəd] *adjective* **(a)** which has been noted on an official list **zarejestrowany;** **the company's registered office** = the head office of the company as noted in the register of companies **siedziba spółki;** **registered design** = design which is legally registered to protect the owner against unauthorized use of it by others **zarejestrowany wzór; registered trademark** *or* **trade name** = particular name which has been registered by the manufacturer and which cannot be used by other manufacturers **zarejestrowana nazwa handlowa; (b) registered letter** *or* **registered parcel** = letter *or* parcel which is noted by the post office before it is sent, so that compensation can be claimed if it is lost **list/paczka przesłane pocztą poleconą;** ***to send documents by registered mail*** *or* ***registered post***

◊ **registration** [redʒɪsˈtreɪʃən] *noun* act of having something noted on an official list **rejestracja, wpis;** ***registration of a trademark;*** **certificate of registration** *or* **registration certificate** = document showing that an item has been registered **zaświadczenie o rejestracji; registration fee** = money paid to have something registered **opłata rejestracyjna; registration number** = official number (such as the number of a car) **numer rejestracyjny**

regression analysis [rɪˈgreʃn əˈnælɪsɪs] *noun* method of discovering the ratio of one dependent variable and one or more independent variables, so as to give a value to the dependent variable **analiza regresji**

regular [ˈregjʊlə] *adjective* **(a)** which happens *or* comes at the same time each day *or* each week *or* each month *or* each year **regularny; regular customer** = customer who always buys from the same shop **stały klient; regular staff** = full-time staff **pracownicy pełnoetatowi; (b)** ordinary *or* standard **normalny, standardowy;** ***the regular price is $1.25, but we're selling them at 99c;*** **regular model** = main product in a company's product range **model podstawowy;** ***we estimate that 65% of the customers interested in our product range will buy the regular model;*** **regular size** = ordinary size (smaller than economy size, family size, etc.) **normalna wielkość**

◊ **regulate** [ˈregjʊleɪt] *verb* **(a)** to adjust something so that it works well *or* is correct **regulować; (b)** to change *or* maintain something by law **normować, regulować; prices are regulated by supply and demand** = prices are increased or lowered according to supply and demand **ceny zmieniają się pod wpływem popytu i podaży; government-regulated price** = price which is imposed by the government **ceny rządowe/sterowane centralnie**

◊ **regulation** [regjʊˈleɪʃən] *noun* **(a)** making sure that something will work well or correctly **regulacja;** ***the regulation of trading practices*** (NOTE: no plural for (a)) **(b) regulations** = laws *or* rules **przepisy;** ***the new government regulations on housing standards; fire regulations*** *or* ***safety regulations; regulations concerning imports and exports***

> QUOTE: EEC regulations which came into effect in July insist that customers can buy cars anywhere in the EEC at the local pre-tax price
>
> **Financial Times**

> QUOTE: a unit trust is established under the regulations of the Department of Trade, with a trustee, a management company and a stock of units
>
> **Investors Chronicle**

reimport 1 [ˈriːˈɪmpɔːt] *noun* importing of goods which have been exported from the same country **reimport; 2** [riːɪmˈpɔːt] *verb* to import goods which have been exported **reimportować**

◊ **reimportation** [riːɪmpɔːˈteɪʃən] *noun* importing goods which have been exported **reimport**

reinforcement advertising [riːɪnˈfɔːsmənt ˈædvətaɪzɪŋ] *noun* advertising aimed at making the positive features of a product stronger in order to reassure people who have already purchased it **reklama wzmacniająca**

reject [ˈriːdʒekt] *noun* thing which has been thrown out because it is not of the usual standard **odrzut;** ***sale of rejects*** *or* ***of reject items; to sell off reject stock;*** **reject shop** = shop which specializes in the sale of rejects **sklep z towarami wybrakowanymi**

relation [rɪˈleɪʃən] *noun* **(a) in relation to** = referring to *or* connected with **w stosunku do;** ***I am phoning in relation to our conversation yesterday*** **(b) public relations (PR)** = keeping good links between a company *or* a group and the public so that people know what the company is doing and approve of it **public relations; public relations department** = section of a company which deals with relations with the public **dział public relations; public relations officer (PRO)** = official who deals with relations with the public **pracownik ds. public relations**

relaunch [ˈriːˈlɔːnʃ] **1** *noun* putting a product back on the market again, after adapting it to changing market conditions **powtórne wprowadzenie produktu na rynek;** ***the relaunch is scheduled for August*** **2** *verb* to put a product on the market again **powtórnie wprowadzić produkt na rynek;** ***the product will be relaunched with some minor modifications next autumn***

release [rɪˈliːs] **1** *noun* **(a)** setting free **zwolnienie;** ***release from a contract; release of goods from customs*** **(b) press release** *or* **news release** = sheet giving news about something, which is sent to newspapers and TV and radio stations so that they can use the information **oświadczenie prasowe/dla mediów;** ***the company sent out*** *or* ***issued a press release about the launch of their new car*** **(c) new releases** = new CDs put on the market **nowe produkty; 2** *verb* to put on the market **wypuszczać na rynek;** ***to release a new CD;*** **to release dues** = to send off orders which had been piling up while a product was out of stock **realizować zaległe zamówienia**

remainder [rɪˈmeɪndə] **1** *noun* **remainders** = new books sold cheaply **wyprzedawane nowe książki; remainder merchant** = book dealer who buys unsold new books from publishers at a very low price **księgarz prowadzący wyprzedaż nowych książek; 2** *verb* **to remainder books** = to sell new books off cheaply **wyprzedawać nowe książki;** ***the shop was full of piles of remaindered books***

reminder [rɪˈmaɪndə] *noun* letter to remind a customer that he has not paid an invoice **monit;** ***to send someone a reminder;*** **reminder advertising** = advertising designed to remind consumers of a product already advertised **reklama przypominająca;** ***reminder advertising is particularly important in a highly competitive market;*** **reminder line** = little advertising gimmick, such as a giveaway pen with the company's name on it **drobne prezenty reklamowe**

remnant [ˈremnənt] *noun* odd piece of a large item sold separately **resztka;** ***remnant sale*** *or* ***sale of remnants***

render [ˈrendə] *verb* **to render an account** = to send in an account **przedstawić (komuś) rachunek;** ***payment for account rendered; please find enclosed payment per account rendered***

reorder [riːˈɔːdə] **1** *noun* further order for something which has been ordered before **powtórne zamówienie;** ***the product has only been on the market ten days and we're already getting reorders;*** **reorder level** = fixed minimum amount of an item which must be kept in stock; when stock falls to this level it must be reordered from the supplier **poziom powtórnego zamówienia; 2** *verb* to place a new order for something **złożyć powtórne zamówienie;** ***we must reorder these items because stock is getting low***

rep [rep] **1** *noun* = REPRESENTATIVE ***to hold a reps' meeting; our reps make on average six calls a day;*** **commission rep** = representative who is not paid a salary but receives a commission on sales **przedstawiciel prowizyjny; 2** *verb (informal)* to act as a sales representative for **być przedstawicielem handlowym;** ***he reps for two firms on commission***

repack [ˈriːˈpæk] *verb* to pack again **przepakowywać**

◊ **repacking** [ˈriːˈpækɪŋ] *noun* packing again **przepakowanie**

repeat [rɪˈpiːt] *verb* **to repeat an order** = to order something again **powtórzyć zamówienie; repeat order** = new order for something which has been ordered before **powtórne zamówienie;** ***the product has only been on the market ten days and we're already flooded with repeat orders;*** **repeat purchasing** = (i) purchasing the same product a second time; **powtórny zakup;** (ii) frequent buying of a low-priced item that is for everyday use (such as soap or bread); **częste powtarzanie zakupu;** *see also* ATR

repertory grid technique [ˈrepətrɪ ˈgrɪd tekˈniːk] *noun* market research technique in which a test is first run to discover what the respondents' main criteria are in judging product brands, followed by another test in which the respondents evaluate brands on the basis of these established criteria **[technika kryteriów własnych respondentów]**

reply [rɪˈplaɪ] **1** *noun* answer **odpowiedź;** ***there was no reply to my letter*** *or* ***to my phone call; I am writing in reply to your letter of the 24th; the company's reply to the takeover bid;*** **reply card** *or* **reply coupon** *or* **reply form** = form attached to a coupon ad which has to be filled in and returned to the advertiser **formularz/karta/kupon odpowiedzi; international postal reply coupon** = coupon which can be used in another country to pay the postage of replying to a letter **międzynarodowy pocztowy kupon odpowiedzi;** ***he enclosed an international reply coupon with his letter;*** **reply paid card** *or* **letter** = card or letter to be sent back to the sender with a reply, the sender having already paid for the return postage **karta/list z uiszczoną opłatą pocztową; 2** *verb* to answer **odpowiadać;** ***to reply to a letter; the company has replied to the takeover bid by offering the shareholders higher dividends***

report [rɪ'pɔ:t] **1** *noun* **(a)** statement describing what has happened *or* describing a state of affairs **raport, sprawozdanie;** *to draft a report; to make a report or to present a report or to send in a report; the sales manager reads all the reports from the sales team; the chairman has received a report from the insurance company;* **feasibility report** = document which says if something can be done **analiza wykonalności; progress report** = document which describes what progress has been made **sprawozdanie z postępu prac; (b) a report in a newspaper** *or* **a newspaper report** = article *or* news item **artykuł prasowy;** *can you confirm the report that the company is planning to close the factory?* **(c)** official document from a government committee **raport, sprawozdanie;** *the government has issued a report on the credit problems of exporters* **2** *verb* **(a)** to make a statement describing something **sporządzić raport/sprawozdanie;** *the salesmen reported an increased demand for the product; he reported the damage to the insurance company; we asked the bank to report on his financial status; he reported seeing the absentee in a shop* **(b) to report to someone** = to be responsible to *or* to be under someone **odpowiadać przed kimś, podlegać komuś;** *he reports direct to the managing director; the salesmen report to the sales director*

> QUOTE: a draft report on changes in the international monetary system
>
> **Wall Street Journal**

> QUOTE: responsibilities include the production of premium quality business reports
>
> **Times**

> QUOTE: the research director will manage a team of business analysts monitoring and reporting on the latest developments in retail distribution
>
> **Times**

> QUOTE: the successful candidate will report to the area director for profit responsibility for sales of leading brands
>
> **Times**

reposition [rɪpə'zɪʃən] *verb* to change the position of a product or company in the market **repozycjonować**

◊ **repositioning** [rɪpə'zɪʃənɪŋ] *noun* changing or adjusting the position of a product in the market, or the consumers' idea of it, by changing its design or by different advertising **repozycjonowanie;** *if this spring's promotional campaign doesn't achieve a repositioning of the product, sales will continue to fall*

> QUOTE: it is thought that the company will reposition the range in the mass market or relaunch it
>
> **Marketing Week**

repossess ['ri:pə'zes] *verb* to take back an item which someone is buying under a hire-purchase agreement, because the purchaser cannot continue the payments **odzyskać posiadanie, przejmować**

represent [reprɪ'zent] *verb* to work for a company, showing goods or services to possible buyers **pracować jako przedstawiciel handlowy, reprezentować;** *he represents an American car firm in Europe; our French distributor represents several other competing firms*

◊ **representation** [reprɪzen'teɪʃən] *noun* act of selling goods for a company **przedstawicielstwo handlowe;** *we offered them exclusive representation in Europe; they have no representation in the USA*

◊ **representative** [reprɪ'zentətɪv] **1** *adjective* which is an example of what all others are like **reprezentatywny;** *we displayed a representative selection of our product range; the sample chosen was not representative of the whole batch* **2** *noun* **(sales) representative** = person who works for a company, selling its goods or services to customers *or* company which works for another company, selling their goods **przedstawiciel (handlowy);** *we have six representatives in Europe; they have vacancies for representatives to call on accounts in the north of the country; we have appointed Smith & Co our exclusive representatives in Europe*

resale ['ri:'seɪl] *noun* selling goods which have been bought **odsprzedaż;** *to purchase something for resale; the contract forbids resale of the goods to the USA*

◊ **resale price maintenance (RPM)** ['ri:seɪl praɪs 'meɪntənəns] *noun* system where the price for an item is fixed by the manufacturer and the retailer is not allowed to sell it at a lower price **utrzymanie ceny odsprzedaży**

research [rɪ'sɜ:tʃ] **1** *noun* trying to find out facts *or* information **badania; consumer**

research = research into why consumers buy goods and what goods they may want to buy **badania zachowań konsumentów; armchair research** *or* **desk research** = looking for information that has already been compiled **badania gabinetowe; field research** = research to find information which has not been published and has to be found through surveys **badania w terenie; market research** = examining the possible sales of a product and the possible customers for it before it is put on the market *or* examining the reasons for the good or bad sales of a product after it has been launched **badania rynku; marketing research** = research carried out in the interests of successful marketing, including market research, media research and product research **badania marketingowe; media research** = tudy or evaluation of a target audience in order to improve an organization's promotional activities **badania odbiorców reklam; product research** = research carried out to examine various competing products in a market and the potential market for such products **badania produktu; research and development (R&D)** = scientific investigation which leads to making new products or improving existing products **badania i rozwój;** *the company spends millions on research and development; he is engaged in research into the packaging of the new product line; the company is carrying out research into finding a cure for the common cold;* **research brief** = basic objectives and instructions concerning a market research project **zlecenie badawcze; research department** = section of a company which does research **dział badań; a research institute** *or* **organization** = place which exists only to carry out research **instytut badawczy/organizacja badawcza; research unit** = separate small group of research workers **jednostka badawcza; research worker** = person who works in a research department **pracownik działu badawczego; 2** *verb* to study *or* to try to find out information about something **badać;** *to research the market for a product*

◊ **researcher** [rɪˈsɜːtʃə] *noun* person who carries out research **badacz;** *government statistics are a useful source of information for the desk researcher*

> QUOTE: drug companies must make a massive investment in research and development if they are to ensure their future, according to a recently published report
>
> **Marketing**

resell [riːˈsel] *verb* to sell something which has been bought **odsprzedawać**

◊ **reseller market** [riːˈselə ˈmɑːkɪt] *noun* customers who buy products in order to resell them as wholesalers or retailers **rynek odsprzedaży;** *fewer and fewer consumers are buying the product, so prices are falling in the reseller market*

reserve [rɪˈzɜːv] **1** *noun* **reserve price** = lowest price which a seller will accept at an auction **cena minimalna/wywoławcza;** *the painting was withdrawn when it failed to reach its reserve price* **2** *verb* **reserved market** *or* **restricted market** = market in which producers agree not to sell more than a certain amount in order to control competition **rynek ograniczony, rynek producenta**

resistance [rɪˈzɪstəns] *noun* **consumer resistance** *or* **sales resistance** = lack of enthusiasm for a product on the part of consumers **opór konsumentów**

resources [rɪˈsɔːsɪz] *noun* **(a)** source of supply of something **zasoby; natural resources** = supplies of gas, oil, coal, etc., which are available in the ground **zasoby naturalne;** *the country is rich in natural resources;* **we are looking for a site with good water resources** = a site with plenty of water available **szukamy miejsca z dużymi zasobami wody; (b) financial resources** = supply of money for something **środki finansowe;** *the costs of the London office are a drain on the company's financial resources; the company's financial resources are not strong enough to support the cost of the research programme;* **the cost of the new project is easily within our resources** = we have enough money to pay for the new project **możemy bez problemu pokryć koszty realizacji nowego projektu**

respond [rɪˈspɒnd] *verb* to reply (to a question) **odpowiadać**

◊ **respondent** [rɪˈspɒndənt] *noun* person who answers questions in a survey **respondent;** *some of the respondents' answers were influenced by the way the questions were asked*

◊ **response** [rɪˈspɒns] *noun* way of responding to a question **odpowiedź; response function** = number which represents the value of a particular quantity of impressions on a person **miara reakcji; response rate** = proportion of people approached in a survey who agree to answer questions **wskaźnik odpowiedzi;** *the response rate has been very disappointing*

> QUOTE: forecasting consumer response is one problem which will never be finally solved
>
> **Marketing Week**

restock [ˈriːˈstɒk] *verb* to order more stock **odnowić/uzupełnić zapasy;** ***to restock after the Christmas sales***

◊ **restocking** [riːˈstɒkɪŋ] *noun* ordering more stock **uzupełnianie zapasów**

restraint [rɪˈstreɪnt] *noun* control **kontrola, ograniczenie; pay restraint** *or* **wage restraint** = keeping increases in wages under control **ograniczenie wzrostu prac; restraint of trade** = (i) situation where a worker is not allowed to use his knowledge in another company if he changes jobs **zakaz pracy w konkurencyjnej firmie;** (ii) attempt by companies to fix prices *or* create monopolies *or* reduce competition, which could affect free trade **ograniczanie wolności handlu i swobody konkurencji**

restrict [rɪˈstrɪkt] *verb* to limit *or* to impose controls on **ograniczać;** ***to restrict credit; we are restricted to twenty staff by the size of our offices; to restrict the flow of trade*** *or* ***to restrict imports;*** **to sell into a restricted market** = to sell goods into a market where the supplier has agreed to limit sales to avoid competition **sprzedawać towary na ograniczonym rynku**

◊ **restriction** [rɪˈstrɪkʃən] *noun* limit *or* controlling **ograniczenie;** ***import restrictions*** *or* ***restrictions on imports;*** **to impose restrictions on imports** *or* **on credit** = to start limiting imports *or* credit **nałożyć ograniczenia importowe/kredytowe; to lift credit restrictions** = to allow credit to be given freely **znieść ograniczenia kredytowe**

◊ **restrictive** [rɪˈstrɪktɪv] *adjective* which limits **restrykcyjny; restrictive trade practices** = arrangement between companies to fix prices *or* to share the market, etc. **działania ograniczające wolność rynku**

résumé [ˈrezjʊmeɪ] *noun US* summary of a person's life story with details of education and work experience **życiorys;** (NOTE: GB English is **curriculum vitae**)

retail [ˈriːteɪl] **1** *noun* sale of small quantities of goods to ordinary customers **detal; retail audit** = market research method by which a research company regularly checks a sample of retailers for unit sales and stock levels of different brands **badanie marketingowe punktów sprzedaży detalicznej;** ***since subscribing to the retail audit we've been able to compare our performance with that of our competitors;*** **retail dealer** = person who sells to the general public **detalista; retail price** = full price paid by a customer in a shop **cena detaliczna; retail price(s) index (RPI)** = index which shows how prices of consumer goods have increased or decreased over a period of time **wskaźnik cen detalicznych; retail shop** *or* **retail outlet** = shop which sells goods to the general public **sklep detaliczny; the retail trade** = all people *or* businesses selling goods retail **handel detaliczny; the goods in stock have a retail value of £1m** = the value of the goods if sold to the public is £1m before discounts, etc. are taken into account **wartość detaliczna zapasów wynosi 1 mln funtów; 2** *adverb* **he sells retail and buys wholesale** = he buys goods in bulk at a wholesale discount and sells in small quantities to the public **kupuje w hurcie i sprzedaje w detalu; 3** *verb* **(a) to retail goods** = to sell goods direct to the public **prowadzić handel detaliczny; (b)** to sell for a price **sprzedawać za; these items retail at** *or* **for 25p** = the retail price of these items is 25p **cena tych artykułów w detalu wynosi 25 pensów**

◊ **retailer** [ˈriːteɪlə] *noun* person who runs a retail business, selling goods direct to the public **detalista; retailer cooperative** = group of retailers who buy together from suppliers so as to be able to enjoy quantity discounts **spółka detalistów**

◊ **retailing** [ˈriːteɪlɪŋ] *noun* selling of full price goods to the public **detal, handel detaliczny;** ***from car retailing the company branched out into car leasing***

> QUOTE: provisional figures show retail sales dropped 1.5% in January but wholesale prices released this week reveal a 1% increase last month
>
> **Marketing**

> QUOTE: voucher schemes are very attractive from the retailers' point of view
>
> **Marketing Week**

retire [rɪˈtaɪə] *verb* **to retire a bill** = to pay a bill of exchange when it is due **spłacić weksel**

retrenchment [rɪˈtren(t)ʃmənt] *noun* reduction of a company's expenditure or expansion plans **obcięcie, redukcja, zmniejszenie;** ***the company is in for a period of retrenchment***

return [rɪˈtɜːn] **1** *noun* **(a)** sending back **zwrot; he replied by return of post** = he replied by the next post service **odpowiedział pocztą zwrotną; return address** = address to send something back **adres zwrotny; sale or return** = system whereby the retailer sends back goods if they are not sold, and pays the wholesaler only for those goods which have been sold **sprzedaż lub zwrot;** ***these goods are all on sale or return*** **(b)** an official form **deklaracja, formularz;** ***he has completed his VAT return for the quarter*** **(c) return on capital employed (ROCE)** = profit shown as a percentage of the capital in a business **stopa zwrotu zaangażowanego kapitału; return on investment (ROI)** = (i) relationship between profit and money invested in a project or company, usually expressed as a percentage; (ii) amount of sales or profit which can be calculated as a direct result of an expenditure, such as a promotion campaign **rentowność inwestycji; 2** *verb* to send back **zwracać;** ***to return unsold stock to the wholesaler; to return a letter to sender;*** **returned empties** = empty bottles *or* containers which are sent back to a supplier **opakowania zwrotne**

◊ **returnable** [rɪˈtɜːnəbl] *adjective* which can be returned **zwrotny;** ***these bottles are non-returnable***

◊ **returns** [rɪˈtɜːnz] *plural noun* unsold goods, especially books *or* newspapers *or* magazines sent back to the supplier **zwroty**

revenue [ˈrevənjuː] *noun* money received **przychody, wpływy;** ***revenue from advertising*** *or* ***advertising revenue; oil revenues have risen with the rise in the dollar;*** **revenue accounts** = accounts of a business which record money received as sales, commission, etc. **konta dochodów**

reverse [rɪˈvɜːs] *adjective* opposite *or* in the opposite direction **odwrotny, przeciwny; reverse takeover** = takeover of a large company by a small company **przejęcie odwrócone; reverse charge call** = telephone call which the person receiving the call agrees to pay for **rozmowa „R"**

revoke [rɪˈvəʊk] *verb* to cancel **odwołać, unieważnić;** ***to revoke a clause in an agreement; the quota on luxury items has been revoked***

◊ **revocable** [ˈrevəkəbl] *adjective* **revocable letter of credit** = letter of credit that can be cancelled **akredytywa odwołalna**

revolving credit [rɪˈvɒlvɪŋ ˈkredɪt] *noun* system where someone can borrow money at any time up to an agreed amount, and continue to borrow while still paying off the original loan **kredyt odnawialny/rewolwingowy**

risk [rɪsk] *noun* **(a)** possible harm *or* chance of danger **ryzyko; to run a risk** = to be likely to suffer harm **ryzykować; to take a risk** = to do something which may make you lose money or suffer harm **narażać się na ryzyko, podejmować ryzyko; financial risk** = possibility of losing money **ryzyko finansowe;** ***there is always some financial risk in selling to African countries on credit; he is running the risk of overspending his promotion budget; the company is taking a considerable risk in manufacturing 25m units without doing any market research*** **(b) risk analysis** = analysis of how much can be lost and gained through various marketing strategies **analiza zagrożeń;** ***after protracted risk analysis a very ambitious strategy was adopted; our risk analysis must concentrate on competitor activity;*** **risk capital** = capital for investment which may easily be lost in risky projects, but which can also provide high returns **kapitał spekulacyjny/wysokiego ryzyka; (c) carrier's risk** = situation where the carrier is responsible for loss or damage to goods being transported **ryzyko przewoźnika; at owner's risk** = situation where goods shipped *or* stored are insured by the owner, not by the transport company or the storage company **na ryzyko właściciela;** ***goods left here are at owner's risk; the shipment was sent at owner's risk*** **(d)** loss *or* damage against which you are insured **ubezpieczone ryzyko; fire risk** = situation *or* goods which could start a fire **zagrożenie pożarowe; (e) he is a good** *or* **bad risk** = it is not likely *or* it is very likely that the insurance company will have to pay out against claims where he is concerned **roszczenie ubezpieczeniowe z jego strony jest mało/wysoce prawdopodobne**

◊ **risk-free** [ˈrɪskˈfriː] *adjective* with no risk involved **pewny;** ***a risk-free investment***

◊ **risky** [ˈrɪski] *adjective* dangerous; which may cause loss **ryzykowny;** ***he lost all his money in some risky ventures in South America***

> QUOTE: there is no risk-free way of taking regular income from your money higher than the rate of inflation and still preserving its value
>
> **Guardian**

rival [ˈraɪvəl] *noun* person *or* company which competes in the same market **konkurent, rywal;** ***a rival company; to undercut a rival; we are analyzing the rival brands on the market;*** **rival brands** *or* **rival products** = brands or products that are competing for sales **marki/produkty konkurencyjne**

road [rəʊd] *noun* **(a)** way used by cars, lorries, etc. to move from one place to another **droga;** ***to send*** *or* ***to ship goods by road; road transport costs have risen; the main office is in London Road; use the Park Road entrance***

to get to the buying department **(b) on the road** = travelling **w podróży/trasie;** *the salesmen are on the road thirty weeks a year; we have twenty salesmen on the road*

ROB = RUN OF BOOK

ROCE = RETURN ON CAPITAL EMPLOYED

rock bottom ['rɒk 'bɒtəm] *noun* **rock-bottom prices** = the lowest prices possible **rekordowo niskie ceny; sales have reached rock bottom** = sales have reached the lowest point possible **ceny osiągnęły rekordowo niski poziom**

> QUOTE: investment companies took the view that secondhand prices had reached rock bottom and that levels could only go up
>
> **Lloyd's List**

rocket ['rɒkɪt] *verb* to rise fast **iść gwałtownie w górę, szybować;** *rocketing prices; prices have rocketed*

ROI = RETURN ON INVESTMENT

roll over ['rəʊl 'əʊvə] *verb* **to roll over credit** = to make credit available over a continuing period **prolongować kredyt; to roll over a debt** = to allow a debt to stand after the repayment date **prolongować dług**

◊ **rolling** ['rəʊlɪŋ] *adjective* continuing with no break **nieprzerwany; rolling launch** = gradual launch of a new product onto the market (by launching it in different areas over a period) **stopniowe wprowadzanie produktu na rynek; rolling plan** = plan which runs for a period of time and is updated regularly during that time **plan kroczący**

◊ **roll out** [rəʊl aʊt]*verb* to extend a company's marketing of a product from its original test marketing area to the whole country **rozszerzyć**

> QUOTE: the company is expected to make a decision in the new year on whether to roll out the name through its electrical division
>
> **Marketing Week**

ROP = RUN OF PAPER

roster ['rɒstə] *noun* **agency roster** = group of different advertising agencies all working for a large company **grupa agencji**

rough [rʌf] *noun* outline plan of an illustration for an advertisement **szkic grafiki reklamowej;** *the agency sent the rough to the advertisers for approval; the advertising department will consider the rough carefully before telling the agency to go ahead and run the advertisement*

◊ **rough out** ['rʌf 'aʊt] *verb* to make a draft *or* a general design **sporządzić szkic**

ROW = RUN OF WEEK

royalty ['rɔɪəltɪ] *noun* money (usually a certain percentage of the sales, or a certain amount per sale) paid to an inventor or writer or the owner of land for the right to use a property **honorarium autorskie, tantiema;** *he is receiving royalties from his invention*

RPI [ɑ:pi:'aɪ] = RETAIL PRICE(S) INDEX

RPM = RESALE PRICE MAINTENANCE

RRP = RECOMMENDED RETAIL PRICE

run [rʌn] **1** *noun* **(a)** making a machine work **uruchomienie maszyny; a cheque run** = series of cheques processed through a computer **partia czeków „przepuszczona" przez komputer; a computer run** = period of work of a computer **okres pracy komputera; test run** = trial working of a machine **test urządzenia; (b)** number of copies of a particular publication which have been printed **nakład wydrukowany; split run** = printing of the same issue of a publication in several production runs, allowing different advertisements to be placed in different printings **druk partiami; run of book (ROB)** *or* **run of paper (ROP)** = advertiser's order to the advertising department of a publication buying advertising space at the basic rate and not specifying the position of the advertisement in the publication **dowolne miejsce pisma; run of week (ROW)** = advertiser's order to the advertising department of a publication buying advertising space at the basic rate and not specifying the issue it will appear in **dowolny numer pisma w tygodniu; 2** *verb* **(a)** to be in force **być w mocy, obowiązywać;** *the lease runs for twenty years; the lease has only six months to run* **(b)** to amount to **wynosić;** *the costs ran into thousands of pounds* **(c)** to manage *or* to organize **zarządzać;** *she runs a mail-order business from home; they run a staff sports club; he is running a multimillion-pound company* **(d)** to operate a machine **obsługiwać;** *do not run the photocopier for more than four hours at a time; the computer was running invoices all night*

◊ **run down** ['rʌn 'daʊn] *verb* **(a)** to reduce a quantity gradually **zmniejszać;** *to run down stocks or to let stocks run down* **(b)** to slow down the business activities of a company before it is closed **zwalniać działalność;** *the company is being run down*

◊ **running** [ˈrʌnɪŋ] *noun* **(a) running total** = total carried from one column of figures to the next **suma częściowa/z przeniesienia; (b) running costs** *or* **running expenses** *or* **costs of running a business** = money spent on the day-to-day cost of keeping a business going **koszty bieżące/operacyjne**

◊ **run-on** [ˈrʌnɒn] *noun* copies of a publication printed in addition to the original print order, as in the case of a leaflet whose setting-up costs have been covered and more copies of which can be printed at a relatively low unit cost **egzemplarze dodatkowe**

Ss

sachet ['sæʃeɪ] *noun* small package or envelope containing a liquid or powder product **saszetka;** ***if you are travelling, buy sachets of shampoo; the magazine came with a free sachet of skin cream attached***

sack [sæk] *noun* large bag made of strong cloth or plastic **torba, worek;** ***a sack of potatoes; we sell onions by the sack***

safe [seɪf] *adjective* **see-safe** = agreement where a supplier will give credit for unsold goods at the end of a period **zakup z prawem zwrotu**

sale [seɪl] *noun* **(a)** act of selling *or* of giving an item in exchange for money **sprzedaż; cash sale** = selling something for cash **sprzedaż za gotówkę; credit card sale** = selling something for credit, using a credit card **sprzedaż na kartę kredytową; forced sale** = selling something because a court orders it *or* because it is the only thing to do to avoid a financial crisis **sprzedaż wymuszona; sale as seen** = sale with no guarantee of quality **sprzedaż bezgwarancyjna;** ***if the equipment if for sale as seen, we shall have no comeback if it breaks down;*** **sale by description** = sale on condition that the goods match the description of them given by the seller **sprzedaż według opisu; sale or return** = system where the retailer sends goods back if they are not sold, and pays the supplier only for goods sold **sprzedaż z prawem zwrotu;** ***we have taken 4,000 items on sale or return;*** **bill of sale** = document which the seller gives to the buyer to show that a sale has taken place **akt kupna, dowód sprzedaży; conditions of sale** = agreed ways in which a sale takes place (such as discounts and credit terms) **warunki sprzedaży; (b) for sale** = ready to be sold **na sprzedaż; to offer something for sale** *or* **to put something up for sale** = to announce that something is ready to be sold **wystawić coś na sprzedaż;** ***they put the factory up for sale; his shop is for sale; these items are not for sale to the general public*** **(c) on sale** = being sold in a shop **w sprzedaży;** ***these items are on sale in most chemists*** **(d)** selling of goods at specially low prices **wyprzedaż;** ***the shop is having a sale to clear old stock; the sale price is 50% of the normal price;*** **bargain sale** = sale of all goods in a store at low prices **sprzedaż okazyjna; clearance sale** = sale of items at low prices to get rid of the stock **wyprzedaż; half-price sale** = sale of items at half the usual price **sprzedaż za pół ceny; jumble sale** = sale of old used household goods **sprzedaż towarów używanych, targ staroci; the sales** = period when major stores sell many items at specially low prices **okres wyprzedaży;** ***I bought this in the sales*** *or* ***at the sales*** *or* ***in the January sales***

◊ **saleability** *or US* **salability** [seɪlə'bɪlətɪ] *noun* quality of an item which makes it easy to sell **pokupność, wzięcie**

◊ **saleable** *or US* **salable** ['seɪləbl] *adjective* which can easily be sold **łatwo zbywalny/się sprzedający**

◊ **saleroom** ['seɪlrʊm] *noun* room where an auction takes place **sala aukcyjna**

sales [seɪlz] *noun* (i) money received for selling something; **obroty, przychody ze sprzedaży, sprzedaż;** (ii) number of items sold **wolumen sprzedaży;** ***sales have risen over the first quarter;*** **sales agent** = person who sells for a business or another person and earns a commission **agent, przedstawiciel handlowy;** ***how many sales agents do we have in this area? he's a competent sales agent representing several non-competing companies;*** **sales aids** = various tools used for selling, such as samples, display cases and sales literature **pomoce handlowe;** ***the sales manager gave a talk on new sales aids which had just become available; an exhibition of sales aids was held at the sales conference;*** **sales analysis** = examining the reports of sales to see why items have or have not sold well **analiza sprzedaży; sales appeal** = quality which makes customers want to buy **atrak-**

cyjność produktu; sales assistant = junior person who sells goods in a retail shop **ekspedient, sprzedawca; sales audit** = analysis of a company's sales in terms of such factors as product, revenue and area **analiza zbytu; sales book** = record of sales **rejestr sprzedaży; book sales** = sales as recorded in the sales book **sprzedaż zaksięgowana; sales budget** = (i) plan of expenditure relating to future sales; **budżet sprzedaży;** (ii) plan of income from probable sales; **plan sprzedaży; sales call** = visit by a salesperson to a prospective customer in order to make a sale **wizyta handlowa;** *how many sales calls does the manager expect us to make each day? he kept reports on all his sales calls;* **sales campaign** = planned work (including advertising, sales calls, telephone sales, etc.) to achieve higher sales, or sales of a new product being launched **kampania handlowa; sales conference** *or* **sales meeting** = meeting of sales managers, representatives, publicity staff, etc. to discuss results and future sales plans **konferencja handlowa, zebranie w sprawie sprzedaży; sales contest** = scheme that rewards salesmen with the best results and so encourages effort and initiative **konkurs dla handlowców; sales contract** = contract between a buyer and a seller, whereby the former agrees to pay money to the latter in return for goods **umowa sprzedaży;** *the sales contract was signed after lengthy negotiations over price and delivery; the sales contract commits us to the purchase;* **cost of sales** = all the costs of a product sold, including manufacturing costs and the staff costs of the production department **koszt sprzedaży; sales department** = section of a company which deals with selling the company's products or services **dział sprzedaży; domestic sales** *or* **home sales** = sales in the home market **sprzedaż na rynku krajowym; sales drive** = vigorous planned work (including advertising, sales calls, telephone sales, etc.) to achieve higher sales **intensywna kampania handlowa; sales executive** = person in a company in charge of sales **dyrektor/kierownik ds. sprzedaży; sales figures** = total sales, or sales broken down by category **wielkość sprzedaży, statystyka zbytu; sales force** = group of salesmen **handlowcy; sales forecast** = estimate of future sales **prognoza sprzedaży; forward sales** = sales (of shares, commodities, foreign exchange, etc.) for delivery at a later date **sprzedaż na termin/terminowa; sales incentive** = encouraging higher sales by paying the sales people a higher commission or bonuses, or giving them prizes, such as holidays, for increased sales **premia/zachęta dla handlowców; sales interview** = meeting between a salesman and a prospective customer in which the latter obtains all information about a product necessary for him to be able to make a buying decision **rozmowa ze sprzedawcą;** *at the beginning of the sales interview, the salesman established exactly what the prospective customer's needs were;* **sales lead** = information about a potential customer which may lead to a sale **informacja o kliencie;** *it has been difficult approaching this territory with no sales leads to follow up; I was given some useful sales leads by the salesman who used to operate here;* **sales ledger** = book in which income from sales is recorded **rejestr sprzedaży; sales ledger clerk** = office worker who deals with the sales ledger **księgowy odpowiedzialny za rejestr sprzedaży; sales letter** = letter sent to prospective customers, especially as part of a direct mail operation **pismo handlowe; sales literature** = printed information (such as leaflets, prospectuses) which helps sales **literatura handlowa; sales manager** = person in charge of a sales department **dyrektor/kierownik działu sprzedaży; sales mix** = the quantity of different products sold by a single company **udział produktów w sprzedaży firmy; sales pitch** = talk by a salesman to persuade someone to buy **argumenty zachęcające do kupna;** *salesmen can put off a lot of customers with their high-pressure sales pitch;* **sales promotion** = promotional and sales techniques aimed at short-term increases in sales, such as free gifts, competitions, and price discounts **promocja zbytu;** *we need some good sales promotion to complement our advertising campaign; let's hope this sales promotion will help us sell off our stock;* **sales quotas** = sales targets given to salesmen which are based on either unit sales or revenue **plan sprzedaży;** *the sales manager intends to introduce sales quotas, in order to put extra pressure on salesmen;* **monthly sales report** = report made every month showing the number of items *or* amount of money received for selling stock **miesięczny raport ze sprzedaży;** *in the sales reports all the European countries are bracketed together; detailed sales reports help the sales manager work out an effective sales strategy;* **sales representative** = person who works for a company, selling its products or services to customers **przedstawiciel handlowy; sales resistance** = lack of willingness by the public to buy a product **opór konsumentów; sales response** = degree to which customers buy a product in response to the promotion of it **reakcja konsumentów na promocję produktu;** *there was a very poor sales response to the advertising campaign; although the*

product was not spectacular, the sales response was enormous; **sales revenue** = money received from sales **przychody ze sprzedaży; sales targets** = amount of sales a representative is expected to achieve **plan sprzedaży; sales tax** = tax to be paid on each item sold **podatek obrotowy; sales techniques** = methods used by a salesman to persuade customers to buy, such as presentation of goods, demonstrations and closing of sales **techniki sprzedaży; sales terms** *or* **terms of sale** = conditions attached to a sale **warunki sprzedaży; sales volume** *or* **volume of sales** = number of units sold **wolumen sprzedaży**

◊ **salesclerk** ['seɪlzklɜ:k] *noun US* person who sells goods to customers in a store **sprzedawca**

◊ **salesgirl** ['seɪlzgɜ:l] *noun* girl who sells goods to customers in a store **sprzedawczyni**

◊ **saleslady** ['seɪlzleɪdɪ] *noun* woman who sells goods to customers in a store **sprzedawczyni**

◊ **salesman** ['seɪlzmən] *noun* **(a)** man who sells goods or services to members of the public **sprzedawca;** ***he is the head salesman in the carpet department; a used car salesman;*** **door-to-door salesman** = man who goes from one house to the next, asking people to buy something **domokrążca; insurance salesman** = man who encourages clients to take out insurance policies **agent/broker ubezpieczeniowy; (b)** person who represents a company, selling its products or services to retail shops **przedstawiciel handlowy;** ***we have six salesmen calling on accounts in central London*** (NOTE: plural is **salesmen**)

◊ **salesmanship** ['seɪlzmənʃɪp] *noun* art of selling *or* of persuading customers to buy **sztuka sprzedaży**

◊ **salesperson** ['seɪlzpɜ:sən] *noun* person who sells goods or services to members of the public **sprzedawca**

◊ **saleswoman** ['seɪlzwʊmən] *noun* woman in a shop who sells goods to customers **sprzedawczyni** (NOTE: plural is **saleswomen**)

> QUOTE: the novelty in the £1m sales promotion is that the consumer will know immediately if he or she has won a bottle of champagne
>
> **Marketing Week**

> QUOTE: many on Wall Street are suspicious of the recent sales and production gains posted by American Industry
>
> **Management Today**

> QUOTE: the latest car sales for April show a 1.8 per cent dip from last year's total
>
> **Investors Chronicle**

> QUOTE: the wage agreement includes sales clerks and commission sales people in stores in Toronto
>
> **Toronto Star**

sample ['sɑ:mpl] **1** *noun* **(a)** specimen, a small part of an item which is used to show what the whole item is like **próbka;** ***a sample of the cloth*** *or* ***a cloth sample;*** **check sample** = sample to be used to see if a whole consignment is acceptable **próbka kontrolna; free sample** = sample given free to advertise a product **darmowa próbka; sample book** *or* **book of samples** = book showing samples of different types of cloth, paper, etc. **księga próbek/wzorów; (b)** small group taken to show what a larger group is like **próbka;** ***we interviewed a sample of potential customers;*** **a random sample** = a sample chosen without any special selection method **próbka losowa;** *see also* MASTER SAMPLE, MATCHED SAMPLE, QUOTA SAMPLE **2** *verb* **(a)** to test *or* to try something by taking a small amount **próbować, testować;** ***to sample a product before buying it*** **(b)** to ask a representative group of people questions to find out what the reactions of a much larger group would be **dobierać ludzi do badań marketingowych;** ***they sampled 2,000 people at random to test the new drink***

◊ **sampling** ['sɑ:mplɪŋ] *noun* **(a)** testing a product by taking a small amount **próbkobranie, próbowanie;** ***sampling of Common Market produce;*** **acceptance sampling** = testing a small sample of a batch to see if the whole batch is good enough to be accepted **próbkobranie przy odbiorze towarów; (b)** testing the reactions of a small group of people to find out the reactions of a larger group of consumers **sprawdzanie reakcji próbki respondentów; random sampling** = choosing samples for testing without any special selection method **próbkobranie losowe; sampling error** = difference between the results achieved in a survey using a sample and what the results would be using the entire population or universe **błąd próby; sampling fraction** = proportion of a population or universe that is chosen as a sample **procentowa wielkość próbki respondentów;** ***the sampling fraction will have to be small since we cannot afford many interviews with respondents;*** **sampling frame** = definition of the population or universe out of which a sample is to be taken **populacja objęta badaniem; sampling point** = place where sampling is carried out **punkt przeprowadzania badań marketingowych;** ***the sampling point was just outside the main railway station***

> QUOTE: all firms in the sample received the same questionnaire along with a covering letter explaining the objectives of the study
>
> **International Journal of Advertising**

sandwich boards ['sændwɪtʃ 'bɔ:dz] *noun* boards with advertisements on them carried in front of and behind a person, with loops over his shoulders **tablice reklamowe typu „kanapka"**

◊ **sandwich man** ['sændwɪtʃ 'mæn] *noun* man who carries sandwich boards **[człowiek-kanapka]**

satisfaction [sætɪs'fækʃən] *noun* feeling of being happy *or* good feeling **zadowolenie; customer satisfaction** = making a customer pleased with what he has bought **zadowolenie konsumenta; job satisfaction** = a worker's feeling that he is happy in his place of work and pleased with the work he does **zadowolenie z pracy**

◊ **satisfy** ['sætɪsfaɪ] *verb* **(a) to satisfy a client** = to make a client pleased with what he has purchased **zadowolić klienta; a satisfied customer** = a customer who has got what he wanted **zadowolony klient; (b) to satisfy a demand** = to fill a demand **zaspokajać popyt;** ***we cannot produce enough to satisfy the demand for the product***

◊ **satisfying** ['sætɪsfaɪɪŋ] *noun* making satisfactory profits and maintaining an acceptable market share rather than maximizing profits at all costs **zadowalający**

saturation [sætʃə'reɪʃən] *noun* filling completely; fourth stage in a product's life-style where sales level off **nasycenie; saturation of the market** *or* **market saturation** = situation where the market has taken as much of the product as it can buy **nasycenie rynku; the market has reached saturation point** = the market is at a point where it cannot buy any more of a product **rynek osiągnął stan nasycenia; saturation advertising** = highly intensive advertising campaign **bardzo intensywna reklama;** ***saturation advertising is needed when there are large numbers of rival products on the market***

◊ **saturate** ['sætʃəreɪt] *verb* to fill something completely **nasycać;** ***to saturate the market; the market for home computers is saturated***

SBU = STRATEGIC BUSINESS UNIT

scale [skeɪl] **1** *noun* **(a)** system which is graded into various levels **skala; scale of charges** *or* **scale of prices** = list showing various prices **taryfa opłat, cennik; fixed scale of charges** = rate of charging which does not change **stała taryfa opłat; (b) scales** = machine for weighing **waga; 2** *verb* **to scale down** *or* **to scale up** = to lower *or* to increase proportionally **zmniejszać/zwiększać; scaling technique** = use of scales in questionnaires to facilitate interpretation of results **stosowanie skali ocen;** ***the scaling technique was so complicated that the respondents did not understand the questions***

scarce [skeəs] *adjective* not easily found; not common **rzadki;** ***scarce raw materials; reliable trained staff are scarce***

◊ **scarceness** *or* **scarcity** ['skeəsnəs *or* 'skeəsətɪ] *noun* lack; being scarce **brak, niedostatek;** ***the scarceness of trained staff; there is a scarcity of trained staff;*** **scarcity value** = value of something because it is rare and there is a large demand for it **wysoka wartość towaru wynikająca z jego niedoboru**

scattered markets ['skætəd 'mɑ:kɪts] *noun* markets which are spread around a wide area, and therefore can only be reached by a company with an efficient distribution system **rynki rozproszone**

scenario [se'nɑ:riəʊ] *noun* possible future sequence of events **scenariusz;** ***before we decide on any plan let's look at the various scenarios open to us; what scenario do you envisage if our main rival in the market tries to take us over?***

schedule ['ʃedju:l] *noun* **(a)** list (especially additional documents attached to a contract) **wykaz;** ***please find enclosed our schedule of charges; schedule of territories to which a contract applies; see the attached schedule*** *or* ***as per the attached schedule*** **(b)** list of things in the order in which they should be done **harmonogram;** ***the chairman has a very full schedule of appointments; according to the schedule the campaign should start next month;*** **on schedule** = at the time *or* stage set down in the schedule **zgodnie z harmonogramem;** ***the launch took place on schedule;*** **behind schedule** = late **opóźniony;** ***the agency is way behind schedule with the promotional material***

science ['saɪəns] *noun* study, knowledge based on observing and testing **nauka; business science** *or* **management science** = the study of business *or* management techniques **nauka biznesu/zarządzania;** ***he has a master's degree in business science;*** **science**

park = area near a town or university set aside for technological industries **strefa nowych technologii**

◊ **scientific** [saɪənˈtɪfɪk] *adjective* referring to science **naukowy; scientific management** = school of management that believes in maximizing production through scientific or technical means **zarządzanie naukowe;** ***while scientific management has improved our efficiency and profits, it has been at the expense of human considerations***

scope [skəʊp] *noun* opportunity *or* possibility **możliwość, szansa; there is scope for improvement in our sales performance** = the sales performance could be improved **istnieje możliwość zwiększenia naszej sprzedaży;** ***there is considerable scope for expansion into the export market***

scrambled merchandizing [ˈskræmbəld ˈmɜːtʃəndaɪzɪŋ] *noun* displaying and selling products which are unrelated to most of the others in the store (such as groceries in a newsagent's, sandwiches in pharmacies, etc.) **poszerzanie asortymentu o jakiekolwiek rentowne produkty**

screen [skriːn] **1** *noun* **(a)** grid of dots or lines placed between the camera and the artwork, which has the effect of dividing the picture up into small dots, creating an image which can be used for printing **raster; (b)** glass surface on which computer information *or* TV pictures, etc., can be shown **ekran;** ***he brought up the information on the screen*** **2** *verb* to examine something carefully to evaluate or assess it **dokładnie oceniać; to screen candidates** = to examine candidates to see if they are suitable **„przesiewać" kandydatów**

◊ **screening** [ˈskriːnɪŋ] *noun* **(a)** evaluating *or* estimating new product ideas **analiza, ocena;** ***representatives from each department concerned will take part in the screening process; screening showed the product idea to be unrealistic for our production capacity*** **(b) the screening of candidates** = examining candidates to see if they are suitable **przegląd kandydatów**

sea [siː] *noun* area of salt water **morze;** ***to send a shipment by sea;*** **by sea mail** = sent by post abroad, using a ship, not by air **pocztą morską**

◊ **seaport** [ˈsiːpɔːt] *noun* port by the sea **port morski**

seal [siːl] **1** *noun* **(a) common seal** *or* **company's seal** = metal stamp for stamping documents with the name of the company to show they have been officially approved **pieczęć spółki;** ***to attach the company's seal to a document;*** **contract under seal** = contract which has been legally approved with the seal of the company **umowa opatrzona pieczęcią; (b)** piece of paper *or* metal *or* wax attached to close something, so that it can be opened only if the paper *or* metal *or* wax is removed or broken **plomba; customs seal** = seal attached by customs office to a box, to show that the contents have not passed through customs **plomba celna; (c) seal of approval** = certificate from an organization to show that a product has been officially approved **atest; 2** *verb* **(a)** to close something tightly **szczelnie zamknąć;** ***the computer disks were sent in a sealed container;*** **sealed envelope** = envelope where the back has been stuck down to close it **zaklejona koperta;** ***the information was sent in a sealed envelope;*** **sealed bid price** = price of goods or a service for which suppliers are invited to submit bids which are then considered together by the buyer who then chooses the lowest bidder **oferta przetargowa w zaklejonej kopercie; sealed tenders** = tenders sent in sealed envelopes, which will all be opened at a certain time **oferty w przetargu pisemnym;** ***the company has asked for sealed bids for the warehouse*** **(b)** to attach a seal *or* to stamp something with a seal **opieczętować, zaplombować;** ***the customs sealed the shipment***

season [ˈsiːzn] *noun* **(a)** one of four parts which a year is divided into (spring, summer, autumn, winter) **pora roku; (b)** a period of time when something usually takes place **sezon; low season** *or* **high season** = period when there are few travellers *or* lots of travellers **poza sezonem/pełnia sezonu;** ***air fares are cheaper in the low season;*** **tourist season** *or* **holiday season** = period when there are many people on holiday **sezon turystyczny/urlopowy; busy season** = period when a company is busy **okres wzmożonej aktywności; slack season** = period when a company is not very busy **okres małej aktywności; dead season** = time of year when there is a slump in the tourist industry **martwy sezon; end of season sale** = selling goods cheaply when the season in which they would be used is over (such as summer clothes sold cheaply in the autumn) **wyprzedaż posezonowa**

◊ **seasonal** [ˈsiːzənl] *adjective* which lasts for a season *or* which only happens during a particular season **sezonowy;** ***the demand for this item is very seasonal;*** **seasonal adjustments** = changes made to figures to take account of seasonal variations **korekty sezonowe; seasonal demand** = demand which exists only during the high season **popyt sezonowy; seasonal discount** = discount offered at certain times of the year during periods of slack sales, such as by media owners to advertisers **rabat sezonowy; seasonal unemployment** = unemployment which rises and falls according to the season **bezrobocie sezonowe; seasonal variations** = variations in sales which take place at different times of year **wahania sezonowe;** ***seasonal variations in sales patterns***

◊ **seasonally** ['si:znəlɪ] *adverb* **seasonally adjusted figures** = statistics which are adjusted to take account of seasonal variations **dane skorygowane sezonowo**

second ['sekənd] *adjective* (thing) which comes after the first **drugi; second generation product** = product which has been developed from another **produkt drugiej generacji; second half-year** = six month period from July to the end of December **druga połowa roku; second quarter** = three month period from April to the end of June **drugi kwartał**

◊ **secondary** ['sekəndrɪ] *adjective* second in importance **drugorzędny, wtórny; secondary audience** *or* **secondary readership** = people who do not buy a newspaper or magazine themselves, but read a copy after the original purchaser has finished with it **[czytelnicy-nienabywcy]; secondary banks** = companies which provide money for hire-purchase deals **domy finansowe; secondary data** = data or information which has already been compiled and is therefore found through desk research **dane wtórne;** ***all this secondary data can be found in our files; we found the secondary data in the embassy library;*** **secondary industry** = industry which uses basic raw materials to make manufactured goods **przemysł przetwórczy; secondary meaning** = nickname given to a brand deliberately by the producer or by the consumer **umowna nazwa produktu**

◊ **second-class** [sekən(d)'klɑ:s] *adjective & adverb* less expensive *or* less comfortable way of travelling **drugiej kategorii/klasy;** ***to travel second-class; the price of a second-class ticket is half that of a first class; I find second-class hotels are just as comfortable as the best ones;*** **second-class mail** = (i) *GB* less expensive, slower, mail service; (ii) **usługi pocztowe drugiej klasy;** *US* mail service for sending newspapers and magazines **pocztowe usługi przesyłania gazet i czasopism;** ***a second-class letter is slower than a first-class; send it second-class if it isn't urgent***

◊ **secondhand** [sekənd'hænd] *adjective & adverb* used; not new; which has been owned by someone before **używany;** ***a secondhand car salesman; the secondhand computer market*** *or* ***the market in secondhand computers; to buy something secondhand; look at the prices of secondhand cars*** *or* ***look at secondhand car prices;*** **secondhand dealer** = dealer who buys and sells secondhand items **handlarz artykułami używanymi**

◊ **seconds** ['sekəndz] *plural noun* items which have been turned down by the quality controller as not being top quality **odrzuty jakościowe;** ***the shop has a sale of seconds***

sector ['sektə] *noun* **(a)** part of the economy or the business organization of a country **segment, sektor;** ***all sectors of the economy suffered from the fall in the exchange rate; technology is a booming sector of the economy;*** **public sector** = nationalized industries and public services **sektor państwowy; private sector** = all companies which are owned by private shareholders, not by the state **sektor prywatny;** ***the expansion is completely funded by the private sector; salaries in the private sector have increased faster than in the public sector*** **(b)** part of a market into which a company sells **rynek;** ***the company sells mainly into the teenage fashion sector***

> QUOTE: government services form a large part of the tertiary or service sector
>
> **Sydney Morning Herald**

> QUOTE: in the dry cargo sector, a total of 956 dry cargo vessels are laid up - 3% of world dry cargo tonnage
>
> **Lloyd's List**

see-safe ['si:'seɪf] *adverb* agreement where a supplier will give credit for unsold goods at the end of a period **zakup z prawem zwrotu;** ***we bought the stock see-safe***

segment 1 ['segmənt] *noun* a section of a market defined by certain criteria **segment; 2** [seg'ment] *verb* to divide a potential market into different segments **dzielić na segmenty**

◊ **segmentation** [segmen'teɪʃn] *noun* division of the market or consumers into certain categories according to their buying habits **podział, segmentacja;** ***market segmentation will show us ways of getting more variety into our product line*** *see also* BEHAVIOURAL, DEMOGRAPHIC, GEOGRAPHICAL, LIFE-STYLE

> QUOTE: like direct mail, telemarketing has assumed greater importance as consumer markets have become segmented
>
> **Financial Times**

> QUOTE: different market segments and, ultimately, individual consumers, must be addressed separately
>
> **Financial Times**

select [sɪˈlekt] **1** *adjective* of top quality *or* specially chosen **najlepszy, najwyższej jakości;** ***our customers are very select; a select range of merchandise*** **2** *verb* to choose **wybierać; selected items are reduced by 25%** = some items have been reduced by 25% **cena niektórych artykułów została obniżona o 25%**

◊ **selection** [sɪˈlekʃən] *noun* choice; thing which has been chosen **wybór;** ***a selection of our product line;*** **selection board** *or* **selection committee** = committee which chooses a candidate for a job **komisja rekrutacyjna; selection procedure** = general method of choosing a candidate for a job **postępowanie selekcyjne**

◊ **selective** [sɪˈlektɪv] *adjective* choosing carefully **wybiórczy; selective demand** = demand for a particular brand **popyt selektywny; selective distribution** = use by a producer of a limited number of wholesalers and retailers in a particular area **dystrybucja selektywna;** ***this specialized product will need selective distribution; selective distribution may not enable the goods to reach consumers in sufficient quantities;*** **selective mailing** = mailing out of promotional material to a selected address list **wybiórcze wysyłanie materiałów reklamowych; selective perception** = an individual's tendency to unconsciously select what he or she wants from an advertisement **postrzeganie wybiórcze;** ***we must take selective perception into account when deciding what to stress in the advertising***

self- [self] *prefix* referring to oneself **samo-, sam sobie**

◊ **self-completion** [selfkəmˈpli:ʃn] *noun* type of questionnaire that can be filled in without an interviewer being present **wypełnianie bez niczyjej pomocy;** ***these self-completion questionnaires can be sent out through the post; self-completion is not a good idea if the respondents don't understand the questions***

◊ **self-image** [selfˈɪmɪdʒ] *noun* idea that a person has about himself or herself **wizerunek siebie samego**

◊ **self-liquidating offer** [selfˈlɪkwɪdeɪtɪŋ ˈɒfə] *noun* offer of a free gift or sale of another product at a discount, made when a product is bought (usually against proof of purchase), the intention being to encourage the customer to adopt the brand, and at the same time to cover the cost of the offer and reduce overall promotional costs for the product **oferta samolikwidacyjna** ***even with the self-liquidating offer our sales have not gone up very much***

◊ **self-mailer** [selfˈmeɪlə] *noun* promotional material sent through the post, which includes a postage-paid reply section which can be sent back without an envelope and on which customers can make an order **(materiał reklamowy z kartą zamówienia z opłaconą opłatą pocztową);** ***only 10% of the self-mailers we sent out have elicited any response***

◊ **self-reference criterion** [selfˈrefrəns kraɪˈti:əriən] *noun* assumption that a product can successfully be sold abroad on the basis of its success in the home market **kryterium samoodniesienia**

◊ **self-regulation** [selfregjʊˈleɪʃən] *noun* control of its own members by a body (such as a trade association) **samokontrola, samoregulacja**

◊ **self-regulatory** [selfregjʊˈleɪtərɪ] *adjective* (group) which regulates itself **z własnym systemem kontroli/regulacji**

> QUOTE: he blamed a tiny minority for breaking the codes and warned against agencies and clients trying to outwit the ASA. He called for honest dealings within the spirit of self-regulation and warned that the alternative to self-regulation was statutory restrictions
>
> **Marketing**

self-service [selfˈsɜ:vɪs] *adjective* **a self-service store** = shop where customers take goods from the shelves and pay for them at the checkout **sklep samoobsługowy; self-service petrol station** = petrol station where the customers put the petrol in their cars themselves **samoobsługowa stacja benzynowa**

sell [sel] **1** *noun* act of selling **sprzedaż; to give a product the hard sell** = to make great efforts to persuade customers to buy it **sprzedaż agresywna/nachalna; he tried to give me the hard sell** = he put a lot of effort into trying to persuade me to buy his product **usilnie próbował namówić mnie do kupna; soft sell** = persuading people to buy by encouraging and not trying to force them to do so **sprzedaż delikatna; 2** *verb* **(a)** to give goods in exchange for money **sprzedawać;** ***to sell cars or to sell refrigerators; they have decided to sell their house; they tried to sell their house for £100,000; to sell something on credit; the perfume is difficult to sell; their products are easy to sell;*** **to sell forward** = to sell foreign currency, commodities, etc. for delivery at a later date **sprzedawać na termin; (b)** to be bought **być kupowanym, sprzedawać się;** ***these items sell well in the pre-Christmas period; those packs sell for £25 a dozen***

◊ **sell-by date** ['selbaɪdeɪt] *noun* date on a food packet which is the last date on which the food is guaranteed to be good **termin przydatności do spożycia**

◊ **seller** ['selə] *noun* **(a)** person who sells **sprzedający, sprzedawca;** ***there were few sellers in the market, so prices remained high;*** **seller's market** = market where the seller can ask high prices because there is a large demand for the product **rynek sprzedawcy; (b)** thing which sells **kupowany towar;** ***this book is a steady seller;*** **best-seller** = item (especially a book) which sells very well **best-seller, przebój rynkowy**

◊ **sell-in** ['sel'ɪn] *noun* amount of stock of a product taken by retailers at launch **(ilość towaru sprzedana przy wprowadzaniu go na rynek)**

◊ **selling** ['selɪŋ] **1** *noun* **direct selling** = selling a product direct to the customer without going through a shop **sprzedaż bezpośrednia; mail-order selling** = selling by taking orders and supplying a product by post **sprzedaż wysyłkowa; selling agent** = person who sells for a business or another person and earns a commission **agent handlowy; selling costs** = amount of money to be paid for advertising, reps' commissions, etc., involved in selling something **koszty sprzedaży; selling price** = price at which someone is willing to sell **cena sprzedaży; selling space** = amount of space in a retail outlet which is used for displaying goods for sale **powierzchnia handlowa; 2** *suffix* **fast-selling items** = items which sell quickly **chodliwe towary; best-selling car** = car which sells better than other models **najlepiej sprzedający się samochód**

◊ **sell off** ['sel 'ɒf] *verb* to sell goods quickly to get rid of them **wyprzedawać**

◊ **sell out** ['sel 'aʊt] *verb* **(a)** to sell all stock **wyprzedać;** ***to sell out of a product line; we've sold out of this computer game; this item has sold out*** **(b) to sell out** = to sell one's business **sprzedać swoją firmę;** ***he sold out and retired to the seaside***

◊ **sellout** ['selaʊt] *noun* **this item has been a sellout** = all the stock of the item has been sold **wyprzedano cały zapas tego towaru**

semantic differential [sɪ'mæntɪk dɪfə'renʃl] *noun* scaling technique which provides a range of possible answers between two opposite descriptive words **technika różnic semantycznych**

semi- ['semɪ] *prefix* half; part **częściowo, na wpół**

◊ **semi-display advertisement** [semɪdɪs'pleɪ əd'vɜːtɪsmənt] *noun* advertisement that has some of the features of a display advertisement (such as a border and its own typeface or illustrations), but which is printed on the classified advertisement page **(reklama o własnej typografii, ale na stronie z ogłoszeniami drobnymi)**

◊ **semi-finished products** [semɪ'fɪnɪʃt 'prɒdʌkts] *noun* products which are partly finished **półprodukty**

◊ **semi-solus** [semɪ'səʊləs] *noun* advertisement that shares a page with other advertisements, but is not immediately next to any of them **(reklama umieszczona na stronie z innymi reklamami, ale od nich nieco oddalona)**

◊ **semi-structured interview** [semɪ'strʌktʃəd 'ɪntəvjuː] *noun* interview using some pre-set questions but allowing some questions of the interviewer's choice as well **wywiad częściowo otwarty;** ***part of a semi-structured interview consists in respondents describing their first reactions to the advertisement***

◊ **semi-variable cost** [semɪ'veəriəbl 'kɒst] *noun* money paid to produce a product which increases, though less than proportionally, with the quantity of the product made **koszty częściowo zmienne;** ***stepping up production will mean an increase in semi-variable costs***

semiotics [semɪ'ɒtɪks] *noun* use of such promotional tools as package design, logos and slogans in marketing **semiotyka**

send away for [send ə'weɪ fɔː] *verb* to write asking for something to be sent to you **wysłać prośbę o;** ***we sent away for the new catalogue***

◊ **sender** ['sendə] *noun* person who sends **nadawca; 'return to sender'** = words on an envelope *or* parcel to show that it is to be sent back to the person who sent it **„zwrot do nadawcy"**

◊ **send off for** [send ˈɒf fɔː] *verb* to write asking for something to be sent to you **wysłać prośbę o;** ***we sent off for the new catalogue***

sensitive [ˈsensətɪv] *adjective* able to feel something sharply **wrażliwy;** ***the market is very sensitive to the result of the elections;*** **price-sensitive product** = product which will sell less if the price is increased **produkt wrażliwy na cenę**

sequential sampling [sɪˈkwenʃl ˈsɑːmplɪŋ] *noun* carrying on the process of sampling until enough respondents have been interviewed to provide the necessary information **próbkobranie sekwencyjne**

serial number [ˈsɪərɪəl ˈnʌmbə] *noun* number in a series **numer seryjny;** ***this batch of shoes has the serial number 25-02***

service [ˈsɜːvɪs] **1** *noun* **(a)** the work of dealing with customers *or* payment for this work **obsługa, usługa, opłata za usługę;** ***the service in that restaurant is extremely slow; to add on 10% for service;*** **the bill includes service** = includes a charge added for the work involved **serwis wliczono; service charge** = charge added to the bill in a restaurant to pay for service; amount paid by tenants in a block of flats for general cleaning **opłata za serwis; (b)** keeping a machine in good working order **konserwacja, serwis;** ***the machine has been sent in for service; the routine service of equipment;*** **service contract** = contract by which a company keeps a piece of equipment in good working order **umowa serwisowa; after-sales service** = service of a machine carried out by the seller for the buyer **serwis posprzedażny; service centre** = office *or* workshop which specializes in keeping machines in good working order **punkt serwisowy; service department** = section of a company which takes responsibility for after-sales service **dział serwisu posprzedażnego; service engineer** = engineer who specializes in keeping machines in good working order **pracownik serwisu; service handbook** *or* **service manual** = book which shows how to service a machine **instrukcja obsługi i konserwacji; service history** = record of the times a machine has been serviced **wykaz napraw i konserwacji; service station** = garage where you can buy petrol and have small repairs done to a car **stacja benzynowa i obsługi samochodów; (c)** business *or* office which gives help when it is needed **obsługa, usługi; answering service** = office which answers the telephone and takes messages for a company **przyjmowanie zleceń telefonicznych; full-service agency** = advertising agency which offers a broader range of services, such as advice on sales promotion, public relations and market research **agencja z pełnym zakresem usług; 24-hour service** = help which is available for the whole day **obsługa całodobowa; service bureau** = office which specializes in helping other offices **usługi biurowe; service department** = department of a company which does not deal with production or sales (accounts, personnel, etc.) **dział usługowy; service level** = measurement of how efficient a producer is in distributing goods, such as the minimum number of back orders at any one time or delivery frequency to an area **poziom usług;** ***service levels must be improved to fight competition; the product is competitive in itself, but sales are affected by a low service level*** **(d) services** = benefits which are sold to customers or clients such as transport or education **usługi;** ***we give advice to companies on the marketing of services; we must improve the exports of both goods and services;*** **service industry** = industry which does not make products, but offers a service (such as banking, insurance, transport, etc.) **branża usługowa; 2** *verb* **(a)** to keep a machine in good working order **konserwować, naprawiać;** ***the car needs to be serviced every six months; the computer has gone back to the manufacturer for servicing*** **(b)** to pay the interest on a debt **obsługiwać (dług)**

set [set] **1** *noun* group of items which go together *or* which are used together *or* which are sold together **zestaw;** ***set of tools*** *or* ***set of equipment;*** **boxed set** = set of items sold together in a box **zestaw w pudełku; 2** *adjective* fixed *or* which cannot be changed **niezmienny, stały;** ***set price;*** **set menu** = cheaper menu in a restaurant where there are only a few choices **zestaw (potraw); 3** *verb* to fix *or* to arrange **ustalać,** ***we have to set a price for the new computer; the price of the calculator has been set low, so as to achieve maximum unit sales;*** **the auction set a record for high prices** = the prices at the auction were the highest ever reached **na aukcji osiągnięto rekordowe ceny**

◊ **set up** [ˈset ˈʌp] *verb* **(a)** to begin (something) *or* to organize (something) new **organizować, zakładać;** ***to set up an inquiry*** *or* ***a working party;*** **to set up a company** = to start a company legally **założyć spółkę; (b) to set up in business** = to start a new business **rozpocząć działalność gospodarczą;** ***he set up in business as an insurance broker; he set himself up as a freelance engineer***

◊ **setting up costs** *or* **setup costs** [setɪŋˈʌp ˈkɒsts *or* ˈsetʌp ˈkɒsts] *plural noun* costs of getting a machine *or* a factory ready to make a new product after finishing work on another one **koszty rozpoczęcia/przestawienia produkcji**

settle [ˈsetl] *verb* **to settle an account** = to pay what is owed **rozliczyć się, spłacić, uregulować rachunek**

◊ **settlement** [ˈsetlmənt] *noun* payment of an account **rozliczenie się, spłata; settlement day** = day when accounts have to be settled **dzień/termin rozliczenia/spłaty; *our basic discount is 20% but we offer an extra 5% for rapid settlement*** = we take a further 5% off the price if the customer pays quickly **nasz podstawowy rabat wynosi 20%, ale dajemy dodatkowe 5% za szybką spłatę; settlement in cash** *or* **cash settlement** = payment of an invoice in cash, not by cheque **spłata gotówką**

share [ʃeə] **1** *noun* **market share** *or* **share of the market** = percentage of a total market covered by the sales of a company or product **udział w rynku;** ***the company hopes to boost its market share; their share of the market has gone up by 10%*** **2** *verb* to divide something up among several people **dzielić;** ***three companies share the market; to share computer time; to share the profits among the senior executives;*** **to share information** *or* **to share data** = to give someone information which you have **dzielić się informacjami; shared mailing** = mailing where two or more producers insert mailing pieces in the same envelope **wspólne wysyłanie materiałów reklamowych**

shelf [ʃelf] *noun* flat surface attached to a wall, frame, or in a cupboard on which items for sale are displayed **półka;** ***the shelves in the supermarket were full in readiness for the Christmas rush;*** **shelf filler** = person whose job it is to make sure that the shelves in a shop are kept full of items for sale **towar-wypełniacz; shelf life of a product** = number of days or weeks when the product will stay on the shelf in the shop and still be good to use **okres trwałości; shelf space** = amount of space on shelves in a shop **powierzchnia półek; shelf barker** *or* **shelf talker** *or* **shelf wobbler** = card placed on or hung from a shelf to promote an item for sale **reklama na półce sklepowej**

shelving [ˈʃelvɪŋ] *noun* rows of shelves; space on shelves **półki;** ***we installed metal shelving in the household goods department***

shift [ʃɪft] **1** *noun* movement *or* change **ruch, zmiana;** ***a shift in the company's marketing strategy; the company is taking advantage of a shift in the market towards higher priced goods*** **2** *verb* to move *or* to sell **sprzedawać;** ***we shifted 20,000 items in one week***

ship [ʃɪp] **1** *noun* large boat for carrying passengers and cargo on the sea **okręt, statek; cargo ship** = ship which carries only cargo, not passengers **statek towarowy; container ship** = ship made specially to carry containers **kontenerowiec; ship chandler** = person who supplies goods (such as food) to ships **dostawca okrętowy; 2** *verb* to send (goods), but not always on a ship **wysyłać towar;** ***to ship goods to the USA; we ship all our goods by rail; the consignment of cars was shipped abroad last week;*** **to drop ship** = to deliver a large order direct to a customer's shop or warehouse, without going through an agent **dostarczyć duże zamówienie bezpośrednio do klienta**

◊ **ship broker** [ˈʃɪp ˈbrəʊkə] *noun* person who arranges shipping *or* transport of goods for customers on behalf of ship owners **makler okrętowy**

◊ **shipment** [ˈʃɪpmənt] *noun* goods which have been sent or are going to be sent **przesyłka;** ***two shipments were lost in the fire; a shipment of computers was damaged; we make two shipments a week to France;*** **bulk shipment** = shipment of a large quantity of goods **wysyłka dużej ilości towaru; consolidated shipment** = goods from different companies grouped together into a single shipment **przesyłka łączona; drop shipment** = delivery of a large order from a manufacturer direct to a customer's shop or warehouse, without going through an agent **duża przesyłka dostarczona bezpośrednio do klienta**

◊ **shipper** [ˈʃɪpə] *noun* person who sends goods *or* who organizes the sending of goods for other customers **spedytor**

◊ **shipping** [ˈʃɪpɪŋ] *noun* sending of goods **spedycja, wysyłka towarów;** ***shipping charges*** *or* ***shipping costs;*** **shipping agent** = company which specializes in the sending of goods **spedytor; shipping clerk** = clerk who deals with shipping documents **pracownik ds. spedycji; shipping company** *or* **shipping line** = company which runs ships **towarzystwo żeglugowe; shipping instructions** = details of how goods are to be shipped and delivered **dyspozycje wysyłkowe; shipping note** = note which gives details of goods being shipped **kwit przewozowy;** (NOTE: that **shipping** does not always mean using a ship)

shop [ʃɒp] **1** *noun* **(a)** place where goods are stored and sold **sklep;** (NOTE: US English usually uses **store**) ***bookshop; computer shop; electrical goods shop; he has bought a shoe shop in the centre of town; she opened a women's clothes shop; all the shops in the centre of town are open on Sundays;*** **corner shop** = small privately owned general store **„sklep na rogu"; retail shop** = shop where goods are sold only to the public **sklep deta-**

liczny; shop assistant = person who serves customers in a shop **sprzedawca; shop audit** = market research method by which a research company regularly checks a sample of retailers for unit sales and stock levels of different brands **badanie punktów sprzedaży detalicznej;** ***since subscribing to the shop audit we have seen how much better we're doing than our competitors;*** **shop floor** = space in a shop given to display of goods for sale **powierzchnia handlowa; shop front** = part of a shop which faces the street, including the entrance and windows **fronton sklepu; shop-within-shop** = arrangement in large department stores, where space is given to smaller specialized retail outlets to trade **sklep w sklepie; (b)** advertising agency **agencja reklamowa; media shop** = business which offers organizations a media buying service, but without the creative services offered by full agencies **(firma zajmująca się pośrednictwem w zakupie mediów); (c)** place where goods are made or repaired **pracownia, warsztat; machine shop** = place where working machines are kept **maszynownia; repair shop** = small factory where machines are repaired **warsztat naprawczy; 2** *verb* **to shop (for)** = to look for things in shops **szukać w sklepach**

◊ **shop around** ['ʃɒp ə'raʊnd] *verb* to go to various shops or offices and compare prices before making a purchase *or* before placing an order **szukać najlepszej oferty;** ***you should shop around before getting your car serviced; he's shopping around for a new computer; it pays to shop around when you are planning to get a mortgage***

◊ **shopkeeper** ['ʃɒpki:pə] *noun* person who owns or runs a shop **kierownik sklepu**

◊ **shoplifter** ['ʃɒplɪftə] *noun* person who steals goods from shops **złodziej sklepowy**

◊ **shoplifting** ['ʃɒplɪftɪŋ] *noun* stealing goods from shops **kradzieże sklepowe**

◊ **shopper** ['ʃɒpə] *noun* person who buys goods in a shop **klient, nabywca;** ***the store stays open to midnight to cater for late-night shoppers;*** **shoppers' charter** = law which protects the rights of shoppers against shopkeepers who are not honest **przepisy ochrony konsumentów**

◊ **shopping** ['ʃɒpɪŋ] *noun* **(a)** buying goods in a shop; goods bought in a shop **kupno w sklepie, zakupy;** ***he goes shopping on Saturday mornings; they do all their shopping in the local supermarket*** **(b) shopping basket** = basket for carrying shopping **koszyk na zakupy;** *US* **shopping cart** = trolley, small metal cart used by customers in a supermarket to carry their purchases **wózek na zakupy; shopping centre** = group of shops linked together with car parks and restaurants **centrum handlowe; shopping goods** = high-priced goods whose purchase has to be considered carefully by customers, who compare the merits of competing brands **towary nabywane z rozwagą; shopping mall** = enclosed covered area for shopping, with shops, restaurants, banks and other facilities **centrum handlowe; shopping precinct** = part of town which is closed to traffic so that people can walk about and shop **dzielnica handlowa; window shopping** = looking at goods in shop windows, without buying anything **„zakupy przez szybę", oglądanie bez kupowania; shopping around** = looking at prices in various shops before buying what you want **wybór najlepszej oferty**

◊ **shop-soiled** ['ʃɒpsɔɪld] *adjective* dirty because of having been on display in a shop **towary z wystawy**

◊ **shopwalker** ['ʃɒpwɔ:kə] *noun* employee of a department store who advises the customers and supervises the shop assistants in a department **(nadzorca stoiska w domu towarowym)**

◊ **shop window** ['ʃɒp 'wɪndəʊ] *noun* (i) window in a shop where goods are displayed so that customers can see them; (ii) place where goods or services can be exhibited; **witryna, wystawa;** ***the Trade Fair is a shop window for British goods***

short [ʃɔ:t] *adjective* **(a)** for a small period of time **krótki; short credit** = terms which allow the customer only a little time to pay **kredyt krótkoterminowy; in the short term** = in the near future *or* quite soon **na krótką metę; (b)** not as much as should be **mniejszy niż powinien;** ***the shipment was three items short; my change was £2 short;*** **when we cashed up we were £10 short** = we had £10 less than we should have had **po podliczeniu okazało się, że mamy o £10 za mało; to give short weight** = to sell something which is lighter than it should be **niedoważać;** *see also* SHORT-CHANGE **(c) short of** = having less than needed *or* with not enough of **za mało;** ***we are short of staff*** *or* ***short of money; the company is short of new ideas***

◊ **shortage** ['ʃɔ:tɪdʒ] *noun* lack; not having enough **brak, niedobór;** ***a chronic shortage of skilled staff; we employ part-timers to make up for staff shortages; the import controls have resulted in the shortage of spare parts;*** **manpower shortage** *or* **shortage of manpower** = lack of workers **brak pracowników,**

niedobory kadrowe; there is no shortage of investment advice = there are plenty of people who want to give advice on investments **nie brakuje porad inwestycyjnych**

◊ **short change** [ˈʃɔːt ˈtʃeɪn(d)ʒ] *verb* to give a customer less change than is right, hoping that he or she will not notice **wydać za mało reszty**

◊ **shorthanded** [ʃɔːtˈhændɪd] *adjective* without enough staff **z niedoborami kadrowymi;** ***we're rather shorthanded at the moment***

◊ **short-range** [ʃɔːtˈreɪn(d)ʒ] *adjective* **short-range forecast** = forecast which covers a period of a few months **prognoza krótkoterminowa**

◊ **short-staffed** [ʃɔːtˈstɑːft] *adjective* with not enough staff **z niedoborami kadrowymi;** ***we're rather short-staffed at the moment***

◊ **short-term** [ˈʃɔːtˈtɜːm] *adjective* for a short period **krótkoterminowy;** ***to place money on short-term deposit; short-term contract;*** **on a short-term basis** = for a short period **na krótki termin; short-term debts** = debts which have to be repaid within a few weeks **długi o krótkim terminie spłaty; short-term forecast** = forecast which covers a period of a few months **prognoza krótkoterminowa; short-term gains** = gains made over a short period (less than 12 months) **zyski krótkoterminowe; short-term loan** = loan which has to be repaid within a few weeks **pożyczka krótkoterminowa; short-term planning** = planning for the immediate future **planowanie krótkoterminowe**

shot [ʃɒt] *noun* **mail shot** *or* **mailing shot** = leaflets sent by post to possible customers **(zestaw materiałów reklamowych wysyłany pocztą)**

shout [ʃaʊt] *noun* bold statement promoting a book, either printed on the cover or on posters and leaflets **przechwałki reklamowe;** ***the author disliked the shout on the cover suggested by the publisher's promotional manager***

show [ʃəʊ] *noun* exhibition, a special display of goods or services for sale **targi, wystawa;** ***motor show; computer show;*** **show house** *or* **show flat** = house *or* flat built and furnished so that possible buyers can see what similar houses could be like **dom/mieszkanie pokazowe**

◊ **showcard** [ˈʃəʊkɑːd] *noun* piece of cardboard with advertising material, put near an item for sale **plakietka reklamowa**

◊ **showcase** [ˈʃəʊkeɪs] *noun* cupboard with a glass front or top to display items **gablota**

◊ **showroom** [ˈʃəʊruːm] *noun* room where goods are displayed for sale **salon** ***car showroom***

shrink [ʃrɪŋk] *verb* to get smaller **skurczyć się;** ***the market has shrunk by 20%; the company is having difficulty selling into a shrinking market***

◊ **shrinkage** [ˈʃrɪŋkɪdʒ] *noun* **(a)** amount by which something gets smaller **ubytek;** ***to allow for shrinkage*** **(b)** *(informal)* losses of stock through theft (especially by the shop's own staff) **straty sklepowe**

◊ **shrink-wrapped** [ˈʃrɪŋkræpt] *adjective* covered in tight protective plastic film **ofoliowany folią termokurczliwą**

◊ **shrink-wrapping** [ʃrɪŋkˈræpɪŋ] *noun* **(a)** act of covering (a book, fruit, a record, etc.) in a tight plastic film **zapakowanie w folię termokurczliwą, ofoliowanie; (b)** plastic film used for wrapping articles for sale **folia do pakowania**

SIC = STANDARD INDUSTRIAL CLASSIFICATION

sideline [ˈsaɪdlaɪn] *noun* business which is extra to your normal work **działalność uboczna;** ***he runs a profitable sideline selling postcards to tourists***

sight [saɪt] *noun* seeing **zobaczenie; bill payable at sight** = bill which must be paid when it is presented **weksel płatny za okazaniem; sight bill** *or* **sight draft** = bill of exchange which is payable at sight **weksel płatny za okazaniem; to buy something sight unseen** = to buy something without having inspected it **kupić coś bez obejrzenia**

sign [saɪn] *noun* advertising board *or* notice which advertises something **tablica reklamowa, znak;** ***they've asked for planning permission to put up a large red shop sign; advertising signs cover most of the buildings in the centre of the town***

◊ **signage** [ˈsaɪnɪdʒ] *noun* all the signs, logos, etc., which identify a retail group, chain of restaurants, motorway service area, etc. **styl graficzny firmy**

> QUOTE: if planning permission is granted and the Department of Transport is happy to grant motorway signage and access permission, you can buy or lease the land and start building
>
> **Caterer & Hotelkeeper**

silver market [ˈsɪlvə ˈmɑːkɪt] *noun* market consisting of retired people **„siwy" rynek** (NOTE: also called **grey market**)

single column centimetre [ˈsɪŋgl ˈkɒləm ˈsentɪmiːtə] *noun* unit of measurement for newspaper and magazine advertisements, representing one column which is one centimetre in depth **jeden centymetr jednej szpalty (jednostka powierzchni reklamowej)**

◊ **single sourcing** [ˈsɪŋgl ˈsɔːsɪŋ] *noun* obtaining all of a company's supplies from one source or supplier **zaopatrywanie się u jednego dostawcy;** ***the buying department believes that single sourcing will lead to higher raw material costs; single sourcing has simplified our purchasing plans***

site [saɪt] *noun* place where something is placed **lokalizacja, miejsce;** **poster site** = hoarding, wall, etc., where posters are put up **miejsce na naklejanie plakatów** *see also* SUPERSITE

situation [sɪtjʊˈeɪʃən] *noun* state of affairs **kondycja, sytuacja;** ***financial situation of a company; the general situation of the economy;*** **situation analysis** *or* **situation audit** = stage in marketing planning concerned with investigating the organization's strengths and weaknesses **analiza sytuacji;** ***in the situation analysis particular attention was paid to existing production capacity; it is clear from the situation analysis that distribution is our biggest problem***

skimming [ˈskɪmɪŋ] *noun* fixing a high price on a new product in order to achieve high short-term profits (the high price reflects the customer's appreciation of the added value of the new product, and will be reduced in due course as the product becomes established on the market) **strategia „zbierania śmietanki";** ***we are skimming the market with a product that will soon be obsolete***

skip scheduling [ˈskɪp ˈʃedjʊlɪŋ] *noun* arranging for an advertisement to appear in every other issue of a publication **(umieszczanie reklamy w co drugim numerze pisma)**

slash [slæʃ] *verb* to cut *or* to reduce sharply **gwałtownie obniżać ceny;** ***to slash prices or credit terms; prices have been slashed in all departments; the bank has been forced to slash interest rates***

sleeper [ˈsliːpə] *noun* product which does not sell well for some time, then suddenly becomes very popular **produkt-śpioch**

slogan [ˈsləʊgən] *noun* **publicity slogan** = catch phrase (words which can be easily remembered) which is used in publicity for a product **slogan reklamowy;** ***we are using the slogan 'Smiths can make it' on all our publicity***

slot [slɒt] *noun* period of time available for a TV or radio commercial **przerwa/slot reklamowy;** ***they took six 60-second slots at peak viewing time;*** **slot machine** = machine which provides drinks *or* cigarettes, plays music, etc. when a coin is put in it **automat wrzutowy**

slump [slʌmp] **1** *noun* **(a)** rapid fall **gwałtowny spadek;** ***slump in sales; slump in profits; slump in the value of the pound; the pound's slump on the foreign exchange markets*** **(b)** period of economic collapse with high unemployment and loss of trade **krach, załamanie;** ***we are experiencing slump conditions;*** **the Slump** = the world economic crisis of 1929-33 **Wielki Kryzys;** **2** *verb* to fall fast **gwałtownie spadać/zmniejszać się;** ***profits have slumped; the pound slumped on the foreign exchange markets***

smuggle [ˈsmʌgl] *verb* to take goods into a country without declaring them to the customs **przemycać;** ***they had to smuggle the spare parts into the country***

◊ **smuggler** [ˈsmʌglə] *noun* person who smuggles **przemytnik**

◊ **smuggling** [ˈsmʌglɪŋ] *noun* taking goods illegally into a country **przemyt;** ***he made his money in arms smuggling***

snap up [ˈsnæp ˈʌp] *verb* to buy something quickly **złapać;** ***to snap up a bargain; he snapped up 15% of the company's shares***

snip [snɪp] *noun (informal)* bargain **okazja;** ***these typewriters are a snip at £50***

social [ˈsəʊʃəl] *adjective* referring to society in general **społeczny;** **social audit** = analysis of the social consequences of a particular marketing strategy **(analiza społecznego oddziaływania strategii marketingowej);** ***the social audit focussed on the effects of pollution in the area; the social audit showed that the factory could provide jobs for five per cent of the unemployed in the small town nearby;*** **social cost** = negative effect of a type of production on society **społeczny koszt;** **social costs** = ways in which something will affect people **koszty społeczne;** ***the report examines the social costs of building the factory in the middle of the town; the industry's representative denied that any social cost was involved in the new development;*** **social marketing** = marketing with the purpose of contributing to society rather than just making a profit **marketing społeczny, socjomarketing;** **social security** = money from contributions paid to the National Insurance provided by the government to people who need it **ubez-**

pieczenie społeczne; ***he gets weekly social security payments*** **the social system** = the way society is organized **system społeczny**

◊ **societal** [sə'saɪətəl] *adjective* referring to society **społeczny; societal marketing** = SOCIAL MARKETING

◊ **societally conscious** [sə'saɪətəlɪ 'kɒnʃəs] *noun* people who are successful in life and want to work with groups of people **świadomi społecznie (kategoria stylu życia)**

◊ **society** [sə'saɪətɪ] *noun* **(a)** way in which the people in a country are organized **społeczeństwo; consumer society** = type of society in which consumers are encouraged to buy goods **społeczeństwo konsumpcyjne; the affluent society** = type of society in which most people are quite rich **społeczeństwo dostatku; (b)** club, group of people with the same interests **stowarzyszenie;** ***he has joined a computer society***

◊ **socio-economic** ['səʊʃɪəʊi:kə'nɒmɪk] *adjective* referring to social and economic conditions, social classes and income groups **społeczno-ekonomiczny;** ***we have commissioned a thorough socio-economic analysis of our potential market;*** **socio-economic groups** = groups in society divided according to income and position **grupy społeczno-ekonomiczne;**

COMMENT: the British socio-economic groups are:
A: upper middle class: senior managers, administrators, civil servants and professional people;
B: middle class: middle-ranking managers, administrators, civil servants and professional people;
C1: lower middle class: junior managers, clerical staff;
C2: skilled workers: workers with special skills and qualifications;
D: working class: unskilled workers and manual workers;
E: subsistence level: pensioners, the unemployed, casual manual workers

soft sell [sɒft] *noun* persuading people to buy by encouragement and suggestion, rather than by applying strong sales pressure **sprzedaż delikatna**

◊ **software** ['sɒftweə] *noun* computer programs (as opposed to machines) **oprogramowanie**

sole [səʊl] *adjective* only **jedyny; sole agency** = agreement to be the only person to represent a company *or* to sell a product in a certain area **wyłączne przedstawicielstwo;** ***he has the sole agency for Ford cars;*** **sole agent** = person who has the sole agency for a product in an area **wyłączny przedstawiciel; sole distributor** = retailer who is the only one in an area who is allowed to sell a certain product **wyłączny dystrybutor; sole owner** = person who owns a business on his or her own, with no partners **jedyny/wyłączny właściciel; sole trader** = person who runs a business by himself or herself but has not registered it as a company **osoba samodzielnie prowadząca działalność gospodarczą**

solicit [sə'lɪsɪt] *verb* **to solicit orders** = to ask for orders *or* to try to get people to order goods **zabiegać o zamówienia**

solus ['səʊləs] *noun* alone **pojedynczy, samotny; solus advertisement** = advertisement which does not appear near other advertisements for similar products **reklama solo;** *see also* SEMI-SOLUS **solus site** = shop which only carries products from one supplier **(sklep sprzedający towary jednego producenta)**

source [sɔ:s] **1** *noun* place where something comes from **źródło;** ***source of income; you must declare income from all sources to the tax office;*** **income which is taxed at source** = where the tax is removed before the income is paid **dochód opodatkowany u źródła; source credibility** = image people have of someone which will determine his or her credibility **wiarygodność źródła; 2** *verb* to get supplies from somewhere **uzyskiwać towar**

◊ **sourcing** ['sɔ:sɪŋ] *noun* finding suppliers of goods or services **uzyskiwanie (towaru/usług); single sourcing** = obtaining all of a company's supplies from one source or supplier **pozyskiwanie towarów z jednego źródła;** ***the buying department believes that single sourcing will lead to higher raw material costs; single sourcing has simplified our purchasing plans***

space [speɪs] *noun* empty place *or* empty area **miejsce, przestrzeń; advertising space** = space in a newspaper set aside for advertisements **przestrzeń reklamowa; to take advertising space in a newspaper** = to place a large advertisement in a newspaper **zakupić przestrzeń reklamową w gazecie**

spatial segmentation ['speɪʃəl segmən'teɪʃn] *noun* segmentation, division of a market according to areas or regions **segmentacja geograficzna**

spec [spek] *noun* **to buy something on spec** = to buy something as a speculation, without being sure of its value **kupować towar nie znając jego wartości**

◊ **specs** [speks] *plural noun* = SPECIFICATIONS

special [ˈspeʃəl] **1** *adjective* different; not normal; referring to one particular thing **specjalny;** ***he offered us special terms; the car is being offered at a special price;*** **special position** = especially good place in a publication for advertising **specjalna pozycja reklamy;** ***if we are prepared to invest the money we could choose a special position for the advertisement*** **2** *noun* product which a retailer buys for a special purpose, such as a premium offer **towar w ofercie specjalnej**

◊ **specialist** [ˈspeʃəlɪst] *noun* person *or* company which deals with one particular type of product or one subject **specjalista;** ***you should go to a specialist in computers*** *or* ***to a computer specialist for advice***

◊ **speciality** *or* **specialty** [speʃɪˈæləti *or* ˈspeʃəltɪ] *noun* particular interest **specjalność;** ***their speciality is computer programs;*** **specialty goods** = special type of product which sells to a limited market **towary specjalistyczne;** ***we only deal in specialty goods; these specialty goods require expert personal selling; there's a high profit margin on specialty goods;*** **specialty store** = shop selling a limited range of items of good quality **sklep specjalistyczy**

◊ **specialization** [speʃəlaɪˈzeɪʃən] *noun* dealing with one particular type of product **specjalizacja;** ***the company's area of specialization is accounts packages for small businesses***

◊ **specialize** [ˈspeʃəlaɪz] *verb* to trade in one particular type of product or service **specjalizować się;** ***the company specializes in electronic components; they have a specialized product line; he sells very specialized equipment for the electronics industry***

> QUOTE: the group specializes in the sale, lease and rental of new and second-user hardware
>
> **Financial Times**

> QUOTE: airlines offer special stopover rates and hotel packages to attract customers to certain routes
>
> **Business Traveller**

specify [ˈspesɪfaɪ] *verb* to state clearly what is needed **wyszczególniać;** ***to specify full details of the goods ordered; do not include VAT on the invoice unless specified***

◊ **specification** [spesɪfɪˈkeɪʃən] *noun* detailed information about what is needed *or* about a product to be supplied **specyfikacja;** ***to detail the specifications of a computer system;*** **job specification** = very detailed description of what is involved in a job **zakres obowiązków służbowych; to work to standard specifications** = to work to specifications which are acceptable anywhere in the industry **wykonywać pracę zgodnie z ogólnie przyjętymi normami; the work is not up to specification** *or* **does not meet our specifications** = the product is not made in the way which was detailed **produkt nie odpowiada specyfikacji**

specimen [ˈspesɪmən] *noun* thing which is given as a sample **próbka, wzorzec; to give specimen signatures on a bank mandate** = to write the signatures of all the people who can sign cheques for an account so that the bank can recognize them **złożyć wzory podpisów na upoważnieniu bankowym**

spend [spend] *verb* **(a)** to pay money **wydawać;** ***they spent all their savings on buying the shop; the company spends thousands of pounds on research*** **(b)** to use time **spędzać;** ***the company spends hundreds of man-hours in meetings; the chairman spent yesterday afternoon with the auditors*** (NOTE: **spending - spent**)

◊ **spending** [ˈspendɪŋ] *noun* paying money **wydawanie;** ***cash spending*** *or* ***credit card spending;*** **consumer spending** = spending by consumers **wydatki konsumpcyjne; spending money** = money for ordinary personal expenses **pieniądze na wydatki osobiste; spending power** = having money to spend on goods; amount of goods which can be bought for a certain sum of money **siła nabywcza;** ***the spending power of the pound has fallen over the last ten years; the spending power of the student market***

sphere [sfɪə] *noun* area **sfera, zakres;** ***sphere of activity; sphere of influence***

spinner [ˈspɪnə] *noun* revolving stand on which goods are displayed in a shop **obrotowy stojak;** ***there was a spinner with different types of confectionery at each checkout***

spinoff [ˈspɪnɒf] *noun* useful product developed as a secondary product from a main item **produkt uboczny;** ***one of the spinoffs of the research programme has been the development of the electric car***

split run [ˈsplɪt ˈrʌn] *noun* printing of the same issue of a publication in several production runs, so that different advertisements may be placed in different printings, allowing the effects of the advertising to be compared **druk partiami**

sponsor [ˈspɒnsə] **1** *noun* **(a)** person who pays money to help research *or* to pay for a business venture; company which pays to help a sport *or* exhibition *or* concert, etc., in return for advertising rights **sponsor; (b)** company which pays part of the cost of making a TV programme by taking advertising time on the programme **sponsor; 2** *verb* to pay money to help research *or* business development **sponsorować;** ***to sponsor a television programme; the company has sponsored the football match; government-sponsored trade exhibition***

◊ **sponsorship** ['spɒnsəʃɪp] *noun* act of sponsoring **sponsorowanie;** ***government sponsorship of overseas selling missions; sponsorship of a season of concerts***

spot [spɒt] *noun* **(a) spot check** = rapid and unannounced check (to see if things are working properly) **doraźna kontrola; (b) spot cash** = cash paid for something bought immediately **(gotówka zapłacona w transakcji z natychmiastową dostawą) the spot market in oil** = the market for buying oil for immediate delivery **transakcje kupna ropy naftowej z dostawą natychmiastową; spot price** *or* **spot rate** = price *or* rate for something which is delivered immediately **cena/stawka przy dostawie natychmiastowej; (c)** place **miejsce; to be on the spot** = to be at a certain place **być w danym miejscu;** ***we have a man on the spot to deal with any problems which occur on the building site*** **(d) TV spot** = short TV commercial **reklama TV;** ***we are running a series of TV spots over the next three weeks;*** **fixed spot** = insistence by an advertiser on having a TV or radio commercial placed in a specific position **ustalony spot reklamowy**

> QUOTE: with most of the world's oil now traded on spot markets, Opec's official prices are much less significant than they once were
>
> **Economist**

spread [spred] *noun* two facing pages in a magazine or newspaper used by an advertiser for a single advertisement running across the two pages **rozkładówka; centre spread** = two facing pages in the centre of a publication, used by an advertiser for one advertisement **rozkładówka w środku pisma**

SRDS = STANDARD RATE & DATA SERVICE

stability [stə'bɪlətɪ] *noun* being steady; not moving up or down **stabilność;** ***price stability; a period of economic stability; the stability of the currency markets***

◊ **stabilization** [steɪbɪlaɪ'zeɪʃən] *noun* making stable, preventing sudden changes in prices, etc. **stabilizacja; stabilization of the economy** = keeping the economy stable by preventing inflation from rising, cutting high interest rates and excess money supply **stabilizacja gospodarki**

◊ **stabilize** ['steɪbɪlaɪz] *verb* to make steady **stabilizować; prices have stabilized** = prices have stopped moving up or down **ceny się ustabilizowały; to have a stabilizing effect on the economy** = to make the economy more stable **mieć stabilizujący wpływ na gospodarkę**

◊ **stable** ['steɪbl] *adjective* steady, not moving up or down **stabilny;** ***stable prices; stable exchange rate; stable currency; stable economy;*** **stable market** = market where sales do not change much in response to changes in price (and where demand is therefore inelastic) **stabilny rynek**

stagflation [stæg'fleɪʃən] *noun* inflation and stagnation of an economy **stagflacja**

stagnation [stæg'neɪʃən] *noun* not increasing; not making any economic progress **stagnacja;** ***the country entered a period of stagnation;*** **economic stagnation** = lack of expansion in the economy **stagnacja gospodarcza**

stake [steɪk] **1** *noun* money invested **udział, zainwestowane pieniądze; to have a stake in a business** = to have money invested in a business **mieć pieniądze zainwestowane w przedsiębiorstwo; to acquire a stake in a business** = to buy shares in a business **nabyć udziały w przedsiębiorstwie;** ***he acquired a 25% stake in the business*** **2** *verb* **to stake money on something** = to risk money on something **postawić na coś pieniądze**

◊ **stakeholder theory** ['steɪkhəʊldə 'θi:ərɪ] *noun* theory that a business organization should base its policies on the interests of elements outside it such as suppliers, consumers, and the general public, as well as on its own profit-making objectives **teoria grup interesów**

> QUOTE: other investments include a large stake in a Chicago-based insurance company, as well as interests in tobacco products and hotels
>
> **Lloyd's List**

stall [stɔ:l] *noun* small moveable wooden booth, used for selling goods in a market **stoisko, stragan**

◊ **stallholder** ['stɔ:lhəʊldə] *noun* person who has a stall in a market and pays rent for the site it occupies **właściciel straganu**

stamp trading [ˈstæmp ˈtreɪdɪŋ] *noun* giving out stamps or vouchers to customers according to the value of their purchases, the stamps being exchangeable for more goods or for cash **dawanie klientom kuponów** *compare* TRADING STAMP

stand [stænd] *noun* arrangement of shelves *or* tables, etc. at an exhibition for showing a company's products **stoisko; display stand** = special stand for displaying goods for sale **stoisko wystawowe; exhibition stand** = separate section of an exhibition where a company exhibits its products or services **stoisko wystawowe; news stand** = small wooden shop on a pavement, for selling newspapers **kiosk z gazetami**

standard [ˈstændəd] **1** *noun* normal quality *or* normal conditions which other things are judged against **norma, standard; standard of living** *or* **living standards** = a person's material well-being and quality of home life **stopa życiowa; production standards** = quality of production **normy produkcyjne; up to standard** = of acceptable quality **zgodny z normą;** ***this batch is not up to standard*** *or* ***does not meet our standards*** **2** *adjective* normal *or* usual **standardowy;** ***a standard model car; we have a standard charge of £25 for a thirty-minute session;*** **standard agreement** *or* **standard contract** = normal printed contract form **standardowa umowa; standard costs** = planned costs for the period ahead **koszty standardowe; standard costing** = planning costs for the period ahead and, at the end of the period, comparing these figures with actual costs in order to make necessary adjustments in planning **kalkulacja kosztów w oparciu o koszty standardowe; standard deviation** = way in which the results of a sample deviate from the mean or average **odchylenie standardowe; standard error** = extent to which chance affects the accuracy of a sample **błąd standardowy; Standard Industrial Classification (SIC)** = the official listing and coding of industries and products **Standardowa Klasyfikacja Przemysłowa; standard letter** = letter which is sent without any change to various correspondents **standardowy list; standard rate** = basic rate of income tax which is paid by most taxpayers **normalna stawka**

◊ **standardization** [stændədaɪˈzeɪʃən] *noun* making sure that everything fits a standard or is produced in the same way **standaryzacja;** ***standardization of design; standardization of measurements;*** **standardization of products** = reducing a large number of different products to a series which have the same measurements *or* design *or* packaging, etc. **standaryzacja wyrobów**

◊ **standardize** [ˈstændədaɪz] *verb* to make sure that everything fits a standard *or* is produced in the same way **standaryzować**

◊ **Standard Rate & Data Service (SRDS)** American publication listing advertising rates, circulation and other details of major American magazines, newspapers and other advertising media **Standard Rate & Data Service (tytuł publikacji);** (NOTE: the comparable British publication is **British Rate and Data (BRAD)**)

standing [ˈstændɪŋ] **1** *adjective* **standing order** = order written by a customer asking a bank to pay money regularly into an account **stałe zlecenie płatnicze;** ***I pay my subscription by standing order*** **2** *noun* **(a) long-standing customer** *or* **customer of long standing** = person who has been a customer for many years **wieloletni klient; (b)** good reputation **kondycja, sytuacja;** ***the financial standing of a company;*** **company of good standing** = very reputable company **wysoko ceniona spółka w dobrej sytuacji finansowej**

stand out test [ˈstænd aʊt ˈtest] *noun* test designed to assess how well a package stands out or catches the eye on a shelf **test wyróżniania się produktu;** ***stand out tests were carried out to evaluate how effective the colour of the new product packaging was***

staple [ˈsteɪpl] *adjective* **staple commodity** = basic food or raw material **podstawowy surowiec/artykuł spożywczy; staple industry** = main industry in a country **podstawowa branża przemysłu; staple product** = basic product **podstawowy produkt**

star [stɑː] *noun* in the Boston matrix, product which has a high market share and a high growth rate; it will need cash to finance its growth, but eventually should become a cash cow **gwiazda (kategoria produktu);** ***we have only one star product but it's put our company on the map; they're hoping that at least two of their new product range will turn out to be stars***

Starch ratings [stɑːtʃ ˈreɪtɪŋz] *noun US* method of assessing the effectiveness of an organization's advertising **(metoda oceny efektywności reklamy)**

start [stɑːt] *noun* beginning **początek; cold start** = starting up a new company where none existed before **założenie nowej firmy**

◊ **start-up** [ˈstɑːtʌp] *noun* beginning of a new company *or* new product **rozpoczęcie działalności/produkcji;** ***start-up costs***

state-of-the-art [ˈsteɪtəvðɪˈɑːt] *adjective* as technically advanced as possible **ultranowoczesny**

statement [ˈsteɪtmənt] *noun* **statement of account** = list of invoices and credits and debits sent by a supplier to a customer at the end of each month **nota rozliczeniowa**

static market [ˈstætɪk ˈmɑːkɪt] *noun* a market which does not increase or decrease significantly over a period of time **statyczny rynek;** *technology is changing so fast that we can't rely on the market remaining static*

statistics [stəˈtɪstɪks] *plural noun* study of facts in the form of figures **statystyka;** *to examine the sales statistics for the previous six months; government trade statistics show an increase in imports*

◊ **statistical** [stəˈtɪstɪkəl] *adjective* based on figures **statystyczny;** *statistical analysis; statistical information;* **statistical discrepancy** = amount by which sets of figures differ **rozbieżność statystyczna; statistical error** = difference between results achieved in a survey using a sample and what results would be using the entire population or universe **błąd statystyczny;** *see also* LAW

steady demand [ˈstedɪ dɪˈmɑːnd] *noun* demand for a product which continues in a regular way **popyt stały**

sticker [ˈstɪkə] **1** *noun* small piece of gummed paper or plastic to be stuck on something as an advertisement *or* to indicate a price **naklejka, nalepka; 2** *verb* to put a price sticker on an article for sale **przykleić nalepkę z ceną;** *we had to sticker all the stock;* **to re-sticker stock** = to put new stickers on stock (as when increasing the price) **ponownie nakleić nalepki z ceną**

stock [stɒk] **1** *noun* **(a)** supply of raw materials **zapas;** *we have large stocks of oil or coal; the country's stocks of butter or sugar* **(b)** quantity of goods for sale in a warehouse or retail outlet **zapas; opening stock** = details of stock at the beginning of an accounting period **zapas początkowy; closing stock** = details of stock at the end of an accounting period **zapas końcowy; stock code** = number and letters which indicate an item of stock **kod magazynowy; stock control** = making sure that enough stock is kept and that quantities and movements of stock are noted **zarządzanie zapasami; stock depreciation** = reduction in the value of stock which is held in a warehouse for some time **deprecjacja zapasów; stock figures** = details of how many goods are in the warehouse *or* store, etc. **stan zapasów; stock in hand** = stock held in a shop *or* warehouse **zapas w magazynie; stock level** = quantity of goods kept in stock **poziom zapasów;** *we try to keep stock levels low during the summer;* **stock turn** *or* **stock turnround** *or* **stock turnover** = total value of stock sold in a year divided by the average value of goods in stock **rotacja zapasów; stock valuation** = estimating the value of stock at the end of an accounting period **wycena zapasów; to buy a shop with stock at valuation** = to pay the same amount for the stock as its value as estimated by the valuer **kupić sklep z zapasami w cenie wyceny; to purchase stock at valuation** = to pay the price fixed by a valuer for stock **kupić zapasy w cenie wyceny; (c) in stock** *or* **out of stock** = available *or* not available in the warehouse *or* store **na składzie/wyprzedany;** *to hold 2,000 lines in stock; the item went out of stock just before Christmas but came back into stock in the first week of January; we're out of stock of this item or this item is out of stock;* **to take stock** = to count the items in a warehouse **inwentaryzować; 2** *adjective* normal *or* usually kept in stock **normalny, standardowy;** *butter is a stock item for any good grocer;* **stock size** = normal size **standardowa wielkość;** *we only carry stock sizes of shoes* **3** *verb* to hold goods for sale in a warehouse *or* store **prowadzić, sprzedawać;** *to stock 200 lines;* **stocking agent** = wholesaler who stocks goods for a producer, sells them and earns a commission **agent-hurtownik**

◊ **stock controller** [ˈstɒk kənˈtrəʊlə] *noun* person who notes movements of stock **kontroler zapasów**

◊ **stock-in-trade** [ˈstɒkɪnˈtreɪd] *noun* goods held by a business for sale **towary handlowe**

◊ **stockist** [ˈstɒkɪst] *noun* person *or* shop which stocks a certain item **sklep sprzedający dany towar**

◊ **stocklist** [ˈstɒklɪst] *noun* list of items carried in stock **lista magazynowa**

stockout [ˈstɒkaʊt] *noun* situation where an item is out of stock **brak artykułu w magazynie**

◊ **stockpile** [ˈstɒkpaɪl] **1** *noun* supplies kept by a country *or* a company in case of need **zapas, rezerwa;** *a stockpile of raw materials* **2** *verb* to buy items and keep them in case of need **gromadzić;** *to stockpile raw materials*

◊ **stockroom** [ˈstɒkrʊm] *noun* room where stores are kept **magazyn;**

◊ **stocktaking** *or* **stocktake** [ˈstɒkteɪkɪŋ *or* ˈstɒkteɪk] *noun* counting of goods in stock at the end of an accounting period **inwentaryzacja;** ***the warehouse is closed for the annual stocktaking;*** **stocktaking sale** = sale of goods at low prices to clear a warehouse before stocktaking **wyprzedaż przedinwentarzowa**

◊ **stock up** [ˈstɒk ˈʌp] *verb* to buy supplies of something which you will need in the future **gromadzić;** ***they stocked up with computer paper***

stop [stɒp] **1** *noun* stopping supplies *or* payments **wstrzymanie; account on stop** = account which is not supplied because it has not paid its latest invoices **klient, któremu wstrzymano dostawy towarów;** ***to put an account on stop;*** **to put a stop on a cheque** = to tell the bank not to pay a cheque which you have written **wstrzymać realizację czeku; 2** *verb* **to stop an account** = not to supply an account on credit any more because bills have not been paid **zablokować rachunek, wstrzymać dostawy do klienta; to stop a cheque** = to ask a bank not to pay a cheque you have written **wstrzymać realizację czeku; to stop payments** = not to make any further payments **wstrzymać płatności**

◊ **stoppage** [ˈstɒpɪdʒ] *noun* act of stopping **wstrzymanie;** ***stoppage of deliveries; stoppage of payments; deliveries will be late because of stoppages on the production line;*** **stoppage in transit** = legal right of a seller to stop delivery of goods that are in transit if he has reason to believe the customer will not pay for them owing to insolvency **wstrzymanie dostawy w drodze**

storage [ˈstɔːrɪdʒ] *noun* **(a)** keeping in store *or* in a warehouse **przechowywanie, składowanie;** ***we let our house and put the furniture into storage;*** **storage capacity** = space available for storage **przestrzeń magazynowa; storage company** = company which keeps items for customers **firma składownicza; storage facilities** = equipment and buildings suitable for storage **obiekty magazynowe; storage unit** = device attached to a computer for storing information on disk or tape **moduł pamięci; cold storage** = keeping food, etc. in a cold store to prevent it going bad **przechowywanie w warunkach chłodniczych; to put a plan into cold storage** = to postpone work on a plan, usually for a very long time **zamrozić plan; (b)** cost of keeping goods in store **koszt składowania, składowe;** ***storage was 10% of value, so we scrapped the stock*** **(c)** facility for storing data in a computer **urządzenie do przechowywania danych;** ***disk with a storage capacity of 100Mb***

store [stɔː] **1** *noun* **(a)** place where goods are kept **magazyn, skład; cold store** = warehouse *or* room where food can be kept cold **chłodnia; (b)** quantity of items *or* materials kept because they will be needed **zapas;** ***I always keep a store of envelopes ready in my desk*** **(c)** large shop **duży sklep;** ***a furniture store; a big clothing store;*** **chain store** = one store of a number of stores belonging to the same group **sklep sieci; department store** = large store with sections for different types of goods **dom towarowy; discount store** = shop which specializes in cheap goods sold at a high discount **sklep dyskontowy; general store** *or* **stores** = small shop which sells a wide range of products **sklep wielobranżowy; store audit** = market research method by which a research company regularly checks a sample of stores for unit sales and stock levels of different brands **badanie punktów sprzedaży detalicznej; store brand** = brand owned by the retailer and not by the manufacturer **marka sprzedawcy; store card** = plastic card allowing the holder to charge purchases to a credit account with a store **karta stałego klienta; 2** *verb* **(a)** to keep in a warehouse **składować;** ***to store goods for six months*** **(b)** to keep for future use **trzymać zapas;** ***we store our pay records on computer***

◊ **storekeeper** *or* **storeman** [ˈstɔːkiːpə *or* ˈstɔːmən] *noun* person in charge of a storeroom **magazynier**

◊ **storeroom** [ˈstɔːrʊm] *noun* room *or* small warehouse where stock can be kept **magazyn**

storyboard [ˈstɔːrɪbɔːd] *noun* series of drawings which give the outline of a film or TV advertisement **dokumentacja rysunkowa reklamy telewizyjnej;** ***if the advertiser likes the storyboard, the agency will go ahead with the idea***

straight line depreciation [ˈstreɪtlaɪn dɪpriːʃɪˈeɪʃn] *noun* depreciation calculated by dividing the cost of an asset, less its residual value, by the number of years it is likely to be used **amortyzacja liniowa;**

COMMENT: various methods of depreciating assets are used; under the 'straight line method', the asset is depreciated at a constant percentage of its cost each year while with the 'reducing balance method' the asset is depreciated at the same percentage rate each year, but calculated on the value after the previous year's depreciation has been deducted

straight rebuy [ˈstreɪt ˈriːbaɪ] *noun* type of organizational buying decision where the same product is bought as before from the same supplier **zakup powtórny prosty**

strategy ['strætədʒɪ] *noun* plan of future action **strategia;** ***business strategy; sales strategy; marketing strategy; pricing strategy***

◊ **strategic** [strə'ti:dʒɪk] *adjective* based on a plan of action **strategiczny; strategic business unit (SBU)** = part or division of a large company which forms its own business strategy **jednostka organizacyjna spółki realizująca własną strategię; strategic planning** = planning the future work of a company **planowanie strategiczne**

stratification [strætɪfɪ'keɪʃn] *noun* **(a)** structure of a questionnaire which should help to ensure reliable answers and facilitate the evaluation of results **stratyfikacja (ankiet);** ***the results of the survey are hard to interpret owing to poor questionnaire stratification; good stratification will streamline the whole process*** **(b)** framework for the selection of a sample that ensures that it adequately represents the population or universe **stratyfikacja**

streamline ['stri:mlaɪn] *verb* to make (something) more efficient *or* more simple **upraszczać, usprawniać;** ***to streamline the accounting system; to streamline distribution services***

◊ **streamlined** ['stri:mlaɪnd] *adjective* efficient *or* rapid **o polepszonej efektywności, usprawniony;** ***streamlined production; the company introduced a streamlined system of distribution***

◊ **streamlining** ['stri:mlaɪnɪŋ] *noun* making efficient **upraszczanie, usprawnianie**

structure ['strʌktʃə] **1** *noun* way in which something is organized **struktura;** ***the paper gives a diagram of the company's organizational structure; the price structure in the small car market; the career structure within a corporation; the company is reorganizing its discount structure;*** **capital structure of a company** = way in which a company's capital is set up **struktura kapitałowa; the company's salary structure** = organization of salaries in a company with different rates of pay for different types of job **struktura płac; 2** *verb* to arrange in a certain way **nadać strukturę, organizować;** ***to structure a meeting;*** **structured interview** = interview using preset questions and following a fixed pattern **wywiad zamknięty**

stuff [stʌf] *verb* to put papers, etc. into envelopes **wkładać (do kopert);** ***we pay casual workers £2 an hour for stuffing envelopes*** *or* ***for envelope stuffing***

◊ **stuffer** ['stʌfə] *noun* advertising material that is put in an envelope for mailing **materiały reklamowe rozsyłane pocztą**

style [staɪl] *noun* way of doing *or* making something **styl;** ***a new style of product; old-style management techniques;*** **style obsolescence** = redesign of a product in order to make previous models obsolete and therefore encourage buying of the latest one **postarzanie produktu poprzez zmiany zewnętrzne; house style** = a company's own particular design, used in all areas of its activities, such as on packaging, stationery and office decoration **styl przedsiębiorstwa**

suasionetics [sweɪʒə'netɪks] *noun US* techniques used to persuade people to adopt certain ideas or behaviour patterns **(techniki kształtowania wzorców zachowań i poglądów)**

sub- [sʌb] *prefix* under *or* less important **pod-, sub-**

◊ **sub-agency** ['sʌb'eɪdʒənsɪ] *noun* small agency which is part of a large agenc **subagencja**

◊ **sub-agent** ['sʌb'eɪdʒənt] *noun* person who is in charge of a sub-agency **subagent**

◊ **subcontract 1** ['sʌb'kɒntrækt] *noun* contract between the main contractor for a whole project and another firm who will do part of the work **podkontrakt;** ***they have been awarded the subcontract for all the electrical work in the new building we'll put the electrical work out to subcontract*** **2** [sʌbkən'trækt] *verb* to agree with a company that they will do part of the work for a project **podzlecać;** ***the electrical work has been subcontracted to Smith Ltd***

◊ **subcontractor** [sʌbkən'træktə] *noun* company which has a contract to do work for a main contractor **podwykonawca**

◊ **subculture** ['sʌbkʌltʃə] *noun* part or sector of society identifiable by factors such as life-style, religion and race **subkultura;** ***studies were made of spending in the student subculture; different subcultures have different buying priorities***

subliminal advertising [sʌb'lɪmɪnəl 'ædvətaɪzɪŋ] *noun* advertising that attempts to leave certain impressions on the subconscious mind of the person who sees it or hears it (without that person realising that this is being done) **reklama podświadoma;** ***the government is thinking of banning subliminal advertising***

subsample ['sʌbsɑ:mpl] *noun* subdivision of a sample **część próbki**

subscribe [səb'skraɪb] *verb* **to subscribe to a magazine** = to pay in advance for a series of issues of a magazine **prenumerować**

czasopismo; subscribed circulation = circulation of a publication that is paid for in advance **nakład zaprenumerowany**

◊ **subscriber** [səbˈskraɪbə] *noun* **subscriber to a magazine** *or* **magazine subscriber** = person who has paid in advance for a series of issues of a magazine **prenumerator;** *the extra issue is sent free to subscribers*

◊ **subscription** [səbˈskrɪpʃən] *noun* money paid in advance for a series of issues of a magazine *or* for membership of a society **prenumerata/opłata członkowska;** *did you remember to pay the subscription to the computer magazine? he forgot to renew his club subscription;* **to take out a subscription to a magazine** = to start paying for a series of issues of a magazine **zaprenumerować czasopismo; to cancel a subscription to a magazine** = to stop paying for a magazine **zrezygnować z prenumeraty; subscription rates** = amount of money to be paid for a series of issues of a magazine **opłaty za prenumeratę**

subsidiary [səbˈsɪdjərɪ] **1** *adjective* (thing) which is less important **dodatkowy, uboczny;** *they agreed to most of the conditions in the contract but queried one or two subsidiary items;* **subsidiary company** = company which is owned by a parent company **spółka zależna; 2** *noun* company which is owned by a parent company **podmiot zależny;** *most of the group profit was contributed by the subsidiaries in the Far East*

subsidize [ˈsʌbsɪdaɪz] *verb* to help by giving money **subsydiować, udzielać subwencji;** *the government has refused to subsidize the electronics industry;* **subsidized accommodation** = cheap accommodation which is partly paid for by an employer or a local authority, etc. **subsydiowane mieszkania**

◊ **subsidy** [ˈsʌbsɪdɪ] *noun* **(a)** money given to help something which is not profitable **dotacja, subwencja;** *the industry exists on government subsidies; the government has increased its subsidy to the car industry* **(b)** money given by a government to make something cheaper **dotacja, subwencja;** *the subsidy on butter or the butter subsidy*

substitute [ˈsʌbstɪtjuːt] **1** *noun* person *or* thing which takes the place of someone *or* something else **substytut, zastępca; substitute product** = product which may be bought instead of another when the price of the latter changes or if it becomes unavailable **towar zastępczy;** *we must match our competitors since they produce substitute products to ours; as the price of substitute products falls, they will be much in demand* **2** *verb* to take the place of something else **zastępować**

◊ **substitution effect** [sʌbstɪˈtjuːʃn ɪˈfekt] *noun* extent to which consumers will change from one product to another when the price of the former rises **efekt substytucji**

suggestion [səˈdʒestʃən] *noun* proposal, idea which is put forward **propozycja, sugestia; suggestion box** = place in a shop or office where customers and members of staff can put forward their ideas for making the company more efficient and profitable **skrzynka na wnioski; suggestion selling** = selling in such a way that the customer believes he or she really wants the product **sprzedaż sugestywna;** *trainee salesmen learn the application of psychology to suggestion selling*

supermarket [ˈsuːpəˌmɑːkɪt] *noun* large store (but less than 2,500 square metres), usually selling food, where customers serve themselves and pay at a checkout **supermarket;** *sales in supermarkets or supermarket sales account for half the company's turnover;* **supermarket trolley** = small metal cart used by shoppers to put their purchases in **wózek na zakupy**

supernormal profit [suːpəˈnɔːməl ˈprɒfɪt] *noun* profit earned by a business through having a monopoly *this company has survived the recession owing to supernormal profits* **zysk monopolistyczny**

supersite [ˈsuːpəsaɪt] *noun* particularly large poster site **wyjątkowo duże miejsce na plakaty reklamowe;** *if we cannot afford a supersite we will have to settle for a site on an underground station; there are some key supersites at the side of the motorway*

superstore [ˈsuːpəstɔː] *noun* very large self-service store (more than 2,500 square metres) which sells a wide range of goods **superstore**

supplement [ˈsʌplɪmənt] *noun* special addition to a magazine or newspaper which is given free to customers **dodatek, suplement, wkładka;** *the colour supplement is mostly full of advertising; the supplement contains special articles on recent marketing strategies; what are the advertising rates in that paper's supplement?*

supplier [səˈplaɪə] *noun* person *or* company which supplies *or* sells goods or services **dostawca;** *office equipment supplier; they are major suppliers of spare parts to the car industry*

supply [sə'plaɪ] **1** *noun* **(a)** providing something which is needed **dostawa; elastic supply** = supply which experiences quite a large percentage change in response to a change in price **podaż elastyczna; money supply** = amount of money which exists in a country **podaż pieniądza; supply price** = price at which something is provided **cena dostawy; supply and demand** = amount of a product which is available and the amount which is wanted by customers **podaż i popyt; the law of supply and demand** = general rule that the amount of a product which is available is related to the needs of potential customers **prawo podaży i popytu; (b) in short supply** = not available in large enough quantities to meet the demand **w niewystarczającej ilości;** *spare parts are in short supply because of the strike* **(c)** stock of something which is needed **zapas;** *the factory is running short of supplies of coal; supplies of stationery have been reduced;* **office supplies** = goods needed to run an office (such as paper, pens, typewriters) **materiały biurowe; (d) exempt supplies** = products or services on which the business supplying them does not have to charge VAT **wyroby zwolnione z VAT-u; 2** *verb* to provide something which is needed **dostarczać;** *to supply a factory with spare parts; the finance department supplied the committee with the figures; details of staff addresses and phone numbers can be supplied by the personnel department*

◊ **supply-side economics** [sə'plaɪsaɪd iːkə'nɒmɪks] *noun* economic theory that governments should encourage producers and suppliers of goods by cutting taxes, rather than encourage demand by making more money available in the economy **ekonomia strony podaży**

surcharge ['sɜːtʃɑːdʒ] *noun* extra charge **dopłata; import surcharge** = extra duty charged on imported goods, to discourage their importation and encourage local manufacture **dopłata importowa**

surplus ['sɜːpləs] *noun* extra stock; something of which there is more than is needed **nadwyżka;** *surplus government equipment; surplus butter is on sale in the shops; we are holding a sale of surplus stock; governments are trying to find ways of reducing the agricultural surpluses in the EU; we are trying to let surplus capacity in the warehouse;* **a budget surplus** = more revenue than was planned for in the budget **nadwyżka budżetowa; these items are surplus to our requirements** = we do not need these items **te towary są nam zbędne; to absorb a surplus** = to take a surplus into a larger amount **wchłonąć nadwyżkę**

survey ['sɜːveɪ] *noun* detailed report on a problem or particular subject **analiza, ankieta, przegląd;** *the government has published a survey of population trends; we've asked the sales department to produce a survey of competing products;* **postal survey** = survey carried out by sending questionnaires to respondents by post **ankieta pocztowa**

survivors [sə'vaɪvəz] *noun* in the VALS lifestyle classification, elderly people who have no economic future **pozostający przy życiu (kategoria stylu życia)**

sustainers [sʌs'teɪnəz] *noun* in the VALS lifestyle classification, people who are living at subsistence level and resent the fact that they have no money **ledwie żyjący/wegetujący (kategoria stylu życia)**

swatch [swɒtʃ] *noun* small sample **mała próbka; colour swatch** = small sample of colour which the finished product must look like **próbka koloru**

switch [swɪtʃ] *verb* to change from one thing to another **zamieniać;** *to switch funds from one investment to another; the job was switched from our British factory to the States;* **switch selling** = (i) selling technique which involves trying to persuade the customer to buy something very different from what he wanted to buy in the first place; **technika zamiany;** (ii) offering an apparently good bargain as bait in order to gain the attention of a prospective customer then approaching him or her with a different offer which is more profitable to the seller; **technika przejścia** *trainee salesmen are coached in switch selling*

SWOT analysis method of developing a marketing strategy based on an assessment of the Strengths and Weaknesses of the company and the Opportunities and Threats in the market **analiza SWOT;** *SWOT analysis would allow us to plan ahead in line with developments in the environment; the company used SWOT analysis to make the best use of their assets in the existing circumstances*

symbol ['sɪmbəl] *noun* sign *or* picture *or* object which represents something **symbol, znak;** *they use a bear as their advertising symbol;* **symbol group** = group to which symbol retailers belong **grupa znaku handlowego; symbol retailer** = retailer that is a member of an independent group which secures favourable prices from suppliers through buying in bulk and has its own symbol or logo **detalista należący do grupy znaku handlowego**

synchro marketing [ˈsɪŋkrəʊ ˈmɑːkətɪŋ] *noun* finding ways to use spare resources during periods of low demand **synchromarketing;** ***synchro marketing will stop wastage of our production and storage capacity in the off-season***

syndicated research [ˈsɪndɪkeɪtɪd ˈriːsɜːtʃ] *noun* market research carried out by agencies and sold to several different companies **badania konsorcjalne**

synectics [sɪˈnektɪks] *noun* brainstorming, group discussions designed to elicit creative solutions to problems **burza mózgów** ***we are beginning to apply synectics to our strategy formulation; synectics is being encouraged as a method of approaching case studies in business school***

synergy [ˈsɪnədʒɪ] *noun* producing greater effects by joining forces rather than by acting separately **synergia**

system [ˈsɪstəm] *noun* **(a)** arrangement *or* organization of things which work together **system;** ***our accounting system has worked well in spite of the large increase in orders*** **decimal system** = system of mathematics based on the number 10 **system dziesiętny; filing system** = way of putting documents in order for easy reference **system archiwizowania dokumentów; to operate a quota system** = to regulate supplies by fixing certain allowed quantities **stosować system kontyngentów/kwot;** ***we arrange our distribution using a quota system - each agent is allowed only a certain number of units*** **(b) computer system** = set of programs, commands, etc. which run a computer **system komputerowy; (c) systems analysis** = using a computer to suggest how a company could work more efficiently, by analyzing the way in which it works at present **analiza systemów; systems analyst** = person who specializes in systems analysis **analityk systemów; systems management** = directing and controlling all the elements in an organization to achieve its basic objectives **zarządzanie systemowe; systems selling** = selling an integrated system, not just separate products plus related services **sprzedaż kompleksowa/systemowa**

Tt

table ['teɪbl] *noun* list of figures *or* facts set out in columns **tabela; table of random numbers** = table of numbers in no particular order or pattern, which is used for selecting samples in market research **tabela liczb losowych**

◊ **tabloid** ['tæblɒɪd] *noun* small size of newspaper, as opposed to the broadsheet **popularna gazeta małoformatowa;** ***we're advertising in three tabloids concurrently***

tachistoscope *or* **T-scope** [tə'kɪstəskəʊp *or* 'ti:skəʊp] *noun* device used to measure the recognition level when a customer is exposed to an brand package or advertising material **tachistoskop**

tactic ['tæktɪk] *noun* step or move involved in carrying out strategy **taktyka** ***concentrating our sales force in that area could be a good tactic; securing a key position at an exhibition is an old tactic which always produces good results***

tag [tæg] *noun* label **metka, przywieszka;** ***price tag; name tag***

tailor ['teɪlə] *verb* to design something for a specific purpose **zaprojektować do konkretnego celu;** ***we mail out press releases tailored to the reader interests of each particular newspaper or periodical***

take [teɪk] **1** *noun* money received in a shop **wpływy kasowe; 2** *verb* to receive *or* to get **brać; the shop takes £2,000 a week** = the shop receives £2,000 a week in cash sales **ten sklep ma £2.000 obrotu tygodniowo; he takes home £250 a week** = after deductions for tax, etc., his salary is £250 a week **on zarabia tygodniowo £250 netto**

◊ **takeaway** ['teɪkəweɪ] *noun* shop which sells food to be eaten at some other place **punkt sprzedaży jedzenia na wynos;** ***a takeaway meal; a Chinese takeaway***

◊ **takeover** ['teɪkəʊvə] *noun* buying a business **przejęcie przedsiębiorstwa; takeover bid** = offer to buy all or most of the shares in a company so as to control it **oferta przejęcia; to make a takeover bid for a company** = to offer to buy most of the shares in a company **złożyć ofertę przejęcia przedsiębiorstwa; to withdraw a takeover bid** = to say that you no longer offer to buy the shares in a company **wycofać ofertę przejęcia przedsiębiorstwa; the company rejected the takeover bid** = the directors recommended that the shareholders should not accept the offer **spółka odrzuciła ofertę przejęcia;** ***the disclosure of the takeover bid raised share prices;*** **contested takeover** = takeover which the board of the company being bought do not recommend, and try to fight **przejęcie spółki bez zgody zarządu**

◊ **taker** ['teɪkə] *noun* buyer *or* person who wants to buy **kupujący;** ***there were very few takers for the new package***

◊ **takings** ['teɪkɪŋz] *plural noun* money received in a shop *or* a business **wpływy;** ***the week's takings were stolen from the cash desk***

tannoy ['tænɒɪ] *noun* loudspeaker system for making public announcements **system nagłaśniający**

target ['tɑ:gɪt] **1** *noun* thing to aim for **cel; production targets** = amount of units a factory is expected to produce **plan produkcyjny; sales targets** = amount of sales a representative is expected to achieve **plan sprzedaży; target audience** = consumers at whom an advertisement or mail shot is aimed **adresaci reklamy;** ***what is the best media to reach our target audience? the style of the advertisement will depend on the target audience;*** **target market** = market in which a company is planning to sell its goods **rynek docelowy; to set targets** = to fix amounts *or* quantities which workers have to produce *or* reach **ustalać cele/założenia; to meet a target** = to produce the quantity of goods *or* sales which are expected **zrealizować cel; to miss a target** = not to produce the amount of goods *or* sales which are expected **nie zrealizować celu;** ***they missed the target figure of £2m turnover*** **2** *verb* to aim at *or* to aim to sell to **zamierzać; to target a market** = to plan to sell goods in a certain market **wybrać rynek zbytu;** ***many people working in PR are using direct marketing as a precise means of targeting the market***

> QUOTE: in a normal leveraged buyout the acquirer raises money by borrowing against the assets of the target company
>
> **Fortune**

> QUOTE: the minister is persuading the oil, gas, electricity and coal industries to target their advertising towards energy efficiency
>
> **Times**

> QUOTE: direct marketing is all about targeting the audience, individualising the message and getting a response
>
> **PR Week**

tariff ['tærɪf] *noun* **(a) customs tariffs** = tax to be paid for importing *or* exporting goods **taryfa celna; tariff barriers** = customs duty intended to make imports more difficult **bariery celne;** ***to impose tariff barriers on*** *or* ***to lift tariff barriers from a product;*** **differential tariffs** = different duties for different types of goods **dyferencyjna taryfa celna; (b)** rate of charging for electricity, hotel rooms, train tickets, etc. **opłata**

task [tɑ:sk] *noun* work which has to be done **zadanie; to list task processes** = to make a list of various parts of a job which have to be done **sporządzić wykaz zadań; task method** = way of calculating an advertising appropriation by basing it on the actual amount needed to achieve the objectives **(metoda kalkulacji kosztów reklamy oparta na celach, które ma ona osiągnąć)**

TAT = THEMATIC APPERCEPTION TEST

TC = TILL COUNTERMANDED

team [ti:m] *noun* group of people who work together **zespół; management team** = group of all the managers working in the same company **kierownictwo; sales team** = all the representatives, salesmen and sales managers working in a company **pracownicy ds. sprzedaży**

tear sheet ['teə 'ʃi:t] *noun* page taken from a published magazine or newspaper, sent to an advertiser as proof that his advertisement has been run **(strona z reklamą wysyłana jako dowód jej zamieszczenia)**

teaser (ad) ['ti:zə] *noun* advertisement that gives very little information about the product being advertised, nor about the manufacturer, and does not even reveal its name, all in order to attract customers by making them curious to know more **reklama „drażniąca"**

technical ['teknɪkəl] *adjective* referring to a particular machine *or* process **techniczny;** ***the document gives all the technical details on the new computer;*** **technical press** = newspapers and magazines on scientific or technical subjects **prasa techniczna;** ***we need to advertise this product in the technical press***

◊ **technique** [tek'ni:k] *noun* skilled way of doing a job **technika;** ***the company has developed a new technique for processing steel; he has a special technique for answering complaints from customers;*** **management techniques** = skill in managing a business **techniki zarządzania; marketing techniques** = skill in marketing a product **techniki marketingu**

telemarketing ['telɪ'mɑ:kɪtɪŋ] *noun* marketing a product *or* service over the telephone **telemarketing;** ***telemarketing is unsatisfactory for products which require demonstrating***

◊ **telemarketer** ['telɪ'mɑ:kətə] *noun* person who markets a product by telephone **osoba zajmująca się telemarketingiem**

telephone ['telɪfəʊn] *noun* **telephone interview** = TELEPHONE SURVEY **telephone orders** = orders received by telephone **zamówienia złożone przez telefon;** ***since we mailed the catalogue we have received a large number of telephone orders;*** **telephone sales** *or* **telephone selling** = TELESALES **telephone research** *or* **telephone survey** = interviewing respondents by telephone for a survey **badania telefoniczne;** ***how many people in the sample hung up before replying to the telephone survey!***

◊ **telesales** ['telɪ'seɪlz] *plural noun* sales made by telephone **telesprzedaż**

◊ **teleshopping** ['telɪ'ʃɒpɪŋ] *noun* shopping from home by means of a television screen and a home computer **telezakupy**

◊ **teletext** ['telɪtekst] *noun* videotext broadcast by a TV company (such as Ceefax on BBC or Oracle on ITV) **teletext**

television (TV) [telɪ'vɪʒn] *noun* broadcasting of moving images **telewizja; cable television** = television service which a viewer receives via a cable from a particular station, and pays for on a subscription basis **telewizja kablowa; satellite television** = television service which is broadcast from a satellite, and which the viewer receives using a special aerial **telewizja satelitarna; television consumer audit** = questioning a sample of television viewers on their viewing and impressions **badanie marketingowe widzów telewizyjnych; television ratings (TVR)** = statistics showing size and type of television audiences at different times of day for various channels and programmes **rating telewizyjny;** ***we will have to consult the TV ratings before buying a spot***

tender [ˈtendə] **1** *noun* offer to work for a certain price **oferta;** ***a successful tender*** *or* ***an unsuccessful tender;*** **to put a project out to tender** *or* **to ask for** *or* **to invite tenders for a project** = to ask contractors to give written estimates for a job **ogłosić przetarg na realizację projektu; to put in a tender** *or* **to submit a tender** = to make an estimate for a job **złożyć ofertę przetargową; to sell shares by tender** = to ask people to offer in writing a price for shares **sprzedawać akcje w drodze przetargu; sealed tenders** = tenders sent in sealed envelopes which will all be opened together at a certain time **oferty pisemne; 2** *verb* **to tender for a contract** = to put forward an estimate of cost for work to be carried out under contract **złożyć ofertę przetargową;** ***to tender for the construction of a hospital***

◊ **tenderer** [ˈtendərə] *noun* person *or* company which tenders for work **oferent;** ***the company was the successful tenderer for the project***

◊ **tendering** [ˈtendrɪŋ] *noun* act of putting forward an estimate of cost **przetarg;** ***to be successful, you must follow the tendering procedure as laid out in the documents***

terms [tɜːmz] *noun* conditions *or* duties which have to be carried out as part of a contract; arrangements which have to be agreed before a contract is valid **warunki;** ***he refused to agree to some of the terms of the contract; by*** *or* ***under the terms of the contract, the company is responsible for all damage to the property; to negotiate for better terms;*** **terms of payment** *or* **payment terms** = conditions for paying something **warunki płatności; terms of sale** = conditions attached to a sale **warunki sprzedaży; terms of trade** = ratio of a country's import prices to export prices **stosunek cen importowych do eksportowych; cash terms** = lower terms which apply if the customer pays cash **warunki płatności gotówką; 'terms: cash with order'** = terms of sale showing that payment has to be made in cash when the order is placed **gotówka przy zamówieniu; easy terms** = arrangement by which a purchaser pays for the purchases in several small payments over a period of time, rather than in one large payment **dogodne warunki płatności; on favourable terms** = on especially good terms **na dogodnych warunkach;** ***the shop is let on very favourable terms;*** **trade terms** = special discount for people in the same trade **warunki handlowe**

territory [ˈterɪtrɪ] *noun* area visited by a salesman **obszar, rejon;** ***we have added more salesmen to our team, and so the reps' territories are smaller; his territory covers the whole of the north of the country***

◊ **territorial planning** [terɪˈtɔːriəl ˈplænɪŋ] *noun* planning of a salesman's calls, taking into account the best use of time in travelling and the priority of important customers **planowanie trasy handlowca;** ***the sales manager is giving the sales team some guidelines on territorial planning; bad territorial planning means time wasted in travelling;*** **territorial rights** = rights of a distributor, granted by the producer or supplier, to sell a product in a certain geographical area, possibly on condition that certain methods are used in the selling **franszyza terytorialna**

tertiary [ˈtɜːʃərɪ] *adjective* **tertiary industry** = service industry, industry which does not produce or manufacture but offers a service (such as banking, retailing or accountancy) **usługi; tertiary readership** = people who do not buy a newspaper or magazine but come across it as a result of another activity, such as waiting for an appointment with the dentist **przypadkowi czytelnicy;** ***many glossy magazines have a relatively small circulation but a high tertiary readership;*** **tertiary sector** = section of the economy containing the service industries **sektor usługowy**

test [test] **1** *noun* **(a)** examination to see if something works well *or* is possible **badanie, test; test certificate** = certificate to show that something has passed a test **atest, świadectwo badań; test panel** = group of people used to test a product or service **grupa testująca; feasibility test** = test to see if something is possible **próba wykonalności; market test** = examination to see if a sample of a product will sell in a market by selling it through the normal retail channels **badanie rynku; placement test** = test where different versions of a new product are tested in different places and with different types of consumer (as opposed to a market test) **[test ulokowania]; (b) test close** = trying to obtain at least one immediate order from a buyer to see how promising a customer he or she is **transakcja próbna; 2** *verb* to examine something to see if it is working well **badać, testować; to test the market for a product** = to show samples of a product in a market to see if it will sell well **testować wyrób na rynku**

◊ **test-drive** ['testdraɪv] *verb* **to test-drive a car** = to drive a car (before buying it) to see if it works well **odbyć samochodem jazdę próbną**

◊ **testing** ['testɪŋ] *noun* examining something to see if it works well **badanie, testowanie;** ***during the testing of the system several defects were corrected***

◊ **test-market** ['testmɑ:kɪt] *verb* **to test-market a product** = to show samples of a product in a market to see if it will sell well **testować wyrób na rynku;** ***we are test-marketing the toothpaste in Scotland***

testimonial [testɪ'məʊnjəl] *noun* **(a)** written report about someone's character *or* ability **opinia;** ***to write someone a testimonial;*** **unsolicited testimonial** = letter praising someone *or* a product, without the writer having been asked to write it **opinia niezamówiona; (b)** endorsement of a product by a well-know person **(pozytywna opinia o produkcie wyrażona przez znaną osobistość); testimonial advertising** = advertising which makes use of testimonials from famous or qualified people, or from satisfied customers, to endorse a product **(reklama prezentująca opinie sławnych ludzi lub zadowolonych konsumentów)**

T-group ['ti:gru:p] *noun* group of trainees following a training method, often used in training sales staff, which uses group discussions and activities to develop social skills and general self-awareness **grupa T**

thematic apperception test (TAT) [θɪ'mætɪk æpə'sepʃn 'test] *noun* test used to ascertain attitudes or reactions to a brand, which consists in showing pictures to the subject who then constructs a story round them **test apercepcji tematycznej**

threshold ['θreʃ(h)əʊld] *noun* **(a)** limit, the point at which something changes **próg; (b)** point at which an advertising campaign begins to take effect **próg (efektywności)**

ticket ['tɪkɪt] *noun* piece of paper or card which shows something **bilet; price ticket** = piece of paper showing a price **metka; big ticket sales** = sales of large expensive items, such as cars, washing machines, etc. **wyprzedaż dużych i drogich artykułów**

tie [taɪ] *verb* to attach *or* to fasten (with string, wire, etc.) **wiązać;** ***he tied the parcel with thick string; she tied two labels onto the parcel***

◊ **tied shop** ['taɪd 'ʃɒp] *noun* business which has agreed to sell only a particular supplier's products **(sklep mający umowę na wyłączną sprzedaż produktów jednego dostawcy);** ***the store felt constrained by the tied shop agreement and wanted to offer a wider range of brands***

◊ **tie-in** ['taɪɪn] *noun* advertisement linked to advertising in another media (such as a magazine ad linked to a TV commercial) **[reklama związana];**

◊ **tie-on label** ['taɪɒn 'leɪbl] *noun* label with a piece of string attached so that it can be tied onto an item **przywieszka**

◊ **tie-up** ['taɪʌp] *noun* link *or* connection **związek;** ***the company has a tie-up with a German distributor***

till [tɪl] *noun* drawer for keeping cash in a shop **szuflada na pieniądze; cash till** = cash register, machine with a drawer for keeping the cash received, which shows and adds prices of items bought **kasa;** ***there wasn't much money in the till at the end of the day***

till countermanded (TC) [tɪl 'kaʊntəmɑ:ndɪd] *noun* clause in a contract which states that an advertisement will run until stopped by the advertiser **klauzula „reklamy do odwołania"**

time [taɪm] *noun* **(a)** period over which something takes place (such as one hour, two days, fifty minutes, etc.) **okres czasu; computer time** = time when a computer is being used (paid for at an hourly rate) **czas pracy komputera; time and duty study** = study to see how effectively salesmen are using their time **badanie czasu i obowiązków;** ***the time and duty study showed that 30% of time is wasted; the aim of the time and duty study was to streamline our sales activities;*** **time and motion study** = study in an office *or* factory of how long it takes to do certain jobs and the movements workers have to make to do them **badanie czasu i ruchu; time and motion expert** = person who analyses time and motion studies and suggests changes in the way work is done **specjalista ds. badania czasu i ruchu; time segment** = period set aside for advertisements on television **czas antenowy przeznaczony na reklamy; time series analysis** = method of assessing variations in data over regular periods of time, such as sales per month or per quarter, in order to try to identify the causes for the variations **analiza serii czasowych;**

(b) period before something happens **okres, termin; delivery time** = number of days before something will be delivered **okres dostawy; lead time** = time between placing an order and receiving the goods **czas realizacji zamówienia; time limit** = period during which something should be done **limit czasowy; to keep within the time limits** *or* **within the time schedule** = to complete work by the time stated **zmieścić się w wyznaczonym czasie; time utility** = usefulness to a customer of receiving a product at a particular time **(wartość użytkowa produktu wynikająca z jego dostępności w danym momencie);** *time utility has meant avoiding unreliable suppliers; some customers put time utility before place utility*

◊ **timelength** [ˈtaɪmleŋkθ] *noun* length of a cinema, television or radio advertisement **czas trwania reklamy;** *find out the rates for the various timelengths before placing the commercial*

tip [tɪp] **1** *noun* **(a)** money given to someone who has helped you **napiwek;** *I gave the taxi driver a 10 cent tip; the staff are not allowed to accept tips* **(b)** advice on buying or doing something which could be profitable **wskazówka;** *a stock market tip; he gave me a tip about a share which was likely to rise because of a takeover bid;* **tip sheet** = newspaper which gives information about shares which should be bought or sold **poradnik giełdowy dla inwestorów; 2** *verb* **(a)** to give money to someone who has helped you **dać napiwek;** *he tipped the receptionist £5* **(b)** to say that something is likely to happen *or* that something might be profitable **udzielić wskazówki;** *two shares were tipped in the business section of the paper; he is tipped to become the next chairman*

TIR = TRANSPORTS INTERNATIONAUX ROUTIERS

token [ˈtəʊkən] *noun* **(a)** thing which acts as a sign *or* symbol **symbol, znak; token charge** = small charge which does not cover the real costs **symboliczna opłata;** *a token charge is made for heating;* **token payment** = small payment to show that something is not being given away free **symboliczna opłata; token rent** = very low rent payment to show that a rent is being asked for **symboliczny czynsz; token strike** = short strike to show that workers have a grievance **strajk manifestacyjny; (b) book token** *or* **flower token** = card bought in a shop which is given as a present and which must be exchanged for books or flowers **bon książkowy/na kwiaty; gift token** = card bought in a shop which is given as a present and which must be exchanged in that shop for goods **bon towarowy;** *we gave her a gift token for her birthday* **(c)** plastic or metal disk, similar to a coin, used in certain slot machines **żeton**

top-selling [ˈtɒpselɪŋ] *adjective* which sells better than all other products **najbardziej chodliwy;** *top-selling brands of toothpaste*

tort [tɔːt] *noun* harm done to a person *or* property which can be the basis of a lawsuit **czyn niedozwolony**

torture testing [ˈtɔːtʃə ˈtestɪŋ] *noun* pushing products to their limits during product testing **testowanie produktu do granic jego wytrzymałości;** *torture testing will show up any product deficiencies while changes can still be made*

total [ˈtəʊtl] *adjective* complete; with everything added together **całkowity;** *total amount; total assets; total cost; total expenditure; total income; total output; total revenue;* **total audience package** = media owner's arrangement or scheduling of advertisements across time segments on television and radio **rozkład reklam na poszczególne sloty programowe; total distribution system** = system where all distribution decisions (including the purchasing of raw materials and parts, as well as the movement of finished products) are taken globally **całościowy system dystrybucji; total offer** = complete package offered to the customer (including the product or service itself, its price, availability and promotion) **pełna oferta**

track record [ˈtræk ˈrekɔːd] *noun* what is known about a company's or salesman's good or bad performance in the past **dotychczasowe wyniki;** *he has a good track record as a secondhand car salesman; the company has no track record in the computer market*

trade [treɪd] **1** *noun* **(a)** business of buying and selling **handel; export trade** *or* **import trade** = the business of selling to other countries *or* buying from other countries **eksport/import; foreign trade** *or* **overseas trade** *or* **external trade** = trade with other countries **handel zagraniczny; home trade** = trade in the country where a company is based **handel krajowy; trade cycle** = period during which trade expands, then slows down, then expands again **cykl koniunkturalny; balance of trade** *or* **trade balance** = international trading position of a country, excluding invisible trade **bilans handlowy;** *the country had an adverse balance of trade for the second month running;* **favourable balance of trade** = situation where a country's exports are larger than its imports **dodatni bilans handlowy; (b) to do a good trade in**

a range of products = to sell a large number of the range of products **sprzedawać dużo towaru z danego asortymentu; fair trade** = international business system where countries agree not to charge import duties on certain items imported from their trading partners **(handel międzynarodowy oparty na wzajemności w polityce celnej); free trade** = system where goods can go from one country to another without any restrictions **wolny handel; free trade area** = group of countries practising free trade **strefa wolnego handlu; passing trade** = selling to people who go past the shop without intending to buy **[sprzedaż przechodniom]; trade agreement** = international agreement between countries over general terms of trade **umowa handlowa; trade bureau** = office which specializes in commercial enquiries **urząd handlowy; to impose trade barriers on** = to restrict the import of certain goods by charging high duty **nakładać bariery celne na; trade deficit** *or* **trade gap** = difference in value between a country's high imports and low exports **deficyt handlowy; trade description** = description of a product intended to attract customers **opis handlowy;** *GB* **Trade Descriptions Act** = act which limits the way in which products can be described so as to protect customers from misleading descriptions made by manufacturers **ustawa o opisie handlowym; trade directory** = book which lists all the businesses and business people in a town **informator handlowy, katalog firm; trade mission** = visit to a country by a group of foreign businessmen to discuss trade **misja handlowa; to ask a company to supply trade references** = to ask a company to give names of traders who can report on the company's financial situation and reputation **poprosić spółkę o przedłożenie referencji handlowych; (c)** people or companies dealing in the same type of product **branża;** *he's in the secondhand car trade; she's very well known in the clothing trade;* **trade advertising** = advertising to trade customers and not to the general public **reklama handlowa; trade association** = group which links together companies in the same trade **stowarzyszenie branżowe; trade counter** = shop in a factory *or* warehouse where goods are sold to retailers **punkt sprzedaży dla detalistów; trade discount** *or* **trade terms** = discount offered on products sold to distributors **upust handlowy/warunki handlowe;** *the generous trade discount will mean lower prices for the consumer as well; the shop enjoys a 50% trade discount on items bought from the wholesaler;* **trade fair** = large exhibition and meeting for advertising and selling a certain type of product **targi handlowe;** *there were two trade fairs running in London at the same time; to organize or to run a trade fair;* **trade journal** *or* **trade magazine** *or* **trade paper** *or* **trade publication** = magazine or newspaper produced for people and companies in a certain trade **pismo branżowe; trade press** = all the magazines produced for people working in a certain trade **prasa branżowa; trade price** = special wholesale price paid by a retailer to the manufacturer or wholesaler **cena hurtowa; trade promotion** = promotion of products to distributors **promocja handlowa;** *the new trade promotion campaign is designed to attract wholesalers in all our areas of distribution;* **trade route** = route along which goods are transported for trade **szlak handlowy;** *the main trade routes were studied to see which areas of the country were most accessible; when the Suez Canal was closed some vital trade routes were affected;* **trade show** = TRADE FAIR **2** *verb* to buy and sell *or* to carry on a business **handlować;** *to trade with another country; the company has stopped trading; the company trades under the name 'Eeziphitt'*

◊ **trade in** ['treɪd 'ɪn] *verb* **(a)** to buy and sell certain items **handlować, sprzedawać;** *the company trades in imported goods; he trades in French wine* **(b)** to give in an old item as part of the payment for a new one **przyjmować w rozliczeniu;** *the chairman traded in his old Rolls Royce for a new model*

◊ **trade-in** ['treɪdɪn] *noun* old item (such as a car *or* washing machine) given as part of the payment for a new one **towar przyjęty w rozliczeniu;** *to give one's old car as a trade-in;* **trade-in allowance** *or* **trade-in price** = amount allowed by the seller for an old item being traded in for a new one **upust za towar przyjęty w rozliczeniu**

◊ **trademark** *or* **trade name** ['treɪdmɑːk *or* 'treɪdneɪm] *noun* particular name, design, etc. which has been registered by the manufacturer and which cannot be used by other manufacturers **znak handlowy;** *you can't call your beds 'Softn'Kumfi' - it is a registered trademark*

◊ **trade-off** ['treɪdɒf] *noun* exchanging one thing for another as part of a business deal **wymiana towaru na towar**

◊ **trader** ['treɪdə] *noun* person who does business **handlowiec, kupiec; commodity trader** = person whose business is buying and selling commodities **(osoba lub firma prowadząca handel produktami podstawowymi lub surowcami); free trader** = person who is in favour of free trade **zwolennik wolnego handlu; sole trader** =

person who runs a business, usually by himself or herself, but has not registered it as a company **osoba prowadząca przedsiębiorstwo jednoosobowe**

◊ **tradesman** [ˈtreɪdzmən] *noun* shopkeeper; person who runs a shop **sklepikarz**

◊ **tradespeople** [ˈtreɪdzˌpi:pl] *noun* shopkeepers **sklepikarze**

◊ **trade up** [ˈtreɪd ˈʌp] *verb* to move to selling more expensive goods or to offering a more up-market service **przestawić się na wyższy segment rynku**

> QUOTE: trade between Britain and other countries which comprise the Economic Community has risen steadily from 33% of exports to 50% last year
>
> **Sales & Marketing Management**

> QUOTE: Brazil's trade surplus is vulnerable both to a slowdown in the American economy and a pick-up in its own
>
> **Economist**

trading [ˈtreɪdɪŋ] *noun* business of buying and selling **handel; trading account** = account of a company's gross profit **konto przychodów handlowych; trading area** = group of countries which a company trades with **strefa handlowa; trading channel** = series of purchases and sales from company to company which are made until the finished product is purchased by the customer **kanał dystrybucyjny; trading company** = company which specializes in buying and selling goods **firma handlowa; adverse trading conditions** = bad conditions for trade **niekorzystne warunki dla handlu; trading down** = selling at lower prices to increase sales volume **sprzedaż po niższych cenach;** ***we're trading down now because too many customers were put off by our high prices;*** **trading estate** = area of land near a town specially for factories and warehouses **strefa przemysłowo-handlowa; trading loss** = situation where a company's receipts are less than its expenditure **strata na działalności handlowej; trading partner** = company *or* country which trades with another **partner handlowy; trading profit** = situation where a company's gross receipts are more than its gross expenditure **zysk na działalności handlowej; trading stamp** = special type of stamp given away by a shop, which the customer can collect and later exchange for free goods **bon/znaczek premiowy;** *GB* **Trading Standards Office** = government department which makes sure that advertisements are true, that weighing machines are correct, etc. **Urząd Ochrony Konkurencji i Konsumentów; trading stock** = goods held by a business for sale **zapas handlowy;** ***we'll have to offer large discounts if we want to sell off all this trading stock;*** **trading up** = selling products at higher prices to raise their prestige and achieve a higher profit margin **sprzedaż po wyższych cenach;** ***trading up is part of our strategy to go up market;*** **fair trading** = way of doing business which is reasonable and does not harm the customer **uczciwy handel;** *see also* OFFICE OF FAIR TRADING

traffic [ˈtræfɪk] *noun* **(a) page traffic** = the proportion of readers of a paper who see a particular page **(liczba osób oglądających stronę pisma); store traffic** = number of customers who enter a store **(liczba osób odwiedzających sklep); (b)** (i) progress or flow of advertising work in an agency; **(przepływ materiałów w agencji reklamowej);** (ii) the department in the agency which monitors this; **(dział agencji monitorujący przepływ materiałów w agencji reklamowej); (c)** movement of cars *or* lorries *or* trains *or* planes; movement of people *or* goods in vehicles **ruch; (d)** illegal trade **nielegalny handel;** ***drugs traffic*** *or* ***traffic in drugs***

tramp ship [ˈtræmp ˈʃɪp] *noun* ship with no fixed schedule or itinerary that can be chartered by a company to transport goods **statek trampowy, trampowiec**

transaction [trænˈzækʃən] *noun* **business transaction** = piece of business *or* buying or selling **transakcja handlowa; cash transaction** = transaction paid for in cash **transakcja gotówkowa; exchange transaction** = purchase *or* sale of foreign currency **transakcja walutowa; fraudulent transaction** = transaction which aims to cheat someone **transakcja oszukańcza**

transfer [ˈtrænsfə] *noun* moving someone *or* something to a new place **przeniesienie, transfer;** ***he applied for a transfer to our branch in Scotland;*** **transfer of property** *or* **transfer of shares** = moving the ownership of property *or* shares from one person to another **przeniesienie własności/przeniesienie własności akcji; airmail transfer** = sending money from one bank to another by airmail **przelew lotniczy; bank transfer** = moving money from a bank account to an account in another country **przelew bankowy; credit transfer** *or* **transfer of funds** = moving money from one account to another **przelew środków; electronic funds transfer at point of sale (EFTPOS)** = system where money is immediately debited from the customer's bank account to the store's account as the purchase is registered at the cash desk **przelew środków w punkcie sprzedaży; stock transfer form** = form to be signed by the person transferring shares **formularz zbycia udziałów**

tranship [træn'ʃɪp] *verb* to move cargo from one ship to another **przeładować**

transient advertisement ['trænziənt] *noun* advertisement which the target audience cannot keep to look at again, such as a cinema advertisement, as opposed to an intransient one in a newspaper or magazine **reklama ulotna**

transit ['trænzɪt] *noun* movement of passengers *or* goods on the way to a destination **przewóz, tranzyt;** ***to pay compensation for damage suffered in transit or for loss in transit; some of the goods were damaged in transit;*** **goods in transit** = goods being transported from warehouse to customer **towary w drodze**

trans-national corporation [trænz'næʃnl kɔ:pə'reɪʃn] *noun* large company which operates in various countries **korporacja ponadnarodowa**

transport 1 ['trænspɔ:t] *noun* moving of goods or people **transport;** ***air transport or transport by air; rail transport or transport by rail; road transport or transport by road; passenger transport or the transport of passengers; the passenger transport services of British Rail; what means of transport will you use to get to the factory?;*** **the visitors will be using public transport *or* private transport** = the visitors will be coming by bus *or* train, etc., or in their own cars **goście będą korzystali z transportu publicznego/prywatnego; public transport system** = system of trains, buses, etc. used by the general public **transport publiczny; transport advertising** = advertising appearing on or in forms of transportation such as buses or trains **reklama na/w środkach transportu;** ***transport advertising will reach too broad a public for our product; is your transport advertising on the sides of buses or in underground trains?*** **2** [træns'pɔ:t] *verb* to move goods *or* people from one place to another in a vehicle **przewozić, transportować;** ***the company transports millions of tons of goods by rail each year; the visitors will be transported to the factory by air or by helicopter or by taxi***

◊ **transportation** [trænspə'teɪʃən] *noun* **(a)** moving goods *or* people from one place to another **przewóz, transport; (b)** vehicles used to move goods *or* people from one place to another **środki transportu;** ***the company will provide transportation to the airport;*** **ground transportation** = buses, taxis, etc. available to take passengers from an airport to the town **przewozy na trasie: lotnisko-miasto**

◊ **transporter** [træns'pɔ:tə] *noun* company which transports goods **przewoźnik**

◊ **Transports Internationaux Routiers (TIR)** ['trɔ:nspɔ:z ænte'næsjənəʊ 'ru:tɪeɪ] *noun* system of international documents which allows dutiable goods to cross several European countries by road without paying duty until they reach their final destination **Transports Internationaux Routiers (TIR) międzynarodowy transport nieoclonych towarów**

◊ **transship** = TRANSHIP

travel ['trævl] *verb* to go from one place to another, showing a company's goods to buyers and taking orders from them **podróżować;** ***he travels in the North for an insurance company***

◊ **traveller** *or US* **traveler** ['trævlə] *noun* **commercial traveller** = salesman who travels round an area visiting customers on behalf of his company **agent handlowy, komiwojażer**

◊ **travelling** ['trævlɪŋ] *noun* **travelling expenses** = money spent on travelling and hotels for business purposes **wydatki na podróże służbowe; travelling salesman** = salesman who travels around an area visiting customers on behalf of his company **agent handlowy, komiwojażer;** ***we have ten travelling salesmen presently working in the field; travelling salesmen must make regular contact with company headquarters by phone***

treaty ['tri:tɪ] *noun* **(a)** agreement between countries **traktat;** ***commercial treaty*** **(b)** agreement between individual persons **umowa; to sell a house by private treaty** = to sell a home to another person not by auction **sprzedać dom prywatnie/bez pośredników**

trend [trend] *noun* general way things are going **tendencja, trend;** ***there is a trend away from old-established food stores; a downward trend in investment; we notice a general trend towards selling to the student market; the report points to inflationary trends in the economy; we have noticed an upward trend in sales;*** **economic trends** = way in which a country's economy is moving **tendencje w gospodarce; market trends** = gradual changes taking place in a market **tendencje rynkowe; trend analysis** = analysis of particular statistics over a period of time in order to identify trends **analiza tendencji;** ***trend analysis has shown how soon major competitors begin to copy innovations***

trial ['traɪəl] *noun* **(a)** test to see if something is good **próba, test; on trial** = being tested **przechodzący testy;** ***the product is on trial in our laboratories;*** **trial offer** = promotion where free samples are given away **promocja z bezpłatną próbką; trial period** = time when a customer can test a product before buying it **okres próbny; trial sample** = small piece of a product used for promotion or testing **próbka (towaru); free trial** = use of a machine *or* product for a certain period of time in order to test it, without having to pay **bezpłatne testowanie urządzenia/produktu; (b) trial balance** = draft calculation of debits and credits to see if they balance **próbny bilans**

trolley ['trɒlɪ] *noun* small metal cart which is used by customers in supermarkets to carry their shopping **wózek na zakupy** (NOTE: US English is **shopping cart**)

truck [trʌk] *noun* **(a)** large motor vehicle for carrying goods **ciężarówka; fork-lift truck** = type of small tractor with two metal arms in front, used for lifting and moving pallets **podnośnik widłowy;** *US* **truck distributor** *or* **truck jobber** = limited function wholesaler, who usually only delivers goods directly by truck to retailers **(hurtownik przewożący towar od producenta do detalisty); (b)** open railway wagon for carrying goods **otwarty towarowy wagon kolejowy**

◊ **truckage** ['trʌkɪdʒ] *noun* carriage of goods in trucks **przewóz towarów ciężarówkami;** ***what will the truckage costs be for these goods?***

◊ **trucking** ['trʌkɪŋ] *noun* carrying goods in trucks **przewóz towarów ciężarówkami;** ***trucking firm***

trust [trʌst] *noun US* small group of companies which control the supply of a product **trust**

◊ **trustbusting** ['trʌstbʌstɪŋ] *noun US* breaking up monopolies to encourage competition **antymonopolowy/antytrustowy**

tube cards ['tju:b 'kɑ:dz] *noun* cards with advertisements on them which are either on the walls of underground stations or inside underground trains **reklama w metrze;** ***half the tube cards in one carriage were advertising the same product; the underground railway system uses tube cards to advertise its own services***

turn [tɜ:n] *noun* **stock turn** = total value of stocks sold in a year divided by the average value of goods in stock **rotacja zapasów;** ***the company has a stock turn of 6.7***

◊ **turn over** ['tɜ:n 'əʊvə] *verb* to have a certain amount of sales **uzyskiwać obrót;** ***we turn over £2,000 a week***

◊ **turnover** ['tɜ:nəʊvə] *noun* **(a)** *GB* amount of sales **obrót;** ***the company's turnover has increased by 235%; we based our calculations on the forecast turnover;*** **stock turnover** = total value of stock sold in a year divided by the average value of goods held in stock **rotacja zapasów; (b)** *US* number of times something is used *or* sold in a period (usually one year), expressed as a percentage of a total **rotacja**

◊ **turn round** ['tɜ:n 'raʊnd] *verb* to make a previously loss-making company profitable **(uczynić przedsiębiorstwo przynoszące straty dochodowym); he turned the company round in less than a year** = he made the company profitable in less than a year **pod jego kierownictwem w przeciągu niecałego roku spółka zaczęła przynosić zyski**

◊ **turnround** *or US* **turnaround** ['tɜ:nraʊnd *or* 'tɜ:nəraʊnd] *noun* **(a)** value of goods sold during a year divided by the average value of goods held in stock **rotacja; (b)** action of emptying a ship, plane, etc. and getting it ready for another commercial journey **wyładunek i załadunek; (c)** making a company profitable again **uczynienie przedsiębiorstwa dochodowym**

QUOTE: a 100,000 square foot warehouse can turn its inventory over 18 times a year, more than triple a discounter's turnover

Duns Business Month

QUOTE: combined turnover for building and engineering was £692 million in 1995, up just 1.3% on the previous year

Management Today

QUOTE: the US now accounts for more than half our world-wide sales; it has made a huge contribution to our earnings turnround

Duns Business Month

TV = TELEVISION

TVR = TELEVISION RATINGS

twin-pack ['twɪnpæk] *noun* banded pack of two items sold together **dwupak, towar sprzedawany po dwie sztuki**

tying contract [ˈtaɪɪŋ ˈkɒntrækt] contract under which a producer sells a product to a distributor on condition that the latter also buys another product **umowa sprzedaży wiązanej;** ***tying contracts are used to get wholesalers acquainted with lesser known products***

typological analysis [taɪpəˈlɒdʒɪkl əˈnælɪsɪs] *noun* categorization of households based on socio-economic factors and buying habits **analiza typologiczna;** ***typological analysis helped the company clarify what market segments the new product should be aimed at***

Uu

ultimate ['ʌltɪmət] *adjective* last *or* final **końcowy, ostateczny; ultimate consumer** = person who buys the product for personal rather than industrial use **konsument ostateczny;** ***the high distribution costs of the product will be paid for by the ultimate consumer***

umbrella [ʌm'brelə] *noun* **umbrella advertising** = advertising an organization or an association of companies rather than a single product **reklama przedsiębiorstwa (a nie produktu); umbrella organization** = large organization which includes several smaller ones **organizacja-parasol, organizacja patronacka**

unaided recall *see* UNPROMPTED RECALL

unavailable [ʌnə'veɪləbl] *adjective* not available **niedostępny;** ***the following items on your order are temporarily unavailable***

◊ **unavailability** [ʌnəveɪlə'bɪlətɪ] *noun* not being available **niedostępność**

uncontrollable [ʌnkən'trəʊləbl] *adjective* which cannot be controlled **nie do opanowania, nie podlegający kontroli; uncontrollable variable** = variable *or* factor in marketing that cannot be controlled, such as legislation or the state of the country's economy **zmienna/czynnik nie podlegające kontroli;** ***there are too many uncontrollable variables for any real planning; changes in fashion constitute a dangerous uncontrollable variable for a clothes shop***

under- ['ʌndə] *prefix* less important than *or* lower than **mniej niż**

◊ **underbid** [ʌndə'bɪd] *verb* to bid less than someone **zaproponować niższą cenę**

◊ **underbidder** [ʌndə'bɪdə] *noun* person who bids less than the person who buys at an auction **oferent niższej ceny**

◊ **undercharge** [ʌndə'tʃɑːdʒ] *verb* to ask for too little money **żądać zbyt niskiej ceny;** ***he undercharged us by £25***

◊ **undercut** [ʌndə'kʌt] *verb* to offer something at a lower price than someone else **obniżać konkurencyjnie ceny**

◊ **underdeveloped** [ʌndədɪ'veləpt] *adjective* which has not been developed **słabo rozwinięty; underdeveloped countries** = countries which are not fully industrialized **kraje słabo rozwinięte; underdeveloped market** = market which has not been fully exploited **słabo rozwinięty rynek;** ***Japan is an underdeveloped market for our products***

◊ **underline** ['ʌndəlaɪn] *noun* short description printed underneath an illustration **podpis**

◊ **underpayment** [ʌndə'peɪmənt] *noun* paying less than the correct invoiced amount **niedopłata**

◊ **underpricing** [ʌndə'praɪsɪŋ] *noun* charging a lower price than is justified by demand **ustalanie zbyt niskich cen;** ***the company's underpricing is due to ignorance of the growing market; underpricing can be used as a strategy to increase market share***

◊ **undersell** [ʌndə'sel] *verb* to sell more cheaply than **sprzedawać za niższą cenę niż;** ***to undersell a competitor*** **the company is never undersold** = no other company sells goods as cheaply as this one **ta spółka ma zawsze najniższe ceny**

◊ **undervalued** [ʌndə'væljuːd] *adjective* not valued highly enough **niedoszacowany;** ***the properties are undervalued on the company's balance sheet; the dollar is undervalued on the foreign exchanges***

◊ **undervaluation** [ʌndəvæljʊ'eɪʃən] *noun* being valued at less than the true worth **niedoszacowanie**

◊ **underweight** [ʌndə'weɪt] *adjective* **the pack is twenty grams underweight** = the pack weighs twenty grams less than it should **ta paczka waży o 20 gramów za mało**

undifferentiated [ʌnˈdɪfərənʃɪeɪtɪd] *adjective* which has no unique feature **niezróżnicowany; undifferentiated marketing strategy** = marketing strategy which seeks to present a product to the public without stressing any unique feature of the product, thus appealing to all segments of the market **marketing niezróżnicowany; undifferentiated product** = product which has no unique feature to set it apart from others on the market **produkt niezróżnicowany;** ***only an extra-low price will sell an undifferentiated product in a market where there is already a wide choice of brands*** *compare* CONCENTRATED, DIFFERENTIATED

undue influence [ˈʌndju: ˈɪnfluəns] *noun* unfair pressure put on someone to sign a contract **nadmierny nacisk;** ***the salesmen were discouraged from exerting undue influence on prospective buyers***

unfair [ʌnˈfeə] *adjective* not fair, not ethical **nieuczciwy; unfair competition** = trying to do better than another company by using techniques such as importing foreign goods at very low prices or by wrongly criticizing a competitor's products **nieuczciwa konkurencja; unfair dismissal** = removing someone from a job for reasons which are not fair **bezprawne zwolnienie z pracy**

unfavourable *or US* **unfavorable** [ʌnˈfeɪvərəbl] *adjective* not favourable **niekorzystny; unfavourable balance of trade** = situation where a country imports more than it exports **ujemny bilans handlowy; unfavourable exchange rate** = exchange rate which gives an amount of foreign currency for the home currency which is not good for trade **niekorzystny kurs wymiany;** ***the unfavourable exchange rate hit the country's exports***

unfulfilled [ʌnfʊlˈfɪld] *adjective* (order) which has not yet been supplied **niezrealizowany**

unilateral [ju:nɪˈlætərəl] *adjective* on one side only *or* done by one party only **jednostronny;** ***they took a unilateral decision to cancel the contract***

◊ **unilaterally** [ju:nɪˈlætərəlɪ] *adverb* by one party only **jednostronnie;** ***the decision was taken to cancel the contract unilaterally***

unique [ju:ˈni:k] *adjective* special, unlike anything else **unikalny; unique selling proposition (USP)** = special quality of a product which makes it different from other goods and is used as a key theme in advertising **unikatowa cecha produktu, wyjątkowa propozycja handlowa;** ***a five-year guarantee is a USP for this product; what's this product's unique selling proposition?***

unit [ˈju:nɪt] *noun* **(a)** single product for sale **jednostka, sztuka; unit cost** = the cost of one item (i.e total product costs divided by the number of units produced) **koszt jednostkowy; unit pack** = pack containing only one unit of a product **opakowanie jednostkowe;** ***will the product be sold in unit packs, or in packs of ten or twenty units?;*** **unit price** = the price of one item **cena jednostkowa/za sztukę; unit pricing** = pricing items by showing how much each costs per unit of measurement (i.e. per metre or per kilo, etc.) **wycena jednostkowa; (b)** separate piece of equipment or furniture **część, element; display unit** = special stand for showing goods for sale **stojak wystawowy; visual display unit** = screen attached to a computer which shows the information stored in the computer **ekran komputera; (c) factory unit** = single building on an industrial estate **pojedynczy obiekt przemysłowy; (d) production unit** = separate small group of workers who produce a certain product **brygada produkcyjna; research unit** = separate small group of research workers **jednostka badawcza**

Universal Product Code (UPC) [ju:nɪˈvɜ:səl ˈprɒdʌkt kəʊd] *noun* code which identifies an article for sale, usually printed as a bar code on the packet or item itself **uniwersalny kod produktu**

universe [ˈju:nɪvɜ:s] *noun* total population which is under study in a survey and out of which a sample is selected **populacja objęta badaniem marketingowym;** ***is this sample really representative of the universe? in the survey, the universe is all British men between the ages of forty and fifty; from a universe of two million, a sample of two thousand was chosen by random selection***

unladen [ʌnˈleɪdn] *adjective* empty; without a cargo **bez ładunku**

unlimited [ʌnˈlɪmɪtɪd] *adjective* with no limits **nieograniczony;** ***the bank offered him unlimited credit;*** **unlimited liability** = situation where a sole trader or each partner is responsible for all the firm's debts with no limit to the amount each may have to pay **nieograniczona odpowiedzialność**

unload [ʌnˈləʊd] *verb* **(a)** to take goods off (a ship, etc.) **rozładowywać;** ***the ship is unloading at Hamburg; we need a fork-lift truck to unload the lorry; we unloaded the spare parts at Lagos; there are no unloading facilities for container ships*** **(b)** to sell stock which is no longer needed at a lower price than usual **wyprzedawać;** ***they tried to unload some unsellable items onto the Far Eastern market***

◊ **unloading** [ʌn'ləʊdɪŋ] *noun* selling off goods at a lower price than usual, often when they are no longer being produced and the producers merely want to get rid of remaining stock **wyprzedaż;** ***many customers are taking advantage of our unloading and are buying in bulk***

unprofitable [ʌn'prɒfɪtəbl] *adjective* not profitable **nierentowny**

> QUOTE: the airline has already eliminated a number of unprofitable flights
>
> **Duns Business Month**

unprompted [ʌn'prɒmptɪd] *adjective* **unprompted awareness test** *or* **unprompted recall** = an advertising research test to see how well a respondent can remember an advertisement when he or she is given no help in remembering it **niewspomagany test świadomości istnienia produktu/niewspomagane przypomnienie reklamy;** ***a disappointing number of respondents did not remember the advertisement at all in an unprompted recall*** *compare* PROMPTED RECALL

unseen [ʌn'si:n] *adverb* not seen **niewidziany; to buy something sight unseen** = to buy something without having inspected it **kupić coś bez obejrzenia**

unsold [ʌn'səʊld] *adjective* not sold **niesprzedany;** ***unsold items will be scrapped***

unsolicited [ʌnsə'lɪsɪtɪd] *adjective* which has not been asked for **niezamówiony;** ***an unsolicited gift*** **unsolicited testimonial** = letter praising a person, product or service without the writer having been asked to write it **niezamówiona opinia**

unstructured interview [ʌn'strʌktʃəd 'ɪntəvju:] *noun* interview using no preset questions and following no fixed pattern **wywiad otwarty;** ***unstructured interviews are found to be very effective in eliciting original suggestions for product improvement; shy respondents open up well in unstructured interviews where they have more freedom of expression***

unsubsidized [ʌn'sʌbsɪdaɪzd] *adjective* with no subsidy **niesubsydiowany**

unused [ʌn'ju:zd] *adjective* which has not been used **nieużywany;** ***we are trying to sell off six unused typewriters***

up to date ['ʌp tə 'deɪt] *adjective & adverb* current *or* recent *or* modern **nowoczesny;** ***an up-to-date computer system;*** **to bring something up to date** = to add the latest information or equipment to something **uaktualnić coś; to keep something up to date** = to keep adding information to something so that it always has the latest information in it **aktualizować coś na bieżąco;** ***we spend a lot of time keeping our mailing list up to date***

UPC = UNIVERSAL PRODUCT CODE

update 1 ['ʌpdeɪt] *noun* information added to something to make it up to date **uaktualnienie; 2** [ʌp'deɪt] *verb* to revise something so that it is always up to date **uaktualniać;** ***the figures are updated annually***

up front [ʌp'frʌnt] *adverb* in advance **z góry; money up front** = payment in advance **płatność z góry;** ***they are asking for £100,000 up front before they will consider the deal; he had to put money up front before he could clinch the deal***

uplift ['ʌplɪft] *noun* increase **podwyższać, zwiększać;** ***the contract provides for an annual uplift of charges***

up market [ʌp'mɑ:kɪt] *adverb & adjective* more expensive, appealing to a wealthier section of the population **droższy, dla bogatszych klientów; the company has decided to move up market** = the company has decided to start to produce more luxury items **spółka zdecydowała się przestawić na bardziej luksusowe towary**

> QUOTE: up market companies which are doing well need a conference venue to reflect this
>
> **Marketing Week**

> QUOTE: prices of up market homes (costing $350,000 or more) are falling in many areas
>
> **Economist**

upset price ['ʌpset 'praɪs] *noun* lowest price which the seller will accept at an auction **cena wywoławcza**

upturn ['ʌptɜ:n] *noun* movement towards higher sales or profits **tendencja wzrostowa, wzrost;** ***an upturn in the economy; an upturn in the market***

usage ['ju:zɪdʒ] *noun* how something is used **sposób użycia;** *US* **usage pull** = degree to which those who see or hear advertisements for a product buy more of it than those who do not **stopień efektywności reklamy;** ***we're only able to assess usage pull some time after the advertising campaign;*** **usage segmentation**

= dividing a market into segments according to the type of use which customers will make of the product **podział rynku pod względem sposobu użycia produktu**

use-by date [ˈjuːzbaɪ ˈdeɪt] *noun* date printed on a packet of food showing the last date on which the contents should be used **termin przydatności do spożycia;** *compare* BEST-BEFORE DATE, SELL-BY DATE

user [ˈjuːzə] *noun* person who uses something **użytkownik; end user** = person who actually uses a product (as opposed to the purchaser, who may not actually use it himself) **użytkownik końcowy; user's guide** *or* **handbook** = book showing someone how to use something **instrukcja obsługi**

◊ **user-friendly** [juːzəˈfrendlɪ] *adjective* which a user finds easy to work **przyjazny dla użytkownika;** ***these programs are really user-friendly***

USP = UNIQUE SELLING PROPOSITION

utility [jʊˈtɪlɪtɪ] *noun* usefulness or satisfaction that a consumer gets from a product **użyteczność;** ***the price charged depends on the product's utility;*** **utility goods** = basic goods that are necessary for everyday life **artykuły codziennego użytku;** ***even some utility goods can be considered luxuries during a depression; consumers say that shopping for utility goods is routine and boring*** *see also* FORM, MARGINAL, PLACE, POSSESSION, TIME

Vv

valorem [və'lɔːrəm] *see* AD VALOREM

VALS Values and Life-styles, a system of dividing people into segments according to their way of living **system VALS (wartości i style życia - system klasyfikacji konsumentów)**

value ['væljuː] **1** *noun* amount of money which something is worth **wartość;** ***he imported goods to the value of £250; the fall in the value of sterling; the valuer put the value of the stock at £25,000;*** **good value (for money)** = a bargain, something which is worth the price paid for it **wart żądanej ceny;** ***that restaurant gives value for money; buy that computer now - it is very good value; holidays in Italy are good value because of the exchange rate;*** **to rise in value** *or* **to fall in value** = to be worth more *or* less **zyskiwać/tracić na wartości; asset value** = value of a company calculated by adding together all its assets **nominalna wartość majątku przedsiębiorstwa; book value** = value of something as it is recorded in the company's accounts **wartość księgowa; 'sample only - of no commercial value'** = not worth anything if sold **próbka - bez wartości handlowej; declared value** = value of goods entered on a customs declaration form **wartość zadeklarowana; discounted value** = difference between the face value of a share and its lower market price **wartość dyskonta; face value** = value written on a coin *or* banknote *or* share **wartość nominalna; market value** = value of an asset *or* of a product *or* of a company, if sold today **wartość rynkowa; par value** = value written on a share certificate **wartość nominalna; scarcity value** = value of something which is worth a lot because it is rare and there is a large demand for it **wysoka wartość towaru wynikająca z jego niedoboru; surrender value** = money which an insurer will pay if an insurance policy is given up before maturity date **wartość odstąpienia; added value** *or* **value added** = amount added to the value of a product or service, being the difference between its cost and the amount received when it is sold (wages, taxes, etc., are deducted from the added value to give the profit) **wartość dodana;** *see also* VALUE ADDED TAX **value analysis** = analysis by a producer of all aspects of a finished product to determine how it could be made at minimum cost **analiza wartości;** ***value analysis showed an excessive amount of rubber was used in manufacturing the product;*** **value engineering** = analysis by a producer of all aspects of a product at the design stage to determine how it could be made at minimum cost **inżynieria wartości;** ***value engineering allows very economical production and competitive prices at every stage in the distribution channel*** **2** *verb* to estimate how much money something is worth **ocenić, oszacować;** ***he valued the stock at £25,000; we're having the jewellery valued for insurance;*** **valued impression per pound (VIP)** = method of showing how many readers are reached by advertising for a given sum of money **pomiar efektywności kosztowej reklamy**

◊ **valuation** [væljʊ'eɪʃən] *noun* estimation of how much something is worth **wycena; stock valuation** = estimating the value of stock at the end of an accounting period **wycena zapasów; to buy a shop with stock at valuation** = to pay the same amount for the stock as its value as estimated by the valuer **kupić sklep z zapasami w cenie wyceny;**

◊ **Value Added Tax (VAT)** ['væljuː 'ædɪd tæks] *noun* tax imposed as a percentage of the invoice value of goods and services (a company pays the government the tax on goods or services sold - the output tax - and claims back from the government the tax on goods or services which it has bought - the input tax) **podatek od towarów i usług, podatek od wartości dodanej, vat**

◊ **valuer** ['væljʊə] *noun* person who estimates how much money something is worth **rzeczoznawca**

◊ **Values and Life-styles** *see* VALS

van [væn] *noun* small goods vehicle **miniciężarówka; delivery van** = van for delivering goods to customers **samochód dostawczy; van ship** = ship designed to carry goods in containers **kontenerowiec**

variable [ˈveərɪəbl] **1** *adjective* which changes **zmienny; variable costs** = production costs which increase with the quantity made (such as wages, raw materials, etc.) **koszty zmienne; variable pricing** = giving a product or service different prices in different places or at different times **wycena zmienna; 2** *noun* thing which changes **zmienna; controllable variables** = factors that can be controlled such as a company's marketing mix **zmienne podlegające kontroli;** ***because there were so few controllable variables the outcome of the marketing plan was very uncertain;*** **dependent variables** = factors which change as a result of changes in others **zmienne zależne**

◊ **variance** [ˈveərɪəns] *noun* difference **odchylenie, różnica; budget variance** = difference between the cost as estimated for the budget, and the actual cost **odchylenie budżetowe; negative variance** = difference between a budget and the outcome, which may mean a smaller profit than expected **odchylenie ujemne; at variance with** = which does not agree with **niezgodny z;** ***the actual sales are at variance with the sales reported by the reps***

◊ **variation** [veərɪˈeɪʃən] *noun* amount by which something changes **różnica, zmiana; seasonal variations** = changes which take place because of the seasons **wahania sezonowe;** ***seasonal variations in buying patterns***

variety [vəˈraɪətɪ] *noun* different types of things **różnorodność;** ***the shop stocks a variety of goods; we had a variety of visitors at the office today;*** **variety store** = shop selling a wide range of usually cheap items **sklep wielobranżowy; variety chain store** = chain store which sells a large range of goods **wielobranżowy sklep sieciowy;** ***the variety chain stores sell everything from jewellery to electrical products; variety chain stores are setting up their own factories to produce at least some of their own stock***

VAT [ˌviːeɪˈtiː *or* væt] = VALUE ADDED TAX ***the invoice includes VAT at 15%; the government is proposing to increase VAT to 17.5%; some items (such as books) are zero rated for VAT; he doesn't charge VAT because he asks for payment in cash;*** **VAT declaration** = statement declaring VAT income to the VAT office **deklaracja VAT; VAT invoicing** = sending of an invoice including VAT **fakturowanie; VAT invoice** = invoice which shows VAT separately **faktura; VAT inspector** = government official who examines VAT returns and checks that VAT is being paid **inspektor podatkowy ds. VAT; VAT office** = government office dealing with the collection of VAT in a particular area **urząd podatkowy ds. VAT**

◊ **VATman** *or* **vatman** [ˈvætmæn] *noun* VAT inspector

VDU [ˌviːdiːˈjuː] = VISUAL DISPLAY UNIT

Veblenian model [veˈbleɪnɪən ˈmɒdl] *noun* a theory of buying behaviour proposed by Veblen, which explains much of consumption in terms of social influences or pressures rather than economic ones **model Veblena;** ***a Veblenian model helps to illustrate the non-rational side of consumer behaviour***

vehicle [ˈviːɪkl] *noun* **(a)** machine with wheels, used to carry goods *or* passengers on a road **pojazd; commercial vehicle** *or* **goods vehicle** = van *or* truck used for business purposes **samochód dostawczy; heavy goods vehicle** = very large lorry **ciężarówka;** ***goods vehicles can park in the loading bay*** **(b)** specific newspaper, magazine, TV programme or radio programme used to carry an advertisement **nośnik (reklamy);** ***the media planner had two days to decide which vehicle to use for the press advertising***

vending [ˈvendɪŋ] *noun* selling **sprzedaż; (automatic) vending machine** = machine which provides drinks, cigarettes, etc. when a coin is put in **automat do sprzedaży**

◊ **vendor** [ˈvendə] *noun* **(a)** person who sells (a property) **sprzedający;** ***the solicitor acting on behalf of the vendor of the property*** **(b)** person who sells goods **sprzedawca; street vendor** = person who sells food or small items in the street **sprzedawca uliczny, vendor rating** = assessment of a vendor by a buyer on the basis of the vendor's reliability and the quality and price of the goods on offer **system oceny sprzedawców;** ***vendor rating has already disqualified three suppliers on the grounds of price; a good reputation for quick delivery is a key factor in the buying department's vendor ratings***

venture [ˈventʃə] **1** *noun* commercial deal which involves a risk **przedsięwzięcie handlowe;** ***he lost money on several import ventures; she's started a new venture - a computer shop;*** **joint venture** = very large business project in which two or more companies, often from different countries, join together **joint venture, wspólne przedsięwzięcie; venture capital** = capital for investment which may easily be lost in risky projects, but can also provide high returns **kapitał spekulacyjny/podwyższonego ryzyka; venture team** = group of people from different departments in a company who work together on a new product development project **zespół ds. przedsięwzięcia;** ***the venture team met regularly to monitor progress in the product's development*** **2** *verb* to risk (money) **ryzykować, stawiać na**

venue [ˈvenjuː] *noun* place where something is organized **miejsce;** ***the venue for the exhibition has been changed from the town hall to the conference centre***

> QUOTE: London does not have the same amount of venue space as other European exhibition centres
>
> Marketing Week

vertical [ˈvɜːtɪkəl] *adjective* upright; straight up or down **pionowy; vertical communication** = communication between senior managers via the middle management to the workers **komunikacja pionowa; vertical industrial market** = market in which a product is used by only one industry **pionowy rynek branżowy; vertical integration** = joining two businesses together which deal with different stages in the production or sale of a product **integracja pionowa/wertykalna; vertical marketing system** = distribution system that is a co-ordinated integrated unit involving the manufacturer, the wholesaler and the retailer, where marketing decisions are taken globally **system marketingu pionowego; vertical publication** = publication for people working at different levels in the same industry **publikacja pionowa;** *compare* HORIZONTAL

vessel [ˈvesl] *noun* ship **okręt, statek; merchant vessel** = commercial ship which carries a cargo **statek handlowy**

videotape [ˈvɪdɪəʊˈteɪp] **1** *noun* magnetic tape for recording sound and vision, used for making original recordings or taping existing television material **kaseta wideo;** ***the advertiser studied the video tape of the advertisement and sent his comments to the agency*** **2** *verb* to record something on video tape **nagrać coś na kasecie wideo;** ***the reactions of respondents trying the product for the first time were videotaped***

viewer [ˈvjuːə] *noun* person who watches television **widz; heavy viewer** = person who watches television frequently, and is part of the target audience for commercials **widz oglądający dużo telewizji**

VIP = VALUED IMPRESSION PER POUND

VISA [ˈviːzə] international credit card system **system VISA**

visible [ˈvɪzəbl] *adjective* which can be seen **widoczny; visible imports** *or* **exports** = real products which are imported *or* exported **import/eksport towarowy**

visual [ˈvɪzjʊəl] *adjective* which can be seen **wizualny; visual display terminal** *or* **visual display unit (VDU)** = screen attached to a computer which shows the information stored in the computer **ekran komputera**

◊ **visualizer** [ˈvɪzjʊəlaɪzə] *noun* person who produces visual ideas for advertisements or advertising campaigns **plastyk konceptualny w agencji reklamowej**

voice-over [ˈvɒɪsəʊvə] *noun* commentary for a TV or cinema advertisement, spoken by an actor who does not appear in the advertisement **pozakadrowy głos prezentera reklamy**

volume [ˈvɒljuːm] *noun* quantity of items **ilość, wolumen; volume discount** = discount given to customer who buys a large quantity of goods **rabat ilościowy; volume of output** = number of items produced **wielkość produkcji; volume of sales** *or* **sales volume** = number of items sold **wolumen sprzedaży; low** *or* **high volume of sales** = small *or* large number of items sold **niski/wysoki wolumen sprzedaży; volume of trade** *or* **volume of business** = number of items sold during a certain period **wielkość sprzedaży;** ***the company has maintained the same volume of business in spite of the recession;*** **volume segmentation** = segmentation *or* division of a market on the basis of the quantity of the product bought **segmentacja rynku pod względem wolumenu zakupów**

◊ **volumetrics** [vɒljuːˈmetrɪks] *noun* analysis of the relative influence of various media by considering the number of people who are exposed to them, and their importance as buyers **analiza wolumetryczna;** ***volumetrics has been our most useful tool in media buying; the marketing department consulted an expert in volumetrics to help plan the advertising campaign***

voluntary [ˈvɒləntərɪ] *adjective* **(a)** done freely *or* without anyone forcing you to act **dobrowolny; voluntary control** = system adopted by the advertising industry for controlling possible abuses which involves following certain guidelines laid down for the industry as a whole **dobrowolny system kontroli;** ***if voluntary controls are not effective, the government will have to bring in legislation*** **(b)** done without being paid **nieodpłatny; voluntary chain** *or* **voluntary group** = distributors who join together to buy from suppliers so as to enjoy quantity discounts **dobrowolne zrzeszenie dystrybutorów;** ***after joining the voluntary chain the shop saved up to 20% in buying;*** **voluntary organization** = organization which has no paid staff **organizacja skupiająca wolontariuszy**

◊ **voluntarily** [ˈvɒləntərəlɪ] *adverb* without being forced or paid **dobrowolnie, bezpłatnie**

voucher [ˈvaʊtʃə] *noun* **(a)** paper which is given instead of money **kupon, talon; cash voucher** = paper which can be exchanged for cash **talon gotówkowy;** ***the customer gets a cash voucher to the value of £2 with every £20 of purchases;*** **gift voucher** = card, bought in a store, which is given as a present and which must be exchanged for goods in that store **bon towarowy; luncheon voucher** = ticket, given by an employer to a worker, which can be exchanged in a restaurant for food **talon obiadowy; (b)** written document from an auditor to show that the accounts are correct *or* that money has really been paid **potwierdzenie prawidłowości prowadzenia ksiąg/potwierdzenie zapłaty**

Ww

wagon *or* **waggon** ['wægən] *noun* goods truck used on the railway **wagon towarowy;** *US* **waggon jobber** = limited function wholesaler, usually one who delivers goods by truck to retailers **hurtownik dostarczający koleją towar detalistom** *compare* TRUCK JOBBER

warehouse ['weəhaus] **1** *noun* large building where goods are stored **magazyn; bonded warehouse** = warehouse where goods are stored until excise duty has been paid **skład celny; warehouse capacity** = space available in a warehouse **powierzchnia magazynowa; price ex warehouse** = price for a product which is to be collected from the manufacturer's or agent's warehouse and so excludes delivery **cena z magazynu; 2** *verb* to store (goods) in a warehouse **przechowywać/składować w magazynie**

◊ **warehouseman** ['weəhausmən] *noun* person who works in a warehouse **magazynier**

◊ **warehousing** ['weəhauzɪŋ] *noun* act of storing goods **składowanie;** ***warehousing costs are rising rapidly***

warranty ['wɒrəntɪ] *noun* legal document which promises that a machine will work properly and in which the producer agrees to compensate the buyer if the product is faulty or becomes faulty before a certain date **gwarancja;** ***the car is sold with a twelve-month warranty; the warranty covers spare parts but not labour costs***

waybill ['weɪbɪl] *noun* list of goods being transported, made out by the carrier **list przewozowy**

wear and tear ['weər ən 'teə] *noun* damage to a product through use over a period of time **zużycie**

weekly ['wi:klɪ] *noun* newspaper *or* magazine which is published each week **tygodnik;** ***the clothes were advertised in the fashion weeklies***

weight [weɪt] *noun* measurement of how heavy something is **waga; to sell fruit by weight** = the price is per pound *or* per kilo of the fruit **sprzedawać owoce na wagę; false weight** = weight on a shop scales which is wrong and so cheats customers **fałszywa waga; gross weight** = weight of both the container and its contents **waga brutto; net weight** = weight of goods after deducting the packing material and container **waga netto; to give short weight** = to give less than you should **niedoważać; inspector of weights and measures** = government official who inspects goods sold in shops to see if the quantities and weights are correct **inspektor wag i miar**

◊ **weighted** ['weɪtɪd] *adjective* **weighted average** = average which is calculated taking several factors into account, giving some more value than others **średnia ważona; weighted index** = index where some important items are given more value than less important ones **wskaźnik ważony**

◊ **weighting** ['weɪtɪŋ] *noun* statistical process which gives more importance to some figures or results than others in the process of reaching a final figure or result **ważenie**

wet goods ['wet 'gʊdz] *noun* goods that are sold in liquid form **towary płynne;** ***special plastic containers have to be used for wet goods; inflammable wet goods are the most dangerous type of product to transport***

wheel of retailing ['wi:l əv 'ri:teɪlɪŋ] *noun* model which explains changes in the evolution of the retailing trade **koło detaliczne;**

COMMENT: this model explains that retailers start as low-price down-market stores and gradually trade up, and sometimes eventually go out of business, being replaced by new down-market stores

white goods ['waɪt 'gʊdz] *plural noun* **(a)** machines (such as refrigerators, washing machines, etc.) used in the kitchen **towary białe; (b)** household linen, sheets and towels, etc. **prześcieradła, ręczniki itp.**

wholesale ['həʊlseɪl] *noun & adverb* buying goods from manufacturers and selling in large quantities to traders who then sell in smaller quantities to the general public **hurt;** ***wholesale discount; wholesale shop;*** **wholesale dealer** = person who buys in bulk from manufacturers and sells to retailers **hurtownik; wholesale price index** = index showing the rises and falls of prices of manufactured goods as they leave the factory **wskaźnik cen hurtowych; he buys wholesale and sells retail** = he buys goods in bulk at a wholesale discount and then sells in small quantities to the public **kupuje w hurcie i sprzedaje w detalu**

◊ **wholesaler** ['həʊlseɪlə] *noun* person who buys goods in bulk from manufacturers and sells them to retailers **hurtownik**

wild cats ['waɪld 'kæts] *noun* in the Boston matrix, products which are not very profitable, having a low market share but which have a high growth rate **dzikie koty** (NOTE: also called **problem children** or **question marks**)

win [wɪn] *verb* to be successful **wygrywać; to win a contract** = to be successful in tendering for a contract **podpisać umowę, zdobyć kontrakt;** ***the company announced that it had won a contract worth £25m to supply buses and trucks***

window ['wɪndəʊ] *noun* **shop window** = large window in a shop front, where customers can see goods displayed **wystawa; window display** = display of goods in a shop window **ekspozycja w witrynie sklepowej; window shopping** = looking at goods in shop windows, without buying anything **„zakupy przez szybę", oglądanie bez kupowania**

◊ **window dressing** ['wɪndəʊ 'dresɪŋ] *noun* putting goods on display in a shop window, so that they attract customers **dekoracja wystaw sklepowych**

windscreen sticker ['wɪndskri:n 'stɪkə] *noun* advertising sticker put onto the windscreen of a car **nalepka na przednią szybę samochodu**

wobbler ['wɒblə] *noun* **shelf wobbler** = card placed on the shelf in a shop to promote a product **reklama na półce sklepowej**

work-in-progress *or US* **work in process** ['wɜ:k ɪn 'prəʊgres] *noun* value of goods being manufactured which are not complete at the end of an accounting period **produkcja w toku;** ***our current assets are made up of stock, goodwill and work-in-progress***

◊ **workload** ['wɜ:kləʊd] *noun* amount of work which a person has to do **obowiązki;** ***the sales manager has difficulty coping with his heavy workload***

◊ **works** [wɜ:ks] *noun* factory **fabryka;** ***an industrial works; an engineering works; the steel works is expanding;*** **price ex works** = price excluding transport from the manufacturer's factory **cena z fabryki**

◊ **workshop** ['wɜ:kʃɒp] *noun* small factory **pracownia, warsztat**

world [wɜ:ld] *noun* **(a)** the earth **świat; the world market for steel** = the possible sales of steel in the whole world **światowy rynek stali; world enterprise** = advanced form of international marketing **przedsiębiorstwo światowe; he has world rights to a product** = he has the right to sell the product anywhere in the world **ma prawo sprzedaży produktu na całym świecie; (b)** people in a particular business *or* people with a special interest **branża, świat;** ***the world of big business; the world of publishing*** *or* ***the publishing world; the world of lawyers*** *or* ***the legal world***

◊ **worldwide** [wɜ:ld'waɪd] *adjective & adverb* everywhere in the world **światowy;** ***the company has a worldwide network of distributors; worldwide sales*** *or* ***sales worldwide have topped two million units; this make of computer is available worldwide***

wrap (up) ['ræp ('ʌp)] *verb* to cover something all over (in paper) **pakować;** ***he wrapped (up) the parcel in green paper;*** **to gift-wrap a present** = to wrap a present in special coloured paper **zawinąć w ozdobny papier; shrink-wrapped** = covered in tight plastic protective cover **zapakowany w folię termokurczliwą**

◊ **wrapper** ['ræpə] *noun* material which wraps something **opakowanie;** ***the biscuits are packed in plastic wrappers***

◊ **wrapping** ['ræpɪŋ] *noun* **wrapping paper** = special coloured paper for wrapping presents **papier opakunkowy; gift-wrapping** = (i) service in a store for wrapping presents for customers; **pakowanie w ozdobny papier;** (ii) coloured paper for wrapping presents; **ozdobny papier; shrink-wrapping** = act of covering (a book, fruit, a record, etc.) in a tight plastic cover **pakowanie w folię termokurczliwą**

Xx Yy Zz

brand X ['brænd 'eks] the anonymous brand which is used on TV commercials as a comparison to the named brand being advertised **marka X, anonimowa marka produktu**

yard [jɑːd] *noun* measure of length (= 0.91 metres) **jard**

yearbook ['jɜːbʊk] *noun* reference book which is published each year with updated or new information **rocznik;** ***look up the trade statistics in the latest Government Yearbook***

yellow goods ['jeləʊ 'gʊdz] *noun* high-priced goods which are kept in use for a relatively long time and so are not replaced very frequently **towary żółte;** *compare* ORANGE GOODS, RED GOODS

yellow pages ['jeləʊ 'peɪdʒɪz] *plural noun* section of a telephone directory (printed on yellow paper) which lists businesses under various headings (such as computer shops or newsagents, etc.) **branżowy spis firm**

yuppies ['jʌpɪz] *noun* young professional people with relatively high incomes **yuppies** (NOTE: short for **Young Upwardly-mobile Professionals)**

zero-rated ['zɪərəʊ'reɪtɪd] *adjective* (item) which has a VAT rate of 0% **obłożony zerową stawką VAT**

◊ **zero-rating** ['zɪərəʊ'reɪtɪŋ] *noun* rating of an item at 0% VAT **obłożenie zerową stawką VAT**

zip code ['zɪp 'kəʊd] *noun US* numbers used to indicate a town in an address on an envelope **kod pocztowy** (NOTE: GB English is **postcode)**

zone [zəʊn] **1** *noun* area of a town *or* country (for administrative purposes) **strefa; development zone** *or* **enterprise zone** = area which has been given special help from the government to encourage businesses and factories to set up there **specjalna strefa gospodarcza; free trade zone** = area where there are no customs duties **strefa wolnego handlu; 2** *verb* to divide (a town) into different areas for planning purposes **dzielić na strefy; land zoned for light industrial use** = land where planning permission has been given to build small factories for light industry **rejon przeznaczony pod przemysł lekki**

INDEKS

INDEKS POLSKO-ANGIELSKI

Z powodów praktycznych niniejszy indeks ma charakter pomocniczy i nie zawiera wszystkich podhaseł znajdujących się w słowniku. Umieszczono w nim jedynie podhasła, których odnalezienie w treści słownika mogłoby być trudne. W złożeniach podkreślono wyraz wskazujący hasło, pod którym znajduje się angielski odpowiednik terminu umieszczonego w indeksie.

A

artykuły oznaczone marką sklepu – private label goods
artykuły pierwszej potrzeby – essential goods/products, the (basic) necessities, necessity products
artykuły prasowe – editorial matter
artysta reklamowy – commercial artist
asortyment – product line/mix/portfolio/range, assortment, product line, range
asygnowanie środków – appropriation
atest – seal/test of approval
atmosfera – atmosphere
atrakcyjność – appeal
atrapa – dummy, mock-up
attach, handlowy – commercial attach,
audio-wizualny – audio-visual
audyt – audit
aukcja – auction
aukcja zniżkowa – Dutch auction
aukcjonator – auctioneer
automat do sprzedaży – (automatic) vending machine
automat wrzutowy – slot machine
automatyczny – automatic
automatyzacja – automation
autor tekstów reklamowych – copywriter
awizo – advice of dispatch, advice note, letter of advice
aż do odwołania – until further notice

B

badacz – researcher
badać – to research, to test
badania – research, test
badania gabinetowe – desk research
badania konsorcjalne – syndicated research
badania w terenie – field research, fieldwork
badania zachowań nabywczych konsumentów – consumer research
badania źródłowe – armchair/desk research
badanie – analysis, audit, test
badanie opinii publicznej – canvassing, opinion poll/research
badanie postaw – attitude survey
badanie punktów sprzedaży detalicznej – shop audit
badanie rynku – market research/test
bank danych – data bank
bank kupiecki – merchant bank
bankier – banker
banknot – bank bill, bill, note
banknoty – paper money/currency
bankomat – Automated Teller Machine (ATM), automatic telling machine, cash dispenser
bankowa stawka bazowa – bank base rate
bardzo niskie ceny – knockdown prices
bariera – barrier
bariery celne – customs/tariff barriers
barter – barter
baza – base, basis
baza danych – database
baza transportu drogowego – road haulage depot
beneficjent – payee
bestseller – best-seller
bez – ex
bez kuponu – ex coupon
bez ładunku – unladen
bez mocy prawnej – null
bez ograniczeń – open-ended, free
bez uprzedzenia – cold
bezcłowy – free of duty, duty-free
bezgotówkowa wymiana towarów – barter/ing
bezpłatna gazeta – free/giveaway paper, freesheet
bezpłatne pismo reklamowe – controlled circulation magazine
bezpłatne testowanie urządzenia/produktu – free trial
bezpłatnie – voluntarily
bezpłatny – free (of charge), complimentary
bezpłatny dowóz towarów – goods delivered free
bezpłatny transport – carriage free
bezpłatny upominek – free gift, premium offer
bezpośredni – direct, immediate
bezpośrednio – direct/ly
bezruch – lull
bezwarunkowa akceptacja konosamentu – clean acceptance
bezzwrotny – non-refundable/returnable
biegły księgowy – certified (public) accountant, chartered accountant
bieżący – current
bilans – balance sheet
bilans handlowy – balance of payments/trade
bilateralizm – bilateralism
bilet – ticket
bitwa – battle
biuletyn – bulletin
biurko – desk
biuro podróży – travel agency
biuro pośrednictwa pracy – employment agency
biuro projektów – design studio
biznes – business
bizneslunch – business lunch
biznesman – businessman
biznesplan – business plan
błąd – error
błąd maszynowy – clerical error
boczny – lateral
bodziec – incentive
bogactwa naturalne – natural resources
bojkot – boycott
bojkotować – to boycott
bon – coupon
bon książkowy – book token
bon towarowy – gift coupon/token, gift voucher
bon/znaczek premiowy – trading stamp
bonifikata – allowance, discount, rebate
bonus – free gift, giveaway, premium offer
boom – boom
bostońska macierz/matryca – Boston matrix
brać – to take
brak – gap, scarceness, scarcity, shortage
brak artykułu w magazynie – stockout
brak równowagi – disequilibrium
branża – industry, line of business/work, trade, world
branża usługowa – service industry

branżowy spis firm – classified directory, yellow pages
brief reklamowy – copy/advertising brief
broker – broker
broker dewizowy – foreign exchange broker
broń i wyposażenie wojskowe – military hardware
broszura – brochure, pamphlet, prospectus
brudny – dirty
brutto – gross
brygada produkcyjna – production unit
brytyjski państwowy dług wieczysty – funded debt
bubel – pup
budka – kiosk
budka telefoniczna – telephone kiosk
budynek – facility
budżet – budget
budżet operacyjny – operating budget
budżet reklamowy – advertising budget
budżetowy – budgetary
burza mózgów – brainstorming, synectics
butik – boutique
być kupowanym – to sell
być pionierem – to pilot
być w mocy – to run
być zadłużonym – to be in debt

C

cała kwota – lump sum
całkowicie – in full
całkowite roczne obroty (agencji reklamowej) – billing
całkowity – absolute, aggregate, full, overall, total
cecha probiercza – assay mark
cechować – to hallmark
cel – aim, goal, objective, target
celnik – customs officer
cena – price
cena akcji bez dywidendy – share quoted ex dividend
cena całkowita – full price
cena detaliczna – retail price
cena dnia – current price
cena fakturowa – invoice price
cena franco nabrzeże – price ex dock/quay
cena franco statek – price ex ship
cena hurtowa – trade price
cena jednostkowa – unit price
cena katalogowa – catalogue price
cena katalogowa – list price
cena loco fabryka – price ex works/factory
cena loco magazyn/skład – price ex warehouse
cena łączna – all-in price
cena maksymalna – ceiling price
cena na okładce – cover price
cena otwarcia – opening price
cena po kosztach własnych – cost price
cena podana na wyrobie – marked price
cena podstawowa – basic price
cena rynkowa – market price
cena sterowana – administered price
cena wywoławcza – upset price
cena z dostawą – delivered price
cena z fabryki – price ex works
cena z kosztami transportu, wyładunku i cła – landed costs
cena z magazynu – price ex warehouse
cena zalecana przez producenta – manufacturer's recommended price (MRP)
cena zawyżona – loaded price
cena/stawka przy dostawie natychmiastowej – spot price/rate
cennik – price list
cennik opłat za reklamy – rate card
cenowy – price
centrala – central office
centralizować – to centralize
centralny – central
centrum – centre
centrum biznesu – business centre
centrum handlowe – shopping centre/mall, commercial centre, galleria
centrum kosztowe – cost centre
centrum zysków – profit centre
chałupnictwo – home/cottage industry
charakterystyka – profile
charakterystyka klienta/konsumenta – customer/consumer profile
chemigrafia – photoengraving
chętny – keen
chętny do współpracy – co-operative
chłam – pup
chłodnia – cold storage, cold store
chłonność – absorption
chłonny rynek – ready market
chodliwe towary – fast-selling items
chodliwy – fast-moving
chwiejność – instability
chwyt – ploy
chwyt (reklamowy) – gimmick
ciągłość – continuity
ciągły – continuous, rolling
ciężarówka – heavy goods vehicle, truck
cło – customs (duty)
cło od wartości – ad valorem duty
cło wwozowe – import duty/levy
cło zwrotne – drawback
coroczny – annual
cudzoziemiec – foreigner
cumować – to berth
cykl – cycle
cykl koniunkturalny – business/economic/trade cycle
cykl życia produktu – product life cycle (PLC)
cykl życiowy – life cycle
cykliczny – cyclical
cytować – to quote
czarna lista – black list
czarny rynek – black market, under-the-counter sales
czarter – charter/ing
czarterować – to charter
czas antenowy – air time
czas antenowy przeznaczony na reklamy – time segment
czas dostępu – access time
czas najwyższej oglądalności – peak/prime time

czas pracy komputera – computer time
czas reklamowy – advertising/commercial time
czas rzeczywisty – real time
czas trwania reklamy – timelength
czasopismo – journal, magazine, periodical
czasopismo branżowe – trade magazine
czek – cheque
czek bez pokrycia – bouncing/dud/rubber cheque cheque
czek gotówkowy/kasowy/niekrosowany/niezakreślony – open/uncrossed cheque
czek in blanco – blank cheque
czek krosowany/zakreślony – crossed cheque
czek na okaziciela – cheque to bearer, negotiable cheque
czeki podróżne – traveller's cheques
częsta nieusprawiedliwiona absencja w pracy – absenteeism
częstotliwość – frequency
częsty – frequent
częściowo – semi-
częściowy – part
część – component, part, unit
część zamienna/zapasowa – spare part
człowiek sukcesu – achiever, high flier
czyn niedozwolony – tort
czynnik – factor
czysty – clean
czytelnictwo – readership
czytelnik – reader

D

dać licencję – to license
dać napiwek – to tip
dane – data
dane empiryczne – empirical data
dane liczbowe – numeric data
dane po korekcie sezonowej – seasonally adjusted figures
danina – levy
darmowy – free (of charge)
data – date
datek – ex-gratia payment
dawać sobie radę – to manage
dążyć – to aim
dealer – dealer
debet – charge, debit
decydent – decider, decision-maker
decydować – to decide
decydujący czynnik – deciding factor
decyzja – decision
deficyt – deficit, gap
deficyt dolarowy – dollar gap
deficyt handlowy – trade gap
deflacja – deflation
deflacjonować gospodarkę – to deflate the economy
deflacyjny – deflationary
deklaracja – return
deklaracja celna – bill of entry, customs declaration
deklaracja vat – VAT declaration
delegacja – delegation
delegacja – mission
delegacja handlowa – trade mission
delegacja służbowa – business trip
delikatna sprzedaż – low-pressure sales, soft sell
demarketyzacja – demarketing
demografia – demography
demograficzny – demographic
demonstracja – demonstration
demonstrować – to demonstrate
depozyt – deposit, earnest, escrow
deprecjacja – depreciation
deregulacja – deregulation
detal – retail/ing
detalista – retail dealer, retailer
detalista-potentat – giant retailer
dewaluacja – devaluation
dewaluować – to devalue
dewizowy – foreign exchange
dewizy – foreign exchange
dezintegracja – disintegration
diagram – diagram
diagram sprzedaży – sales chart
dług – debt, obligation
dług nieściągalny/zły – bad debt
dług państwowy – the National Debt
długi – arrears, liabilities
długoletni – long-standing
długoterminowo – on a long-term basis
długoterminowy – long-range/term
długotrwałe skutki – durable effects
dłużnik – debtor
dno – bottom
do dyspozycji – in hand
do negocjacji – negotiable
doba – day
dobić targu – to close a sale
dobra inwestycyjne – capital goods
dobra kapitałowe – capital goods
dobra koniunktura – boom
dobra konsumpcyjne – consumer goods
dobrowolny – optional, voluntary
dochodowość – profitability
dochodowy – profit-making, profitable
dochód – income
dochód bieżący – current yield
dochód do wykorzystania – discretionary income
dochód krańcowy – marginal revenue
dochód narodowy – national income
dochód narodowy brutto – gross domestic product (GDP)
dochód osobisty – private income
dochód osobisty netto – disposable personal income
dochód po opodatkowaniu – disposable income
docierać – to reach
dodatek – bonus, supplement
dodatek drożyźniany – cost-of-living allowance/bonus
dodatek ilustrowany – colour supplement
dodatkowa opłata – premium
dodatkowe świadczenia pracownicze – fringe benefits
dodatkowy – extra, subsidiary
dodatni – positive
dodatni bilans handlowy – favourable balance of trade

dodatni przepływ środków pieniężnych – positive cash flow
dogodne warunki płatności – easy terms
dogodny – convenient
dojrzałość – maturity
dojrzały – mature
dok ładunkowy – loading dock
dokładnie na czas – just-in-time (JIT)
dokładnie oceniać – to screen
dokładny – accurate
dokładny i rzetelny opis – accurate description
dokonać przedpłaty – to pay money down
dokonywać – to effect
dokonywać recyclingu – to recycle
dokument – document, instrument
dokument odprawy celnej – customs clearance
dokument patentowy – letters patent
dokumentacja – documentation
dokumentacja rysunkowa reklamy telewizyjnej – storyboard
dokumenty – papers, records
dokumenty w zamian za akcept – documents against acceptance
dokumenty w zamian za gotówkę – documents against cash
dola – rake-off
dołączać – to enclose
dom – home, house
dom aukcyjny – auction house
dom dyskontowy – discount house
dom finansowy – finance company/corporation/house, secondary bank
dom towarowy – department store
domokrążca – door-to-door salesman, hawker, peddlar
domokrążny – door-to-door
domowy – domestic
domy prywatne – house property
dopłata – surcharge
dopuszczalny – acceptable
doradca finansowy – accountant, financial adviser
doradca handlowy – commercial counsellor
doradca prawny – legal adviser
doradztwo – consultancy
doraźna kontrola – spot check
doraźny – ad hoc
doręczanie przesyłek – parcel delivery service
doroczny – annual
doskonały – perfect
dostarczać – to deliver, to supply
dostawa – delivery, supply
dostawa (żywności) – catering
dostawa terminowa – future delivery
dostawa z potwierdzeniem odbioru – recorded delivery
dostawca – supplier
dostawca okrętowy – ship chandler
dostawca rządowy – government contractor
dostawca (żywności) – caterer
dostęp do rynku – access
dostępność – accessibility, availability
dostępny – open
dostosowywać – to adapt, to adjust
doświadczać – to experience
doświadczenie – experience
doświadczenie zawodowe – background
dotacja – handout, subsidy
dotychczasowe wyniki – track record
dowód – proof
dowód dostawy – delivery receipt
dowód odprawy celnej – clearance certificate
dowód sprzedaży – bill of sale
dowód zakupu – proof of purchase
dożywotnia renta – life annuity
drobna kradzież – pilferage, pilfering
drobne prezenty reklamowe – reminder line
drobny przedsiębiorca – small businessman
droga – road
droga lotnicza – air
drogi – costly, expensive
drogi pieniądz – dear money
droższy – up market
druga połowa roku – second half-year
drugi – second
drugiej klasy – second-class
drugorzędni klienci – fringe accounts
drugorzędny – secondary
druk partiami – split run
drukarka wierszowa – line printer
drukarz akcydensów – jobbing printer
druki – printed matter
drzewko decyzyjne – decision tree
drzwi – door
dumping – dumping
duopol – duopoly
duża tablica reklamowa – hoarding
duże (tanie) opakowanie – economy size
duży – heavy
duży i nieporęczny – bulk
duży popyt – keen demand
duży sklep – store
dwa razy większy – double
dwupak – twin-pack
dwustronny – bilateral
dyferencyjna taryfa celna – differential tariffs
dyfuzja – diffusion
dyrekcja – directorate
dyrektor – director
dyrektor artystyczny – art director
dyrektor naczelny – managing director
dysekonomia skali – diseconomies of scale
dyskonter – discounter
dyskontować – to discount
dyskontować weksel – to discount a bill
dyskrecjonalny – discretionary
dyskryminacja – discrimination
dysonans poznawczy – cognitive dissonance
dyspozycje wysyłkowe – shipping instructions
dyspozytor – dispatcher
dystrybucja – distribution
dystrybucyjny – distributive
dystrybutor – distributor

dywersyfikacja – diversification
dywersyfikować – to diversify
dział – counter, department, division
dział kontroli wewnętrznej – internal audit department
dział księgowości – accounts department
dział pocztowy – mail room
dział projektowy – design department
dział reklamacji – complaints department
dział usługowy – service department
dział wyprzedaży – bargain counter
działać – to function, to operate
działalność gospodarcza – business
działalność uboczna – sideline
działanie – operation
dziedzina wzrostu – growth area
dzielić – to break up, to share
dzielić na segmenty – to segment
dzielić na strefy – to zone
dzielnica handlowa – shopping precinct
dziennik – journal
dziennikarz – journalist
dzień – date, day
dzień druku (gazety) – press date
dzień targowy – market day
dzień wejścia w życie – effective date
dzierżawa – lease
dzierżawić – to lease
dzisiejszy kurs wymiany – current rate of exchange
dzwonić do – to call
dżingiel – jingle

E

edycja – edition
edytorski – editorial
efekt/prawo Pareta – Pareto rule, eighty/twenty rule
efektywność – effectiveness
efektywny – effective, effectual
ego – ego
egzemplarz pokazowy – demonstration model
egzemplarze dodatkowe – run-on
ekonometria – econometrics
ekonomia – economics, economy
ekonomia skali – economies of scale
ekonomiczny – economic
ekonomiczny samochód – economy car
ekonomista – economist
ekran – screen
ekran (komputera) – visual display unit/terminal
ekspansja – expansion
ekspert – expert
ekspertyza – expert's report
eksploatować – to exploit
eksponat – exhibit
eksport – export trade, export/ation
eksport pośredni – indirect exporting
eksport towarowy – visible export/s
eksporter – exporter
eksportować – to export
eksportowy – export
ekspozycja – display
ekspozycja w witrynie sklepowej – window display
ekspresowy – express
ekstra duży – king-size
ekstrapolacja – extrapolation
elastyczność – elasticity
elastyczny – elastic
elektroniczne przetwarzanie danych – electronic data processing (EDP)
elektroniczny – electronic
elektroniczny przelew funduszów w punkcie sprzedaży – electronic funds transfer at point of sale (EFTPOS)
element – component, unit
eliminacja – elimination
eliminować – to eliminate
embargo – embargo
etyka – ethics
etykieta – label
etykietka samoprzylepna – self-sticking label
etykietka z klejem – gummed label
Europejska Wspólnota Gospodarcza – the European Economic Community

F

fabryka – factory, works
fakt – fact
factoring – factoring
faks – fax
faktor – factor
faktura – bill, (VAT) invoice
faktura celna – customs invoice
faktura pro forma – pro forma invoice
fakturowanie – VAT invoicing
fakturowanie – billing, (VAT) invoicing
fakturzysta – invoice clerk
fałszerstwo – falsification
fałszować – to falsify
fałszywy – dud, false
fast food – fast food
fiasko – flop
filia – branch
film animowany/rysunkowy – animation
film dokumentalny – documentary
finanse – finance
finansista – financier
finansować – to finance
finansowanie – financing
finansowanie deficytem/przez deficyt – deficit financing
finansowy – financial
firma – business, firm
firma deweloperska – a property developer
firma dyskontowa – discounter
firma eksportowa – export house
firma finansująca zakupy na raty – hire-purchase company, finance house
firma finansująca zakupy ratalne – finance corporation/house
firma handlowa – trading company
firma przewozowa – carrier
firma składownicza – storage company

firma sprzedaży wysyłkowej – catalogue house, mail order company
firma transportowa – common carrier, contract carrier, haulage contractor
firmowy – corporate
fixing – fixing
fizyczny – physical
flota handlowa – mercantile marine, merchant navy/marine, the merchant marine
folia do pakowania – bubble wrap
forma – form
formalności celne – customs formalities
format – format
formularz – form, return
formularz zbycia udziałów – stock transfer form
fotograwiura – photogravure
fotoskład – phototypesetting
fracht – freight
frachtowiec – cargo ship, freighter
frachtowiec liniowy – cargo liner
fragment – fragment
fragmentacja – fragmentation
franchising – franchising
franchisingobiorca – franchisee
franchisingodawca – franchiser, franchisor
franco doki – free docks
franco nabrzeże – free on quay
franco statek – free on board (f.o.b.), goods delivered on board
franco wagon kolejowy – free on rail
franco wskazane miejsce przeznaczenia – free on board (f.o.b.)
franco wzdłuż burty – free alongside ship
franco z nabrzeża – price ex quay
franco za burtą w porcie przeznaczenia – free overboard/overside
franszyza – franchise
franszyza terytorialna – territorial rights
front sklepu – frontage
fronton sklepu – shop front
fundusze – finance
funkcja – function
funkcjonalny – functional
funkcjonować – to function
funkcjonowanie – operation
futurologia – futurology
fuzja – merger

G

gablota – showcase
gablota wystawiennicza – display cabinet/case
gama – assortment
gastronomia – the catering trade
gazeta – newspaper, paper
gazeta branżowa – trade paper
gazeta o zasięgu ogólnokrajowym – national newspaper
gazeta zakładowa – house journal/magazine/organ
gazetka zakładowa – house magazine, newsletter
generacja – generation
geograficzna segmentacja rynku – geographical segmentation
geograficzny – geographical
giełda papierów wartościowych – stock exchange
giełda staroci – car boot sale
giełda towarowa – commodity exchange
globalny – aggregate, global
główny – grand, master, principal
główny produkt – core product
godzina zamknięcia – closing time
godziny otwarcia/urzędowania – business/opening hours
godziny sprzedaży alkoholu – licensing hours
gorąca linia – hotline
gorszy – inferior
gospodarczy – economic
gospodarka – economy
gospodarka sterowana – controlled economy
gospodarka wolnokonkurencyjna – laissez-faire economy
gospodarka wolnorynkowa – free market economy
gospodarka wymienna – exchange economy
gospodarstwo domowe – household
gotowe wyroby spożywcze – convenience foods
gotowy – off-the-peg, , ready, ready-made, ready-to-wear
gotówka – (hard)/ready cash
gotówka za dokumenty – cash against documents
gotówką przy odbiorze – cash/collect on delivery
gotówką przy zamówieniu – cash with order
graficzny styl przedsiębiorstwa – livery
grafika – graphics
granica – limit
gromadzenie – hoarding
gromadzenie danych – data acquisition
gromadzenie wycinków prasowych – clipping
gromadzenie zapasów – hoarding of supplies
gromadzić – to hoard, to stockpile, to stock up
grupa – class, cluster, group, party
grupa konsumentów – panel of consumers
grupa kontrolna – control group
grupa nacisku – pressure group
grupa negocjatorów – negotiating committee
grupa odniesienia – reference group
grupa testująca – test panel
grupa wiekowa – age group
grupować – to batch, to group
grupowy – group
gubić – to lose
gumka – band
gwałtownie obniżać ceny – to slash
gwałtownie spadać – to slump
gwałtownie zmniejszać się – to slump
gwałtowny spadek – slump
gwarancja – guarantee, warranty
gwarancja separacji promocyjnej/reklamowej – commercial protection, competitive separation
gwarancja zwrotu pieniędzy – money-back guarantee/offer
gwarant – guarantor
gwarantować – to guarantee

H

hala targowa – market hall
hala wystawowa – exhibition room/hall
handel – commerce, merchandizing, trade, trading
handel detaliczny – the retail trade, retail/ing
handel krajowy – home trade
handel międzystanowy – interstate commerce
handel morski – maritime trade
handel obustronny – reciprocal trade
handel reeksportowy – entrepot trade
handel wymienny – barter/ing
handel zagraniczny – external/foreign/overseas trade
handlarz – dealer
handlarz artykułami używanymi – secondhand dealer
handlować – to deal, to handle, to merchandize, to trade (in)
handlowiec – dealer, marketer, merchant, trader
handlowy – commercial, mercantile, trade
harmonogram – schedule
heliograwiura – photogravure
hermetyczny – airtight
hipermarket – hypermarket, megastore
hipoteza – hypothesis
histogram – histogram
historia – record
historia działalności – track record
historyczny – historic/historical
honorarium autorskie – royalty
horyzontalny – horizontal
hossa – boom
hotel z gwiazdkami – graded hotel
hurt – wholesale
hurtowe ilości towaru – bulk
hurtownik – wholesale dealer, jobber, wholesaler

I

ilościowy – quantitative
ilość – quantity, volume
ilustracje – pix
imię i nazwisko – name
imitacja – dummy, imitation
import – import/ation, import trade
import pozatowarowy – invisible imports
import towarowy – visible import/s
importer – importer
importować – to import
importowo-eksportowy – import-export
impuls – impulse
indeks – index
indeks Nielsena – Nielsen Index
indeksacja – indexation
indeksowanie – indexation, indexing
indeksowany – index-linked
indos – endorsement
indosant – endorser
indosatariusz – endorsee
indosować – to endorse
industrializacja – industrialization
indywidualny – individual
inflacja – inflation
inflacyjny – inflationary
infolinia – freephone
informacja – information
informacje – data
informacje zwrotne – feedback
informator handlowy – commercial/trade directory
informatyka – information technology (IT)
informować – to inform
inkasent należności – debt collector
inkaso należności – debt collection
inkasować – to collect
innowacja – innovation
innowacyjny – innovative
innowator – innovator
inspektor vat – VATman, vatman
instalacja – installation
instalować – to install
instrukcja – order
instrukcja obsługi – directions for use, handbook, operating manual, user's guide
instrukcje wysyłkowe – forwarding instructions, instructions for forwarding
instrument – instrument
instrument niezbywalny – non-negotiable instrument
instrument zbywalny – negotiable instrument/paper
instytucja – institution
instytucjonalny – institutional
instytut badawczy – research institute
integracja – integration
integracja pozioma – horizontal integration
integracja wsteczna – backward integration
integrować – to integrate
intensywna kampania handlowa – sales drive
intensywna reklama plakatowa – impactaplan
intensywny – intensive
interaktywny – interactive
interes – deal
interesy – business
interpolacja – interpolation
inwentaryzacja – physical inventory, stocktaking, stocktake
inwentaryzować – to inventory, to take stock
inwentarz – inventory
inwestycja – investment
inwestycje kapitałowe – capital expenditure/investment/outlay
istotny – essential
iść gwałtownie w górę – to rocket
izba handlowa – Chamber of Commerce
izba skarbowa – Internal Revenue Service

J

jakby – quasi-
jakościowy – qualitative
jakość – quality
jard – yard
jazda próbna – test drive
jądro – core
jeden z – odd
jednoczyć – to integrate

jednorazowego użytku – disposable
jednorazowy – disposable
jednorodny – homogeneous
jednostka – unit
jednostka badawcza – research unit
jednostka pieniężna – monetary unit
jednostronny – unilateral
jedyny – sole
język ciała – body language
język programowania – computer language
joint venture – joint venture

K

kadr z filmu – action shot
kadra – manpower
kalkulacja kosztów – cost accounting
kampania – campaign
kampania handlowa – sales campaign
kanał – channel
kanał dystrybucji – distribution channel
kapitalista – capitalist
kapitalistyczny – capitalist
kapitalizm – capitalism
kapitał – capital
kapitał akcyjny/własny/zakładowy – equity capital, share capital
kapitał obrotowy – circulating/working capital
kapitał podwyższonego ryzyka/spekulacyjny – risk/venture capital
kapitał wpłacony – paid-up capital
kapitał wyemitowany – issued capital
kapitał zakładowy – initial capital
karnet – carnet
karta – card, chart
karta bankomatowa – cash card
karta debetowa – debit card
karta kredytowa – credit card
karta praw konsumenta – shopper's charter
karta stałego klienta – store card
karta umowy – contract note
karta z odroczoną płatnością – charge card
karta z uiszczoną opłatą pocztową – reply paid card
karta zejścia na ląd – landing card
kartel – cartel
kartel cenowy – common pricing, price fixing
karton – carton
kasa – cash desk/register/till, checkout
kasa biletowa – booking office, ticket counter
kasa kredytowa/pożyczkowa – credit union
kasa podręczna – petty cash
kasa rejestrująca – cash register
kaseta wideo – videotape
kasetka na pieniądze – cash box
kasjer – booking clerk, cashier
katalog – catalogue, directory, list
katalog firm – commercial/trade directory
katalog rzeczowy – classified catalogue
katalog wysyłkowy – mail-order catalogue
kategoria – class
kierować – to administer, to direct, to lead, to manage
kierowanie – direction, management
kierownictwo – management team
kierowniczka – manageress
kierowniczy – managerial
kierownik – administrator, director, manager
kierownik/właściciel sklepu – shopkeeper
kiosk – kiosk
kiosk z gazetami – news stand
klasa – class
klasyfikacja – classification
klasyfikować – to classify, to grade
klauzula – clause
klauzula o karach umownych – penalty clause
klauzula o kraju najwyższego uprzywilejowania – most-favoured-nation clause
klauzula wyłączenia – exclusion clause
klauzula wzrostu cen – escalator/escalation clause
klawiatura – keyboard
klawiatura numeryczna – numeric keypad
klawiatura pomocnicza – keypad
klient – account, client, customer, shopper
klient mający oddziały w całym kraju – national account
klientela – clientele
klub – club
kluczowy – key
kluczowy klient – key account
know-how – know-how
kod – code
kod kreskowy – bar code
kod magazynowy – stock code
kod paskowy – bar code
kod pocztowy – postcode, zip code
kolej – rail/way, railroad
kolumna – column
kolumna „Winien" – debit column/side, debtor side
kołek – peg
komercjalizacja – commercialization
komercjalizować – to commercialize
komercyjny – commercial
komisant – commission agent
komisja finansowa – finance committee
komisja nadrzędna – overrider/overriding commission
komiwojażer – commercial traveller, travelling salesman
kompensować niedobór – to make good a deficit
komplementarny – complementary
kompletacja zamówienia – order picking
kompletny – full
kompletowanie zamówienia – order picking
komponent – component
kompozycja – layout
komputer – computer
komputerowy – computer
komputeryzować – to computerize
komunikacja – communication
komunikat prasowy – news/press release
koncentracja – concentration, orientation
koncepcja – concept
koncepcja produktu – product idea
koncern – group
koncesja – concession

koncesja na sprzedaż alkoholu – liquor licence
koncesja na sprzedaż alkoholu na wynos – off licence
koncesjobiorca – licensee
koncesjonariusz – concessionaire
kondycja – situation, standing
konfekcjonować – break bulk
konfekcjonowanie – bulk-breaking
konferencja – conference
konferencja prasowa – press conference
konfiskata – forfeit/ure
konfiskować – to forfeit
konflikt/sprzeczność interesów – conflict of interest
konglomerat – conglomerate
koniec – end
koniec linii kolejowej – railhead
konieczność – necessity
konkurenci – the competition
konkurencja – competition
konkurencja cenowa – price competition
konkurencja czysta – pure competition
konkurencja doskonała – perfect competition
konkurencja w warunkach monopolu – monopolistic competition
konkurencyjne ceny – keen prices
konkurencyjność – competitiveness
konkurencyjny – competitive, rival
konkurent – competitor, rival
konkurować – to compete
konkurs – contest
konkurs promocyjny – competition
konkurujący – competing
konosament – bill of lading
konosament brudny – claused/dirty/foul bill of lading
konosament czysty -clean bill of lading
konosament w podróży powrotnej – inward bill
konserwacja – service
konserwować – to service
konsolidacja – consolidation
konsolidator – consolidator
konsorcjum – consortium
konsultant – consultant
konsument – consumer
konsument końcowy – end consumer
konsumeryzm – consumerism
konsumpcja – consumption
konsygnacja – consignation, consignment
konsygnant – consignor
konsygnatariusz – consignee
konsygnować – to consign
kontakt – rapport
kontener – container
kontenerowiec – van/container ship
konteneryzacja – containerization
konto bankowe – bank account
konto kasowe – cash account
konto przeciwstawne – contra account
kontrahent – contractor
kontrakt – agreement, contract
kontrakty towarowe typu futures – commodity futures
kontrasygnować – to countersign
kontroferta – counterbid, counteroffer
kontrola – administration, audit, control, restraint
kontrola stanu zapasów – inventory control
kontrola wyrywkowa – random check
kontrolować – to control
kontrreklama – counteradvertising
kontyngent – import quota
końcowy – closing, ultimate
kończyć – to close
kooperacyjny – co-operative
koperta lotnicza – airmail envelope
kopia matka – master copy
kopia zapasowa – backup copy
korekta po przełamaniu – page proof
korekty sezonowe – seasonal adjustments
korelacja – correlation
korespondencja – correspondence, mail, post
korespondencja handlowa – business correspondence
korporacja – corporation
korporacja ponadnarodowa – trans-national corporation
korporacja wielonarodowa – multinational
korygować – to adjust
kosmetyczny – cosmetic
kosz – bin
koszt – charge, cost, expense
koszt bezpośredni – direct cost
koszt frachtu ponosi odbiorca – freight collect/forward
koszt historyczny – historic(al) cost
koszt i fracht – cost and freight
koszt jednostkowy – unit cost
koszt krańcowy – marginal cost
koszt składowania – storage
koszt transportu ponosi odbiorca – carriage/freight forward
koszt, ubezpieczenie i fracht – cost, insurance and freight (c.i.f.)
kosztorys – estimate, quote, quotation
kosztować – to cost
koszty administracyjne – administration expenses
koszty bieżące/operacyjne – running costs/expenses, costs of running a business
koszty ogólnego zarządu – oncosts, overheads
koszty operacyjne – operating costs
koszty pośrednie – indirect costs
koszty produkcji – manufacturing costs
koszty rozpoczęcia/przestawienia produkcji – setup/setting up costs
koszty stałe – fixed costs
koszty transportu – carriage, freight (costs), freightage
koszty transportu płatne z góry – advance freight
koszty utrzymania – cost of living
koszty wyładunku i cła – landing charges
koszyk na zakupy – shopping basket
kozioł ofiarny – fall guy
krach – slump
kradzieże sklepowe – shoplifting
kraj – nation
kraj najwyższego uprzywilejowania – most favoured nation
kraj pochodzenia – country of origin

kraj rozwijający się – developing country
kraj rozwinięty – developed country
kraj żyjący z handlu – mercantile country
kraje słabo rozwinięte – underdeveloped countries
krajowy – domestic, home, homegrown, internal, national
krańcowy – marginal
kredyt – credit (facility)
kredyt bez zabezpieczenia – open credit
kredyt konsumpcyjny – consumer credit
kredyt na zakup na raty – instalment credit
kredyt odnawialny/rewolwingowy – revolving credit
kredyt w rachunku bieżącym – overdraft facility
kreować – to create
krosować – to cross
krótki – short
krótkoterminowy – short, short-range/term
krótkotrwała moda – fad
kruchy – fragile
kryterium samoodniesienia – self-reference criterion
krytykować – to disparage
kryzys – depression
kryzys gospodarczy – economic crisis/depression
krzywa – curve
krzywa akceptacji – adoption curve
kserokopia – facsimile
kserokopiarka – copier, copying machine
książeczka czekowa – chequebook
księga (rachunkowa) – ledger
księga główna – nominal ledger
księga kasowa – cash book
księga kontowa – account book
księga sprzedaży – sales book
księga zakupów – purchase book/ledger
księga zamówień – order book
księgi – accounts
księgi rachunkowe – books
księgowość – accountancy, accounting, accounts
księgowy – accountant
księgowy ds. kosztów – cost accountant
księgowy ds. księgowości zarządczej – management accountant
kumulacyjny – cumulative
kupiec – marketer, merchant, trader
kupno – acquisition, buying, purchasing
kupno na raty – hire purchase (HP), installment plan, installment sales, installment buying, the never-never
kupno na termin – forward buying, buying forward
kupno w sklepie – shopping
kupno wszystkiego w jednym miejscu – one-stop shopping
kupon – coupon, voucher
kupon odpowiedzi – reply card/coupon
kupon rabatowy – money-off coupon
kupować – to acquire, to buy, to purchase
kupować na termin – to buy forward
kupowanie – buying
kupowanie nawykowe – habit buying
kupowany towar – seller
kupujący – acquirer, buyer, taker
kurczyć się – to shrink
kurier (na motocyklu) – dispatch rider
kurs – course
kurs biznesu – commercial course
kurs wymiany – exchange rate
kurs wymiany waluty – rate of exchange
kwartalnik – quarterly
kwestia do uzgodnienia – matter for negotiation
kwestionariusz – questionnaire
kwit konsygnacyjny – consignment note
kwit przewozowy – delivery/shipping note
kwit wysyłkowy – dispatch note
kwitariusz – receipt book, book of receipts
kwitować – to receipt
kwota – quota

L

lada – counter
legalizować – to legalize
legalnie – over the counter
legalność – legality
legalny – legal
legalny obrót papierami wartościowymi – fair dealing
legenda – legend
legislacja – legislation
lekki – light
licencja – chart, licence, permit
licytacja – auction, bidding
licytant – bidder
liczba ludności – population
liczby parzyste – even numbers
liczby skorygowane sezonowo – seasonally
liczebność badanej grupy – population
liczyć sobie – to charge
lider – leader
lider na rynku – market leader
limit – limit
limit czasowy – time limit
linia – line
linia produkcyjna – assembly/production line
linia żeglugowa – shipping line
linie lotnicze – airline/s
liniowy – linear
list – letter
list gwarancyjny – letter of indemnity
list handlowy – business letter
list lotniczy – air letter
list polecony – registered letter
list przewodni – accompanying/covering note
list przewozowy – delivery note, waybill
lista – directory, list
lista adresowa – address/mailing list
lista kompletacyjna – picking list
lista magazynowa – stocklist
lista pasażerów – passenger manifest
literatura – literature
litografia – lithography
logo – logo
lojalność – loyalty
lojalność klienta – customer loyalty
lojalność wobec marki – brand loyalty

lojalny – loyal
lokalizacja – location, site
lokalny – indigenous, local
losowy – random
lot czarterowy – charter flight
ludzie – the public
luka – gap
luka rynkowa – market gap
luksus – luxury
luźny – loose

Ł

ładować – to freight, to load
ładowność – load-carrying capacity
ładowność netto – deadweight capacity/tonnage
ładunek – cargo, freight, load
ładunek ciężki – deadweight cargo
ładunek handlowy – payload
ładunek pokładowy – deck cargo
ładunek pokładowy – deck cargo
ładunek uzupełniający – berth cargo
łapówka – kickback, rake-off
łatwo psujący się – perishable
łatwo zbywalny – saleable
łatwy pieniądz – easy money
łatwy zbyt – ready sale
łączenie – consolidation
łączny – aggregate
łączyć – to consolidate
łączyć (się) – to merge
łączyć w sieć – to network
łowca głów – headhunter

M

macierz – matrix
magazyn – stockroom, store, storeroom, warehouse
magazynier – storekeeper, storeman, warehouseman
mający zdolność kredytową – creditworthy
majątek trwały – fixed capital
majtek – deck hand
makler – broker
makler dewizowy – foreign exchange broker/dealer
makler okrętowy – ship broker
makro- – macro-
makroekonomia – macro-economics
maksimum – maximum
maksymalizacja – maximization
maksymalizować – to maximize
maksymalny – maximum
maksymalny ciężar – weight limit
mała próbka – swatch
manekin – dummy, mannequin
manifest – manifest
mapa – map
marginalny – marginal
margines – margin
margines bezpieczeństwa – safety margin
margines błędu – margin of error
margines wewnętrzny – gutter
marginesowy – marginal
marka – brand name, make
marka (niemiecka) – mark
marka producenta – manufacturer's brand
marka rodzajowa – generic name
marka sprzedawcy – store brand
marka wiodąca – brand leader
marketing – marketing
marketing rodzielny – divergent marketing
marketingowy – marketing
martwy – dead
martwy sezon – dead season
marża – mark-up
marża detaliczna – gross margin
masa – mass
masowa produkcja – mass production
masowe bezrobocie – mass unemployment
masowiec – bulk carrier
maszynownia – machine shop
materiał – material
materiał opakunkowy – packing
materiały biurowe – office supplies
materiały budowlane – building materials
materiały reklamowe – display/publicity material, publicity matter, sales aids
materiały reklamowe wysyłane pocztą – envelope stuffer
matryca – matrix
matryca do klisz kreskowych – line block
mechaniczny – mechanical
media – media
media reklamowe – advertising media
mediana – median
melodyjka reklamowa – jingle
menedżer – manager
menedżer marki – brand manager
metka – price label/ticket/tag, tag
metka z obniżoną ceną – off-price label
metkowanie – labelling
metoda – means
metoda ABC – ABC method
metoda próbek zgrupowanych/zbitek – cluster sampling
metoda średnich ruchomych – moving averages
metoda zdyskontowanych przepływów pieniężnych – discounted cash flow
miasto – city
mieć dostęp do czegoś – to have access to sth
mieć siedzibę – be based
miejsce – point, sight, space, spot, venue
miejsce próbkobrania – sampling point
miejsce rozpoczęcia – starting point
miejscowy – indigenous
miesięcznik – monthly
mieszanka – mix
mieszany – mix, mixed
mieścić – to contain
międzynarodowy – international
mikro- – micro-
miks – mix
miks marketingowy – marketing mix
mimowolni odbiorcy reklamy – captive audience
mini- – mini-

miniciężarówka – van
minimalna cena sprzedaży – fall-back price
ministrowie krajów członkowskich UE – Community ministers
misja – mission
misja handlowa – trade mission
misjonarski – missionary
misjonarz – missionary
mniejszy niż powinien – short
mnóstwo – mass
moc – force
moc produkcyjna – manufacturing capacity
mocny – firm
mocodawca – principal
model – mock-up, model
model podstawowy – regular model
modelowy – model
modem – modem
moduł pamięci – storage unit
modułowy – modular
modyfikacja – modification
modyfikować – to modify
monetarny – monetary
monit – reminder
monopol – monopoly, trust
monopol absolutny – absolute monopoly
monopolista – monopolist
monopolistyczny – monopol/istic
monopolizacja – monopolization
monopolizować – to monopolize
monopson – monopsony
monopsonista – monopsonist
montaż – assembly
montownia – assembly plant
morski – marine, maritime
morze – sea
motywacja – motivation
możliwość – opening, opportunity, scope
możliwy do przyjęcia – acceptable
multi- – multi-
multimedia – multimedia
mydlenie oczu – eye-wash

N

na dogodnych warunkach – on favourable terms
na głowę – per capita
na konto – on account
na kredyt – on credit
na krótką metę – in the short term
na osobę – per capita
na pełen etat – full time
na poczet – on account
na próbę – on approval
na składzie – in stock
na sprzedaż – for disposal
na wagę – by weight
na wpół – semi-
nabrzeże – quay
nabycie – acquisition
nabytek – acquisition, purchase
nabywać – to acquire, to buy, to purchase
nabywanie – procurement
nabywca – acquirer, buyer, purchaser
nachalny sprzedawca – high-pressure salesman
nacjonalizacja – nationalization
nadać strukturę – to structure
nadający się do sprzedaży – merchantable
nadawać rozgłos – to hype
nadawca – sender
nadbagaż – excess baggage
nadmiar towarów – glut
nadmierna opłata – overcharge
nadmierny – excess, exorbitant
nadmierny nacisk – undue influence
nadmierny popyt – excess demand
nadmierny zapas – overstocks
nadmierny zysk – excess profit
nadpłata – overpayment
nadprodukcja – overproduction
nadrukować – to overprint
nadrzędny – master
nadwyżka – excess, surplus
nadwyżka mocy produkcyjnych – excess capacity
nadwyżka pieniędzy – glut of money
nadzór – control
nadzór nad reklamą – advertising control
nagłośnienie tematu w prasie – press coverage
nagłośnienie w mediach – publicity
nagłówek – (banner) headline
nagłówek firmowy – letterhead
nagrać coś na kasecie wideo – to videotape
najbardziej chodliwy – top-selling
najbliższy – immediate
najlepiej sprzedający się – best-selling
najlepszy – optimal, select
najnowszy – latest
najważniejszy – basic, prime
najwyższej jakości – select
najwyższy przedział podatkowy – highest tax bracket
naklejka – sticker
nakład – circulation, print run
nakład wydrukowany – run
nakładać podatek – to levy
nakładka – overlay
nakręcanie koniunktury – pump priming
nalepka – label, sticker
nalepka na przednią szybę samochodu – windscreen sticker
nalepka na zderzak samochodu – bumper sticker
nalepka poczty lotniczej – airmail sticker
należności wymagalne – debts due
należności z tytułu dostaw, robót i usług – trade debtors
należny – due
napiwek – tip
naprawiać – to fix, to service
naprzeciwko – facing
narada – conference
narastać – to escalate
narodowy – domestic, national
naród – nation, the public

naruszenie prawa autorskiego – infringement of copyright, copyright infringement
naruszenie (warunków) umowy – breach of contract
następca – follower
następować – to follow
nastrój – atmosphere
nasycać – to saturate
nasycenie – saturation
naśladować – to imitate
naśladownictwo -imitation
naturalny – natural
natychmiastowy – immediate, prompt
nauka – science
naukowy – scientific
nazwa – name
nazwa firmowa/handlowa – brand name
nazwa rodzajowa – generic name
negatywny – negative
negocjacje – negotiation
negocjacje cenowe – bargaining
negocjator – negotiator
negocjować – to negotiate
nerwowy – jumpy
netto – net
nie do opanowania – uncontrollable
nie dojść do skutku – to fall through
nie podlegający kontroli – uncontrollable
nie podlegający ocleniu – duty-free
nie podlegający zwrotowi – non-refundable/returnable
nie udać się – to flop
nie zaakceptować (weksla) – to dishonour
nie zajęty – free
nieaktywny – dormant
nieczynny – dormant
niedobór – deficit, shortage
niedogodność – drawback
niedopłata – underpayment
niedoskonałość – imperfection
niedoskonały – imperfect
niedostarczenie – non-delivery
niedostatek – scarceness, scarcity, shortage
niedostatek siły roboczej – manpower shortage
niedostępność – unavailability
niedostępny – unavailable
niedoszacowanie – undervaluation
niedoszacowany – undervalued
niedotrzymanie warunków umowy – breach of contract
nieelastyczny popyt – inelastic demand
niekorzystne warunki dla handlu – adverse trading conditions
niekorzystny – unfavourable
nielegalnie – under the counter
nielegalny handel – traffic
niemodny – out of date
nieobowiązkowy – optional
nieodpłatny – voluntary
nieodwołalny – irrevocable
nieograniczona odpowiedzialność – unlimited liability
nieograniczony – unlimited
nieparzysty – odd
niepasujący – odd
niepowodzenie – flop
nieprawdziwy – false
nieprawidłowy – false
nieprzenoszalny – not negotiable
nieprzerwany – rolling
nieprzetworzony – raw
nieprzygotowany – cold
nieprzyjęcie – non-acceptance
nieprzyjmowanie zwrotów – no returns policy
nierentowny – unprofitable
niespłacenie długu – non-payment of a debt
niespłacony – outstanding
niesprzedany – unsold
niestałość – instability
niesubsydiowany – unsubsidized
nieściągalny dług – bad debt
nietrwały – perishable
nieuczciwa konkurencja – unfair competition
nieuczciwy – unfair
nieużywany – first-hand, unused
nieważny – null (and void)
niewidzialny – invisible, unseen
niewspomagany – unprompted
niewypał – flop
niezależny – independent
niezamówiony – unsolicited
niezapłacony – outstanding
niezbywalny – not negotiable
niezgodny z – at variance with
niezmienny – permanent, set
niezrealizowane zamówienia – back/outstanding orders
niezrealizowany – unfulfilled
niezróżnicowany – undifferentiated
niskiego szczebla – low-grade
niskiej jakości – low-grade/quality
niskooktanowy (o benzynie) – low-grade
nisza – niche
nisza rynkowa – market niche
nominalna wartość majątku przedsiębiorstwa – asset value
norma – standard
normalna stawka – standard rate
normalne zużycie – fair wear and tear
normalny – basic, natural, normal, regular, standard, stock
normować – to regulate
normy produkcyjne – production standards
nosić – to carry
nośnik reklamowy – advertising medium, vehicle
nota – note
nota debetowa – debit note
nota kredytowa – credit memorandum/note
nota pokrycia – cover note
nota rozliczeniowa – statement of account
notatka – note
notatnik – diary
notka – note
notować – to record
nowe produkty – new releases

nowoczesny – up to date
nowy – first-hand, new
nowy nabywca produktu – adopter
numer kierunkowy – area code
numer partii produkcyjnej – batch number
numer rejestracyjy – registration number
numer seryjny – serial number
numeryczny – numeric/al

O

o polepszonej efektywności – streamlined
obciążać kosztami – to charge
obciążenie rachunku – charge
obciążyć rachunek – to debit an account
obcięcie – retrenchment
obcy – external
obecna stawka – going rate
obecny – current
obiekt – facility
obiekty magazynowe – storage facilities
obiektywny – objective
objęty prawem autorskim – copyright
obliczać – to estimate
obligacje o długim terminie wykupu – long-dated bills
obłożenie – load factor
obłożony zerową stawką VAT – zero-rated
obniżać – to depress
obniżać ceny – to cut/discount prices, to knock off, to mark down
obniżka – drop, fall, mark-down, reduction
obowiązek – obligation
obowiązki – workload
obowiązki kierownicze – management functions
obowiązkowy – mandatory
obowiązywać – to be in force, to operate, to run
obrotowy stojak – spinner
obroty – sales, turnover
obrót dewizami – foreign exchange dealing
obrót handlowy – merchanting
obrót pozagiełdowy – over-the-counter sales
obsługa – service
obsługa całodobowa – 24-hour service
obsługa klienta – customer service
obsługiwać – to run
obsługiwać (dług) – to service
obsługiwać maszynę – to operate a machine
obszar – area, territory
obszar brzeżny – marginal land
obszar dotknięty kryzysem – depressed area
obyczaj – habit
ocena – appraisal, assessment, screening
ocena pracowników – staff appraisals
oceniać – to value
ochrona konsumenta – consumer protection
oclić – to effect customs clearance
oczekiwać – to expect
oczekiwanie – expectation
oczekiwany – due
odbierać – to collect
odbijać się – to rebound
odbiorca – recipient
odbiorca końcowy – end consumer
odchylenie – deviation, variance
oddział – branch, division
oddziałowy – divisional
odkładać – to defer
odkupić – to buy back
odmowa akceptu – non-acceptance
odnawiać zapasy – to restock
odnosić zyski z – to capitalize on
odpowiadać – to reply, to respond
odpowiadać przed kimś – to report to
odpowiedzialność prawna – liability
odpowiedzialny – liable
odpowiedź – reply, response
odprawa – briefing
odprawa celna – customs clearance
odraczać – to defer
odroczenie – deferment
odroczona płatność – deferred payment
odrzut – reject
odrzuty jakościowe – rejects, seconds
odsetki – interest (charges)
odsetki składane – cumulative/compound interest
odsprzedawać – to resell
odsprzedaż – resale
odszkodowanie – indemnity
odwiedzać – to call
odwołalny – revocable
odwołany – off
odwoływać – to countermand, to revoke
odwrotna strona – back
odwrotny – reverse
odwzajemniać się – to reciprocate
odzyskać posiadanie – to repossess
oferent – bidder, tenderer
oferować – to offer
oferta – bid, tender
oferta – offer
oferta – tender
oferta końcowa – closing bid
oferta otwierająca – opening bid
oferta produkcyjna przedsiębiorstwa – product line/mix/portfolio/range
oferta promocyjna – introductory offer
oferta przejęcia – takeover bid
oferta specjalna – special offer
oferty pisemne – sealed tenders
oferty w przetargu pisemnym – sealed tenders
ofiarodawca – contributor
oficjalny przedstawiciel – accredited/recognized agent
oglądalność – ratings
ogłaszać – to advertise
ogłoszenia drobne – classified advertisements, classified/small/want ads
ogłoszenie – advert, advertisement, publication
ogólna suma – grand total
ogólnokrajowy – national, nationwide
ogólnoświatowy – global
ogólny – overall

ogółem – grand total
ograniczać – to limit, to restrict
ograniczający – limiting
ograniczanie wolności handlu i swobody konkurencji – restraint of trade
ograniczenie – limit/ation, restraint, restriction
ograniczenie wzrostu prac – pay/wage restraint
ograniczona odpowiedzialność – limited liability
ograniczony – limited
ogromny – jumbo
ojczyzna – home country
okazanie – presentation, sight
okazja – bargain offer, snip
okazyjna cena – bargain price
okładka – cover (page)
okólnik – circular letter
okres – time
okres karencji – days of grace
okres małej aktywności – slack season
okres obrachunkowy – accounting period
okres poza sezonem – low season
okres próbny – trial period
okres przydatności do użycia – shelf life
okres realizacji zamówienia – lead time
okres szczytu – peak period
okres trwałości – shelf life of a product
okres trwania – life
okres wzmożonej aktywności – busy season
okręg – area, ship, vessel
okrężny – circular
oligopol – oligopoly
opakowania zwrotne – returned empties
opakowanie – packaging, wrapper
opakowanie bezzwrotne/jednorazowe – non-returnable packing
opakowanie jednostkowe – unit pack
opakowanie promocyjne – bonus/promotional pack
opakowanie zewnętrzne – outer (pack)
opanować – to capture
opaska – band
opatentować – to patent
opatentowane lekarstwo – patent medicine
opatentowany – patent/ed
opatrzony imieniem i/lub nazwiskiem lub inicjałami – personalized
opatrzyć etykietką – to label
opcja – option
operacja plastyczna – face-lift
operacyjny – operating, operational
opieczętować – to seal
opieszały płatnik – slow payer
opinia – judgement/judgment, opinion, testimonial
opiniotwórcy – opinion-formers/leaders
opis – description
opisywać – to describe
opłacalna wielkość ładunku – commercial load
opłacalna wielkość zamówienia – economic order quantity (EOQ)
opłacalność – cost-effectiveness
opłacalny – cost-effective, money-making
opłacić z góry – to prepay
opłacony z góry – prepaid
opłata – charge, rate, tariff
opłata członkowska – subscription
opłata łączna – inclusive charge
opłata manipulacyjna – handling charge
opłata pocztowa – postage
opłata pocztowa opłacona – postage paid
opłata pocztowa przerzucona na adresata – freepost
opłata rejestracyjna – registration fee
opłata skarbowa – stamp duty
opłata z góry – prepayment
opłata za list – letter rate
opłata za obsługę – service charge
opłata za reklamę liczona od wiersza – lineage
opłata za reklamę wg cennika – card rate
opłata za wejście – admission/entry charge
opłata/taryfa pozasezonowa – off-season tariff
opłaty – dues
opłaty bankowe – bank charges
opłaty manipulacyjne – handling charges
opłaty pocztowe – postal charges/rates
opłaty ponosi odbiorca – charges forward
opłaty portowe – port charges/dues
opłaty stałe – fixed expenses
opłaty transportowe – freight rates
opóźniać – to delay
opóźnienie – delay
opóźniony – behind schedule, in arrears, late
opracowywać – to develop
oprawa artystyczna – artwork
oprogramowanie – software
optymalny – optimal
organizacja – organization
organizacja charytatywna – charity
Organizacja Narodów Zjednoczonych – the United Nations
organizacja niezarobkowa/niedochodowa – non-business organization
organizacja niezarobkowa – non-business/non-profit (making) organization
organizować – to organize, to set up, to structure
organizować coś – to deal with sth
orientacja – orientation
oryginalny – original
oryginał – original
osąd – judgement/judgment
osiągnąć próg rentowności – to break even
osiągnąć szczyt – to peak
osłabiony rynek – depressed market
osoba fizyczna/indywidualna – individual
osoba przeprowadzająca rozmowę/wywiad – interviewer
osoba samodzielnie prowadząca działalność gospodarczą – sole trader
osoba trzecia – third party
osoba ubezpieczona na życie – the life assured/insured
osoba udzielająca wywiadu – interviewee
osobistość – personality
osobisty – personal
osobisty majątek ruchomy – personal assets

ostateczna cena – closing bid/price
ostateczne wezwanie do zapłaty – final demand
ostateczny – closing, ultimate
ostateczny termin – deadline
ostateczny wynik – bottom line
ostatni – latest
ostra konkurencja – keen competition
oszacowanie – estimation
oszczędność – economy
oszczędny – economical
oszust – racketeer
oświadczenie prasowe – press/news release
otwarcie – opening
otwarty – open
otwarty na propozycje – open to offers
otwierać – to open
otworzyć konto/rachunek – to open an account
ozdobny papier – gift-wrapping
ozdobny papier opakunkowy – gift wrapping
oznaczenie – mark
ożywienie gospodarcze – boom

P

paczka – pack/age, packet, parcel
pakiet – package
pakowacz – packer
pakować – to pack/age
pakować – to parcel
pakować – to wrap (up)
pakować w ozdobny papier – to gift-wrap
pakowalnia – packing station
pakowanie – packaging, packing
pakowanie podarunków – gift-wrapping
pakowanie termiczne – heat sealing
paleta – pallet
paletować – to palletize
panel – panel
panel reklamowy – advertisement panel
papier komputerowy – continuous stationery, listing paper
papier makulaturowy – recycled paper
papier milimetrowy – graph paper
papier opakunkowy – wrapping (paper)
papiery – papers
partia produkcyjna – batch
partner handlowy – trading partner
pasaż – atrium
patent – patent
patron – patron
pchli targ – flea market
pełen – full, total
pełna kalkulacja kosztów – absorption costing
pełna ochrona ubezpieczeniowa – full cover
pełne zatrudnienie – full employment
pełnia sezonu – high season
penetracja – penetration
penetrować – to penetrate
percentyl – percentile
percepcja – perception
periodyk – periodical
personel – human resources
perspektywy – prospects
pewny – risk-free
pieczęć opłaty pocztowej – indicia
pieczęć spółki – common/company's seal
pieniądz spekulacyjny – hot money
pieniądz/e – money
pieniądze z góry – money up front
pieniężny – monetary
pierwotnie – originally
pierwotny – original, primary
pierwsza oferta – opening bid
pierwsza pozycja – opening entry
pierwsze wydanie gazety – bulldog
piętro – floor
pikap – pickup (truck)
pilot – pilotażowy, pilotowy
pionier – pioneer
pionierski – pioneer
pionowy – vertical
pióro świetlne – light pen
piracki – pirate
piractwo – piracy
pirat – pirate
pisemna oferta przetargowa – sealed bid price
pisemne potwierdzenie (odbioru) – letter of acknowledgement
pismo – letter
pismo branżowe – trade journal/magazine/paper/publication
pismo dla majsterkowiczów – do-it-yourself magazine
pismo handlowe – sales letter
plac targowy – marketplace
placowe – market dues
plakat – placard, poster
plan – layout, map, plan, project
plan awaryjny – contingency plan
plan dochodów i wydatków gotówkowych – cash budget
plan finansowy – budget
plan kroczący – rolling plan
plan ogólny – overall plan
plan produkcyjny – production targets
plan sprzedaży – sales budget/targets
plan strategiczny przedsiębiorstwa – corporate plan
plan wpływów i wydatków gotówkowych – cash budget
planowanie – planning
planowany – planned, projected
plik – (computer) file
plomba – seal
plomba celna – customs seal
płaca akordowa – payment by results
płacić – to pay
płatna telewizja – pay television
płatnik – payer
płatności – accounts payable
płatności odroczone – deferred payments
płatność – payment
płatność (weksla) po dacie wystawienia – after-date
płatność po terminie – back payment
płatność w naturze – payment in kind
płatność z góry – money up front

płatny – due, payable
płatny na żądanie – payable on demand
płatny za okazaniem – payable at sight
płody/produkty rolne – produce
płyta – panel
po obniżonej cenie – cut-price
pobierać – to collect, to draw
pobierać nadmierną opłatę – to overcharge
pobierać opłatę – to charge
pochodzenie – origin
pociąg kontenerowy – freightliner
pociąg towarowy – freight/goods train
początek – start, starting point
początkowo – originally
początkowy – initial, opening
początkowy stan zapasów – opening stock
poczta – mail, post
poczta elektroniczna – electronic mail
poczta lotnicza – airmail
poczta polecona – recorded delivery
pocztowa ulotka reklamowa – mailing piece
pocztowe materiały reklamowe – mail-out
pocztowy – mail, post/al
pod warunkiem, że – on condition that
podarunek – free gift, giveaway
podatek – duty, levy, tax
podatek dochodowy od osób prawnych – corporation tax
podatek należny – output tax
podatek naliczony – input tax
podatek obrotowy – sales tax
podatek od kapitału – capital levy
podatek od nadmiernych zysków – excess profits tax
podatek od spadków – estate/death duty
podatek od towarów i usług – Value Added Tax (VAT)
podatek od towarów luksusowych – levy on luxury items
podatek od transferu kapitału – capital transfer tax
podatek od wartości – ad valorem duty
podatek od wartości dodanej – Value Added Tax (VAT)
podatek od zysków kapitałowych – capital gains tax
podatek progresywny – graded tax
podatek szkoleniowy – training levy
podatność (na reklamę) – persuasibility
podawać coś za coś – to pass sth off as sth else
podawać koszt – to quote
podaż – supply
podaż globalna – aggregate supply
podejmowanie decyzji – decision-making
podejście – approach, attitude
podkontrakt – subcontract
podlegać komuś – to report to
podlegający (podatkowi) – liable to
podlegający ocleniu – dutiable
podlegający opłacie – chargeable
podlegający zwrotowi – refundable
podłoga – floor
podmiot zależny – subsidiary
podnosić cenę – to mark up
podnośnik widłowy – fork-lift truck
podpis – caption, legend, underline
podpisanie umowy – exchange of contracts
podpowiadać – to prompt
podręcznik – handbook
podręcznik obsługi – service handbook
podrobiony – dud
podróż – journey
podróż służbowa – business trip
podróżować – to travel
podstawa – base, basis
podstawowa działalność – core activity
podstawowe produkty rolne – basic commodities
podstawowy – basic, primary, staple
podstawowy produkt – staple product
podstawy – basics
podstęp – ploy
podwajać (się) – to double
podwójna tablica reklamowa – double-decker
podwójny – double
podwykonawca – subcontractor
podwyżka – advance
podwyżka ceny – mark-up
podwyższać – to uplift
podział – segmentation
podział dochodu narodowego – income distribution
podziemie – basement
podzlecać – to subcontract
pojazd – vehicle
pojedynczy – individual
pojedynczy obiekt przemysłowy – factory unit
pojemnik – bin, container
pokaz wstępny – preview
pokazywać – to demonstrate, to display
pokład – deck
pokrycie walutowe – currency backing
pokupność – saleability
pokwitowanie – receipt
polecenie – order
polecenie zakupu – purchase order
polepszać się – to pick up
polityka – policy
polityka cenowa – pricing policy
pomagać – to aid
pomoc – aid
pomoc finansowa – backing
pomysł – concept
ponad – over
ponosić straty – to lose money
ponowna reklama – readvertisement
ponowne zamówienie – repeat order
ponownie reklamować – to readvertise
poparcie/wsparcie finansowe – backing
populacja – population
popularny – popular
popyt – demand
popyt globalny – aggregate demand
popyt łączny – composite demande
popyt pochodny – derived demand
popyt rynkowy – market demand
popyt ukryty – latent demand
pora dnia – daypart
pora roku – season

porada prawna – legal advice
poradnik giełdowy dla inwestorów – tip sheet
poręczać – to guarantee
poręczenie – guarantee
poręczyciel – backer
poręczyciel – guarantor
poręczyć weksel – to back a bill
porozumienie – agreement, contract, rapport
porównanie – comparison
porównawczy – comparative
porównywalny – comparative
port – port
port morski – seaport
port reeksportowy/tranzytowy – entrepot port
port towarowy – commercial port
port wolnocłowy – free port
portfel – portfolio
portowy – port
portret – portrait
porządek obrad – business
posada kierownika – managership
posiadacz licencji – licensee
postawa – attitude
postawić na coś pieniądze – to stake money on sth
postdatować – to date forward
poste restante – general delivery, poste restante
postępowanie patentowe w toku – patent pending
postrzeganie – perception
poszukiwanie nowych klientów – prospecting
pośledni – inferior
pośredni – indirect
pośrednik – agent, broker, factor, factoring agent, middleman
potencjalni klienci – key prospects
potencjalny – potential, prospective
potencjalny klient – prospect
potwierdzać – to acknowledge, to confirm
potwierdzać odbiór – to receipt
potwierdzenie – acknowledgement, confirmation
powiadamiać – to advise
powierzchnia – floor space
powierzchnia handlowa – selling space, shop floor
powierzchnia magazynowa – warehouse capacity
powierzchnia półek – shelf space
powiększać (się) – to expand
powracać – to rebound
powrotny – homeward, inward
powszechny – common
powtarzać – to repeat
powtórne wprowadzenie produktu na rynek – relaunch
powtórne zamówienie – reorder
powtórny – repeat
poza – ex
poza sezonem – low season
poza szczytem – off-peak/seazon
pozagiełdowy obrót papierami wartościowymi - over-the-counter sales
pozbywać się – to dispose
pozbywać się (zapasów) – to offload
pozbywanie się – divestment
poziom – grade, level
poziomy – horizontal
pozostawać w mocy – to remain in effect
pozwalać – to permit
pozwolenie na pracę – work permit
pozwolenie na tymczasowy import – carnet
pozycja – item, position
pozycjonowanie – positioning
pozycjonowanie marki – brand positioning
pozyskiwanie danych – data acquisition
pozyskiwanie towarów z jednego źródła – single sourcing
pozytywny – positive
pożyczać – to advance
pożyczka – advance, credit, loan
pożyczka balonowa – balloon (loan)
pożyczka długoterminowa – extended credit, long-term credit/loan
pożyczka nieoprocentowana – interest-free loan
półciężarówka – pickup (truck)
półka – shelf
półki – shelving
półprodukty – semi-finished products
późny – late
praca dorywcza – jobbing
praca na czarno – black economy
pracować jako model – to model
pracować jako przedstawiciel handlowy – to represent
pracownia – shop, workshop
pracownicy ds. sprzedaży – sales team
pracownicy pełnoetatowi – regular staff
pracownicy zorganizowani w związki zawodowe - organized labour
pracownik agencji nieruchomości – negotiator
pracownik odpowiedzialny za danego klienta – account executive/handler
pragnienie – desire
prasa – press
prasa krajowa – national newspapers, the national press
prasowy – press
prawa patentowe – patent (rights)
prawdopodobieństwo – probability
prawdopodobny – probable
prawdziwy – real
prawidłowy – accurate, fair
prawie – quasi-
prawny – legal
prawny środek płatniczy – legal currency/tender
prawo – law, legislation
prawo autorskie – copyright
prawo do reklamacji – comeback
prawo handlowe – mercantile law
prawo jazdy – driving licence
prawo morskie – maritime law
prawo ochrony konsumentów – shoppers' charter
prawo pierwszeństwa – first option
prawo podaży i popytu – law of supply and demand
prawo zastawu – lien
prawo zmniejszającego się zysku – law of diminishing returns
prawo zobowiązań – contract law

prawodawstwo – legislation
premia – bonus
premia kapitałowa – capital bonus
premia produkcyjna – output/productivity bonus
premia uznaniowa – incentive bonus/payment
prenumerata – subscription
prenumerator – subscriber
prenumerować – to subscribe
prestiż – prestige
prezentacja – presentation
procesy decyzyjne – decision-making processes
producent – manufacturer, producer
producent części/podzespołów – components factory
product – article
produkcja – manufacture, output, production
produkcja ciągła – continuous process production
produkcja jednostkowa – jobbing production
produkcja małoseryjna – batch production
produkcja w toku – goods in progress, work-in-progress, work in hand
produkcyjny – manufacturing, productive
produkować – to manufacture, to produce, to produce
produkować masowo – to mass-produce
produkować w nadmiarze – to overproduce
produkt – product
produkt bez nazwy handlowej – generic (product)
produkt drugiej generacji – second generation product
produkt flagowy – flagship
produkt końcowy – end product
produkt niemarkowy – generic product
produkt prestiżowy/luksusowy – prestige product
produkt uboczny – by-product, spinoff
produkt wrażliwy na cenę – price-sensitive product
produkt wysokodochodowy – money-spinner
produkt X/bezmarkowy – anonymous product
produkty do samodzielnego montażu – Completely Knocked Down products (CKD products)
produkty krajowe – home-produced products
produktywność – productivity
produktywny – productive
profil – profile
prognoza – forecast, projection
prognoza przepływu środków pieniężnych - cash flow statement
prognozowanie – forecasting
prognozowanie popytu – demand forecasting
prognozowanie zatrudnienia – manpower forecasting
program dnia – business
programista – computer programmer
projekt – project
projekt ustawy – bill
projektant – designer
projektować – to design
projektowanie – design
projektowanie produktu – product design
prolongować (dług, kredyt) – to roll over
promocja – promotion
promocja w sklepie – in-store promotion
promocyjny – promotional
promocyjny pakiet towarów – banded pack
promować – to promote
propaganda – propaganda
proponowany tekst reklamy – publicity copy
propozycja – suggestion
prospekt – brochure, prospectus
prosta – line
prosty – basic
protekcjonizm – protectionism
protest (weksla) – protest
prototyp – prototype
prototypowy – prototype
prowadzenie działalności gospodarczej – enterprise
prowadzić – to carry, to lead, to stock
prowadzić handel detaliczny – to retail
prowadzić handel domokrążny – to hawk, to peddle
prowadzić handel wymienny – to barter
prowadzić księgowość – to keep the accounts
prowizja – commission, factorage
prowizja maklera – brokerage, broker's commission
próba – hallmark, trial
próba wykonalności – feasibility test
próbka – bez wartości handlowej – sample only – of no commercial value
próbka – sample, specimen
próbka (towaru) – trial sample
próbka losowa – random sample
próbka promocyjna – free sample
próbka reprezentatywna – quota sample
próbkobranie – sampling
próbna wersja reklamy – animatic
próbny bilans – trial balance
próbować – to aim, to sample
próbowanie – sampling
próg – ceiling, threshold
próg rentowności – break-even point
prywatna spółka z ograniczoną odpowiedzialnością - private limited company
prywatnie – privately
prywatny – personal, private
prywatny sektor – private enterprise/sector
prywatyzacja – privatization
prywatyzować – to privatize
przebój rynkowy – best-seller
przechodzić odprawę celną – to go through customs
przechowywać – to warehouse
przechowywanie – storage
przechowywanie w warunkach chłodniczych – cold storage
przechwałka reklamowa – puff
przeciętna długość życia – life expectancy
przeciętnie – on average
przeciętny – average, mean
przecinać – to cross
przeciwny – reverse
przedłużać – to extend
przedłużenie – extension
przedłużona gwarancja – extended guarantee
przedmioty trwałego użytku – durable goods, durables
przedpłata – advance, earnest
przedsiębiorca – entrepreneur

przedsiębiorczy – entrepreneurial
przedsiębiorstwa prywatne – private enterprise
przedsiębiorstwo – business, enterprise, firm, house
przedsiębiorstwo eksportowe – export house
przedsiębiorstwo niezależne – independent (company)
przedsiębiorstwo sprzedaży wysyłkowej – mail-order business/firm/house
przedsiębiorstwo światowe – world enterprise
przedsięwzięcie – project
przedsięwzięcie handlowe -venture
przedstawiać – to introduce
przedstawiciel – agent, commercial/mercantile agent, rep/resentative, sales agent/representative, salesman
przedstawiciel prowizyjny – commission rep
przedstawicielstwo – agency
przedstawicielstwo handlowe – dealership
przedział – range
przedział cenowy – price band/range
przegląd – survey
przejęcie odwrócone – reverse takeover
przejęcie przedsiębiorstwa – takeover
przejmować – to repossess
przejście – aisle
przekaz – message, order
przekaz informacji – communication
przekaz pieniężny – money order
przekaz pocztowy – postal order
przekonywać – to persuade
przelew bankowy – bank transfer
przelew dewiz – foreign exchange transfer
przelicytować – to outbid
przeładować – to tranship
przemycać – to smuggle
przemysł – industry
przemysł kapitałochłonny – capital-intensive industry
przemysł kluczowy – basic industry
przemysł pracochłonny – labour-intensive industry
przemysł przetwórczy – secondary industry
przemysł wytwórczy – manufacturing industries
przemysłowiec – industrialist
przemysłowy – industrial
przemyt – smuggling
przemytnik – smuggler
przeniesienie – transfer
przeniesienie własności – transfer of property
przeniesienie własności weksla – delivery
przenosić – to carry over
przenoszalny – negotiable
przenoszalny dokument – mercantile paper
przenoszenie – carrying
przenośny – mobile
przepadek – forfeiture
przepakowanie – repacking
przepakowywać – to repack
przepisy – regulations
przepisy dewizowe – exchange controls
przepisy o przedawnieniu – statute of limitations
przepisy unijne – Community legislation
przepływ środków pieniężnych – cash flow
przeprowadzać rozmowę – to interview
przeróbka – adaptation
przerwa – break
przerwa na reklamy – commercial break
przerzucać (koszty) – to offload
przesadna reklama – hype
przesłanie – message
przesłanie reklamy – advertising message
przestarzały – obsolete, out-of-date
przestojowe – demurrage
przestrzeń – space
przestrzeń magazynowa – storage capacity
przestrzeń reklamowa – advertising space
przesyłać – to forward
przesyłanie paczek – parcel post
przesyłka – consignment, delivery, dispatch, freight, shipment
przesyłka lotnicza – air cargo
przesyłka łączona – consolidated shipment
przesyłka pocztowa – postal packet
przesyłka wieloasortymentowa – general cargo
przeszkoda – barrier
przetarg – bidding, tender/ing
przetwarzać powtórnie – to recycle
przetwarzanie danych – data processing
przewaga absolutna – absolute advantage
przewaga konkurencyjna – competitive advantage/edge, differential advantage, distinctive competence
przewidywanie – expectation
przewidywany – projected
przewozić – to carry, to transport
przewoźnik – carrier, haulage contractor, transporter
przewoźnik drogowy – carter, haulage contractor/company/firm, road haulier
przewoźnik lotniczy – air carrier
przewoźnik zawodowy – common carrier
przewóz – carrying, transit, transportation
przewóz drogowy – cartage
przewóz towarów ciężarówkami – truckage, trucking
przezorność – discretion
przeżyć – to experience
przód – front
przybliżona prognoza – guesstimate
przychody – receipts, returns
przychody i rozchody – debits and credits
przychody ze sprzedaży – sales revenue
przychód – income
przyczepić metkę – to label
przyjazny dla użytkownika – user friendly
przyjąć ofertę warunkowo – to give an offer a conditional acceptance
przyjęcie – acceptance
przyjęcie nieodwołalne – irrevocable acceptance
przyjęcie produktu przez rynek- product acceptance
przyjęcie w rozliczeniu – part exchange
przyjmować – to accept, to adopt, to agree
przyjmować dostawę – to accept delivery of a shipment
przyjmować w rozliczeniu – to trade in
przyjmowanie zleceń telefonicznych – answering service
przykrywka – front
przymocowany na stałe – fixed

przynęta – bait
przynoszący zysk – money-making
przypadać – to fall
przypadać do zapłaty – to become/fall due for payment
przypadkowi czytelnicy – tertiary readership
przypadkowo – at random
przypadkowy błąd – random error
przypomnienie sobie – recall
przyrost – gain, growth
przyspieszać – to advance
przystępne ceny – popular prices
przyszłość – future
przyszły – forward, future
przytaczać – to quote
przyuczenie do pracy – industrial training
przywieszka – tie-on label, tag
przywieszka reklamowa na szyjce butelki – bottle hanger
public relations – public relations (PR)
publicity – publicity
publiczna spółka z ograniczoną odpowiedzialnością – public limited company (plc)
publiczny – public
publiczny dom składowy – public warehouse
publikacja – publication
pudło – box, case,
pułap – ceiling, limit
pułap cenowy – price ceiling/point
punkt – article, item, point
punkt serwisowy – service centre
punkt sprzedaży – point of sale (POS), outlet
punkt sprzedaży dla detalistów – trade counter
punkty sprzedaży detalicznej – retail outlets
puste opakowanie reklamowe – dummy pack
puszczać w obieg – to circulate
pytanie dychotomiczne – dichotomous question
pytanie filtrujące – filter question
pytanie kontrolne – control question
pytanie sterowane – leading question
pytanie wielokrotnego wyboru – multiple choice question

R

rabat – discount, rebate
rabat dla dystrybutorów – functional discount
rabat gotówkowy – cash discount
rabat hurtowy – bulk discount
rabat ilościowy – volume discount
rabat od wielkości zakupu – quantity discount
rabat promocyjny – promotional allowance
rabat prowizyjny – commission rebating
rabat za brak zmian graficznych – no-change discount
rabat za gotówkę – cash discount
rabat zwyczajny – basic discount
rabunkowy – predatory
rachunek – account, bill, invoice
rachunek „dłużnicy" – accounts receivable
rachunek „wierzyciele" – accounts payable
rachunek (w sklepie) – charge account
rachunek bankowy – bank account
rachunek bieżący – checking/current/drawing account
rachunek budżetowy – budget account
rachunek czekowy – checking/current account
rachunek depozytowy – deposit/escrow account
rachunek dewizowy – foreign currency account
rachunek na debecie – overdrawn account
rachunek oszczędnościowy – savings account
rachunek szczegółowy – itemized invoice
rachunek wspólny – joint account
rachunek wyników – income statement, profit and loss account (P&L account)
rachunek zablokowany – frozen account
rachunek zagraniczny wolny – external account
rachunek zysków i strat – income statement, profit and loss account (P&L account)
rachunek zysków i strat – profit and loss account
rachunkowość – accountancy, accounting
rachunkowość wg kosztów bieżących – current cost accounting
rachunkowość wg kosztów bieżących – current cost accounting
rachunkowość zarządcza – management accounts
racjonalizacja – rationalization
racjonalizować – to rationalize
rada konsumencka – consumer council
radzić się – to consult
rampa załadowcza – loading ramp
ranga – grade
raport – report
raster – screen
rata – instalment
rating telewizyjny – television ratings (TVR)
realizacja – fulfilment
realizacja czeku – clearance of a cheque
realizacja kuponów reklamowych – redemption
realizować czek – to cash a cheque
realizować zamówienie – to deal with an order
realne płace – real wages
realnie – in real terms
realny – real
recesja – recession
redakcja – editing
redakcyjny artykuł reklamowy – editorial advertisement
redukcja – retrenchment
redukcja cen – price cutting
redukcja kosztów – cost cutting
reeksport – re-export/ation
reeksportować – to re-export
regulacja – regulation
regularny – regular
regulować – to regulate
reimport – reimport/ation
reimportować – to reimport
rejestr płat – payroll ledger
rejestr sprzedaży – sales book/ledger
rejestr zakupów – bought/purchase ledger, purchase book
rejestracja – recording, registration
rejestrować – to record
rejon – area, territory
rejon bezpłatnej dostawy – free delivery area
rejon przeznaczony pod przemysł lekki – land zoned for light industrial use

reklama – advert, advertisement, advertising, commercial, exposure, promotion, spot
reklama (przez znaną osobę) – product endorsement
reklama handlowa – trade advertising
reklama kinowa – cinema advertising
reklama łączona – combination commercial
reklama medialna – above-the-line advertising
reklama na opakowaniu – on-pack promotion
reklama na półce sklepowej – shelf barker/talker/wobbler
reklama na/w środkach transportu – transport advertising
reklama o zasięgu ogólnokrajowym – national advertising
reklama pocztowa – direct-mail advertising
reklama powietrzna – aerial advertising
reklama pozamedialna – below-the-line advertising
reklama prasowa z kluczem – keyed advertisement
reklama przedsiębiorstwa – corporate/institutional advertising, umbrella advertising
reklama przemysłowa – business-to-business advertising
reklama przesyłana pocztą – direct mail (advertising), direct mailing
reklama solo – solus advertisement
reklama towarzysząca – backup ad
reklama uliczna – outdoor advertising
reklama w punkcie nabycia – point of purchase advertising
reklama własna – house ad/vertisement
reklama z kuponem – coupon ad
reklamacja na piśmie – letter of complaint
reklamodawca – advertiser
reklamować – to advertise, to plug, to promote, to publicize
reklamować produkt (gdy robi to znana osobistość) – to endorse
rekord – record
rekordowo niskie ceny – rock-bottom prices
rekordowy – record(-breaking)
rekrutacja – recruitment, recruiting
rekrutować – to recruit
remitent – payee
rentowność – profitability, rate of return
rentowność inwestycji – return on investment (ROI)
repozycjonować – to reposition
repozycjonowanie – repositioning
reprezentacja – representation
reprezentatywny – representative
reprezentować – to represent
reputacja – standing
respiro – days of grace
respondent – informant
respondent – respondent
restrykcyjny – restrictive
reszta (pieniądze) – short change
resztka – remnant
resztki – oddments
rewanżować się – to reciprocate
rewident – accountant
rezerwa – stockpile
rezerwacja – booking
rezerwy dewizowe – foreign currency reserves
rezerwy gotówkowe – cash reserves
rezerwy kapitałowe – capital reserves
ręka – hand
robić – to make
roboty kontraktowe – contract work
rocznie – per annum
rocznik – yearbook
roczny – annual
roczny dochód – annual income
rodzina – family
rok bazowy – base year
rok finansowy – financial year
rok obrotowy – financial year
rosnąć – to advance
rotacja – turn
rotacja zapasów – stock turn/turnround/turnover
rozdawać – to give away
rozdzielać – to break up, to distribute
rozdzielnik – distribution slip
rozgłos – hype
rozkładówka – (centre) spread
rozkładówka reklamowa – double page spread
rozległy – extensive
rozliczać się – to settle
rozliczenie – settlement
rozliczenie gotówką – cash settlement
rozliczenie podziału środków – appropriation account
rozliczyć się – to account for, to settle an account
rozładować – to unload
rozmawiać – to interview
rozmieszczenie reklamy – positioning
rozmowa – interview
rozmowa „R" – collect call, reverse charge call
rozmowa prywatna – personal call
rozmowa z przywołaniem – personal call
rozpocząć działalność gospodarczą – to set up in business
rozpoczęcie działalności/produkcji – start-up
rozpoznanie – recognition
rozpoznawać – to recognize
rozprowadzać (towar) – to distribute
rozszerzać działalność – to branch out, to diversify
rozszerzenie asortymentu – line extension
rozwaga – discretion
rozwijać – to develop
rozwijać (się) – to expand
rozwijać się – to boom
rozwijający się rynek – growth market
rozwojowa branża – growth industry
rozwój – development, expansion, growth
rozwój gospodarczy – economic growth
równowaga – equilibrium
różnica – variance, variation
różnica cen – price differential
różnice w poziomie płac – wage differentials
różnicowanie klientów – deaveraging
różnorodność – variety
różnorodny – heterogeneous, miscellaneous
ruch – shift, traffic
ruchomości osobiste – goods and chattels
ruchomy – mobile

ruchy kapitału – movements of capital
rutynowa prezentacja handlowa – canned presentation
ryczałt – flat rate
rynek – market/place, mart
rynek dewizowy – foreign exchange market
rynek docelowy – target market
rynek doskonały – perfect market
rynek finansowy – finance market
rynek kapitałowy – capital market
rynek konsumpcyjny – consumer market
rynek kontrolowany – organized market
rynek krajowy – home market
rynek masowy – mass market
rynek nabywcy – buyer's market
rynek o tendencji zniżkowej – falling market
rynek producenta – captive market
rynek rozczłonkowany – fragmented market
rynek sterowany – closed market
rynek towarowy – commodity market
rynek transakcji terminowych – forward market
rynek zmonopolizowany – captive market
rynki pieniężne – money markets
rynki rozproszone – scattered markets
rynkowy – market
rysunek kreskowy – line drawing/illustration
rywal – rival
ryzyko – risk
ryzyko przewoźnika – carrier's risk
ryzykować – to venture
ryzykowny – risky
rzadki – scarce
rządowe wskaźniki ekonomiczne – government economic indicators
rzecznik patentowy – patent agent
rzecznik prasowy – information officer
rzeczowy katalog wyrobów – classified catalogue
rzeczoznawca – appraiser, estimator, valuer
rzeczy osobiste – personal effects
rzeczywisty – effective

S

sala aukcyjna – saleroom
sala konferencyjna – conference room
saldo debetowe – debit balance
saldo dodatnie – credit balance
saldo gotówkowe – cash balance
saldo z przeniesienia – balance brought/carried forward
sale aukcyjne – auction mart
salon (sprzedaży) – showroom
salon sprzedaży samochodów używanych – car mart
samo- – self-
samochodowa stacja obsługi – service station
samochód dostawczy – commercial/goods vehicle, delivery van
samokontrola – self-regulation
samolot czarterowy – charter plane
samolot towarowy – cargo plane
samolot transportowy – freight plane
samoobsługowy – self-service
samoregulacja – self-regulation
saszetka – sachet
sąd pracy – industrial court/tribunal
scenariusz – scenario
schemat blokowy – flow chart/diagram
schemat organizacyjny – organization chart
schody ruchome – escalator
schyłek – decline
segment – sector, segment
segmentacja – segmentation
sektor – sector
sektor usługowy – tertiary sector
selektywny – selective
semiotyka – semiotics
seria – batch
serwis – service
serwis posprzedażny – after-sales service
serwisowy – service
sezon – season
sezonowy – seasonal
sfera – sphere
sfinalizować transakcję – to close a sale
siatka – grid
sieć – chain, network
sieć komputerowa – computer network, networked computer system
sieć sklepów – multiple
siedziba – base, central office
siedziba spółki – registered office
silna presja – high pressure
siła – force
siła nabywcza – buying/purchasing/spending power
siła przetargowa – bargaining power
siła robocza – labour force, manpower, workforce
siła wyższa – force majeure
siły rynkowe – market forces
skala – scale
skala dwubiegunowa – bipolar scale
skala postaw – attitude scale
sklep – shop
sklep (duży) – emporium
sklep detaliczny – retail shop/outlet
sklep dla detalistów – trade counter
sklep dla majsterkowiczów – do-it-yourself store
sklep dyskontowy – discount store
sklep fabryczny – factory shop/outlet
sklep hurtowy – box store
sklep na kołach – mobile shop
sklep na rogu – corner shop
sklep sieci – chain/multiple store
sklep specjalistyczny – specialty store
sklep sprzedający dany towar – stockist
sklep wielobranżowy – general/variety store
sklep wolnocłowy – duty-free shop
sklepikarz – tradesman, shopkeeper
skład – depot, store
skład celny – bonded/customs warehouse
skład fotograficzny – phototypesetting
skład towarowy – goods depot
składać powtórne zamówienie – to reorder
składanka – listing paper

składnik majątku – asset
składować – to store
składować w magazynie – to warehouse
składowanie – storage, warehousing
składowe – storage
skłonność – propensity
skonto – allowance, discount
skonto kasowe – cash discount
skrzynka – case
skuteczność – effectiveness
skuteczny – effective, effectual
skutek – effect
slogan – slogan
slogan reklamowy – publicity slogan
slot reklamowy – slot
słabo rozwinięty rynek – underdeveloped market
słuchacze – audience, viewers
służbowo – on business
socjomarketing – social marketing
sortować – to grade
spadać – to decline, to drop
spadek – decline, drop, fall
spadek koniunktury – downturn
spadek lojalności – attrition
spadek wartości – loss
spec od reklamy – adman
specjalista – expert, specialist
specjalistyczna wiedza – expertise
specjalizacja – specialization
specjalizować się – to specialize
specjalna strefa ekonomiczna – development/enterprise area/zone
specjalność – speciality, specialty
specjalny – special
specyfikacja – specification
specyfikacja koli – packing list/slip
specyfikacja techniczna reklamy – mechanical data
spedycja – forwarding, shipping
spedytor – carrier, forwarding agent, (freight) forwarder, freighter, shipper, shipping agent
spekulacja – profiteering
spekulant – profiteer, racketeer
spełniać – to fulfil
spędzać – to spend
spis – inventory
spis inwentarzowy – physical stock check, physical stocktaking
spis powszechny – census
spis z natury – physical inventory
spłacić – to settle
spłacić dług – to pay back/off a debt
spłacić weksel – to retire a bill
spłata – settlement
spłata skumulowana – balloon
społeczeństwo – society
społeczeństwo konsumpcyjne – consumer society
społeczno-ekonomiczny – socio-economic
społeczność – community
społeczny – social, societal
sponsor – backer, sponsor
sponsoring – backing
sponsorować – to sponsor
sponsorowanie – sponsorship
sporządzać – to make out
sporządzić listę – to list
sporządzić raport/sprawozdanie – to report
sporządzić szkic – to rough out
sporządzić tratę bankową – to draft
sposobność – convenience
sposób – means
sposób płatności – mode of payment
sposób użycia -usage
spółdzielnia – co-operative society
spółdzielnia konsumencka – consumer cooperative
spółka – corporation
spółka z ograniczoną odpowiedzialnością – limited liability company
spółka zależna – subsidiary company
spóźniać się – to delay
sprawozdanie – report
sprawozdanie finansowe – financial statement
sprawozdanie roczne – annual report/accounts
sprawozdanie z działalności – operating statement
sprawozdanie z postępu prac – progress report
sprawozdanie z przepływu środków pieniężnych – cash flow statement
sprawozdanie zarządu – directors' report
sprzedawać – to carry, to handle, to market, to sell, to shift, to stock, to trade in
sprzedawać (się) – to move
sprzedawać na aukcji/licytacji – to auction
sprzedawać na termin – to sell forward
sprzedawać po kosztach – to sell at cost
sprzedawać się – to sell
sprzedawać więcej niż – to outsell
sprzedawać za dużo – to oversell
sprzedawca – counter-jumper, sales assistant, (shop assistant, salesclerk/man/person, seller, vendor
sprzedawca uliczny – street vendor
sprzedawcy – counter staff
sprzedawczyni – salesgirl/lady/woman
sprzedaż – disposal, sale, sale/s, sell/ing, vending
sprzedaż agresywna/nachalna – high-pressure selling
sprzedaż bez pośredników – over-the-counter sales
sprzedaż bezgwarancyjna – sale as seen
sprzedaż bezpośrednia – direct selling, face-to-face selling, direct selling
sprzedaż inercyjna – inertia selling
sprzedaż komisyjna/prowizyjna – commission sale
sprzedaż konfekcjonowana – breaking bulk
sprzedaż krzyżowa – cross selling
sprzedaż leków bez recepty – over-the-counter sales
sprzedaż lub zwrot – sale or return
sprzedaż po niższych cenach – trading down
sprzedaż po wyższych cenach – trading up
sprzedaż produktów uzupełniających – add-on sales
sprzedaż rzeczy używanych – jumble sale
sprzedaż terminowa – forward sales
sprzedaż wiązana – bundling
sprzedaż wysyłkowa – mail-order selling

sprzedaż z prawem zwrotu – sale or return
sprzedaż zaksięgowana – book sales
sprzęt komputerowy – computer hardware
stabilizacja – stabilization
stabilizacja cen – hardening of prices
stabilizacja rynku – hardness of the market
stabilizować – to stabilize
stabilność – stability
stabilny – stable
stagflacja – stagflation
stagnacja – depression, stagnation
stałe zlecenie płatnicze – banker's/standing order, direct debit
stały – permanent, set
stały klient – regular customer, patron
stały popyt – persistent/steady demand
stały poziom – plateau
stan zapasów – stock figures
standard – standard
Standardowa Klasyfikacja Przemysłowa – Standard Industrial Classification (SIC)
standardowy – off-the-peg, regular, standard, stock
standaryzacja – standardization
standaryzować – to standardize
stanowisko – function
stanowisko dyrektora – directorship
stanowisko kierownicze – managership
stanowisko podczas negocjacji – bargaining position
starzenie się moralne – obsolescence
statek – ship
statek – vessel
statek handlowy – carrier, merchant ship/vessel, merchantman
statek trampowy – tramp ship
statyczny rynek – static market
statystyczna długość życia – life expectancy
statystyczny – statistical
statystyka – statistics
stawać się płatnym – to mature
stawiać na – to venture
stawka – rate
stawka amortyzacji – depreciation rate
stawka całkowita – all-in rate
stawka obowiązująca – the going rate
stawka podstawowa/standardowa – basic/flat rate
stawka pozataryfowa (za reklamę) – off-card rate
stawka przy zakupie terminowym – forward rate
stawka ryczałtowa – flat rate
stawka rynkowa – market rate
stawka ulgowa – reduced rate
stawka według cennika – card rate, flat rate
stawka za stronę – page rate
stawki oprocentowania pożyczek – money rates
stawki reklamowe – advertising rates
stelaż – rack
stempel probierczy – hallmark
stemplować stemplem probierczym – to hallmark
sterowany kanał dystrybucji – administered channel
stoisko – stall, stand
stoisko wystawowe – display/exhibition stand
stojak – rack
stojak podłogowy – floor stand
stojak wystawowy – display stand/unit
stolica – capital city
stopa – rate
stopa amortyzacji – depreciation rate
stopa dyskontowa – discount rate
stopa inflacji – inflation rate
stopa oprocentowania – interest rate
stopa zwrotu – rate of return
stopa zwrotu zaangażowanego kapitału – return on capital employed (ROCE)
stopa życiowa – standard of living
stopień – grade
stopniować – to grade
storno – contra entry
stosunek – attitude
stowarzyszenie – society
stowarzyszenie biur podróży – a travel organization
stowarzyszenie branżowe – trade association
stowarzyszenie pracodawców – an employers' organization
stowarzyszony – affiliated
stracić – to lose out
stragan – market stall
strajk manifestacyjny – token strike
strata – loss
strata kapitałowa – capital loss
strata na działalności handlowej – trading loss
strategia – strategy
strategia przedsiębiorstwa – corporate strategy
strategia zróżnicowania marketingowego – differentiated marketing strategy
strategiczny – strategic
straty sklepowe – shrinkage
stratyfikacja – stratification
strefa – precinct, zone
strefa handlowa – trading area
strefa przemysłowa – industrial estate/park
strefa ruchu pieszego – pedestrian precinct
strefa wolnego handlu – free trade zone
strefa wolnocłowa – free trade zone
strona – page, party
strona „Ma" – credit column/side
strona umowy – contracting party
struktura – structure
struktura kapitałowa – capital structure
styl – style
styl firmy – house style
styl graficzny przedsiębiorstwa – signage
styl przedsiębiorstwa – house style
styl życia – life style
subagencja – sub-agency
subagent – sub-agent
subiektywizm – bias
subkultura – subculture
substytut – substitute
subsydiować – to subsidize
subwencja – subsidy
subwencja eksportowa – export bounty

sugerowana/zalecana cena detaliczna – recommended retail price (RRP)
sugestia – suggestion
suma częściowa/z przeniesienia – running total
sumy pieniężne – monies
superata producenta – producer surplus
supermarket – supermarket
suplement – supplement
surowce – raw materials
surowy – raw
swobodna konkurencja – free competition
symbol – symbol, token
symboliczna opłata – token charge
symboliczny (bardzo mały) – token
synergia – synergy
system – system
system archiwizowania dokumentów – filing system
system kontyngentowy – quota system
system nagłaśniający – tannoy
system operacyjny – operating system
system przesyłek poleconych – recorded delivery
system ratalny – the never-never
sytuacja – position, situation
szacować – to estimate, to evaluate, to value
szacunek – appraisal, assessment, estimate
szacunkowy – estimate, estimated
szafa – cabinet
szafka – cabinet
szansa – opportunity, scope
szary rynek – grey market
szczebel – level
szczegółowe wyliczenie – itemized account
szczelnie zamknąć – to seal
szczyt – peak
szczyt budynku – gable end
szczyt cenowy – high
szczytowa wydajność – peak output
szef – manager
szef działu reklamy – advertisement manager
sześciopak – six-pack
szkic – rough
szkolenie menedżerów – management training
szkoła biznesu/handlowa – business school, commercial college
szpiegostwo przemysłowe – industrial espionage
sztuka – unit
szuflada na pieniądze – till
szukać najlepszej oferty – to shop around
szukać w sklepach – to shop (around)
szybki – fast, prompt
szybko zwyżkująca akcja – high flier
szybkość obliczeniowa – computing speed
szyld – fascia

Ś

ściąganie długów – debt collection
ścisły – accurate
ślepa próba – blind testing
średni – mean
średnia – average
średnia ruchoma – moving average
średnia ważona – weighted average
średnioterminowy – medium-term
środek – medium
środki finansowe – finance, financial resources
środki masowego przekazu – mass media
środki obrotowe – current assets
środki pieniężne – finances, means
środki pieniężne w kasie – cash in hand
środki przekazu reklamowego – advertising media
środki transportu – transportation
środki trwałe – capital/fixed assets
środowisko – environment
świadectwo badań – test certificate
świadectwo pochodzenia – certificate of origin
świadome wprowadzenie w błąd – fraudulent misrepresentation
świadomość – awareness
świadomość marki – brand awareness
świat – world
świat wielkich finansów – high finance
światowy – worldwide

T

tabela – table
tabela stawek rabatowych – table of discounts
tablica – panel
tablica ogłoszeń – noticeboard
tablica reklamowa – advertising hoarding, bill/board, sign
tablica wystawiennicza – display panel
taktyka – tactic
talon – coupon, voucher
talon gotówkowy – cash voucher
talon obiadowy – luncheon voucher
talon upominkowy – gift coupon
tani – budget, cheap
tani pieniądz – cheap money
tanieć – to fall back, to fall in price, to fall off
taniejący – falling
tantiema – royalty
targ – market/place
targi – fair, show
targować się – to bargain, to haggle
taryfa celna – customs tariffs
taryfa nocna – night rate
taryfa opłat – scale of charges/prices
taśma – band
techniczny – technical
technika – technique
techniki sprzedaży – closing techniques
techniki zarządzania – management techniques
tekst reklamy – copy
tekst sponsorowany – advertorial
telefon – telephone
telefoniczny – telephone
telemarketing – telemarketing
telesprzedaż – telesales
teletext – teletext
telewizja – television (TV)
telewizja przemysłowa – closed circuit television (CCTV)

telewizyjny – television
telezakupy – teleshopping
tempo – rate
tempo produkcji – rate of production, production rate
tempo sprzedaży – rate of sales
tempo wzrostu – growth rate
tendencja – trend
tendencja wzrostowa – upturn
teoria akceleracji – accelerator
teoria gier – game theory
teoria grup interesów – stakeholder theory
teren – field
termin – date, time
termin dostawy – delivery time
termin otrzymania – date of receipt
termin przydatności do spożycia – best-before date, sell-by date, use-by date
terminarz – diary
terminowe kontrakty towarowe – commodity futures
terminowy – forward
test – test, trial
test komparatystyczny – diadic test
test urządzenia – test run
testować – to pilot, to sample, to test
testowanie – test
tło – background
torba – sack
torba na zakupy – carrier bag
torować drogę – to pilot
towar – article
towar – commodity
towar handlowy – merchandise
towar komisowy – goods on consignment
towar przyjęty w rozliczeniu – trade-in
towar zastępczy – substitute product
towary codziennego użytku – convenience goods
towary eksportowe – exports
towary firmowe – own brand/label/proprietary goods
towary handlowe – stock-in-trade
towary importowane – imports
towary konsumpcyjne – consumable goods, consumables
towary luksusowe – luxury goods
towary markowe – branded goods/products
towary nietrwałe – non-durables, non-durable goods
towary oclone – duty-paid goods
towary płynne – wet goods
towary pod zamknięciem celnym – goods in bond
towary podstawowe – primary commodities
towary specjalistyczne – specialty goods
towary w drodze – goods in transit
towary własnej marki – own label goods
towary z przemytu – contraband
towary za gotówkę – cash items
towary zagraniczne – foreign goods
towary/usługi zwolnione z VAT-u – exempt supplies
towarzystwo żeglugowe – shipping company/line
tożsamość przedsiębiorstwa – corporate identity
tracić – to lose
tracić na wartości – to depreciate
traktat – treaty
trampowiec – tramp ship
transakcja – deal
transakcja – transaction
transakcja barterowa – barter agreement/deal
transakcja handlowa – business transaction
transakcja kompensacyjna/wymienna – barter agreement/deal, contra deal
transakcja zbiorcza – package deal
transfer – transfer
transparent – banner
transport – carriage, carrying, transport/ation
transport drogowy – road haulage
transport lotniczy – air forwarding/freight
transportować – to transport
transportowiec – carrier
tranzyt – transit
trasa – itinerary
trasant – drawer
trasat – acceptor, drawee
trata – bill of exchange, draft
trata bankowa – bank bill/draft, banker's bill
trata płatna za okazaniem – sight draft
trend – trend
treść reklamy – copy
trust – trust
trwałość produktu – shelf life
trwały – durable
tryb – mode
trzymać zapas – to store
tworzyć – to create
twórczy – creative
tygodnik – weekly
tylko do rozrachunku – not negotiable
tylna strona okładki – back cover
tył – back
tymczasowy – provisional
tytuł własności – document of title
tytułowa strona okładki – front cover

U

uaktualniać – to update
uaktualnienie – update
ubezpieczenie kompleksowe – blanket insurance
ubezpieczenie na życie – life assurance/insurance
ubezpieczenie społeczne – social security
ubezpieczone ryzyko – ryzyko
ubezpieczony – person named in the policy
ubezpieczyciel morski – marine underwriter
ubiegać – to pre-empt
uboczny – subsidiary
ubytek – leakage, shrinkage
ubytek na wadze – loss in weight
ubytek transportowy – loss in transport
ucieczka kapitału – flight of capital
uciekać się do – to fall back on
uczciwy – fair
uczciwy handel – fair trading
uczestnik kursu dla menedżerów – management trainee
udoskonalać – to perfect
udostępniać – to extend

udział – stake
udział w rynku – market share/coverage
udzielać – to extend
udzielać franszyzy – to franchise
udzielać pożyczki – to advance
udzielać subwencji – to subsidize
udzielić wskazówki – to tip
ufność – confidence
ujemne saldo bilansu płatniczego/handlowego – balance of payments deficit, trade deficit, unfavourable balance of trade
ujemny – negative
ujemny przepływ środków pieniężnych – negative cash flow
układ – agreement, layout
ulga – concession
ulgi kapitałowe – capital allowances
ulotka – leaflet, pamphlet
ulotka reklamowa – flier, handbill
ultranowoczesny – state-of-the-art
ułamek – fraction
umiejętność komunikacji – communication skills
umocnić się – to firm
umowa – agreement, contract, treaty
umowa czarterowa – charter party
umowa o wyłączność – exclusive agreement
umowa odkupu – buy-back agreement
umowa serwisowa – service contract
umowa sprzedaży – sales contract
umowa sprzedaży wiązanej – tying contract
umowa terminowa – forward contract
umowa wielopunktowa – blanket agreement
umowny – agreed, contractual
unia celna – customs union
unieważniać – to revoke, to nullify
unieważnić decyzję – to render a decision null
unieważnienie – nullification
unikalny – unique
upaństwowienie – nationalization
upominek – free gift, giveaway
upominek promocyjny – freebie, premium offer
upoważnienie sądowe ustanawiające zarządcę spadku – letters of administration
upraszczać – to streamline
uprawiać dumping – to dump
uprawiać piractwo – to pirate
uprzemysławiać – to industrialize
uprzemysłowienie – industrialization
upust – allowance, concession, discount
uregulować rachunek – to settle
urok – appeal
urząd celny – customs
urząd patentowy – patent office
urząd zatrudnienia – employment agency
urządzenia – hardware
urządzenie – facility
urządzenie do sprzedawania/wydawania – dispenser
usiłować – to aim
usługa – service
usługi – service/tertiary industry, service/s
usługi dla biznesu – commercial services
usługi komputerowe na zlecenie (firma) – computer bureau
usługi pomocnicze handlu – ancillaries-to-trade
usprawniać – to streamline
ustabilizować się – to firm
ustalać – to fix, to set
ustalać cenę – to price
ustalanie cen – costing, pricing
ustalanie zbyt niskich cen – underpricing
ustalić cenę produktu – to cost a product
ustawa skarbowa – Finance Act
usunięcie – deletion
usuwać – to delete
utracić – to forfeit
utrata – loss
utrata wartości – depreciation
utrzymanie ceny minimalnej – price maintenance
uwaga – attention
uwalniać – to free
uwolnienie rynku – deregulation
uwzględnić inflację – to take account of inflation
uzgadniać – to agree
uznanie – discretion
uznawać – to recognize
uzupełniać zapasy – to restock
uzupełniający – complementary
uzyskiwać obrót – to turn over
uzyskiwać towar – to source
uzyskiwanie (towaru/usługi) – sourcing
użyteczność – utility
użytkownik – user
użytkownik końcowy – end user
używać – to exploit
używany – secondhand

V

vat – Value Added Tax (VAT)

W

w drodze – in transit
w formie dokumentu – documentary
w formie wykresu – diagrammatically
w pełnym wymiarze godzin – full time
w podróży/trasie – on the road
w porządku liczbowym – in numerical order
w rzeczywistości – in real terms
w stosunku do – in relation to
w stronę kraju – inward
w zależności od – depending on
wada – drawback
wada naturalna – inherent vice
waga – scales, weight
wagon towarowy – freight car, wagon, waggon
wahać się – to range
wahania sezonowe – seasonal variations
wakaty – employment/job opportunities
wakaty – job openings
walka – battle
waluta – currency

waluta obca – foreign currency
walutowy – monetary
waluty obce – foreign exchange
warsztat – shop, workshop
warsztat naprawczy – repair shop
wart żądanej ceny – good value (for money)
wartość – value
wartość aktywów netto – net assets/worth
wartość dodana – added value
wartość dyskonta – discounted value
wartość faktury ogółem – total invoice value
wartość firmy – goodwill
wartość księgowa – book value
wartość materialna – intrinsic value
wartość nominalna – face/par value
wartość odstąpienia – surrender value
wartość zadeklarowana – declared value
warunek – condition
warunki – terms
warunki handlowe – trade terms
warunki płatności – terms of payment, payment terms
warunki płatności: gotówka przy zamówieniu – terms: cash with order
warunki sprzedaży – conditions/terms of sale
warunkowy – conditional
ważenie – weighting
ważny – grand, key
ważny klient – key account
ważony – weighted
wąskie gardło – bottleneck
wątpliwości po zakupie – post-purchase anxiety
wbudowany – built-in
wchłaniać – absorb
wchłonięcie – absorption
wchodzić w życie – to come into effect/force, to take effect
wczasy zorganizowane – package holiday
wczesny – advance, early
wczytać program – to load
wczytywać (dane) – to access
we właściwej formie – in due form
według czyjegoś uznania – at sb's discretion
wejść na rynek – to penetrate a market
weksel – bill (of exchange)
weksel ciągniony – bill of exchange
weksel grzecznościowy – accommodation bill
weksel płatny na żądanie – demand bill
weksel płatny za okazaniem – sight bill/draft
weksel terminowy – after-sight
weksel własny – note of hand, promissory note
weksel zaakceptowany – accepted bill
weksle do inkasa – bills receivable
weksle do zapłaty – bills payable
werbować klientów – to canvass
wewnętrzna linia telefoniczna – house telephone
wewnętrzny – internal
wiadomości – news
wiadomość – message
wiarygodność – credibility
wiązać – to tie
wiążący – firm
widoczny – visible
widownia – audience
widz – viewer
widzowie – audience, viewers
Wielki Kryzys – the Great Depression, the Slump
wielkoformatowa ulotka reklamowa – broadside
wielkość produkcji – volume of output
wielkość sprzedaży – volume of trade/business
wielobranżowe centrum handlowe – one-stop shopping centre
wielobranżowy sklep sieciowy – variety chain store
wielokrotny – multiple
wieloletni klient – long-standing customer
wielonarodowy – multinational
wielostronny – multilateral
wierzyciel – creditor
wierzytelności – accounts receivable
więcej niż – over
większość – majority
większy niż zwykle – outsize (OS)
winda towarowa – freight elevator
witryna sklepowa – shop window
witryna wystawiennicza – display case
wizerunek – image
wizerunek marki – brand image
wizerunek przedsiębiorstwa – corporate image
wizja – air
wizualny – visual
wizyta handlowa – (business)/sales call
wizyta zagranicznych biznesmenów – inward mission
wizytówka – business card
wkład – contribution
wkład kapitałowy – contribution of capital
wkładać – to insert
wkładać (do kopert) – to stuff
wkładka – magazine insert, supplement
władze portowe – port authority
własna agencja reklamowa – house agency
własna marka – house/own brand
własny – in-store
właściciel – owner
właściciel patentu – patentee
właściciel straganu – stallholder
wnosić wkład – to contribute
wojna cenowa – price(-cutting) war
wojna o nakład – circulation battle
wolna przedsiębiorczość – free enterprise
wolne wnioski – any other business (AOB)
wolny – free
wolny od opłaty pocztowej – post free
wolny od opodatkowania – tax-free
wolny rynek – open market
wolumen – volume
wolumen sprzedaży – volume of sales, sales (volume)
worek – sack
wóz – cart
wózek bagażowy – baggage cart
wózek na zakupy – shopping cart, (supermarket) trolley
wpaść w długi – to get into debt
wpis – registration

wpłacić depozyt – to pay down, to pay money down, to put down
wpłacić na konto – to credit an account
wpłata – payment
wpływ – impact
wpływy – receipts, returns
wpływy kasowe – take, takings
wprowadzać (dane do komputera) za pomocą klawiatury – to key
wprowadzać innowacje – to innovate
wprowadzanie danych – data capture
wprowadzenie w błąd – misrepresentation
wrażliwy – sensitive
wskazówka – prompt, tip, lead
wskazywać – to indicate
wskaźnik – index, indicator, rate, ratio
wskaźnik cen detalicznych – retail price index, consumer price index
wskaźnik cen hurtowych – wholesale price index
wskaźnik korelacji – coefficient of correlation
wskaźnik kosztów utrzymania – cost-of-living index
wskaźnik rotacji zapasów – rate of turnover
wskaźnik wzrostu – growth index
wskaźniki ekonomiczne – economic indicators
wspomagać – to back
Wspólna Polityka Rolna – Common Agricultural Policy (CAP)
wspólne przedsięwzięcie – joint venture
Wspólnota Europejska – the Community
wspólny – wspólny
współczynnik – ratio
współczynnik urodzeń – birth rate
współpraca – co-operation
współpracować – to co-operate
współpracownik (pisma) – contributor
współwłasność – common ownership
wstępny – introductory
wstrzymać – to stop
wstrzymanie – stop/page
wtórny – secondary
wybierać – to select
wybiórczy – selective
wybór – picking, selection
wybór najlepszej oferty – shopping around
wycena – appraisal, assessment, evaluation, rating, valuation
wycena zapasów – stock valuation
wyceniać – to evaluate, to price
wycinek prasowy – clip, press cutting
wycofać z rynku – to recall
wycofanie produktu – product elimination
wycofywać stare produkty z oferty – to prune
wyczerpany (towar) – out of stock
wydajność – output, productivity
wydanie – edition, issue
wydatek – cost, expense
wydatki administracyjne – business expenses
wydatki i wpływy – debit and credit
wydatki konsumpcyjne – consumer spending
wydatki na reklamę – adspend
wydatki na reprezentację – expense account
wydawać – to issue, to spend
wydawanie – spending
wydawniczy – editorial
wydruk komputerowy – listing
wydziałowy – divisional
wydzielić (przedsiębiorstwo) – to hive off
wyeliminować konkurencję – to freeze out competition
wygodny – convenient
wygórowany – exorbitant
wygrywać – win
wyjaśnić – to account for
wykaz – account, directory, list, schedule
wykaz kontrolny – checklist
wykaz napraw i konserwacji – service history
wykładniczy – exponential
wykonanie – fulfilment
wykonawca – contractor
wykorzystywać – to exploit, to milk
wykres – chart, diagram, graph
wykres kołowy – pie chart
wykres liniowy – line chart/graph
wykres słupkowy – bar chart
wykup przedsiębiorstwa – buyout
wyliczać – to itemize
wyładować – to land
wyłączne prawo sprzedaży – concession
wyłączne przedstawicielstwo – sole agency
wyłączność – exclusivity
wyłączny – exclusive, sole
wyłączny dystrybutor – sole distributor
wyłączny właściciel – sole owner
wyłączony – exempt
wymiana – exchange
wymiana dewizowa – foreign exchange
wymieniać – to exchange
wymienialny – exchangeable
wymogi kadrowe – manpower requirements
wymuszony – forced
wynajem – lease
wynajmować – to lease
wynik finansowy – bottom line
wyniki finansowe grupy – group results
wynosić – to run
wypadek przy pracy – industrial accident
wypełniacz – filler
wypisywać – to make out
wyposażenie dodatkowe – optional extras
wyposażenie kapitałowe – capital equipment
wypowiedzenie – notice
wyprzedany – out of stock
wyprzedawać – to clear, to sell off/out, to unload
wyprzedaż – bargain offer/sale, (clearance) sale, the sales, unloading
wyprzedaż likwidacyjna – closing-down sale
wyprzedaż posezonowa – end of season sale
wyprzedaż przedinwentarzowa – stocktaking sale
wypuszczać – to issue
wypuszczać na rynek – to release
wypuszczenie na rynek – commercialization, launch/ing

wypuścić nowy produkt na rynek – to launch
wyrażony dwucyfrową liczbą – in double figures
wyroby fabryczne – manufactured goods
wyroby gotowe – finished goods
wyroby zwolnione z VAT – exempt supplies
wyrób – article
wyrywkowa kontrola jakości towaru przy jego przyjmowaniu – acceptance sampling
wyrywkowy – random
wysadzić (na ląd) – to land
wysłać po – to send away for
wysoka renoma produktu – hallmark of excellence
wysoki – heavy, high
wysoki wolumen sprzedaży – high volume (of sales)
wysokie koszty – heavy costs/expenditure
wysokie obroty – high sales
wysokiego szczebla – high-grade
wysokiej jakości – high-grade/quality, quality
wysokooktanowy (o benzynie) – high-grade
wystawa – display, exhibition, exposition, show
wystawa sklepowa – shop window
wystawca – exhibitor
wystawca czeku – drawer
wystawianie faktur – (VAT) invoicing
wystawianie rachunków – billing
wystawić czek – to draw a cheque
wystawić rachunek – to bill
wystawić rachunek/fakturę – to invoice
wysyłać – to dispatch
wysyłać ekspresem – to express
wysyłać pocztą – to mail, to post
wysyłać pocztą lotniczą – to airmail
wysyłać reklamy pocztą – to mail out
wysyłać towar – to consign, to freight, to ship goods
wysyłać towar drogą lotniczą – to airfreight
wysyłka – dispatch
wysyłka towarów – shipping
wyszczególniać – to itemize, to specify
wytłumaczyć – to brief
wytwarzać – to make, to manufacture
wywiad – interview
wywiad dogłębny – depth interview
wywiad osobisty – personal interview
wywiad otwarty – non-directive interview
wywiad zamknięty – directive interview
wyzbywanie się – divestment
wyzbywanie się zapasów – dishoarding
wzajemny – reciprocal
wzięcie – saleability
wzorcowy – model
wzornictwo przemysłowe – industrial design
wzorzec – pattern, specimen
wzór – pattern
wzrost – advance, gain, growth, upturn
wzrost (stały) – escalation
wzrost gospodarczy – economic growth

Z

z góry – in advance, up front
z handlowego punktu widzenia – commercially
z opłatą pocztową uiszczoną – postpaid
z opóźnieniem – late
z pierwszej ręki – first-hand
z powodu – due to
z półki – ready-made, ready-to-wear
z wyłączeniem – exclusive of
z zastrzeżeniem błędów i opuszczeń – errors and omissions excepted (e. & o.e.)
za darmo – franco, gratis
za mało – short of
za pobraniem kosztów – charges forward
zaakceptować – to accept
zaakceptować weksel – to accept a bill
zabezpieczenie – collateral, guarantee
zabiegać o zamówienia – to solicit orders
zablokować – to stop
zablokować rachunek – to stop an account
zachęta – incentive
zadanie – task
zadatek – advance
zadowalać – to satisfy
zadowalający – satisfying
zadowolenie – satisfaction
zagranica – overseas
zagraniczny – external, foreign, overseas
zagraniczny przekaz pieniężny – foreign money order
zagrożenie – risk
zagrożenie pożarowe – fire risk
zainteresować – to interest
zainteresowanie – interest
zainwestowane pieniądze – stake
zajezdnia – depot
zajęcia dorywcze – odd jobs
zajmować się – to handle
zajmować się czymś – to deal with sth
zakaz handlu – embargo
zakaz importu – import ban
zakaz publikacji informacji – embargo
zakazać publikowania informacji – to embargo
zaklejona koperta – sealed envelope
zakładać – to set up
zakładany – projected
zakładany poziom sprzedaży – projected sales
zakładka reklamowa – fold-out
zakładowy – in-house
zakres – range, sphere
zakres obowiązków służbowych – job specification
zakres uprawnień i obowiązków – job description
zaksięgować na koncie – to credit an account
zakup – purchase
zakup powtórny – rebuy
zakup powtórny prosty – straight rebuy
zakup w ilościach hurtowych – bulk/quantity purchase
zakup z prawem zwrotu – sale or return, see-safe
zakupy – shopping
zakupy przemysłowe – organizational buying
„zakupy przez szybę" – window shopping
zalecana cena detaliczna – recommended retail price (RRP)
zalegać się – to fall behind

zaległe płatności – arrears
zaległości – arrears, backlog
zaległy – back, in arrears, outstanding
zalew – flood
zalew towarów – glut
zalewać – to flood
zalewać rynek – to glut
zależeć – to depend
zależny – dependent
zaliczka – part payment, advance, advance on account, down payment, payment in advance
zaliczka w gotówce – cash advance
załadunek – lading
załamanie – slump
załączać – to enclose
załącznik – enclosure
założenie – aim
założenie – objective
zamawiać – to order
zamiar zakupu – intention to buy
zamieniać – to switch
zamierzać – to target
zamknąć konto/rachunek – to close an account
zamknięcie – closing, closure
zamknięty – dead
zamówienia niezrealizowane – dues
zamówienie – order
zamówienie eksportowe – indent
zamówiony – on order
zamowiony artykuł – order
zamrażać – to freeze
zamrażać (ceny) – to peg
zamrożenie – freeze
zamrożenie cen – price pegging
zamykać – to close
zaopatrywać – to cater for
zaopatrywanie się u jednego dostawcy – single sourcing
zaopatrzeniowiec – purchasing officer
zapas – inventory, stock, stockpile, store, supply
zapis – recording
zapis po stronie „Ma" – credit entry
zapis po stronie „Winien" – debit entry
zapisać w ciężar rachunku – to debit an account
zaplombować – to seal
zapłata – payment
zapłata częściowa – part payment
zapłata weksla zaprotestowanego – payment supra protest
zaprojektować do konkretnego celu – to tailor
zaproponować niższą cenę – to underbid
zaprotestować weksel – to protest a bill
zapytanie – inquiry
zapytanie ofertowe – letter of inquiry
zarabiać – to make money
zarabiać pieniądze – to earn money
zarejestrowany – registered
zarobić brutto – to gross
zarobić na czysto – to net
zarząd – management committee, management
zarząd – board of directors
zarządca majątku ziemskiego – land agent
zarządca masy spadkowej – administrator
zarządzać – to administer, to direct, to manage, to run
zarządzanie – administration, direction, management
zarządzanie zapasami – stock control
zasada góry lodowej – iceberg principle
zasadnicze punkty porozumienia – basic terms of agreement
zasadniczy – basic
zasadniczy – essential
zasady dobrego postępowania – code of practice
zasięg reklamy – reach
zasoby – resources
zasoby ludzkie – human resources
zasoby pieniężne – money supply
zaspokajać popyt – to satisfy a demand
zastępca – substitute
zastępować – to substitute
zastój – lull
zastrajkować – to take industrial action
zaświadczenie o rejestracji – certificate of registration
zaświadczenie patentowe – letters patent
zatwierdzać – to agree, to approve
zatwierdzenie – approval
zatwierdzenie treści reklamy – copy clearance
zaufanie – confidence
zauważenie – noting
zawarcie (transakcji) – close
zawarcie transakcji sprzedaży – closing a sale
zawężony rynek – limited market
zawiadamiać – to inform
zawiadomienie – note, notice
zawierać – to contain
zawinąć w ozdobny papier – to gift-wrap
zawładnąć – to capture
zawodowy przewoźnik – common carrier
zawrzeć transakcję – to strike a bargain
zbieranie danych – data acquisition
zbiorczy plan finansowy – master budget
zbyt towarów – merchandizing
zbywalny – marketable, negotiable
zdjęcia – pix
zdobywać – to gain
zdolności produkcyjne – industrial/manufacturing capacity
zdolność kredytowa – creditworthiness
zebranie – assembly
zerwany (o porozumieniu) – off
zespół – team
zespół ekspertów – panel of experts
zespół kierowniczy – management team
zespół redakcyjny – editorial board
zestaw – set
zestaw pocztowych materiałów reklamowych – mailshot
zestaw zdekompletowany – broken lot
zestawienie – account
zestawienie porównawcze przedsiębiorstw – intercompany/interfirm comparison
zewnętrzny – external
zezwalać – to license

zezwolenie – licence, permit
zezwolenie budowlane – building permit, planning permission
zezwolenie dla agencji reklamowej na prowadzenie działalności – recognition
zezwolenie eksportowe – export licence
zezwolenie importowe – import licence
zezwolenie wywozowe – export licence
zgadzać się – to agree
zgodnie z awizem – as per advice
zgodnie z prawem – legally
zgodny z normą – up to standard
zgodzić się (na/coś zrobić) – to agree to sth
zgodzić się na – to adopt
zgromadzenie – assembly
zgromadzić nadmierny zapas – to overstock
zlecenie – job
zlecenie (w agencji reklamowej) – account
zlecenie badawcze – research brief
zlecenie dostawy – delivery order
zlecenie zakupu – purchase order
zleceniobiorca – contractor
zleceniodawca – principal
zlikwidować – to close down
złapać – to snap up
złodziej sklepowy – shoplifter
złożyć ofertę – to offer
złożyć ofertę kupna – to bid
złożyć ofertę przetargową – to tender
złożyć zamówienie eksportowe – to indent
zły dług – bad debt
zmiana – modification, shift, variation
zmieniać – to modify
zmienna – variable
zmienna zależna – dependent variable
zmienny – variable
zmniejszać – to run down
zmniejszać się – to fall away, to fall off
zmniejszenie – reduction, retrenchment
zmuszać – to force
znaczek pocztowy – postage stamp
znak – mark, sign, symbol, token
znak handlowy – trademark, trade name
znak jakości – quality label
znakować – to mark
znakowanie – labelling
znakowanie marką – branding
znana marka – household name
znana marka samochodu – marque
zobowiązania – accounts payable
zobowiązania bieżące – current liabilities
zobowiązania długoterminowe – long-term liabilities
zobowiązania krótkoterminowe – current liabilities
zobowiązania płatnicze – liabilities
zobowiązanie – commitment
zobowiązanie pieniężne – debt
zobowiązanie umowne – contractual liability
zobowiązanie warunkowe – contingent liability
zorientowany – oriented
zrealizować zamówienie – to fulfil an order
zrobiony na zamówienie – bespoke, custom-built/made, made-to-measure
zrozumiały dla komputera – computer-readable
zrób to sam – do-it-yourself (DIY)
zróżnicowanie – depth, differentiation
zróżnicowany – differential
zużycie – wear and tear
zwalniać z podatku – to exempt from tax
związek – tie-up
zwiększać – to uplift
zwiększać się – to escalate
zwiększać wartość – to gain
zwłoka – deferment, delay
zwolennik wolnego handlu – free trader
zwolnienie – release
zwolniony – exempt
zwolniony z podatku – exempt from tax
zwracać – to return
zwracać (pieniądze) – to refund
zwracać się (z ofertą) – to approach
zwrot – rebate, return
zwrot (pieniędzy) – refund
zwrot do nadawcy – return to sender
zwrotny – refundable, returnable
zwroty – returns
zwyczaj – habit
zwyczaje handlowe – the customs of the trade
zwyczajny – basic
zwykły – natural, normal
zwyżka – gain
zysk – gain, profit
zysk krótkoterminowy – short-term gains
zysk kursowy – exchange premium
zysk monopolistyczny – supernormal profit
zysk na działalności handlowej – trading profit
zysk operacyjny – operating profit
zysk przed opodatkowaniem – pretax profit
zyski kapitałowe – capital gains
zyskiwać – to gain
zyskowność – profitability
zyskowny – commercial

Ź

źródło – origin, source

Ż

żądać – to demand
żądanie – demand
żeton – token
życie – life
życiorys – curriculum vitae (CV), resume
żyro – bank giro

SUPLEMENT

VALS Life style segmentation

group	*members*
Belongers	people living in a traditional way, who are happy to go on living as they have always lived
Achievers	successful people who have reached the top of their profession and are prosperous
Emulators	young people who want to become achievers
I-am-me	people who think of themselves as different from all others
Experiential	people who are attracted to others
Societally conscious	people who belong to groups, and who want to work with other groups
Survivors	old people; retired people, those who do not believe they have a future
Sustainers	people who live at subsistence level and are resentful of the fact that they cannot do better
Integrated	people who are satisfield with their way of living and have a strong inner life

Podział konsumentów ze względu na styl życia (System VALS)

grupa	*członkowie*
Belongers (zadowoleni)	ludzie o tradycyjnym stylu życia, którzy nie pragną zmieniać niczego w swoim życiu
Achievers (ludzie sukcesu)	ludzie, którzy odnieśli sukces w swoim zawodzie i są w związku z tym majętni
Emulators (naśladowcy)	młodzi ludzie, którzy pragną stać się ludźmi sukcesu
I-am-me (jestem inny)	ludzie, którzy uważają, że różnią się od innych
Experiential (empirycy)	ludzie, których pociągają inni
Societally conscious (świadomi społecznie)	ludzie, którzy należą do różnych grup i chcą współpracować z innymi grupami
Survivors (pozostający przy życiu)	starzy ludzie, emeryci, którzy nie wierzą, że coś ich jeszcze czeka w życiu
Sustainers (ledwie żyjący)	ludzie żyjący na granicy ubóstwa, którzy nienawidzą tego, że im się źle powodzi
Integrated (zintegrowani)	ludzie zadowoleni ze swojego stylu życia i posiadający bogate życie wewnętrzne

SWOT Analysis

Organization

Strengths

What are the services or products or skills which the organization is good at doing or making

Weaknesses

What are the things or products or skills which the organization can't do or doesn't do well

Market

Opportunities

Segments of the market which are attractive, and where changes in the market might work in favour of the organization

Threats

Segments of the market or changes taking place in the market which make it difficult fot the organization to work there

Analiza SWOT

Organizacja

Mocne strony	*Słabe strony*
Jakie usługi lub produkty organizacja dobrze wykonuje oraz jakie umiejętności posiada	Jakich usług lub produktów organizacja nie umie dobrze wykonywać oraz jakich umiejętności nie posiada

Rynek

Możliwości	*Zagrożenia*
Które segmenty rynku są dla organizacji atrakcyjne lub zmiany w których segmentach mogłyby być dla organizacji korzystne	Segmenty rynku lub zmiany zachodzące na rynku, które są dla organizacji źródłem trudności

British Socio-Economic Groups

code	group	members
A	upper middle class	senior managers, administrators, senior civil servants, leading professional people (doctors, lawyers, architects, etc.)
B	middle class	middle managers & administrators, middle level civil servants & professional people
C1	lower middle class	junior managers & administrators, clerical staff
C2	skilled working class	workers with skills and qualifications
D	working class	unskilled workers, such as manual workers, in permanent jobs
E	lowest or subsistence level	pensioners, unemployed, casual manual workers

Brytyjskie grupy społeczno-ekonomiczne

kod	grupa	członkowie
A	wyższa klasa średnia	kadra kierownicza i zarządzająca wyższego szczebla, urzędnicy administracji państwowej wyższego szczebla, najwyżej oceniani lekarze, prawnicy, architekci itp.
B	klasa średnia	kadra kierownicza i zarządzająca średniego szczebla, urzędnicy administracji państwowej średniego szczebla, osoby uprawiające zawody takie jak: lekarz, prawnik, architekt itp.
C1	niższa klasa średnia	kadra kierownicza i zarządzająca niższego szczebla, urzędnicy
C2	robotnicy wykwalifikowani	robotnicy posiadający pewne umiejętności i kwalifikacje
D	klasa pracująca	robotnicy niewykwalifikowani zatrudnieni na podstawie umowy o pracę
E	poziom przeżycia	emeryci, renciści, bezrobotni, robotnicy sezonowi

Advertising Rates for a Periodical

RATE CARD

ADVERTISEMENT RATES: DISPLAY

Size	*Number of Insertions* 1	3	6
Black and White			
Full page	£1000	£950	£900
Half page	600	575	550
Third page	450	425	400
Quarter page	350	325	300
Four colour			
Full page	£1600	£1500	£1350
Half page	1100	1000	850
Two colour			
Full page	£1250	£1100	£1000
Half page	800	700	600
Inside covers full colour	£1900	£1500	£1250

Facing editorial: basic card rate plus 10%

Full page bleed: basic card rate plus 10%

Inserts

Preprinted inserts can be accepted folded

Rates:

one issue:	£1000
three issues:	£2500
six issues:	£4500

ADVERTISEMENT RATES: CLASSIFIED

Recruitment:

Full page	£750
Half page	£400
Single column centimetre	£10.00
Double column centimetre	£19.00
Three column centimetre	£25.00

Classified under headings:

For Sale	Wanted	Property
Freelance offered	Technical Services	Marketing
Business Supplies	Personal	Educational

Single Column Centimetre	£9.00
Double Column Centimetre	£15.00

All advertisements must be pre-paid

Box numbers £5.00 per insertion

Copy required by 5 p.m. four working days before publication

Stawki za reklamy w czasopiśmie

CENNIK REKLAM

REKLAMY GRAFICZNE

Rozmiar	1	*Liczba wkładek* 3	6
Reklama czarno-biała			
Cała strona	£1000	£950	£900
Pół strony	600	575	550
Jedna trzecia strony	450	425	400
Jedna czwarta strony	350	325	300
Reklama pełnokolorowa			
Cała strona	£1600	£1500	£1350
Pół strony	1100	1000	850
Reklama dwukolorowa			
Cała strona	£1250	£1100	£1000
Pół strony	800	700	600
Pełen kolor II i III okładka	£1900	£1500	£1250

Przy stronie redakcyjnej: podstawowa stawka taryfowa plus 10%

Reklama pełnostronicowa bez marginesów: podstawowa stawka taryfowa plus 10%

Wkładki

Gotowe wkładki mogą być dostarczane złożone

Stawki:	jedno wydanie	£1000
	trzy wydania	£2500
	sześć wydań	£4500

OGŁOSZENIA DROBNE

Rekrutacja:

Cała strona	£750
Pół strony	£400
Jedna szpalta 1cm	£10,00
Dwie szpalty 1cm	£19,00
Trzy szpalty 1cm	£25,00

Ogłoszenie w dziale:

Sprzedaż	Kupno	Nieruchomości
Usługi	Usługi techniczne	Marketing
Materiały i urządzenia biurowe	Osobiste	Nauka

Jedna szpalta 1cm	£9,00
Dwie szpalty 1cm	£15,00

Wszystkie reklamy/ogłoszenia muszą być opłacone przed ich emisją

Numer w ramce £5,00

Reklamy/ogłoszenia muszą być dostarczone do godz. 17.00 na cztery dni robocze przed ich emisją.

Technical Information for a Periodical

MECHANICAL DATA

Frequency:	Monthly
Publication day:	First Thursday in month
Printing process:	Offset litho
Binding:	Wire-stitched
Trim size:	285 x 210 mm
Screen:	Black & White 120/48 line per cm Colour 150/60 lines per cm
Bleeds:	bleed trim on all trimmed edges is 3 mm
Materials required:	
Colour:	screened positives, emulsion side down, right-reading, with progressives
Black & White:	screened positives, emulsion-side down, right-reading
Copy for setting:	double space typed

Dane techniczne dotyczące czasopisma

SPECYFIKACJA TECHNICZNA

Częstotliwość publikacji	miesięcznik
Dzień publikacji	pierwszy czwartek miesiąca
Technologia druku	offset
Oprawa	szycie drutem
Rozmiar po obcięciu	285 x 210 mm
Liniatura rastra	czarno-biały 120/48 linii/cm kolorowy 150/60 linii/cm
Marginesy	margines do obcięcia – 3 mm
Wymagane materiały:	
Grafika kolor	zrastrowane diapozytywy czytelne od strony podłoża z odbitkami próbnymi z separacji
Grafika czarno-biała	zrastrowane diapozytywy czytelne od strony podłoża
Materiały tekstowe	napisane na maszynie/komputerze, podwójne odstępy pomiędzy wierszami

W serii *BIBLIOTEKA PROFESJONALISTY* Wydawnictwa WILGA znajdują się następujące angielsko-polskie słowniki z indeksami polsko-angielskimi:

1. Słownik biznesu
2. Słownik komputerów i internetu
3. Słownik marketingu
4. Słownik bankowości i finansów
5. Słownik ekonomii
6. Słownik rachunkowości
7. Słownik – terminologia amerykańska
8. Słownik zarządzania personelem i zasobami ludzkimi
9. Słownik polityki
10. Słownik hotelarstwa, turystyki i usług gastronomicznych
11. Słownik medycyny
12. Słownik prawa

Przygotowujemy także unikalne zestawy ćwiczeń, które pomogą szybko opanować słownictwo z danej dziedziny. W pierwszej kolejności ukażą się:

1. Sprawdź swój angielski – BIZNES
2. Sprawdź swój angielski – KOMPUTERY
3. Sprawdź swój angielski – HOTELARSTWO I TURYSTYKA
4. Sprawdź swój angielski – BANKOWOŚĆ I FINANSE
5. Sprawdź swój angielski – MEDYCYNA

Na zamówienia, uwagi i sugestie czekamy pod adresem:
Wydawnictwo WILGA, 00-389 Warszawa, ul. Smulikowskiego 1/3
tel. 826 08 82, fax 826 06 43, e-mail: wilga@wilga.com.pl
http://www.wilga.com.pl